金华市文化研究工程一级课题
金华市文化研究工程资助项目

行简

巳及生平研究

顾旭明　何斌　著

 浙江工商大学出版社
ZHEJIANG GONGSHANG UNIVERSITY PRESS
杭州

图书在版编目(CIP)数据

乔行简家世及生平研究 / 顾旭明,何斌著. — 杭州:
浙江工商大学出版社,2023.4
ISBN 978-7-5178-5229-2

Ⅰ. ①乔… Ⅱ. ①顾… ②何… Ⅲ. ①乔行简—人物
研究 Ⅳ. ①K827=442

中国版本图书馆CIP数据核字(2022)第227521号

乔行简家世及生平研究
QIAO XINGJIAN JIASHI JI SHENGPING YANJIU
顾旭明　何 斌 著

策划编辑	陈力杨
责任编辑	张晶晶
责任校对	都青青
封面设计	芸之城
责任印制	包建辉
出版发行	浙江工商大学出版社
	(杭州市教工路198号　邮政编码310012)
	(E-mail:zjgsupress@163.com)
	(网址:http://www.zjgsupress.com)
	电话:0571-88904980,88831806(传真)
排　版	杭州朝曦图文设计有限公司
印　刷	杭州宏雅印刷有限公司
开　本	710mm×1000mm　1/16
印　张	21
字　数	327千
版印次	2023年4月第1版　2023年4月第1次印刷
书　号	ISBN 978-7-5178-5229-2
定　价	96.00元

前　言

南宋(1127—1279)153年国祚,偏安江南一隅,且内困外忧,却"席东南地产之饶,足以裕国",延续了北宋高度发展和空前繁荣的经济文化。建都临安,使长江中下游成为南宋政府的中心区域,尤是两浙路地区社会经济发展列全国首要,某些方面甚至居世界前列。

南宋时期,理学与书院呈现出同频共振之态势。吕祖谦、张栻、朱熹、陆九渊等理学家纷纷创办书院,以书院为阵地"传道立学"。他们秉持"内圣外王"的教育归旨,倡导"明体达用"的理学精神,以"求实学、育实才"为价值追求,为南宋经济社会的发展培育了一大批实用人才。

东阳乔行简,出身平民,为婺学鼻祖吕祖谦高足。他身处动荡不安的社会,自强不息,刻苦学习,科举入仕而致高位,由平民而成为国之栋梁,成为当时下层士人通过不懈奋斗而致显贵的成功样板。南宋历9帝,居相位者65人。乔行简是理宗朝第三任宰相。历史上的宰辅,自古以来即有贤良奸庸之分。在理宗朝的16位宰相中,乔行简与李宗勉、范钟、杜范、赵葵等,列名臣贤相之流。乔行简还是"平章军国重事",位居宰相之上。宋代位列是职的仅8人而已。

乔行简为理宗所倚重。理宗以宁宗远房堂侄身份,在非常尴尬的局面中登上皇位,而这一切的"始作俑者"就是权臣史弥远和有"清流"口碑的郑清之。紧接着"雪川之变"发生,济王冤死,这成为理宗一生都挥之不去的魅影。在这样的背景下,理宗亟须一位可以信赖和依靠的辅臣作为臂膊,以摆脱史弥远的控制,建立起自己的朝纲。乔行简凭借自己"秉朝政而忠人主"的辅政理念,以及沉稳冷静、休休有容的政治涵养和手段,取得了理宗的信任,在理宗临政之初,为南宋的朝廷稳定、经济社会发展和文化繁荣,做出了一位理学志士应有的贡献。理宗称其为"三朝元老,一代鸿儒"。尝大书"股肱稷契,心膂周召"八字,以赐其匾。

由此,以史学专门史进路,研究一位浙江本土士人在南宋社会的奋斗史、官宦史,以期揭示南宋社会对浙江新兴士族形成及对人才成长的影响,应该是一件历史性的任务,也是一件非常有现实意义的工作。

本著共五章、一附录:第一章为乔行简家世研究;第二章至第四章为乔行简生平研究;第五章为对乔行简的历史评价;附录为乔行简年谱(简谱)。

目录

目录

第一章

乔行简家世

一、南宋时期的东阳社会

乔行简,讳宗夏,榜名行简,字寿朋;生于绍兴二十六年(1156),卒于淳祐元年(1241),享寿八十有六。他学于马纯之、吕祖谦之门,登绍熙四年(1193)进士,历官知通州、参政事兼知枢密院事、左丞相、平章军国重事,加少保、保宁军节度使、醴泉观察使,先后封肃国公、鲁国公。他是宋代8位平章军国(重)事之一①,是东阳历史上官衔最高的乡贤,也是金华历史上唯一官至平章军国重事的士人。

南宋153年江山②,偏安一隅,内困外忧,几经兴衰。乔行简一生经历了其半个多时期。他出身平民,身处动荡不安的社会,却自强不息,刻苦学习,科举入仕而至高位,由平民而成为国之栋梁,成为当时下层士人通过不懈奋斗而致显贵的成功样板。当然,乔行简的成功除开自觉的孜孜不倦的努力而外,当时的东阳社会是促成其成长成功的重要外部因素。因此,适当地了解南宋时期的东阳社会,成为我们研究探讨乔行简生平的必需。

12世纪中期,长江中下游成为南宋政府的中心区域,其中又以浙江—苏南、江西、福建等三个为最重要区域③。东阳地处浙中,显然属于这"最重要区域"之

---

① 宋代共有8位平章军国(重)事,王旦、吕夷简、文彦博、吕公著、韩侂胄、乔行简、贾似道、王爚。其中王旦、吕夷简辞而不拜,其余6位平章军国重事为文彦博、乔行简、贾似道、王爚,同平章军国事吕公著,平章军国事韩侂胄。他们地位尊崇,序位均在宰相之上,参与决策三省、枢密院军国重大事务,特别是宋廷主动授予的平章军国(重)事,为政颇值得肯定。见惠鹏飞:《尊崇之"名"到专权之"实":宋代平章军国(重)事制度考述》,《河南大学学报(社会科学版)》2015年第2期,第90—98页。又:吕夷简、吕公著为吕祖谦先祖,但均不算婺州人。

② 南宋自宋高宗建炎元年(1127)始,至宋少帝祥兴二年(1279)止,共153年福祉。

③ 〔美〕包弼德:《历史上的理学》,〔新加坡〕王昌伟译,浙江大学出版社2010年版,第14页。

中。但东阳居山谷之险①,田地与山的面积之比约为七比三②,土地贫瘠③,并非杭嘉湖、宁绍平原那等富庶之地。宋室南渡之后,境内人口增加迅速。据《康熙新修东阳县志》载:宋大中祥符中(约1012),东阳有户27110,丁18734(或记载有误)。绍兴二十四年(1154),户35496,丁76038。可见,宋室南迁占籍东阳者为数不少。到了宝祐元年(1253),东阳有户40498,丁185192④。与绍兴二十四年(1154)相比较,户数虽只增加了5002户,但人口却暴涨了2.4倍。可见在绍兴二十四年(1154)至宝祐元年(1253)的100年时间里,东阳人口激增。而乔行简就生活在这段时间里。人口激增说明当时的东阳社会相对稳定,换而言之,这百年时间是南宋东阳发展最快最好的时期。

尽管绍兴年间入迁东阳的北方人口并不算多,但712户大都是巨族豪门。其中尤以皇室赵公藻家族最为显赫,其家仅仆人即有数百⑤。这些豪门巨族,不但占据东阳当时最好的寺院场馆,于田地也一定拣最好的占据。赵公藻家族就是将中兴寺辟为自己的宅第,其数百口人,必须有上千亩良田将其维系。有资料表明当时的东阳土地兼并严重。南宋开禧年间,东阳有一位名叫陈德高的乡贤,"慕范文正公之义,割腴田千亩,立义庄以赡宗族"。⑥一个义庄,即用良田千亩。可见陈氏家族当时拥有的土地远远不止千亩。开禧三年(1207),浙东提举章燮和东阳县令方猷,没收"邑之豪右王宾"所藏之粮食5万余秤,建东阳社仓以济困穷,而当时官

---

① 明代东阳人卢仲佃在《隆庆五年重修东阳城池记》中说:"东阳当浙江之上游,居万谷中。"南宋东阳令方猷在《请戒饬社仓札子》中说:东阳"土瘠民贫,岁稍艰食,则聚徒党"。以上见[清]党金衡主修:《道光东阳县志》,东阳市人民政府地方志办公室整理,西泠印社出版社2017年版,第53、187页。

② 《康熙新修东阳县志》载:东阳宋元时期田地数量无考,"明初始有定额。洪武二十四年(1391),总计官民田地山塘11281项88亩3分。内田5486项72亩7厘,地1970项80亩2分5厘,山3363项13亩5分,塘461项22亩4分8厘"。从中可以看出,东阳田地与山的面积之比约为7:3。见[清]赵衍主修:《康熙新修东阳县志》,东阳市人民政府地方志办公室整理,西泠印社出版社2018年版,第98页。

③ 张志行《重修东阳公署记》说:"东阳土绵民稠,倍蓰旁县。"绵是单薄的意思;稠为密集之义。见[清]党金衡主修:《道光东阳县志》,东阳市人民政府地方志办公室整理,西泠印社出版社2017年版,第60页。

④ [清]赵衍主修:《康熙新修东阳县志》,东阳市人民政府地方志办公室整理,西泠印社出版社2018年版,第96页。

⑤ 《道光东阳县志》载:"靖康间,高夫人与子忠训郎公藻奉敕侨寓东阳。……自汴来,僮仆数百,亦皆束以法,莫敢逾尺寸。"见[清]党金衡主修:《道光东阳县志》,东阳市人民政府地方志办公室整理,西泠印社出版社2017年版,第570页。

⑥ [清]党金衡主修:《道光东阳县志》,东阳市人民政府地方志办公室整理,西泠印社出版社2017年版,第473页。

至"少傅平章"的乔行简亲自参与了此事①。豪右王宾拥有5万秤粮食,按照一秤100斤计算,即有500万斤。这在一个并不发达的县域里,是一个不小的数目。由此可见,当时东阳良田沃地大都为豪右巨族所占有。

豪右巨族的大量存在,给东阳的治理带来困难。嘉定十一年(1218),乔行简在《方猷生祠记》中说:"东阳大县也,自昔号难治,注邑者辄畏避不敢当。"②这样的畏惧心理在当时主宰东阳的一些县令的记述文字里都能读到。如嘉泰二年(1202)任东阳县令的萧山张孝稡在《续东阳厅事题名记》中说:"邑视古为子男国,令若可以颛焉而行其志。而历仕至此者多病之,非直东阳号难治而不敢向迩也。孝稡寓处萧山,距此不十舍而近,弗量其力,辄身试之,闻者惴焉。"③总之,"东阳号难治"在当时是出了名的,士人们都害怕到东阳来做官。好在南宋期间的东阳官员大都非常认真和努力,都在东阳留下了一些为后人称道的政绩。如庆元初(1195)东阳县令江西人"建漏泽园,经理常平仓",使百姓养生丧死有可依赖;张孝稡"兴学敦化,锄强扶弱,邑内称治";方猷建惠民仓,惠及民生;等等。正是在这些能臣良吏的治理下,南宋东阳社会经济有了较大发展,风化日益趋好。这一点,从尤焴的《宋宝祐东阳县志序》中得到最好的印证。这位时任翰林学士中大夫知制诰兼侍读的官员在该序开篇中即说:

> 余弱冠侍先君宰东阳。东阳时号剧繁,大家巨室多动摇官府,县令鲜以理去者。先君以廉正莅之,勤劳夙夜,无留讼,邑民大和。时邑之内外士类骈集,各抱才气学术,项背相望。或承吕成公之教,或从陈止斋、叶水心为学。大家多创书院,做好饭招延名士,以教乡党子弟。诗书讲

---

① [宋]林静之《开禧东阳社仓记》:"邑之豪右王宾,囊橐诸寇以自肥殖。既伏辜,乃籍其资,大施惠于困穷。余以秤计,尚五万有奇。公(章燮)谋所以经久利民者,今少傅平章乔公时为乡井建社仓之议,而公(章燮)遂力行之。贮之十寺,分东西厢,仿侍讲朱文公条约,颇加诠辑,以遗邑人,实开禧三年(1207)也。"见[清]党金衡主修:《道光东阳县志》,东阳市人民政府地方志办公室整理,西泠印社出版社2017年版,第186页。
② [清]党金衡主修:《道光东阳县志》,东阳市人民政府地方志办公室整理,西泠印社出版社2017年版,第139、102、12页。
③ 同上。

诵相闻,旁郡他邑不及也。①

尤焴的父亲尤檠于庆元二年(1196)任东阳令,当时只有7岁的尤焴曾跟随父亲来到东阳。当时东阳风气已经开始好转,"士类骈集,各抱才气学术""大家多创书院,以教乡党子弟""诗书讲诵,旁郡他邑不及"。尤翰林制诰的笔法十分洗练精当,寥寥数语即将庆元年间东阳风气写尽。近60年后的宝祐二年(1254)七月,他又来到东阳。此时的东阳已成为"山川人物"之大都。当年在家等候选调的乔行简、葛洪二公,早已成为朝廷重臣。总之,从庆元年间(1195—1200)至宝祐年间(1253—1258)的这60多年,是南宋东阳社会发展的黄金时期。

而推其功劳则归于崇学兴教。首先是政府对官学的重视,南宋的东阳县学得到很好的发展。庆历初(1041),皇帝下诏"府州县以次立学校,置教授员"。9年后的皇祐元年(1049),知县鲍安上开始建设东阳学宫,其规模大约只可容纳数十名学生读书。其后屡有修葺。绍定三年(1230),知县赵与懬以定光寺废产置学田。绍定四年(1231),又以讲堂东楹为先贤祠,西楹为吕成公(吕祖谦)祠。

县学的规模是远远不能满足当时东阳百姓求学需求的。南宋东阳人才勃兴,应当归功于私学的发达。当时南迁巨族为了培养家族后代,首先投入到创办私学的活动中去。最著名的皇族赵公藻家族,率先在东阳中兴寺办起了友成书院,并邀请当时的大儒吕祖谦任师席。吕祖谦不但是婺学首庸,也是南宋婺州私学的实际发起人。这可以从众多的关于吕祖谦从事教育的记载中找到印证。乾道三年(1167)前后,吕祖谦在丽泽书院有学子千余人,明招学子又有300人,加起来有1300多人。②而朱熹从乾道三年(1167)至淳熙八年(1181)15年时间里,才招收学生49名。③吕祖谦当时以科举业教学生为主。淳熙四年(1177),吕祖谦弟子东阳李诚之举人夺魁。此时,吕祖谦已经遣散身边的学生,专意为学。但对李诚之举人夺魁,吕祖谦还是十分高兴。他在《与学者及诸弟书(一七)》中曾说:"李茂钦作

---

① [清]党金衡主修:《道光东阳县志》,东阳市人民政府地方志办公室整理,西泠印社出版社2017年版,第139、102、12页。

② 曾任丽泽书院山长的时少章在《书王木叔秘监文集后》这样记述:"往时东莱先生讲道金华……诸生是时四方来学者常千余人。"见[元]吴师道:《敬乡录》卷一一(第451册),《文渊阁四库全书本》,上海古籍出版社1987年版,第384页。

③ 〔美〕田浩:《朱熹的思维世界》,台北允晨文化实业股份有限公司1996出版,第129页。

魁,大可喜。年来为学有意向者,多为侪辈笑侮,往往不能自立。因此,可稍强其志气。虽学不待外,然就渠地步上说,事殊有补尔。又可使世俗知本分为学者,初不与科举相妨,所系殊不小也。"①因此,吕祖谦的友成学子,如李诚之、乔梦符、陈黼、葛洪、乔行简、倪千里,以及赵公藻的儿子赵彦稹、赵彦柜等,都由科举入仕。是为南宋东阳第一波人才高峰。

在皇族豪门热衷私学的同时,东阳地方新兴士族也意欲凭借科举制度来壮大巩固自己的家族地位。对于这方面的深层次原因,南宋绍兴人陆游在《东阳陈君义庄记》一文中交代得很清楚:"若推上世之心,爱其子孙,欲使其衣食给足,婚嫁以时。欲使之为士,而不欲使之流为工商,降为皂隶。"让自己的子孙成为士人,成了当时东阳地方家族的一致追求,这才是东阳私学勃兴的真正原因和动力。长衢郭氏家族成为这方面的典范。郭家当时先后办起了石洞书院、西园书院、南湖书院、高塘书院、青溪书院、籯金书院、洛阳书院等,其中以石洞书院最为著名。陈亮在《郭德邻哀辞》一文中说:"往时,东阳郭彦明徒手能致家资巨万,服役至数千人,又能使其姓名闻十数郡,此其智必有过人者。"②

郭德邻即郭良臣,西园书院创办人,郭彦明是他的父亲。郭彦明"徒手能致家资巨万,服役至数千人",是一个大能人。陈亮在这里留下一个最大的问题,就是没有交代清楚郭彦明靠从事何种事业致家资巨万的。从"服役至数千人"这一句话来分析,郭彦明从事的不可能是农业或者商贸,最大可能是开采银矿。据清李秀会《史学节要类编》载:"理宗宝庆三年(1227),东阳昆山矿贼金镛作乱,诏殿中御史潘顺琼讨平之,遂留镇。"李秀会注曰"吾邑昆山银矿,众所共涎,且在诸暨界"③。开采银矿需要大量劳动力,所以才需要"服役至数千人"的规模,而且又赚钱。但银矿开采一般由国家管理,郭氏或许取得了政府许可,却无从考证。总之,郭氏兄弟凭借自己的本事成为当时东阳本土士族"富后好办其学"的楷模。以石洞书院为代表的由当地家族创办的书院兴起,吸引了朱熹、吕祖谦、魏了翁、陆游、

---

① [宋]吕祖谦:《吕东莱文集》第三册,中华书局1985年版,第131页。
② [清]党金衢主修:《道光东阳县志》,东阳市人民政府地方志办公室整理,西泠印社出版社2017年版,第189、215、473、584、215、265—271、286—289页。
③ [清]李秀会:《史学节要类编》卷一一,载赵一生:《东阳丛书》第十四册,浙江古籍出版社2015年版,第233页。

叶适等一大帮当时的著名学者文人来到东阳。①这给东阳社会带来理学思想和崇文风气,也为南宋东阳人才的勃兴准备了条件。

据《道光东阳县志》载,有宋一代,东阳有文举进士142人,有武举进士71人,文武两举之进士213人。其进士数量居周边各县之首。宋代东阳文举进士每榜有1至2人及第,其进士数量占全国总数的0.33%;武举进士数量占全国总数的0.61%,自南宋绍熙元年(1190)至咸淳四年(1268)的78年间,厉仲方、周师锐、杜幼节、俞葵、俞仲鳌5人相继武状元及第,②在县学前(黉门前)建有他们的状元坊。详见图1-1、图1-2。淳熙年间和绍熙年间,是东阳科举中式的第一波高峰,乔行简及其吕氏同门乔梦符、陈黼、葛洪、倪千里、赵彦柜、李大有等,都在这时期先后进士及第。

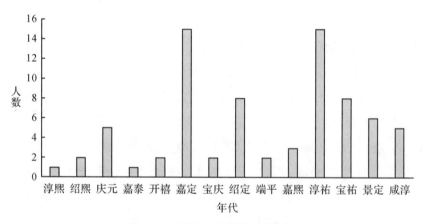

图1-1　东阳南宋武科进士统计表

---

① [清]党金衡主修:《道光东阳县志》,东阳市人民政府地方志办公室整理,西泠印社2017年版,第189、215、473、584、215、265—271、286—289页。
② 同上。

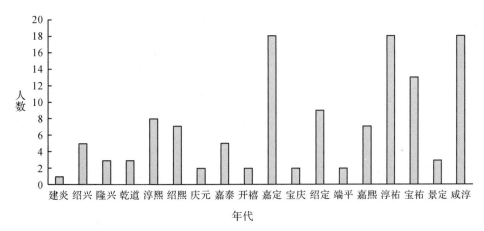

图1-2　东阳南宋武科进士统计表

南宋东阳新兴士族凭借科举入仕迅速崛起,这改变了当时东阳社会的结构。清道光十二年(1832),浙江布政使陈銮在《道光东阳县志序》中说:"东阳,婺之望县,其佳山水久称于六朝齐梁之间。唐以后,人材蔚兴。宋之南迁,理学弥盛,流风渐被,俗以寖美。"[①]陈銮这里把东阳自六朝至唐代,至宋代的历史文化特点概括得很是到位。东阳山水之美称于六朝,至唐,则人材蔚兴;至南宋则理学弥盛,而风俗寖美。可见,东阳古代之人才蔚起,发自唐代。据《东阳道光县志》等史志载,唐时的东阳城内即有"厉氏、舒氏、滕氏、冯氏"家族名噪于世。[②]自隋唐创科举之制始,东阳人才迭兴,更使氏族聚落兴衰更替,然以血缘为纽带的氏族聚居格局始终如一。唐代冯宿、冯定家族人称"兄弟两尚书、祖孙九进士"。其宅第冯家楼旧时"高楼画槛照耀人目,其下步廊几半里……"厉文才家族一门十二进士,聚居夏山之麓夏程里墅。滕氏家族先后七人中进士,红极一时。至宋代,冯氏、厉氏、滕氏、舒氏随之衰落。

南宋后期,东阳城内有"四名家"之称,即"东李""西乔""南俞""北杜"。其均

---

① [清]党金衡主修:《道光东阳县志》卷一,东阳市人民政府地方志办公室整理,西泠印社出版社2017年版,第7页。

② 吴立梅:《东阳老城的"四名家"和"六族"》,载《东阳文史资料选辑》第30辑,2011年6月,第391—396页。

以仕宦众多闻名。[①]

"东李",即"桂坡李",系唐宗室之裔。始祖李舍(1045—1121),自福建避居睦州,于北宋元祐庚午(1090)迁居东阳城内南门积庆坊里仁里,邑内后裔衍为桂坡、木香两支。桂坡李氏居城内东北隅新安街,始迁者为李舍玄孙李侃(1122—1180)。后裔最著者为李侃幼弟李侍次子李诚之。他受业于吕祖谦,乡举、太学舍选皆第一,蕲州守将,祖孙、父子、翁媳一门俱抗金殉国,追赠朝散大夫秘阁修撰,封正节侯。东阳有褒忠祠奉祀之。南宋时桂坡李氏有进士5人,其中李侃长子李大有太常博士,次子李大同工部尚书、金华开国伯。

所谓"西乔",不仅仅指峨豸乔梦符家族。这里应该是峨豸西乔与孔山东乔的合称。仅南宋"西乔"有进士10人。其中孔山乔氏乔行简先后官至右丞相、左丞相,晚年至平章军国重事,封鲁国公,是东阳历史上官阶最高的士人。峨豸乔氏乔梦符为监察御史。

"南俞",即城南崇德里,今上梓城巷一带的武状元俞仲鳌家族。"南俞"东阳迁世祖为监察御史俞文杰(1055—1133)。俞氏在南宋时,有文武进士10余人,名人有敷文阁待制俞献可、兵部尚书俞惠、兵部尚书加都统大元帅俞伯旭、福州刺史俞玘。其中,俞葵登景定三年(1262)武科状元、俞仲鳌登咸淳四年(1268)武状元,俞仲鳌为俞葵胞兄俞兰长子,叔侄俩先后登武状元,成为东阳科举史上的佳话。

"北杜"即岘北杜氏杜幼节家族。其始迁祖为宋代杜必达。"北杜"簪缨不绝,官宦众多。最著者为嘉定十六年(1223)癸未科武状元杜幼节(1206—1273)。东阳城内后街有为其建造的状元坊,杜幼节是东阳1300年的科举史上,唯一中了武状元后又中文进士之名人。杜幼节以后,其兄弟、堂兄弟杜幼伟、杜幼丙、杜幼常、杜幼存、杜幼垢相继中文武进士,侄辈杜仕贤登咸淳乙丑(1265)武进士。40余年间7人成进士,家族因而显耀。

---

① 吴立梅:《东阳老城的"四名家"和"六族"》,载《东阳文史资料选辑》第30辑,2011年6月,第391—396页。

二、吴宁乔氏流源

关于东阳(吴宁)乔氏流源,《吴宁乔氏咸淳丙寅谱序》载:

> 乔氏本鲁人。上世有桥庇者,受《易》商瞿,子孙以儒学多至大官。
> 其后有仕字文周者,始去木为乔。予家始祖德彰公,赠太师,自汴梁南渡
> 居东阳之双岘,置孔山。府君三代皆业儒,俱赠太师。迨至行简公,显为
> 金华著姓。①

该《吴宁乔氏咸淳丙寅谱序》,为乔行简曾孙乔师颐撰于咸淳六年(1270),为
东阳乔氏裔孙亲笔。这段文字,对乔氏流源交代虽比较粗疏,但它告诉人们,东阳
乔氏出自鲁国(今山东一带)。大约在春秋战国的时候,有个叫桥庇的乔氏先祖,
师从当时大儒商瞿学《易》。关于桥庇,《汉书·儒林传》有载:"自鲁商瞿子木受
《易》孔子,以授鲁桥庇子庸。子庸授江东馯臂子弓。"②可见,桥庇字子庸,受《易》
学于孔子的弟子商瞿。商瞿是个名人,《史记·仲尼弟子列传》载:"商瞿,鲁人,字
子木,少孔子二十九岁。孔子传《易》于瞿。"③商瞿比孔子小29岁,喜好《易》,孔子
就传授《易》给他。商瞿的造诣胜过子夏,是孔门传道者之一。因此,桥庇应是春
秋战国时期鲁国人。因为桥庇好《易》,又从孔门商瞿学,所以其子孙多有以儒学
致仕者。后来,出了一个叫桥仕字文周的人,去"木"为乔。自此之后,原先的桥
氏,就变成乔氏。也就是说,乔氏原姓"桥",是带"木"的。到桥文周一代,才去
"木"为乔。

唐天复年间,一位叫乔德彰的人,自汴梁南渡来东阳,居东阳双岘峰下。这位
曾赠太师的乔德彰便是该《谱序》作者乔师颐家族的迁东阳始祖。据《吴宁乔氏宗

---

① [宋]乔师颐:《吴宁乔氏咸淳丙寅谱序》,载乔延藩,等:《吴宁乔氏宗谱》卷一,民国二十二年(1933)版。
② [汉]班固:《汉书》,[唐]颜师古注,中华书局1962年版,第3597页。
③ [汉]司马迁:《史记·仲尼弟子列传》,[南朝宋]裴骃集解,[唐]司马贞索隐,[唐]张守节正义,中州古籍
　出版社1991年版,第366页。

谱》卷之四《世行传》载：

> 始祖，讳德彰，字雅圭。承事郎，赠太师。系唐天复时自汴梁来牧东阳，爱本邑土风淳朴，山水优胜，遂占籍于邑西城之峨豸坊，是为乔氏之鼻祖。①

可见，乔彰德(873—954)，新丰人(陕西临漳)，天复二年(902)，以承事郎任东阳令，后占籍东阳。乔彰德为东阳乔氏之迁世祖。

其实较早记录吴宁乔氏流源的是南宋大史学家李心传②。他在淳祐元年(1241)撰写的《宋太师平章鲁国公文惠乔公圹记》中有说：

> 乔氏本鲁人。上世有乔(桥)庇者，受《易》商瞿，子孙以儒学多至大官。其后有仕字文周者，始去木为乔。今居东阳者，望出梁国。其先讳德彰，字雅圭者，自汴梁来牧东阳，遂占籍于邑城。③

30年后，乔师颐在撰写《吴宁乔氏咸淳丙寅谱序》时，关于东阳乔氏流源的文字，几乎全盘照抄李心传撰的东阳乔氏流源说法。李心传是当时的一位大史学家。虽然他作传"常重川蜀，而薄东南之士"，但对当朝丞相乔行简还是很敬重的。乔行简薨于淳祐元年(1241)，他即为乔行简作了长篇圹记。记中不乏溢美词，如"尝论公之为人，殆《书》所谓'休休有容'，孟子所谓'好善优于天下者'。故其爱君子，唯恐不致；疾小人，不为已甚。世或以泛爱议公，而不知其所就者大也。时虽

---

① 乔廷藩，等：《吴宁乔氏宗谱》卷四，民国二十二年(1933)版。
② 《宋史》载：李心传，字微之，宗正寺簿舜臣之子也。庆元元年荐于乡，既下第，绝意不复应举，闭户著书。晚因崔与之、许奕、魏了翁等合前后二十三人之荐，自制置司敦遣至阙下。为史馆校勘，赐进士出身，专修中兴四朝帝纪。甫成其三，因言者罢，添差通判成都府。寻迁著作佐郎，兼四川制置司参议官。诏无入议幕，许辟官置局，踵修十三朝会要。端平三年成书。召赴阙，为工部侍郎。……心传有史才，通故实，然其作吴猎、项安世传，褒贬有愧秉笔之旨。盖其志常重川蜀，而薄东南之士云。见[元]脱脱、阿鲁图，等：《宋史》卷四三八《列传》第一九七《儒林(八)》，钦定书库全书本。
③ [宋]李心传：《宋太师平章鲁国公文惠乔公圹记》，载乔廷藩，等：《吴宁乔氏宗谱》卷一〇，民国二十二年(1933)版。

多故,一意为民,有道之铭,庶几无愧"。①这些评价并非李心传出于对乔行简官阶权势可畏而作的违心之论,而是李心传出自对乔行简"夙荷公知"的知遇之恩。由此论,史学大家李心传之言,有一定可信之处。

表1-1　李心传版吴宁乔氏先祖流源一览表

姓名	朝代	事迹	备注
	望出梁国		
桥　庇	春秋战国	跟商瞿学《易》	鲁国人
桥文周		去木为乔	
乔德彰	唐末,天复二年(902)	自汴梁来牧东阳	吴宁乔氏迁世祖

由此可见,《吴宁乔氏咸淳丙寅谱序》关于东阳乔氏流源采用的是南宋史学大家李心传的说法,即乔氏本鲁国人,春秋末年鲁国有乔庇,从商瞿学《易》。后来有乔文周者,改"桥"为"乔"。东阳乔氏,出自梁国。唐末有乔德彰者,自汴梁来东阳任知县,其子孙后代即在东阳繁衍。这样的说法几成东阳乔氏共识。

不过,明代史学大家宋濂对此则有自己的考证。其说令人耳目一新。宋濂在《吴宁乔氏洪武辛亥谱序》中云:

> 余至汴京,获睹乔氏之谱。(其祖)始于黄帝第十六子封于镐,因河水冲天,艰于游玩,遂筑桥以跨河。后子孙因氏焉。至周武王伐商,有桥宏者先率六军,亲破营垒,有勋于国,遂拜大司马,赐姓曰乔,遂去其木。至汉兴,有孙曰干机者,任至春坊中允,后升大中大夫、殿中御史,封弋阳侯。爰至光武,仍用旧臣,子孙又曰珏、曰璇、曰理者,俱就殿中御史丞,参谋国政。其国大治。至唐高祖,始徙于新丰,有十四世孙,讳嘉禾者,辅相高祖,授柱国大将军,封蠡侯。至唐末,唐有旧臣曰德彰者,来牧婺之东阳,后子孙因居也。至宋,有讳嘉言者,仕至殿中侍御史,开府仪同三司,封太子少保。(嘉言)生梦符,登淳熙乙未(1175)进士,官至监察

① [宋]李心传:《宋太师平章鲁国公文惠乔公圹记》,载乔延藩,等:《吴宁乔氏宗谱》卷一〇,民国二十二年(1933)版。

御史。^①

宋濂版吴宁乔氏流源,与李心传版有明显不同之处。首先,宋濂把乔氏始祖界定为黄帝第十六子。这个黄帝第十六子被封在一个叫镐的地方。镐后来成为西周国都,所以后来有镐京,即现今陕西省西安市西南一带。他非常聪明,看到河水冲天,人们不能到河的对岸去游玩,便筑起了桥梁以跨河,使大家于洪水泛滥季节,也能通过桥梁到河对岸去游玩。这大约就是中国桥梁最早的发明。宋濂文中有"后子孙因氏焉"之说。也就是说,乔氏得姓确实与桥的发明有关,而且得姓之初为"桥"。直到周武王时代,有一个叫桥宏的人,率六军破营垒,建功勋于国,被拜为大司马。周武王便赐姓为乔,这样,桥氏便去木为"乔"了。

这样看来,宋濂在汴京看到的乔氏宗谱记载,乔氏得姓始祖是皇帝第十六子,在镐的地方发明了桥梁,于是他的子孙便以"桥"为姓。到周武王时期的桥宏,才改"桥"为"乔"。在乔氏得姓始祖这个问题上,宋濂是有过详细考证的。而不像李心传,对乔氏得姓始祖,只说个囫囵:"乔氏本鲁人。上世有乔庇者,受《易》商瞿,子孙以儒学多至大官。其后有仕字文周者,始去木为乔。"宋濂对去木为乔后的乔氏先祖,也做了比较详细的介绍。

现根据宋濂说,把吴宁乔氏先祖流源列表如下,如表1-2所示。

表1-2　宋濂版吴宁乔氏先祖流源一览表

姓名	朝代	事迹	备注
黄帝第十六子	黄帝时代	发明桥梁于镐,得姓"桥"	乔氏一始祖
桥　宏	周武王时代	大司马,建功勋而去木为"乔"	
乔干机	汉代	大中大夫、殿中侍御史,封弋阳侯	
乔珏	汉光武帝时代	殿中侍御史丞	
乔璇	汉光武帝时代	殿中侍御史丞	
乔理	汉光武帝时代	殿中侍御史丞	
乔嘉禾	唐高祖时代	柱国大将军,封蠡侯。徙新丰	乔氏十四世祖
乔德彰	唐末	东阳知县,承事郎,赠太师	吴宁乔氏迁世祖

---

① [明]宋濂:《吴宁乔氏洪武辛亥谱序》,载乔廷藩,等:《吴宁乔氏宗谱》卷一,民国二十二年(1933)版。

宋濂这个版本,对乔氏得姓之祖,以及吴宁乔氏迁始祖,交代得清楚明白。

由此,关于吴宁乔氏渊源和流源有南宋李心传和明代宋濂两个版本。这两个版本的不同处,一是关于乔氏得姓祖,李心传版没有交代清楚,只是囫囵地说"本鲁人"。宋濂对此介绍比较详细,乔氏得姓祖为黄帝第十六子,而且发祥地不在鲁而在镐。但春秋战国时期的桥庇是鲁人,并非没有根据。按宋濂版记述"至周武王伐商,有桥宏者先率六军,亲破营垒,有勋于国,遂拜大司马"。据《史记·鲁周公世家》记载,武王这次行动由"周公辅行",灭商以后,因周公功劳巨大,被封曲阜为鲁公。尽管周公当时没有接受敕封,但他的长子伯禽代为受封,成为鲁公。①而大司马桥宏完全有可能是周公的麾下,因此他随周公的儿子伯禽到了鲁国。而桥庇者,很有可能就是桥宏之后裔,因此,李心传称乔氏"本鲁人"也并非没有根据。虽然没有可靠的文字加以证明,但这样的假设还是比较合理的。

二是李心传版认为去木为"乔"者是桥文周,而宋濂版则认为是桥宏。桥宏是周武王时代人,周武王是西周王朝的开国君主。因此大司马桥宏比易学家桥庇要早。据《元和姓纂》及《万姓统谱》载,相传黄帝死后葬于桥山(在今陕西省黄陵县城北),子孙中有留在桥山守陵看山的,于是这些人就以山为姓,称为桥氏。桥氏改为乔氏,大约是在南北朝时的魏时期。据桑君编纂的《新百家姓》载,东汉时有太尉桥玄,其六世孙桥勤在北魏任平原内史。北魏末年,魏孝武帝不堪忍受宰相高欢专权,逃了出来。桥勤随孝武帝投奔至宇文泰的西魏。一天,宇文泰心血来潮,叫桥勤去掉"桥"中之木,变成"乔",取其高远意。桥勤无奈。从此,改"桥"为"乔",世代相传下去,这就是陕西乔姓的由来。史称乔氏正宗。至于李心传记中之乔文周,是否就是北魏时的乔勤,似乎无资料可加以考实。当然,是谁去木为乔,只能各家杂陈,姑妄听之。令人费解的是,《吴宁乔氏民国宗谱》为什么不采信宋濂之说。

总之,综合李、宋两家之说,关于乔氏流源脉络为:乔氏得姓之祖为黄帝十六

---

① 《史记·鲁周公世家》载:"周公旦者,周武王弟也。自文王在时,旦为子孝,笃仁,异于群子。及武王即位,旦常辅翼武王,用事居多。武王九年,东伐至盟津,周公辅行。十一年,伐纣,至牧野,周公佐武王,作牧誓。破殷,入商宫。已杀纣,周公把大钺,召公把小钺,以夹武王,衅社,告纣之罪于天,及殷民。释箕子之囚。封纣子武庚禄父,使管叔、蔡叔傅之,以续殷祀。遍封功臣同姓戚者。封周公旦于少昊之虚曲阜,是为鲁公。周公不就封,留佐武王。……周公卒,子伯禽固已前受封,是为鲁公。"[汉]司马迁:《史记》卷三三《鲁周公世家(第三)》,文渊阁《四库全书》本。

子,始姓桥。后于西周时期,有桥宏者为武王大司马,因功勋去木为乔,并随周公之子由镐迁鲁。或说由魏晋时期桥文周者,为大儒桥庇之后,去木为乔。至唐末,有乔德彰者为东阳令,遂占籍东阳。尽管关于乔氏得姓祖及郡望,李、宋二人有不同说法,但关于东阳乔氏迁世祖是乔德彰的说法却是一致。

然而,关于乔德彰因作牧而占籍东阳,除《吴宁乔氏宗谱》有记载外,《康熙新修东阳县志》和《道光东阳县志》两志均不见其文字。据现存由乔廷藩等编撰于民国二十二年(1933)的《吴宁乔氏宗谱》卷四《世行传》载,乔德彰,字雅圭,生于唐懿宗咸通十四年(873)十月,卒于后周显德元年(954)七月,享年82岁,为承事郎,赠太师。唐天复二年(902)乔德彰任东阳令,占籍于东阳城西峨岈坊。娶妻吴氏,生乔天史、乔天谱二子。

二世行一乔天史,生于后梁龙德元年(921)二月,娶妻金氏,生一子乔济仁,卒于宋太宗淳化五年(994)六月,享年74岁,为承事郎。二世行二乔天谱,生于后唐同光二年(924)九月,娶妻陈氏,生四子:乔济美、乔济义、乔济德、乔济礼,卒于宋咸平五年(1002),享年79岁,为承事郎。

三世行二乔济美,生于宋开宝七年(974)二月,娶妻许氏,生二子乔应元、乔应璿,承事郎,卒于至和二年(1055)五月,享年82岁。乔应元生乔永禄,乔永禄为吴宁乔氏峨岈派鼻祖。乔永禄生乔梦符,乔应元生乔幼闻。三世行五乔济礼,生于宋雍熙三年(986)六月,娶妻赵氏,赠太师冀国公,卒于嘉祐三年(1058)六月,享年73岁。乔济礼生乔应禄,乔应禄生乔永尧,乔永尧生乔梦森,乔梦森生乔行简,是为东阳孔山乔氏播衍路径。

金元庆在清顺治九年(1652)撰写的《乔氏重建祠堂记》中说:

> 故吴宁称名家有四,乔氏其一也。时侍御公居峨岈为西乔,而文惠公居孔山为东乔。高曾数世,皆赠公师之爵。二公之鸿猷骏烈,彪炳帮家。故国祀与家祀并隆。而孔山与峨岈,咸有大宗小宗之庙蒸。[1]

金元庆这段文字,告诉我们两个史实。一是南宋后期,东阳乔氏为吴宁四名

---

[1] [清]金元庆:《乔氏重建祠堂记》,载乔廷藩,等:《吴宁乔氏宗谱》卷一,民国二十二年(1933)版。

家之一。当时的所谓四名家即"东李、南俞、西乔、北杜"，此为坊间之论，但足以说明乔氏家族之显赫。一是乔梦符居峨豸为西乔，乔行简居孔山为东乔。西乔与东乔在庙堂蒸祼，即祭祀时经常出现大宗小宗之争。但从吴宁乔氏世系图排行看，所谓大宗者，即嫡长子之后。而西乔、东乔都称不得大宗，因为他们皆出于二世行二乔天谱，并非长房嫡长子二世行一乔天史之后。即便从二世行二乔天谱开始排行，西乔为三世行二乔济美之后，东乔则是三世行五乔济礼裔孙。行二与行三都属小宗，只是大小房之分，非大小宗之分。

三、峨豸西乔乔梦符家族

宋濂《吴宁乔氏洪武辛亥谱序》载：

> 至唐末，唐有旧臣曰德彰者，来牧婺之东阳，后子孙因居也。至宋，有讳嘉言者，仕致殿中侍御史，开府仪同三司，封太子少保。（梦符）子幼闻，登绍定己丑（1229）进士，拜枢密使。（梦符子）宗亮，登嘉熙二年（1238）武进士，授武功大夫，两淮都总官。孙曰侣孙，亦登进士，历官中省右司朝议大夫。而梦符从子曰行简，登绍熙四年（1193）进士，历官至平章军国重事，拜左丞相，封太师、鲁国公。生元龙，登嘉定辛未（1223）进士，官至通直郎。[①]

宋濂该谱序比较详细地介绍峨豸西乔乔梦符家族世系。据《吴宁乔氏宗谱》载，乔德彰生二子，乔天史、乔天谱。两人皆为承事郎。承事郎是散官名号，北宋开始设置，前期为正八品下文散官。神宗元丰三年（1080）后置为新寄禄官，正九品，以取代旧寄禄官大理评事。[②]乔天史生子一，名乔济仁。乔天谱娶妻陈氏，生有四子：乔济美、乔济仪、乔济德、乔济礼。乔济美与族兄乔济仁一样，也在朝中

---

① 〔明〕宋濂：《吴宁乔氏洪武辛亥谱序》，载乔廷藩，等：《吴宁乔氏宗谱》卷四，民国二十二年（1933）版。
② 〔日〕日中民族科学研究所编：《中国历代职官辞典》，向以鲜、郑天刚译，中州古籍出版社1987年版，第68、62页。

混了个承事郎之类的小官。而乔济仪、乔济德、乔济礼则为布衣。承事郎乔济美娶妻许氏,生二子乔应元、乔应璿。乔应元也为承事郎,娶妻张氏,生有四子:乔永荣、乔永华、乔永禄、乔永玘。

吴宁乔氏第五世行六乔永禄,字正伦,榜名嘉言,生于元符己卯(1099)七月初八酉时,卒于淳熙丙午(1174)九月廿五辰时,登乾道五年乙丑(1169)进士第,历官至殿中侍御史,封少保,赐紫金光禄大夫。《书·周官》云:"少师、少傅、少保曰三孤。"孔传云:"孤,特也。言卑于公,尊于卿,特置此三者。"少保是卑于三公,尊于众卿的官,官阶很高①。据《吴宁乔氏宗谱》卷四《世行传》及宋濂《吴宁乔氏洪武辛亥谱序》,乔嘉言应是乔氏迁东阳后第一位位列近三公的大官。可是考之《康熙新修东阳县志》和《道光东阳县志》,乔嘉言并非进士。《康熙新修东阳县志》将乔嘉言列入《封荫》条目:"乔嘉言:梦符父,赠封为详。本宗谱'初官少保,赐紫金光禄大夫',不言何赠。"②《道光东阳县志人物志(二)·封荫》:"乔嘉言:梦符父,赠朝奉郎。"③朝奉郎只是正七品文散官,与从一品的少保官阶相差太大。而以上两志均不见乔嘉言登进士第的记载,可见《吴宁乔氏宗谱》和宋濂《吴宁乔氏洪武辛亥谱序》中关于乔嘉言身份的信息,只能姑妄听之。

乔嘉言娶妻何氏,生三子:乔梦桃、乔梦李、乔梦符。乔嘉言第三子乔梦符,字世用,生于建炎庚戌(1130)十月初三亥时,卒于嘉定癸酉(1213)二月初二巳时。尝从吕成公(吕祖谦)学,作《不欺论》,成公奇之。登淳熙二年乙未(1175)詹骙榜进士,知徽州。县有大逵当水冲,每遇霖潦居人苦之,公为筑堤凿渠,人免水患,号乔公街。累迁大理正,奉旨鞫讯郭倬宿州狱,不畏权势,狱具,除监察御史,赠中奉大夫。著有《西岘类稿》十卷。妻钱氏、何氏、傅氏,生五子:乔宗礼、乔幼闻、乔宗忠、乔宗亮、乔宗廉④。

关于乔梦符,《道光东阳县志》有载:

---

① 〔日〕日中民族科学研究所编:《中国历代职官辞典》,向以鲜、郑天刚译,中州古籍出版社1987年版,第68、62页。

② [清]赵衍主修:《康熙新修东阳县志》,东阳市人民政府地方志办公室整理,西泠印社出版社2018年版,第327页。

③ [清]党金衡主修:《道光东阳县志》卷一,东阳市人民政府地方志办公室整理,西泠印社出版社2017年版,第355页。

④ [明]宋濂:《吴宁乔氏洪武辛亥谱序》,载乔廷藩,等:《吴宁乔氏宗谱》卷四,民国二十二年(1933)版。

　　乔梦符,字世用。少从吕祖谦游,作《不欺论》,谦甚奇之。淳熙二年(1175),登进士。知歙县,有大逵当水冲,居民岁苦霖潦,梦符为筑堤凿渠,人免水患,号乔公街。守潮阳,宰相荐士十九人,以梦符为首。改六院差遣,寻迁大理正。奉旨鞫郭倬狱于宿州,不畏权势,进监察御史。著有《西岘类稿》十卷。[①]

　　这段文字与《吴宁乔氏宗谱》的记载基本上相同,只不过多了几个细节。如"守潮阳,宰相荐士十九人,以梦符为首。改六院差遣,寻迁大理正"。

　　乔梦符中进士后,首知歙县,歙县属皖南多雨区。逵是指四通八达的道路,因此,"大逵"者即大路也。一个多雨地区的县城,其大路正当水冲,即水流的正面。这样的道路规划设置显然不合理。因此,每年雨季老百姓便行路难,被水患搞得不安宁。于是乔知县带领大家筑堤凿渠,拒洪排涝,使居民免于水患。这条街被当地百姓称为"乔公街"。郭倬是曾经把持南宋朝廷军事的郭氏军事集团干城枢密院都统制郭浩的孙子,"开禧北伐"统帅郭倪的弟弟,开禧二年(1206)前任建康都统,北伐前夕调任池州都统。在宋金宿州战役中,郭倬兵败,并将手下勇将田俊迈缚送金营。事后,郭倬理受到追责。而审理郭倬案的就是当时任大理正的乔梦符。可见,乔梦符从大理正,升任到监察御史,是靠他不为权势、秉正执法奋斗出来的。

　　关于乔梦符学术,《道光东阳县志》也有载:

　　其(赵彦禯)父公藻,侨居邑南,嘉其志,特创友成书院于溪东,延东莱吕祖谦以兴起后进。时东莱之门,李诚之、乔梦符以《易》鸣,陈黼、葛洪以《书》鸣,乔行简、马壬仲以《三礼》鸣,倪千里以《诗》鸣,于《春秋》则推禯昆季。[②]

---

① [清]党金衡主修:《道光东阳县志》卷一,东阳市人民政府地方志办公室整理,西泠印社出版社2017年版,第411、427、412—413页。
② 同上。

可见乔梦符与葛洪、乔行简、李诚之等,在赵彦稜父亲赵公藻创设的友成书院,从吕祖谦学。在吕祖谦众多的东阳籍弟子中,乔梦符与李诚之以《易》学为特长。《宋元学案》卷七十三《丽泽诸儒学案》载:

> 乔梦符,字世用,东阳人。尝从东莱学。淳熙二年进士,知歙县。有大逵当水冲,居民岁苦霖,先生为筑堤凿渠,人免水患,号乔公街。后除大理正,奉旨鞠郭倬狱于宿州,不畏权势,进监察御史。①

《宋元学案》列乔梦符于吕祖谦丽泽学子,对其学术只有"尝从东莱学"一语。而对其政绩则与《道光东阳县志》所载相近。

乔梦符生有五子,其第二子乔幼闻,生于绍熙壬子(1192)八月十日卯时,卒于德祐乙亥(1275)七月初九酉时。登绍定二年(1229)己丑黄朴榜进士,仕至宗正丞。②《道光东阳县志》有载:

> 乔幼闻,梦符子,字择善。登绍定进士,知池州青阳县,以治办称。留耕,王公材之。暇时举行乡饮,仪文灿然,士益知劝。旋知台州,丁岁大祲,招籴劝分,饫饥药病,虽凶而不害。讼牒山积,剖决川流。约盈拾漏,用度无乏。史丞相专国,幼闻乞祠。去之日,合城遮留,老稚有泣下者。被诬削秩,复朝奉郎,转中奉,权知常州。卒。有文集三十卷。③

这段文字十分简洁,但它信息量极大。它至少告诉我们关于乔幼闻为官三个阶段的大概经历。(1)知青阳县。乔幼闻绍定二年(1229)登进士第后,首知青阳县。青阳县是安徽省池州市辖县,位于长江中下游南岸、皖南山区北部。乔幼闻在青阳任上,首倡"留耕"。"留耕"的意思就是节约耕地。青阳耕地只有十分之一,十分稀缺。故而"留耕"之举意义非凡。在知青阳县空暇之时,乔幼闻便与大家一

---

① [清]黄宗羲原著,[清]全祖望补修:《宋元学案》第三册卷七三《丽泽诸儒学案》,陈金生、梁运华点校,中华书局1985年版,第2438页。
② 乔廷藩,等:《吴宁乔氏宗谱》卷之四,民国二十二年(1933)版。
③ [清]党金衡主修:《道光东阳县志》卷一,东阳市人民政府地方志办公室整理,西泠印社出版社2017年版,第411、412—413、427页。

起举行乡饮酒仪。(2)知台州。"大浸",即严重歉收,大饥荒。乔幼闻知台州第四年,遇到了大饥荒。南宋时,置场招徕商人、富豪等籴买粮草,称"招籴"。"劝分"就是劝导人们有无相济。乔幼闻在台州,严格管理,正当运用"招籴劝分"这一"市场手段"调济粮食,使百姓与富商共度饥荒。台州府办公室里公案堆积如山,乔幼闻剖决如流,很快处理完毕。这是他勤政的故事。(3)不畏权贵,愤而去职。"史丞相专国,幼闻乞祠。"这里的史丞相应该是史弥远。史弥远病死于绍定六年(1233),因此,乔幼闻与史弥远有交集的时间应该只有4年。而在这4年期间,东阳籍士人在南宋朝廷为官者不少,如葛洪、乔行简。嘉定十七年(1224)九月,葛洪任工部侍郎,乔行简为起居郎。不久,葛洪权工部尚书,升兼侍读。同年十一月,葛洪又升端明殿学士、同签书枢密院事。枢密院专掌军国机务、兵防、边备、军马等政令及出纳机密命令之事,为国家最高军事机构。绍定四年(1231)四月,乔行简签书枢密院事。同年七月,葛洪资政殿学士、知绍兴府①。而且,乔行简为乔幼闻族兄。②其父亲乔梦符则已于嘉定六年(1213)卒。乔幼闻生于绍熙三年(1192),在绍定二年(1229)登进士,至绍定六年(1233)史弥远卒,他年龄在40岁左右,正处于精力最旺盛时期。朝中又有族兄乔行简、同籍葛洪等大官撑腰庇护,可谓仕途畅顺,有大好前程等着这位乔家公子。而让人想不到的是,他却因看不惯史弥远独断专权,愤而自请退职。然而,史弥远不会轻易放过这位年轻气盛的乔家公子,旋即乔幼闻被诬而削秩。大约要等到史弥远丞相死后,他才恢复官职,为朝奉郎,后来转中奉,权知常州。宋代朝奉郎是文散官,在朝奉大夫之下,约为七品。

乔梦符的第四个儿子乔宗亮,登嘉熙二年(1238)武举进士,历官至武功大夫、两淮都总管。③《道光东阳县志》中把乔宗亮说成是乔梦符孙,④似有误。关于乔宗亮的文字记载甚少。乔宗亮在吴宁乔氏中的地位不仅仅在于他是乔梦符的儿子,乔幼闻的弟弟,而且他是乔家第一位由右科(武举)进士的世家弟子。南宋绍熙元年(1190)至咸淳四年(1268)的78年间,东阳有厉仲方、周师锐、杜幼节、俞

---

① [元]脱脱、阿鲁图,等:《宋史本纪》第四一《理宗(一)》。
② 乔廷藩,等:《吴宁乔氏宗谱》卷四,民国二十二年(1933)版。
③ 同上。
④ [清]党金衡主修:《道光东阳县志》卷一,东阳市人民政府地方志办公室整理,西泠印社出版社2017年版,第286—289页。

葵、俞仲鳌5人相继武状元及第。①乔宗亮虽在东阳武举史上没有多少分量,但他是吴宁乔氏的第一位武进士,官至武功大夫、两淮都总管。宋徽宗政和(1111—1118)中,定武臣官阶五十三阶,以第二十七阶武功大夫,以代旧官皇城使。②宋高宗赵构于建炎元年(1127),在各路设帅府,以都总官为守备督军,与清代巡抚兼提督官相同,是一个大权在握的封疆大吏。③

据《民国癸酉吴宁乔氏宗谱》,乔梦符家族谱系图如1-3所示。其中乔永禄为峨豸宗派鼻祖。

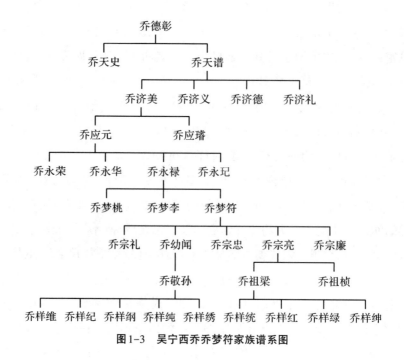

图1-3 吴宁西乔乔梦符家族谱系图

① 〔清〕党金衡主修:《道光东阳县志》卷一,东阳市人民政府地方志办公室整理,西泠印社出版社2017年版,第286—289页。
② 〔日〕日中民族科学研究所编:《中国历代职官辞典》,向以鲜、郑天刚译,中州古籍出版社1987年版,第122、131页。
③ 同上。

四、孔山东乔乔行简家族

《吴宁乔氏民国癸酉宗谱序》载：

> 乔氏始于黄帝十六子。历唐虞三代，以迄汉晋，世有达人史册昭垂。
> 无待赘述。迨唐末德彰公来宰是邑，因地之胜，遂定筑焉。厥后生齿蕃
> 昌，族居星散。宅峨峱者有之，居孔山者有之；及迁沧江与乔宅，暨桑梓
> 与浦江者又有之。[①]

该谱序把吴宁乔氏播衍情况交代得十分清楚。吴宁乔氏自迁东阳始祖乔德
彰居峨峱始，其后裔，有继续居峨峱的，乔梦符家族即是。有居孔山的，乔行简家
族则是。据金元庆《乔氏重建祠堂记》载："故吴宁称名家有四，乔氏其一也。时侍
御史公居峨峱为西乔，而文惠公居孔山为东乔。高曾数世，皆赠公师之爵。二公
之鸿猷骏烈，彪炳帮家。"[②]根据此记载，乔行简当属吴宁孔山乔氏宗派。

关于孔山，《道光东阳县志》有载：

> 孔山，在县治东南二百余步。乔文惠公旧第，详（见）胜迹。李唐《孔
> 山登眺》诗云："葭灰动微暄，林坳眩清旭。凌晨出郭游，登彼南山麓。俯
> 临闤市居，蔑栋炊烟簇。回睨郊原秀，向麦萋以绿。悠然骋旷怀，邈尔穷
> 幽躅。缅思曩哲贤，当道飞华毂。奇石立荒蹊，断桥卧枯木。富贵真浮
> 云，荣枯如转烛。椎鲁愧前修，徒能寄远目。风烟一搔首，杖履随归牧。"
> 旁有蟾山、龙山、凤山。[③]

---

① 金瑞林：《吴宁乔氏民国癸酉宗谱序》，载乔廷藩，等：《吴宁乔氏宗谱》卷之一，民国二十二年（1933）版。
② ［清］金元庆：《乔氏重建祠堂记》，载乔廷藩，等：《吴宁乔氏宗谱》卷一，民国二十二年（1933）版。
③ ［清］党金衡主修：《道光东阳县志》卷一，东阳市人民政府地方志办公室整理，西泠印社出版社2017年
　　版，第72、618—619页。

　　孔山就在东阳县城内,距离当时的县府仅200余步。李唐是明代东阳学者、诗人,他是许谦、黄溍的学生。洪武初,以明经荐授东阳儒学教谕,后荐升婺州儒学教授,学生很多。

　　朱元璋攻克婺州后,李唐便与吴沉、许元、叶瓒、胡翰等被朱元璋招为幕僚。在这位东阳才子的眼里,乔家的孔山还是十分可爱的。"甍栋炊烟簇""当道飞华毂","甍栋"是高大的房屋,"华毂"是华美的车辆。站在明初的孔山上,李唐看到高大的房屋炊烟缭绕,道路上奔驰着华美的车辆,便悠然骋怀,缅思起乔行简等先哲乡贤来。这至少说明,明初的孔山还是东阳城内一个比较好的风景点。

　　《道光东阳县志·胜迹》"乔行简宅"条目又载:

　　　　乔行简宅,在县东南二百步孔山下,有孔山圃,亦曰乔宅园。山左有孔山堂,右有双岘楼,临溪有水馆钓台,皆理宗御书匾。阛阓圜其北,溪山拱其南,为一邑登览之胜。今废,流觞处冰礴尚存。金英《孔山》:平章旧别业,芜废属农家。一径绕城僻,千峰入望赊。细流回舫涧,古砌碎冰花。澹泊期明志,无令识者嗟。赵衍《乔宅园遗礴》:鲁国新封甲第开,园林高下列池台。几湾冻老冰花岸,曾识当年上巳杯。杜时芳《孔子怀古》:南渡偏安王气终,议和议战两无功。堪怜宋主中原尽,还杖乔公相业隆。浩首拂衣称逸叟,孔山营宅见高风。我今凭吊当年事,遗迹空余古木丛。王崇炳诗:乔公致政返邱园,旧府相传父老言。荒径已无牛氏石,古城犹有谢公墩。苔生断砌冰花合,霜落疏林乌雀喧。不见南朝好陵寝,年年风雨泣黄昏。[1]

　　可见,当时孔山的乔宅园很不简单。其筑有孔山堂、双岘楼,临溪还有水馆钓台。孔山堂、双岘楼匾额还是理宗御书。《吴宁乔氏宗谱》民国二十八年(1939)重修本、《东阳丛书》第一册,都载有乔行简《蒙赐御书"孔山""双岘楼"谢表》:

---

[1] [清]党金衡主修:《道光东阳县志》卷一,东阳市人民政府地方志办公室整理,西泠印社出版社2017年版,第72、618—619页。

臣辄伸微悃,仰渎天威。臣迂疎末遭,遇圣明爱目,龙飞首蒙,选擢置之经筵。虽卷宠深隆,而臣自顾衰晚,不应尘玷班列,惟知梦寐邱园,是以昨者屡上退休之请。圣恩未弃,尚阅俞音。戊子之秋,因欢讲之次,僭以家山之陋,昧死上于渊听,欲求试御书二篇。仰荷圣慈不赐升绝,一日于赐茶之后,伏蒙面赐"双岘楼""孔山"二幅大字。……念臣遭际非常之眷,所宜招揭山林,垂示永久。谨已模勒云章,刊之乐石。①

从上述记载看,乔行简是于绍定元年戊子(1228),向理宗提出御书二篇请求的。一日,茶后,理宗大约比较高兴,就当面赐予乔行简"双岘楼""孔山"二幅大字,以示恩宠。乔行简便如获至宝,欢天喜地地把理宗二幅亲笔御书模勒在东阳孔山乔家园的碑石上。能得到皇帝的亲笔御书,当然是大臣的莫大荣耀。把皇帝的字刻在自己家园的碑石上,就如同得到护身符一般。从此,乔家在南宋东阳的地位到达了登峰造极之境地。这样的余威自宋至元,迨明清时期仍延绵不绝。你看,这勒有皇帝亲笔御书的东阳孔山乔氏园,尽管到后来被废弃,只存"流觞处冰磴",但东阳明清学者、诗人金英、杜时芳、赵衍、王崇炳等人,仍留诗咏吟不绝。

关于孔山乔行简家族,《吴宁乔氏咸淳丙寅宗谱序》载:

今居东阳者,望出梁国。其先讳德彰,字雅圭者,自汴梁来牧东阳,占籍于邑城。置(至)孔山府君,祖父三代皆业儒,俱赠太师。迨行简公,显为金华著姓。行简公,登绍熙四年(1193)进士,位至丞相,封(魏)国公。文惠公生子元龙,登嘉定四年(1211)进士,任左藏,赠通直郎朝散大夫。(元龙)生子彦通,仕大中大夫、直徽猷阁。(彦通)生二子,长师孟,承直郎直秘阁,仕知府。次师颐,承奉郎,仕知县。②

可见,吴宁乔氏最早的宗谱《吴宁乔咸淳丙寅宗谱》,是把乔行简孔山乔氏作

---

① 赵一生主编:《东阳丛书》第一册《唐宋邑士诗文辑存·乔行简》,赵一生校辑,浙江古籍出版社2015年版,第211页。
② [宋]乔师颐:《吴宁乔氏咸淳丙寅谱序》,载乔延藩,等:《吴宁乔氏宗谱》卷一,民国二十二年(1933)重修版。

为主脉来叙述的。该宗谱序对乔行简祖父三代以"皆业儒，俱赠太师"一句带过，但对乔行简，以及其子孙交代得比较清楚。因为吴宁乔氏至乔行简，才显为金华著姓。乔行简，登绍熙四年(1193)进士，位至丞相，封(魏)国公。乔行简儿子乔元龙，登嘉定四年(1211)进士，任左藏，赠通直郎朝散大夫。乔元龙生子乔彦通(宗谱世系图中为乔祥通)，仕大中大夫、直徽猷阁。乔彦通生有两个儿子，长子乔师孟，承直郎直秘阁，仕知府；次子乔师颐，承奉郎，仕知县。

李心传《宋太师平章鲁国公文惠乔公圹记》中也有较为详细的记载：

> (乔行简)曾祖魏国公胜之，祖吴国公永尧，皇考(父亲)冀国公梦森，咸隐德焘后，以公贵，俱赠至太师爵上。公曾祖妣孙氏，魏国夫人。祖妣杜氏、蒋氏，吴国夫人。(皇考)妣俞氏，冀国夫人。公生而颖异，……娶吕氏，继楼氏，俱赠鲁国夫人。子男一人，元龙，登嘉定四年(1211)进士，官宣义郎，监行在左藏封椿库，赠通直郎。四女子，元礼适朝奉郎、太社令王仪；元成适通直郎陈唐；元庆适登仕郎李自得；元恭适朝奉郎、直宝谟阁新知婺州军州兼管劝丰事赵希垕。女及仪、唐、自得亦皆先卒。孙一人，通孙，朝奉郎、直文华阁，先一年卒，赠朝奉大夫，直徽猷阁。女一人，适朝请郎、直秘书阁前、知婺州赵与汯。曾孙二人，师孟，承事郎、直秘阁。师颐承奉郎。①

李心传在这里对乔行简家世交代得十分清楚仔细。它与《吴宁乔氏宗谱》所记载基本一致。据《吴宁乔氏宗谱》民国二十二年(1933)重修本卷四《世行传》载，乔行简高祖乔济礼，为吴宁乔氏第三世行五。乔济礼生于雍熙三年丙午(986)六月，卒于嘉祐三年戊戌(1058)六月，享年73岁，赠太师冀国公；娶妻赵氏，生一子乔应禄。乔济礼父亲为吴宁乔氏第二世行二乔天谱；乔天谱生子四人：乔济美、乔济义、乔济德、乔济礼。兄弟四人中，乔济美为长兄，是乔梦符的曾祖。乔济礼排行老四，为乔行简高祖。可见吴宁乔氏以峨豸西乔乔梦符家族为长房，孔山东乔

---

① ［宋］李心传：《宋太师平章鲁国公文惠乔公圹记》，载乔廷藩，等：《吴宁乔氏宗谱》卷一，民国二十二年(1933)重修版。

乔行简家族则是小房。乔梦符为乔行简族叔。

乔应禄,吴宁乔氏第四世行一,榜名乔胜之,为乔行简曾祖。李心传《宋太师平章鲁国公文惠乔公圹记》中说乔行简曾祖是乔胜之,没有错。《道光东阳县志·封荫》有载,①他生于天圣二年甲子(1024)八月,卒于绍圣二年乙亥(1095)三月,享年72岁,赠魏国公,夫人孙氏,生一子乔永尧。

乔永尧,吴宁乔氏第五世行十二,榜名乔尧,为乔行简祖父。他生于大观元年丁亥(1107)五月,卒于乾道五年己丑(1169)三月,享年63岁。赠太师,赐吴国公,《道光东阳县志·封荫》有载。②乔永尧娶妻杜氏、蒋氏,生一子乔梦森,一女适朱。

乔梦森,吴宁乔氏第六世行十七,榜名乔森,为乔行简父亲。他生于宣和壬辰五月(《吴宁乔氏宗谱》此处记载有误)。宋宣和年间只有壬寅[宣和四年(1122)]、甲辰[宣和六年(1124)]纪年,乔梦森卒年庆元丙寅,也误。考据《历史纪事年鉴》,应为宣和壬寅,庆元丙辰。即乔梦森生于宣和四年壬寅(1122),卒于庆元二年丙辰(1196)四月,享年75岁。赠冀国公《道光东阳县志·封荫》有载。③夫人俞氏,生四子:乔宗唐、乔宗虞、乔宗夏(乔行简,行简为榜名)、乔宗商;一女适张。

诚如乔师颐在《吴宁乔氏咸淳丙寅谱序》中所言,乔行简祖父三代都是以儒学为业的儒生而已,靠乔行简在朝中的功勋和地位才"俱赠太师"。对此,乔行简常有"不及生封之恨"。他在《祭父母文》中曾说:

> 仕宦而至将相,富贵而归致故乡,昔人以为荣。余则谓使父母俱存,为其子缭一日之禄,则有以遂报反之心,酬孝养之愿。此非但足以为荣,而其乐亦无涯矣。今余之归省,则有禄不遗亲之悲。凡登政途,祖父三世俱赠太师,故典也。今我先君官及师垣,国开公社,先夫人亦升大国,可谓非常之恩,不易得之荣。然隐之于心。则尚有不及生封之恨。哀哉!……兹乃仅得持先君后身之名,布宣于墓,一位荣贯,……制黄各六

---

① [清]党金衡主修:《道光东阳县志》卷一,东阳市人民政府地方志办公室整理,西泠印社出版社2017年版,第356页。

② 同上。

③ 同上。

通,师垣晚服,大国各冠披一袭,敬用焚燎。……①

从以上文字记述,我们可以看出,乔行简祖父三代的封荫,是在他们俱卒以后的事。也就是说,是在其父母薨后。乔行简父亲乔梦森卒于庆元二年(1196),其母亲俞氏卒于绍熙三年(1192)。据载,乔行简是绍熙四年(1193)登进士第,即其母卒后一年。三年后,即庆元二年(1196),其父乔梦森也随之去世。根据《宋史》等记载考察,乔行简此次回家省亲的时间,最有可能是在端平三年(1236)至嘉熙三年(1239)之间。端平三年(1236)十一月,乔行简为特进、左丞相兼枢密使,封肃国公。嘉熙三年(1239)正月,乔行简为少傅、平章军国重事,封益国公。②李心传《宋太师平章鲁国公文惠乔公圹记》也有载:"嘉熙三年(1239)正月,拜少傅、平章军国重事,封益国公,监修国史。……一月三赴经筵,二日一入朝,因至都堂议军国事,给扶升殿独知三省枢密院印,恩数蔓绝。"③所谓"恩数",即朝廷赐予的封号等级。"蔓绝"者,即蔓延至绝顶。也就是说,此时的乔行简已到达集皇帝恩宠至绝顶的地步。因此,祖父三代及妻子赐封极有可能在此时。而乔行简此时却顿生"不及生封之恨"。这样的封赐虽已是极高的恩数,但父母双亲及妻子皆已作古,只得将这些"制黄""师垣晚服""大国冠披"等皇帝赐赏的珍品,在他们的墓前焚燎,以告慰亲人。

乔行简兄弟四人,长兄乔宗唐为吴宁乔氏第七世荣一公。④他生于绍兴二十二年壬申(1152)二月,卒于嘉定六年癸酉(1213)三月,享年62岁,为登仕郎。夫人郑氏,生一子乔从龙。乔从龙为吴宁乔氏第八世华一公。登嘉定十六年癸未(1223)蒋仲理榜进士,领建昌军教授。⑤他生于绍熙元年庚戌(1190)七月,卒于绍定六年癸巳(1233)十一月,享年43岁。夫人俞氏,生二子,乔祥达、乔祥迪。

乔行简二兄乔宗虞,为吴宁乔氏第七世荣二公。他生于绍兴二十四年甲戌

---

① 赵一生主编:《东阳丛书》第一册《唐宋邑士诗文辑存·乔行简》,赵一生校辑,浙江古籍出版社2015年版,第212—213页。
② [元]脱脱、阿鲁图,等:《宋史》卷四二《本纪》第四二《理宗(二)》。
③ 乔廷藩,等:《吴宁乔氏宗谱》卷四《世行传》,民国二十二年(1933)重修版。
④ 乔廷藩,等:《吴宁乔氏宗谱》载,吴宁乔氏自第七世开始才有字号,以此为"荣华富贵……"。
⑤ 《道光东阳县志》有载,与乔从龙同榜的东阳中进士者还有李大同、郭伯中等5人。见[清]党金衡主修:《道光东阳县志》卷一,东阳市人民政府地方志办公室整理,西泠印社出版社2017年版,第268页。

（1154）五月，卒于嘉熙三年己亥（1239）九月，享年86岁，为运管。夫人赵氏，生二子，为乔为龙、乔行龙。乔为龙，为吴宁乔氏第八世华二公。他生于绍熙四年癸丑（1193）三月，卒于淳祐十二年壬子（1252）六月，享年60岁，宣教郎。夫人杜氏，生一女，适金华府金。乔行龙，为吴宁乔氏第八世华二公。他生于庆元二年丙辰（1196）六月，卒于宝祐二年甲寅（1254）九月，享年59岁，宣教郎。夫人李氏，生三子，乔祥远、乔祥逊、乔祥连；一女适金。

乔行简弟乔宗商，为吴宁乔氏第七世荣三一公。他生于嘉定十三年庚辰（1220）九月十八申时，比乔行简小65岁。其他信息不详。

乔行简，讳宗夏，榜名行简，字寿朋，为吴宁乔氏第七世荣三公。生于绍兴二十六年丙子（1156）八月庚子日丑时，卒于淳祐元年辛丑（1241）二月辛未日巳时，享寿八十有六。游学于东莱吕成公之门，登绍熙四年癸丑（1193）陈亮榜进士，历官知通州，迁宗正少卿，累拜参政事兼知枢密院事。端平三年（1236）拜左丞相。嘉熙三年（1239），拜平章军国重事，封肃国公，加少保保宁军节度使，醴泉观察使，封鲁国公。所著有《周礼总说》《孔山集》。谥文惠，赠太师。夫人吕氏，生于绍兴二十四年甲戌（1154）八月十五丑时，卒于嘉泰二年壬戌（1202）四月十七申时，享年49岁；楼氏，生于绍兴三十年庚辰（1160）五月十四未时，卒于绍定二年己丑（1229）三月二十戌时，享年70岁。生一子，乔元龙。女四。长女乔元礼，适朝奉郎太社令王仪；次女乔元成，适通直郎陈唐；三女乔元度，适登仕郎李自得；幼女乔元恭，适朝奉郎、直宝谟阁新知婺州军州兼管劝丰事赵希塈。[1]

关于乔行简夫人，他有《祭妻吕氏楼氏夫人文》一篇，见载《东阳丛书·唐宋邑士诗文辑存》。其文云：

> 呜呼！生人富贵，匪惟厥躬。夫妇百年，相期始终。予方穷时，儒素家风。暨历通显，亚于三公。谁不又有室，和鸣雍雍？惟于至此，堂奥居空。嗟我夫人，殁几秋冬。一当未达，甘苦皆同。一虽随宜，半道东西。兹有归老，追想何穷。皇皇赠典，愈增途崇。视我禄位，皆启大封。裙祷有制，合正仪容。并燎制黄，荐于幽宫。尚其歆受，益衍隐功。克昌后

---

[1] 乔廷藩，等：《吴宁乔氏宗谱》卷四《世行传》，民国二十二年（1933）重修版。

人,以副衰翁。①

乔行简这篇祭妻文,应该是他在得到理宗对他家人赐封后,回家省亲时在妻子墓前读的祭文。乔行简夫人有吕氏、楼氏二人。吕氏,生于绍兴二十四年甲戌(1154)八月,长乔行简2岁,嘉泰二年(1202)四月即薨,享年才49岁。而嘉泰年间的乔行简正是其仕途拼搏时期。据李心传《宋太师平章鲁国公文惠乔公圹记》载:"嘉泰初,(乔行简)始为泰州州学教授,秩满又调两浙西路安抚司干办公事。公擢第至十余年,年且五十矣。"②乔行简科举入仕较晚,他是绍熙四年(1193)中式,当时已有38岁。登第入仕10余年,转眼已是"老夫年纪半百",乔行简还只是一个"干办公事"。"干办公事"是安抚使的属官,分掌路内有关军事具体事务。而此时,其夫人吕氏即撒手人寰。即乔行简祭文中所谓"一当未达,甘苦皆同"者是也。楼氏,生于绍兴三十年(1160)五月,卒于绍定二年(1229)三月,享年70岁,相对长寿些。"嘉定十七年(1224),乔行简已经擢权工部侍郎,兼侍讲。宝庆二年(1226),权礼部尚书。绍定元年(1228),拜礼部尚书,兼修国史实录院修撰。绍定三年(1230),权端明殿学士同金书枢密事。"③从嘉泰初,到嘉定十七年(1224)前后,20多年过去,乔行简已年74岁。这时,他才渐渐进入中央政权核心层。不但官至部长级,还担任了皇帝的侍讲。能给皇帝讲课的人,理所当然是皇帝身边的近臣。夫人楼氏凭借自己的长寿,可以跟随做官的丈夫享福。可是,享福没有多久,也去世了。因此,面对皇上的皇皇赠典,封赐于妻子的凤冠霞帔只有并燎,荐于幽宫,留无限遗憾于乔行简心头。

吕、楼二妻,为乔行简生育了一子四女。

乔行简儿子乔元龙,为吴宁乔氏第八世华五公。他登嘉定四年辛未(1211)进士,历官宣义郎,监行在左藏,封椿库,赠通直郎。生于庆元四年戊午(1198)九月,

---

① 赵一生主编:《东阳丛书》第一册《唐宋邑士诗文辑存·乔行简》,赵一生校辑,浙江古籍出版社2015年版,第213页。

② [宋]李心传:《宋太师平章鲁国公文惠乔公圹记》,载乔廷藩,等:《吴宁乔氏宗谱》卷一〇,民国二十二年(1933)重修版。

③ 同上。

卒于绍定三年庚寅(1230)十月,享年仅33岁。夫人杜氏,生一子,乔祥通。①李心传《宋太师平章鲁国公文惠乔公圹记》中载有"女一人,适朝请郎、直秘书阁前、知婺州赵与汶"。说明乔元龙还生有女儿1人。

乔行简43岁才得子,乔元龙或在家排行老幺。②乔元龙生于庆元四年(1198),嘉定四年(1211)年仅14岁即进士及第。可见,乔元龙是由"童子科"中式的。童子科自唐代设立以来,废兴频繁,至南宋咸淳二年(1266)七月归于沉寂,且经元代短暂复设后永久废止。北宋及南宋初期童子科尚属废兴不定的特科,且每科登科不过二三人。但从孝宗淳熙八年(1181)始推行登科分等和黜落制,表明童子科趋于制度化,登科人数也明显增多。宁宗嘉定十四年(1221),童子科实行由州军到国子监到中书三级考试制度,并规定"每岁以三人为额"。③因此,乔元龙正处于童子科兴盛时期。乔行简14岁刚拜入吕祖谦门下,到38岁时才中式,同邑李大同60岁才登进士第,乔元龙受到了乔行简倾力培养,一14岁翩翩少年进士及第,确实非同一般。但中童子科的神童乔元龙,似乎一直在朝廷收藏钱币的左藏库、封椿库等内库任职,做一个管朝廷银子的很悠闲的守库官。

乔行简有女儿四人。长女乔元礼,适朝奉郎、太社令王仪;次女乔元成,适通直郎陈唐;三女乔元度,适登仕郎李自得;幼女乔元恭,适朝奉郎、直宝谟阁新知婺州军州兼管劝丰事赵希塈。④这与李心传《宋太师平章鲁国公文惠乔公圹记》中记载一致。长女乔元礼生卒年无考。长婿王仪,乔行简在《恐勤帖》中说:"女夫王太社仪,今亡矣。有少田土,乃典物,为人所昏赖,事已结断,乃复兴讼,扰其干人。……小女亦不存,无人照管,仍乞免追其干人,是幸。"⑤太社为古代天子为群姓祈福、报功而设立的祭祀土神、谷神的场所。北宋时,置太常寺太社令一员,为正九

---

① 乔廷藩,等:《吴宁乔氏宗谱》卷四《世行传》,民国二十二年(1933)重修版。左藏是古代国库之一,以其在左方,故称左藏。宋初诸州贡赋均输左藏,南宋又设左藏南库。元丰改制,定为正七品,政和二年(1112)改武经大夫、武显大夫。封椿库,是宋代内库之一。宋叶梦得《石林燕语》三:"太祖初平诸伪国,得其帑藏金帛,以别库储之,曰'封椿库',本以待经营契丹也。其后三司岁经所用,常赋有余,亦并归之。"
② 关于乔元龙排行及乔行简结婚年龄,将在本著第二章中详细展开考证。
③ 周扬波:《童子科新论》,《人文杂志》2019年第11期,第123—128页。
④ 乔廷藩,等:《吴宁乔氏宗谱》卷之四《世行传》,民国二十二年(1933)重修版。
⑤ [宋]乔行简:《恐勤帖》,见赵一生主编:《东阳丛书》第一册《唐宋邑士诗文辑存·乔行简》,赵一生校辑,浙江古籍出版社2015年版,第204页。

品小官。可见,王仪只是一位九品小官而已,死后只留少许田产。家人只得将这些田产卖掉,用于购置随葬物品(典物),不料为奸商所赖,引起官非,且当地府吏办事不力,最后身为平章军国重事的乔行简只得给理宗上帖。此帖落款处没有署年份,只署十一月二日。估计这是乔行简乞归东阳的当年,即嘉熙四年(1240)。因此,推断乔行简长婿王仪卒于嘉熙四年(1240),而长女乔元礼,则可能此前已卒。

次女乔元成,次婿陈唐,三女乔元度,三婿李自得等皆无文字记载可考。小婿赵希墍的文字记载稍多些。据"浙江档案数据库·浙江历史名人辞典"载:"赵希墍(宋),字克家,诸暨人。举绍定五年(1232)进士,官终端明殿学士。"[①]可见,赵希墍为诸暨赵氏家族之后。据《暨阳南门赵氏宗谱》载,诸暨南门赵氏奉赵世膺为始祖。赵世膺为宋太祖赵匡胤玄孙,为太祖长子赵德昭之后裔,后代播衍诸暨各地。其中岘石支、善溪支字辈为德、惟、从、世、令、子、伯、师、希、与、孟……赵希墍应为赵世膺七世裔孙。赵希墍登绍定五年(1232)进士第,距乔行简去世还有10年。而此时,乔行简已经为宰辅。赵希墍历官仓部郎官[②]、江东转运使[③]、礼部尚书[④]、平江知府[⑤]、嘉兴知府[⑥]、端明殿学士等。

乔行简卒于淳祐元年(1241),而此时其小婿赵希墍已任仓部郎官,淳祐七年(1247)四月为礼部尚书、督视行府参赞军事,5年以后,赵希墍即升为礼部尚书。宝祐元年(1253)五月理宗钦点赵希墍差知平江府,官终端明殿学士。端明殿学士

① "浙江档案数据库·浙江历史名人辞典"。

② 《续资治通鉴·宋纪》载:宋理宗淳祐二年(1242)四月,"仓部郎官赵希墍进对,言:'蜀自易帅之外未有他策。'上曰:'今日救蜀为急,朕与二三大臣无一日不议蜀事。'"见[清]毕沅:《续资治通鉴·宋纪》卷第一七〇,钦定四库全书本。

③ 《宋史》载:真德秀在潭,致(汤)汉为宾客。尝造赵汝谈,汝谈曰:"第一流也。"江东提刑赵汝腾荐汉于朝,诏免解差,充象山书院堂长。赴礼部别院试,正奏名,授上饶县主簿。江东转运使赵希墍言:"汉,今海内知名士也,岂得吏之州县吏哉!"诏循两资,差信州教授兼象山书院长。见[元]脱脱、阿图鲁,等:《宋史》卷四三八《列传》第一九七《儒林(八)·汤汉传》,钦定四库全书本。

④ 《宋史》卷四十三载:"淳祐七年(1247)夏四月二十一日,赵葵兼知建康府、行宫留守、江东安抚使,行军调度都可自行处理决定;赵希墍为礼部尚书、督视行府参赞军事。"见[元]脱脱、阿图鲁,等:《宋史》卷四三《本纪》第四三《理宗(三)》,钦定四库全书本。

⑤ 《续资治通鉴·宋纪》载:宝祐元年(1253)五月戊寅朔,帝(理宗)曰:"赵希墍可差知平江府,其人清修,俾能抚摩。"见[清]毕沅:《续资治通鉴·宋纪》卷第一七四,钦定四库全书本。

⑥ 许应龙《东涧集》在有《赵希墍改知嘉兴府制》一通,有"以尔公族之英,安恬有守,甫登朝列,出典辅藩,节用爱人,正身率下"等语。见[宋]许应龙:《东涧集》卷六,钦定四库全书本。

元丰改制始定为正三品。徽宗政和四年(1114)改为延康殿学士,南宋高宗建炎二年(1128)复旧名。后签书枢密院者多带此职,与诸殿学士同掌出入侍从,以备顾问。可见,理宗对乔行简的这位女婿十分关照。

乔行简孙子一人,名乔祥通,榜名通孙,为吴宁乔氏第九世富四公。他生于宋嘉定十二年己卯(1219)二月,卒于元大德五年辛丑(1301)四月,享年83岁。他于绍定六年癸巳(1233)15岁时,即封荫朝奉大夫,主徽猷阁。①娶妻李氏,生二子,乔师孟、乔师颐,一女适胡。据李心传《宋太师平章鲁国公文惠乔公圹记》载:"(乔行简)孙一人,通孙,朝奉郎、直文华阁,先一年卒,赠朝奉大夫,直徽猷阁。"②李心传此处说乔通孙先于乔行简一年卒,即于嘉熙四年(1240)离世,并于去世后获赠朝奉大夫、直徽猷阁。这与《吴宁乔氏宗谱》所载有明显出入。若按照李心传的说法,乔通孙只享年33岁。这与乔行简在《乞归田里表》中所说的一致:"少壮老,百年已逾八帙;祖子孙,三世仅存一身。"③乔行简此表大约上于嘉熙四年(1240),而此时,年届八十有五的乔行简倍感孤独,独子乔元龙卒于绍定三年(1230),享年仅33岁;独子乔孙通也与其父亲一般,只活了33岁!"祖子孙,三世仅存一身",此语凄凉却可信。因此,《吴宁乔氏宗谱》中关于乔通孙"卒于大德五年辛丑(1301)四月"的记载,似有误。

乔行简孙女一人,无文字可考。孙女婿赵与汶,为常山南宋名相赵鼎后裔。据《常山进士名录》载:端平二年乙未(1235),吴淑告榜进士赵与汶(宋王朝宗室)。嘉熙四年(1240)十二月,以朝请郎、仓部郎官、直秘阁,任严州知府。④淳祐三年(1243)四月,因为"侵取酒息"被夺官二秩。《续资治通鉴》载:

---

① 《道光东阳县志》有载:"乔通孙,行简孙,荫朝奉大夫,主徽猷阁。"见[清]党金衡主修:《道光东阳县志》卷一,东阳市人民政府地方志办公室整理,西泠印社出版社2017年版,第356页。徽猷阁是个藏书阁,内藏哲宗御集。其官有学士、直学士、待制,均为贴职,无职守、无所掌,但有这个贴官衔,可享受超官阶优待。
② [宋]李心传:《宋太师平章鲁国公文惠乔公圹记》,载乔廷藩,等:《吴宁乔氏宗谱》卷一〇,民国二十二年(1933)重修版。
③ [宋]周密:《齐东野语》卷五,张茂鹏点校,中华书局1983年版,第232页。
④ [宋]郑瑶:《景定严州续志》:"赵与汶,朝请郎、直秘阁,嘉熙四年(1240)十二月二十六日到任,淳祐元年(1241)二月二十一日别与州郡。"[宋]陈公亮:《淳熙严州图经》:"赵与汶,嘉熙四年(1240)十二月二十六日以朝散郎、秘书省著作佐郎兼权仓部郎官、除直秘阁权知。淳祐元年(1241)二月二十一日,别与州郡。"两书记载其官职不同。

淳祐三年(1243)四月甲戌,殿中侍御史项容孙,言知严州李弥高、赵
与汶侵取酒息,独卫湜一无所私。有旨:"奖廉黜贪,今日先务。弥高、与
汶各夺官二秩,湜进积二等。"①

酒息是南宋税收的主要来源之一。据《宋史·食货志》载:乾道元年(1165),仅
京城官库"日售钱万缗,岁收本钱一百四十万,息钱一百六十万,曲钱二万"。"侵取
酒息"当然属于贪污行为,赵与汶与李弥高一起被革去现任官职,降二个品级使
用。据此条信息记载,至淳祐三年(1243)四月,赵与汶还在严州知府任上,或已不
在此任上,是追究其以往罪责。这是发生在乔行简去世三年后的事情。

乔行简曾孙二人,乔师孟、乔师颐。

乔师孟为吴宁乔氏孔山派贵一公,生于淳祐二年壬寅(1242)十月二十亥时,
卒于元大德十年丙午(1306)八月十八亥时,享年 65 岁。他于景定四年癸亥
(1263)22 岁时,世袭承事郎、直秘阁、江苏镇江府知府。娶妻陈氏,生一子甲仁。
乔师颐为吴宁乔氏孔山派贵二公,生于淳祐三年癸卯(1243)正月初九申时,卒于
元至大三年庚戌(1310)九月初十午时,享年 68 岁。他于咸淳八年壬申(1272)封
荫朝奉郎、安徽歙县知县。娶妻马氏、周氏,生五子甲义、甲礼、甲智、甲信、甲全。
据《道光东阳县志》载,乔师孟、乔师颐皆因封荫得官。乔师孟荫承事郎、直秘阁,
乔师颐荫朝奉郎。②乔师孟活了 65 岁,乔师颐也活到了 68 岁,乔行简后代到曾孙
这一辈,终于摆脱短寿之困惑。

然而,关于乔师孟、乔师颐的出生时间,还是存在疑点。据李心传《宋太师平
章鲁国公文惠乔公圹记》载:

(乔行简)曾孙二人,师孟承事郎、直秘阁,奉旨终丧,除二合。师颐
承奉郎。其家以公薨之年九月丙午,葬公于升苏乡宝泉山之原,与夫人
及子孙之荣相望焉。葬之前月,婺严二侯贻书介师孟以状之行请,心传

---

① [清]毕沅:《续资治通鉴·宋纪》卷一七〇,钦定四库全书本。
② [清]党金衡主修:《道光东阳县志》卷一,东阳市人民政府地方志办公室整理,西泠印社出版社2017年
版,第356页。

凤荷公,知于其行事,皆所亲见。①

　　据此,淳祐元年(1241)乔行简薨时,乔师孟已经是承事郎、直秘阁,乔师颐是乔行简临终前后才除官承奉郎。而《吴宁乔氏宗谱·世行传》载,乔师孟生于淳祐二年(1242)十月,乔师颐生于淳祐三年(1243)正月,是乔行简去世后第二年和第三年。这与李心传所记载的矛盾。从李心传记载的文字看,淳祐元年(1241)乔行简薨时,乔师颐即在朝廷任职。这年九月其家人葬其于东阳,八月由婺州、严州介绍乔师孟请李心传为乔行简作圹记。由此推算,乔师孟此时至少是一位十五六岁的青年。那么,他的出生年月至少在绍定三年(1230)前。就算乔师孟生于此年,那么,他父亲乔通孙[乔通孙生于嘉定十二年(1219)二月]生他时只有11岁。这几乎是不可能的事。因此,关于乔行简这两位曾孙准确的出生时间无从推定。
　　另外,乔师颐留有《吴宁乔氏咸淳丙寅谱序》一通。他在谱序中说:

　　　文惠公生子元龙,登嘉定四年(1211)进士,任左藏、赠通直郎、朝散大夫,生子彦通,仕大中大夫、直猷阁,生子长师孟,承直郎、直秘阁、仕知府,次师颐,承奉郎、仕知县。……然而序源流纪世数,可无谱乎! 大中大夫作之于前,秘阁公修之于后。亲亲长长,维持族谊,惟斯谱是赖。而予今复继秘阁公之志而修其后。

咸淳元年(1265)正月上汗
宣教郎、签书汉阳军判厅公事　八世孙师颐谨书②

　　这段文字为我们提供了许多信息。一是乔祥通的榜名可能是乔彦通。据《吴宁乔氏宗谱》载,吴宁乔氏第九世富一公乔祥远,榜名乔彦远;富二公乔祥达,榜名乔彦达;富三公乔祥逊,榜名乔彦逊。由此见,富四公乔祥通的榜名应为乔彦通。乔祥通还仕大中大夫。二是《吴宁乔氏宗谱》首作于乔祥通,再修于乔师孟。咸淳

① [宋]李心传:《宋太师平章鲁国公文惠乔公圹记》,载乔廷藩,等:《吴宁乔氏宗谱》卷一○,民国二十二年(1933)重修版。
② [宋]乔师颐:《吴宁乔氏咸淳丙寅谱序》,见乔廷藩,等:《吴宁乔氏宗谱》卷一,民国二十二年(1933)重修版。

二年丙寅（1266）由乔师颐作序的这次修谱，已经是第三次了。可见，当时吴宁孔山乔氏对修谱的重视。三是乔师颐咸淳元年（1265）在宣教郎、签书汉阳军判厅公事任上。乔师颐这一职务为其他文字记载所不见。

乔行简六玄孙：乔甲仁、乔甲义、乔甲礼、乔甲智、乔甲信、乔甲全。

据《吴宁乔氏宗谱·世行传》载，乔甲仁，吴宁乔氏第十世孔山派通二公，生于至正七年丁亥（1347）五月十二亥时，卒于至正十一辛卯（1353）五月初十申时，为直阁、江苏上海县尹。这明显有误。乔甲仁只活了7岁，即任直阁、江苏上海县尹，若是封荫或有可能。《吴宁乔氏宗谱》收录有《为通二直阁讳甲仁谢恩表》一通，其中有这样的说辞：

> 伏念臣本由寡躐处孤卿，虽葵藿之向太阳，股肱粗竭，然桑榆之迫，暮景毫发，何裨未能酬君父之知，安敢为子孙计？况臣孙甲仁赋质至冘，殖业多荒。进典宝奎，既忝峻清职；就安琳馆，复抱尸素之羞。……得宠实惊，伏愿皇帝陛下昭监危衷，亟收成命，俾幼者获安微分，免贻不嫁取禾之讥。在老臣誓毕余生，当尽以忠报国之义。
>
> 第七世孙荣三太师　行简①

该谢恩表落款署名为乔行简，这是不可能的事。乔甲仁生于至正七年（1347），此时乔行简作古107年。从"况臣孙甲仁赋质至冘"一语，可以推定此谢恩表应为乔甲仁之祖父乔祥通所上。可是，此时乔祥通也早已不在人世。因此，此表为何人所上，又成为一存疑处。此表又被《东阳丛书·宋邑士文辑》编者收入乔行简文辑中，是以讹传讹。

另外，乔行简的两个侄子也比较争气。其长兄乔宗唐的儿子乔从龙，登嘉定十六年（1223）进士，领建昌郡教授。其二兄乔宗虞之子乔为龙、乔行龙，皆为宣教郎。李心传在乔行简《宋太师平章鲁国公文惠乔公圹记》中说："伯兄早逝，教育其子女如己子女，遂取甲科。仲昆白首相依，……至二兄及女兄之孙，并受公泽，至

---

① 此表见乔廷藩，等：《吴宁乔氏宗谱》卷一，民国二十二年（1933）重修版。又见赵一生主编：《东阳丛书》第一册《唐宋邑士诗文辑存·乔行简》，赵一生校辑，浙江古籍出版社2015年版，第212页。

无白丁。恤孤字贫,多赖以济,诱掖后进,孜孜不倦。"①

  根据《吴宁乔氏宗谱》民国二十二年重修版之卷二《谱系图》,整理出吴宁孔山乔行简家族谱系图,如图1-4所示。

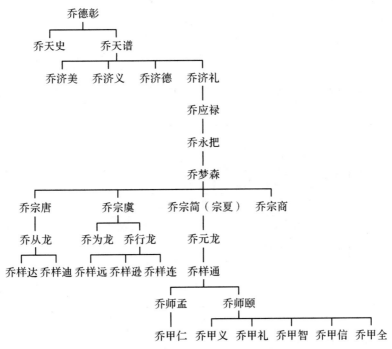

图1-4 吴宁东乔乔行简家族谱系图

  根据《吴宁乔氏宗谱》民国二十二年(1933)重修版之卷一《士宦》,以及李心传《太师平章鲁国公文惠乔公圹记》等,整理出吴宁孔山乔行简家族士宦一览表,如表1-3所示。

---

① [宋]李心传:《宋太师平章鲁国公文惠乔公圹记》,载乔廷藩,等:《吴宁乔氏宗谱》卷一〇,民国二十二年 (1933)重修版。

表1-3　吴宁孔山乔行简家族士宦一览表

姓名	年份	官职	官品
乔济礼	景祐三年丙子(1036)	赠太师、封冀国公	正一品
乔胜之(应禄)	元祐九年甲戌(1094)	赠太师、封魏国公	正一品
乔尧(永尧)	乾道五年己丑(1169)	赠太师、封吴国公	正一品
乔森(梦森)	淳熙七年庚子(1180)	赠太师、封冀国公	正一品
乔行简(宗夏)	绍熙四年(1193)进士	历官至左丞相、拜平章军国重事、赠太师	正一品
乔宗唐	嘉泰二年(1202)	赠登仕郎	正九品
乔宗虞		运管	
乔为龙		官至宣教郎	从八品
乔元龙	嘉定四年(1211)进士	宣义郎,监行在左藏,封椿库,赠通直郎	正八品
乔从龙	嘉定十六年(1223)进士	建昌郡教授	正八品
乔行龙	淳祐八年(1248)	世袭宣教郎	正八品
乔师孟	景定四年(1263)	世袭承事郎、直秘阁、镇江知府	正四品
乔师颐	咸淳八年(1272)	朝奉郎、歙县知县	正七品
乔甲仁		直阁、江苏上海县令	正七品
王仪	乔行简长婿	朝奉郎、太社令	正七品
陈唐	乔行简次婿	通直郎	正八品
李自得	乔行简三婿	登仕郎	正九品
赵希垫	乔行简幼婿	礼部尚书、平江知府、端明殿学士	正三品
赵与汶	乔行简孙婿	严州知府	正四品

这里有几点必须说明。一是,宋代尤重太师之职,冠三公(太师、太傅、太保)之首,非道德崇重则不居其位,无其人则阙之。但它多为赠官。所谓赠官者,即朝廷对功臣的先人或本人死后追封爵位官职。因此,乔行简曾祖乔济礼、祖父乔永尧、父亲乔梦森所获得的太师职位,都是看在宰相乔行简面子上,在他们死后赐予的空名头。因此,吴宁孔山乔行简家族获正一品官职的只有乔行简一人。二是,孔山乔氏世家虽然登进士第者只有乔行简、乔为龙、乔元龙、乔从龙4人,但从其世家所居官职品位来看,明显要超过峨豸西乔乔梦符家族。因为乔梦符自己也只任监察御史,为从七品。而孔山东乔乔行简家族居四品官以上者即有2人:乔行

简长孙乔师孟镇江知府,至少正四品;乔行简幼婿赵希塈,礼部尚书、平江知府、端明殿学士,为正三品。居正七品的有3人。乔师颐歙县知县,正七品;乔甲仁直阁、江苏上海县令,为正七品;乔行简长婿王仪太社令,正七品。乔行简孙婿赵与汶,严州知府,正四品。据宋代东阳人王益之的《职源撮要》载,宋代直秘阁(直宝阁、直阁),即合以前的史馆、昭文馆、集贤馆于文崇院,后又非文崇院置秘书监。设监、少、正字等职事。直秘阁为正七品。[①]

① [宋]王益之:《职源撮要》,载赵一生,等:《东阳丛书》第二册,浙江古籍出版社2012年版,第1—2、16—17、105、121页。

第二章

清贫不坠青云之志

一、生于清贫世家

绍兴二十六年(1156)八月庚子日丑时,乔行简生于吴宁孔山乔氏第六世孙、排行十七的乔梦森家里。乔梦森(1122—1196),谱名梦森,榜名森。是年,他已35岁。乔行简母亲俞氏(1124—1192),33岁。乔行简是他们的第三个儿子。他们为这个三儿取名为宗夏,行简是他后来的榜名。是年,乔行简的大哥乔宗唐(1152—1213)5岁,二哥乔宗虞(1154—1239)3岁。乔行简还有一个弟弟和一个姐姐。弟弟乔宗商生于嘉定十三年(1220)九月十八,比乔行简小了65岁。[①]有点不可思议,或是《吴宁乔氏宗谱》记载有误。乔行简姐姐信息不详。唯有李心传《宋太师平章鲁国公文惠乔公圹记》载有"仲昆白首相依,女兄年逾九十,奉之尤至"[②]。由此可以推见,其姐姐可能年最长。乔行简出生时,她可能已有7岁。

是年,乔行简祖父乔永尧(1107—1169)50岁,乔行简族叔乔梦符(1130—1213)27岁。是年,东阳南马葛府,日后成为乔行简同窗和同僚的葛洪已5岁;东阳城南赵府赵氏皇朝宗亲赵公藻的大儿子赵彦稯(1127—?)30岁,二儿子赵彦柜(1129—1197)28岁;东阳城内"东李"家族(桂坡李)的后裔,乔行简同窗,日后以抗金殉国忠义满门著名的李诚之(1152—1221)5岁,乔行简同窗、同僚李大同(1157—1243)1岁;乔行简钱文子门下同窗孙衍(1149—1226)8岁。

乔行简老师吕祖谦20岁。是年十一月九日,吕祖谦赴临安应试,并访林之奇。绍兴二十五年(1155)春天,吕祖谦父亲吕大器调任福建提刑司干官。吕祖谦随父亲来到福州任所,适值学者林之奇(三山)任汀州长汀尉,设坛讲学于福州,吕

---

① 以上信息见乔廷藩,等:《吴宁乔氏宗谱》卷四《世行传》,民国二十二年(1933)重修版,第11—22页。
② [宋]李心传:《宋太师平章鲁国公文惠乔公圹记》,载乔廷藩,等:《吴宁乔氏宗谱》卷一〇,民国二十二年(1933)重修版。

祖谦拜林三山为师。绍兴二十六年(1156),吕祖谦应福建转运司进士考试,被推举为首选。适值林三山调到京城任秘书省正字,师生二人同赴临安。十二月底,吕祖谦从临安回到福州与家人共度新年,刚好朱熹携家人由同安北归经过福州,顺便前来拜谒吕祖谦父亲吕大器,吕祖谦得以与朱熹初次见面相识。隆兴元年(1163),吕祖谦举进士,复中博学宏词科。① 是年,乔行简第一任老师东阳马之纯,才13岁。

是年,宋廷下诏,立六科以举士。这一年,因秦桧已死,金人怀疑南宋王朝仪和之盟不坚。宋高宗赵构下诏"禁议边事",继续压制抗战派,以讨金人欢心,苟安江南。同时,召用旧臣,追复赵鼎、郑刚中等官职。②郑刚中(1088—1154),字亨仲,婺州人,南宋抗金名臣。初郑刚中尝为秦桧所荐,后因忤秦桧被构陷折磨致死。秦桧死后,郑刚中案得以昭雪,恢复其资政殿学士的官职,追谥"忠愍"。③是年4月,宋廷下诏,立六科以举士。其名目为:①文章典雅,可备制诰;②节操公正,可备台谏;③法理皆通,可备刑献;④节用爱民,可备理财;⑤刚方岂弟,可备监司;⑥知机应变,智勇绝伦,可备将帅。并命侍从每年举荐。同时,罢乡饮酒举士法。④

是年,东阳士人曹冠被革进士出身。"八月戊寅,班元丰、崇宁学制于诸路。革正前举登第秦埙、曹冠等九人出身,以淮南提举常平朱冠卿言,秦桧挟私废法,埙等皆其子孙、亲戚、门下憸人。于是有官应试者,所授阶官易左为右,白身者驳放。"⑤

已登进士第的东阳士人曹冠,因秦桧姻党遭"驳放"。《道光东阳县志》载:"曹冠,字宗臣。博文强记,贡入太学。秦桧以诸孙师事之。登绍兴二十四年甲戌(1154)进士,廷唱第二,擢太常博士兼检正诸房公事。桧败,坐累去官。有旨许再试,登乾道五年己丑(1169)进士,累迁朝奉大夫,知郴州。"⑥曹冠是南宋东阳较早

① 以上信息见杜海军:《吕祖谦年谱》,中华书局2007年版,第14—31页。
② [元]脱脱、阿图鲁,等:《宋史》卷三一《本纪》第三一《高宗(八)》,钦定四库全书本。
③ [清]毕沅:《续资治通鉴》卷一二八,线装书局2009年版,第743页。
④ [元]脱脱、阿图鲁,等:《宋史》卷三一《本纪》第三一《高宗(八)》,钦定四库全书本。
⑤ 同上。
⑥ [清]党金衡主修:《道光东阳县志》卷一八《人物志(六)·文苑》,东阳市人民政府地方志办公室整理,西泠印社出版社2017年版,第443页。

进士及第并入仕的人,只可惜与奸臣秦桧之有涉,而仕途颇塞。《宋史·选举志》载:绍兴二十四年(1154),"(秦)桧孙(秦)埙举进士,省试、廷对皆首选。姻党曹冠等皆居高甲,后降埙第三"。①绍兴二十四年(1154)三月八日,高宗御射殿策试正奏名进士。策问诸生以"师友之渊源,志念所欣慕,何修而无伪心,何治而克诚""于是师逊等定埙为首,孝祥次之,冠又次之。上读埙策,皆桧、熺语,遂进孝祥为第一,而埙为第三。"②阅卷后,魏师逊根据"既定的方案",定秦埙为首,张孝祥次之,曹冠又次之。高宗翻了翻试卷后,却突然宣布,张孝祥第一、曹冠第二、秦埙第三。这样做的真实理由无从知晓,史书的猜测是高宗读埙策,觉其所用皆桧、熺语。绍兴二十六年(1156)八月,左承议郎、提举淮南东路常平茶盐公事朱冠卿向高宗上书,论:"故相当权,私于子孙,私于族里、亲戚,私于门下险人秽夫,滥窃儒科,复占省额。乞于曹冠等八人阶官以右易左,俾正流品,却将向来侵取人数复还今举额。"宋高宗于是年八月九日下诏:"秦埙、郑时中、秦焴、秦熺、沈兴等所带阶官并易右字,曹冠、周寅、郑绩并驳放。"③"驳放",即否定中式者已发榜公布的科举成绩,贬为平民。直到孝宗即位,曹冠才得以准许再试,复登乾道五年(1169)进士。④曹冠"驳放",可谓东阳科举史上一件大事,而其东山再起,两中进士,则成为一段佳话。

此时期,东阳籍士人在朝廷名臣还有贾廷佐。《道光东阳县志》卷一五《人物志(三)》载:

　　贾廷佐,字子野。其先真定人。父渊,字希圣,丞相昌朝之族孙也。以昌朝泽仕宣德郎,知福之长溪。廷佐刚毅有大节,博学多文,宣和二年(1120)入太学,随父扈跸渡江,遂为邑人。登绍兴二年(1132)进士,授桐庐主簿。金遣张通古偕王伦南来,以诏谕江南为名。廷佐一再上书,累千余言,请诛王伦,决意用兵,以图恢复,辞旨剀切。累官大理寺司直,通判湖州、台州,迁详定司敕令所删定官。和议成,廷佐奉祠归。时宰文政

① [元]脱脱、阿图鲁,等:《宋史》卷一五六《志》第一〇九《选举(二)》,钦定四库全书本。
② [元]佚名:《宋史全文》卷二二(上)《高宗》一六,钦定四库全书本。
③ [元]佚名:《宋史全文》卷二二(下)《高宗》一七,钦定四库全书本。
④ [清]党金衡主修:《道光东阳县志》卷一八《人物志(六)·文苑》,东阳市人民政府地方志办公室整理,西泠印社出版社2017年版,第443页。

陈公雅知其忠,以潘良贵荐举,知处州,恳辞致仕,赠朝奉大夫,有《愿善集》《愚斋杂著》。

…………

　　廷佐《论和议书》,七世孙权出以示人,士大夫为文以称其忠,廷佐之名始显于天下。①

贾廷佐(1099—1163)是东阳历史上有名的忠勇人物,他以桐庐主簿的低微身份,先后两次上书反对秦桧主持的"绍兴和议",主张诛金使王伦,"决意用兵,以图恢复"。因忤秦桧意而为其所不容,多亏张九成、郑刚中从中斡旋,出通判台州。后贾廷佐力乞解任,奉祠而归。绍兴二十五年(1155),秦桧卒。贾廷佐即起为湖州倅。绍兴三十一年(1161)至三十二年(1162)任处州知州。②

宋濂在《景定谏疏序》中说:"往年在翰林,始得见东阳贾廷佐上高宗疏。廷佐为桐庐主簿,愤秦桧主和议,绍兴戊午(1138)上疏论之,其辞甚切直,而史不载。至七世孙权,出以示人,世之士大夫为文以称其忠,廷佐之名始显于天下。"③由此宋濂感慨道:"吾婺旧称礼义之郡。士生其间,皆存气节,仗忠义,而东阳为尤盛。自宋中世以来,以直道著称于朝,列于国史者甚众。虽布衣下位之士,不在谏诤之职,而上封事者亦往往有之。岂其人皆善为言论哉? 德泽之所渐濡,师友之所讲说,风俗成于下而至于斯盛也。"④桐庐县主簿可能只是一个从九品官。因为在南宋时期,京畿或上县的主簿才正九品,中下县的主簿只有从九品⑤。贾廷佐当时真正是一个"下邑小官",但忧国忧民之心炽烈。诚如陆游所谓"位卑未敢忘忧国"者也! 而"士生其间,皆存气节,仗忠义,而东阳为尤盛"。肇始于宋中世的东阳这种"存气节,仗忠义"风气,必将浸润和陶育乔行简辈。

绍兴二十六年丙子(1156),乔行简出生的这一年,东阳还发生了一件大事。

① [清]党金衡主修:《道光东阳县志》卷一五《人物志(三)》,东阳市人民政府地方志办公室整理,西泠印社出版社2017年版,第372页。
② 东阳市人民政府地方志办公室,等:《东阳名人录(上)》,西泠印社出版社2012年版,第29页。
③ [明]宋濂:《景定谏疏序》,载[清]党金衡主修:《道光东阳县志》卷一五《人物志(三)》,东阳市人民政府地方志办公室整理,西泠印社出版社2017年版,第388—389页。
④ 同上。
⑤ [清]王益之:《职源撮要》,载赵一生,等:《东阳丛书》第二册,浙江古籍出版社2012年版,第122页。

时东阳乡贤胡嘉猷，在孔庙东侧的地方，建造起一座楼，名辉映，以供文人墨客聚会之用。①《道光东阳县志》卷之二三《广闻志（一）·胜迹》载："辉映楼在县学东，宋绍兴二十六年（1156）邑人胡嘉猷建。"②许直可为之记云：

> 胡君义襟开豁，敏于集事，谓以建楼，欣然领会，鸠工庀徒，躬董其役，不越月告成。平揖南山，旁顾双岘，缭以画水，夹乎儒宫。登兹楼也，固可以助发山川之秀，而辉映乎乡庠矣。他日邑之名流又将辉映斯楼焉，其得无所自乎？直可迟次里闬，以楼之成，纪所以名之意，且叙吾邑宰刘公所以劝学成材之美，而无忘胡君喜义之风也。③

许直可，东阳晋代孝子许孜后裔。登绍兴五年（1135）进士第，先后出任台州路学教授、建康教官等职。他与当时东阳县令刘伟关系较好。④因而，他认为胡嘉猷建造的县学辉映楼，不仅仅是一个乡贤之重教义举，也是当时县太爷"劝学成材"的政绩工程。因此，辉映楼自建成之始，即被视为东阳重教崇文之象征，而历为后代所重视。绍定三年（1230），邑侯孟嗣宗又始基未竟，邑侯赵德渊至而重建成之。后七十年，石洞郭氏更为新楼，规镬宏敞，认为"吾邑地灵人杰，今当益昌其科"。从此辉映楼为"县学蟠踞之胜。自是文风日盛，取巍科跻达宦，如前记所云，信不乏人"。⑤元代东阳大儒陈樵更有《县学辉映楼赋》一通，有"煌煌学庐，岁时肆祀。矫华榜之高张，焕彤扉之洞启"⑥等句，写尽该楼之气势非凡。可见，乔行简之生，适逢东阳重教崇文之风渐兴之时。

但是，乔行简却生于一个以"儒素家风"著称的清贫之家。关于乔行简儿时行迹及家境，宗谱和史志皆少有记载。乔行简《祭妻吕氏楼氏夫人文》曰："予方穷

---

① 东阳市地方志纂编委员会：《东阳市志》，汉语大词典出版社1993年版，第839页。

② ［清］党金衡主修：《道光东阳县志》卷二三《广闻志（一）·胜迹》，东阳市人民政府地方志办公室整理，西泠印社出版社2017年版，第627页。

③ 同上书，第627—628页。

④ ［清］党金衡主修：《道光东阳县志》卷一八《人物（六）·文苑》，东阳市人民政府地方志办公室整理，西泠印社出版社2017年版，第442页。

⑤ ［清］党金衡主修：《道光东阳县志》卷二三《广闻志（一）·胜迹》，东阳市人民政府地方志办公室整理，西泠印社出版社2017年版，第627页。

⑥ 同上书，第628页。

时,儒素家风。……嗟我夫人,殁几秋冬。一当未达,甘苦皆同。一虽随宦,半道东西。"①

"予方穷时"一语,可以把它理解为"在我家里还很贫困的时候",把这个"穷"字,作"贫困"解,似无过错。但"穷"又有"未达"之义。如孟子"穷则独善其身,达则兼善天下",这里的"穷"与"达"对应,作"未达"解。乔行简未达之时,家里境况究竟如何,找不到确切的文字记载。但从当时的背景分析,东阳城内无论是孔山东乔,还是峨豸西乔,都处于发奋努力时期。从《吴宁乔氏宗谱》卷四《世行传》的记载看,乔行简祖父乔永尧、父亲乔梦森,都有榜名,也就是他们都是进过考场的读书人,只不过没能像乔行简那样博取一份功名。这即是乔行简所说的"儒素家风"。几代人都在热衷于科举进士,其家风必定带"儒"而且朴素。更没有可考的文字可以表明,南宋时期吴宁孔山乔氏家族,能够与石洞郭氏家族那样在经营财富方面有出色成绩。因此,乔行简此处这个"素"字,写尽孔山乔氏三代读书人的生活艰辛。峨豸西乔虽比孔山东乔先发达,但乔梦符父亲、乔行简从祖乔嘉言,要到乾道五年(1169)才中进士,后官至殿中侍御史。那都是乔行简14岁以后的事。

乔行简儿时家贫,从他的婚姻和结婚年龄可以大致推断出来。乔行简儿子乔元龙生于庆元四年(1198)九月。此时,乔行简已43岁。乔行简还有4个女儿:乔元礼、乔元成、乔元度、乔元恭。4人的出生年月都没有记载。若乔元龙为长,则乔行简第一次结婚,大约在庆元三年(1197),此时,乔行简42岁。若乔元龙为老幺。按每2年生育一胎计,则乔元礼应该出生于淳熙十六年(1189)。由此推测,乔行简可能于淳熙十五年(1188)或淳熙十六年(1189)结婚。此时,乔行简也是一个33岁的大龄青年了。尤为奇怪的是,此时乔行简第一位妻子吕氏(1154—1202)②已35岁了! 这在南宋竟然也是可能的事情。尽管宋仁宗(1022—1063年在位)《天圣令》规定结婚年龄为:男十五、女十三,但到得宋徽宗(1100—1125年在位)延迟结婚的风气开始兴盛。至南宋时期已成为社会普遍现象。究其缘由,一是当时道教与理学思想大兴,男女之防渐趋严格,民间不再像唐代时开放;二是科

---

① [宋]乔行简:《祭妻吕氏楼氏夫人文》,载赵一生,等:《东阳丛书》第一册《唐宋邑士诗文辑存》,浙江古籍出版社2012年版,第213页。
② 乔廷藩,等:《吴宁乔氏宗谱》卷四《世行传》,民国二十二年(1933)重修版,第11、24页。

举考试,普遍推迟了举子们的结婚年龄。①同时,南宋社会的厚嫁之风,竟出现"有逾四十不嫁者",更有不少"宗女贫不能行,多自称不愿出适者"的现象。因而,乔行简33岁时与35岁的吕氏结婚,在当时也不是个别现象。

这一切,都是假定乔元龙为老幺而推算出来的。乔元龙在家中为老幺这一点,可以从乔行简小女婿赵希塈那里得到佐证。乔行简4个女婿:王仪、陈唐、李自得、赵希塈,陈唐、李自得等皆无文字记载可考。小婿赵希塈的文字记载稍多些。《续资治通鉴·宋纪》载:

> 宋理宗淳祐二年(1242)四月,仓部郎官赵希塈进对,言:"蜀自易帅之外未有他策。"上曰:"今日救蜀为急,朕与二三大臣无一日不议蜀事。"②

乔行简卒于淳祐元年(1241),而此时其小婿赵希塈任仓部郎官。《宋史》卷四三载:

> 淳祐七年(1247)夏四月二十一日,赵葵兼知建康府、行宫留守、江东安抚使,行军调度都可自行处理决定;赵希塈为礼部尚书、督视行府参赞军事。③

5年以后,赵希塈即升为礼部尚书。可见,理宗对乔行简的这位女婿是十分关照的。而赵希塈的年龄应该比汤汉大一些。《宋史》卷四三八载:

> 汤汉,字伯纪,饶州安仁人。与其兄干、巾、中皆知名当时,柴中行见而奇之。真德秀在潭,致汉为宾客。尝造赵汝谈,汝谈曰:"第一流也。"江东提刑赵汝腾荐汉于朝,诏免解差,充象山书院堂长。赴礼部别院试,正奏名,授上饶县主簿。江东转运使赵希塈言:"汉,今海内知名士也,岂

---

① 邢群麟:《宋朝的"晚婚晚育"》,《决策与信息》2013年第3期,第76页。
② [清]毕沅:《续资治通鉴·宋纪》卷第一七〇,四库全书本。
③ [元]脱脱、阿图鲁,等:《宋史》卷四三《本纪》第四三《理宗(三)》,钦定四库全书本。

得吏之州县哉！"诏循两资，差信州教授兼象山书院长。①

汤汉（1202—1272），字伯纪，号东涧，饶州安仁（今江西省鹰潭市余江区崇义乡）人。宋淳祐四年（1244）进士，南宋末期著名理学家。初任象山书院山长、上饶主簿，后任饶州教授兼象山书院山长。赵希塈在江东转运使任上，与江东提刑赵汝腾一起推荐汤汉，一般说来他的年龄要比汤汉大些。汤汉生于嘉泰二年（1202），若赵希塈比汤汉大10岁，则他应该生于绍熙三年（1192）。乔行简小女儿乔元恭假定比乔元龙大2岁，则乔元恭应该出生于庆元二年（1196）。也就是说赵希塈比乔元恭大5岁，这样的男女年龄差，应该是比较正常的。淳祐七年（1247），赵希塈为礼部尚书、督视行府参赞军事时，按他出生于绍熙三年（1192）假设，则此时他56岁。这也是比较合理的年龄。因此，乔元龙为老么的假设是比较合理的。由此推定，乔行简结婚年龄为33岁，而且娶了一个比他大2岁的"剩女"吕氏。这一切，都足以说明乔行简在发达之前的家境极其一般。由此，我们把乔行简《祭妻吕氏楼氏夫人文》"予方穷时，儒素家风"一语中的"穷"字，完全可以理解为贫穷。因为，乔行简的婚姻说明了这一切。

宋末元初时盛如梓撰的《庶斋老学丛谈》一书，载有乔行简读书时揩公家油的故事②。书中说乔行简没有登进士第前，家十分清贫，在县学读书时，每天夜里放学时，都要用一个瓶子倒上四五文公家的油，然后偷偷藏在清布衣服的袖子里，拿回家继续点灯夜读。县府里有个姓周的文书（押司）看见后，就常常戏弄讽刺乔行简，有时还故意碰撞乔行简，把乔行简藏在衣袖里的油瓶弄翻，灯油便污染了乔行简的衣服，弄得乔行简十分尴尬。绍熙四年（1193），乔行简终于登陈亮榜进士，不到十年就成为浙东统帅。一天，东阳县令接到浙东统帅乔行简将亲自运输货物来东阳的丝绵文书，文书上还特别注明："请贵府军校于几日后，将那位姓周的文书

---

① ［元］脱脱、阿图鲁，等：《宋史》卷四三八《列传》第一九七《儒林（八）》，钦定四库全书本。

② 《庶斋老学丛谈》："乔孔山平章，东阳人。未第时，每夜提瓶沽油四五文，藏于清布褙袖中归燃灯读书。本县周押司日见而揶揄之，故触瓶污衣。孔山及第，不十年为浙东帅。本县专纲丝绵至，刊云："排军押出本县押司周某，限几日。"一邑惊骇何谓。其人自分必死，轻则黥籍。及至，呈到状（公）不判亦无语。旬日再呈，亦然。月余又呈，公令押出。公曰："周押司无恙否？"周再拜，告乞免性命。公但指其座云："此座是秀才都有分来坐得，今后休欺凌穷秀才。"送一千贯压惊，放之。"见［元］盛如梓：《庶斋老学丛谈》卷三，钦定四库全书本。

拘押起来。"东阳县府上下为之惊骇,都不知道什么原因。只有周文书自己心知肚明,自料乔统帅这次来东阳,重则将自己处死,轻则脸上刺字发配边疆。

乔行简到东阳后,东阳县令连忙将拘押周文书的状子呈上。乔行简看后,没有裁决也不发话。十天后,县令再将状子呈乔行简审阅,乔行简与上次一样,没有裁决也不发话。一个月后,县令又将状子呈上,请乔统帅裁决。乔行简下令将周文书押上公堂审判。见周文书可怜兮兮地被军校们押上来,就说:"周文书,别来无恙啊?"周文书抬头看看坐在堂上的威仪肃然的乔统帅,深知当初欺凌乔行简的不耻行径,天理难容,今天该是得到报应的时候了,吓得跪倒在地,连连乞求乔统帅额外开恩。乔行简指着县太爷座椅对周文书说:"这个位置,只要是秀才,谁都可以来坐得。你只要记住,今后千万不要再去欺凌那些穷秀才了!"说完,就把周文书放了,还送了他一千贯钱,以示压惊。

盛如梓是扬州人,号庶斋,大德年间为嘉定州学教授,迁衢州路学教授,以崇明州判官致仕。他撰写的这本《庶斋老学丛谈》为文言琐谈小说,主要考辨经史、评论诗文,也有关于朝野遗事的内容。文言小说起源于先秦的街谈巷语,是一种小知小道的纪录。因此,它具有一定的历史价值。所谓"小说者,正史之余也"。[1]盛如梓采录的这则关于乔行简的故事,具有一定的真实性。从而进一步证明,乔行简中式前,家境确实清贫。穷到晚上点灯读书的油都买不起,要揩县学里的灯油。而周文书不恻隐穷秀才,讥讽之余还给乔秀才以难看。

小说家盛如梓的笔法很是厉害,他把乔行简做浙东统帅后教训周文书的细节铺排得十分曲折详细。乔统帅要押夏纲回故里东阳,在先行文书上特别注明:请你们先将周文书押起来。到了东阳后,却没有及时处理,而是一拖再拖,拖了月余。最后,乔行简不仅没有处理当年戏弄自己的周文书,在告诫他今后不要再去欺凌穷秀才之后,出人意料地给了他一千贯钱压惊。这一千贯钱大约相当一千两纹银[2],差不多够得上一般县县令的一年俸禄。可能有点夸张。但这件事却很好地刻画了乔行简为人智慧和原则:躬自厚而薄责于人。他只是想教训一下周文书,一拖再拖不即时处理,是要周文书在羁押中难熬几日,反思自己的不屑行为,

---

① 转引自鲁迅:《中国小说史略》,时代文艺出版社2019年版。
② 这只是一个大概的估算。在宋朝,一千文钱等于一贯钱,一贯钱等于纹银一两,一千贯钱就相当于一千两纹银。

并深刻汲取教训。最后不但不处理,反而出手极其大方地给了压惊钱,体现了乔行简的与人为善。

二、幼从马之纯学

李心传《宋太师平章鲁国公文惠乔公圹记》载:

> 公生而颖异。有父老相冀公曰:"君骨法,官极品。然非我不识也。"相冀国夫人亦然。最后见公,乃曰:"君夫人贵以此子也。"遂去不复见。[1]

东阳有一位善相面的老者,在相乔行简父亲乔梦森时,感觉乔梦森眉骨间隐约有种位极极品的气云在里面。再相乔梦森夫人,也同样隐藏着这样的贵气。这时的乔梦森夫妇,应该已经有3个儿子——乔宗唐、乔宗虞、乔宗夏(乔行简)绕膝的。当老者见到乔行简时,才明白个中奥秘:这夫妇两人,全因这个叫乔宗夏的小孩而贵! 原来乔行简生就一副富贵相,且惠及双亲。

当然,这只是一种坊间传说而已。虽然为大史学家李心传所采信,写入乔行简《宋太师平章鲁国公文惠乔公圹记》,但其年份及细节极其简单。因此,不必当作史料看。乔行简日后的发达,当然少不了命也时也的因素,但根本上如同当时东阳其他士子一样,靠的是勤奋苦读,明志发愤。

乔行简虽然生于清贫世家,但儒素家风甚灼。乔行简在《祭父母文》中曾说:"父母生我劬劳,鞠我教我,获登科第,凭借积德,位极人臣。"[2]父母生我,养我教我,以致我凭借祖宗积德,获登科第,位极人臣而致显贵。乔行简此语发自肺腑,朴实中肯,毫无位极人臣者的骄横气息,唯有满怀对父母生养教育、劬劳呕心的殷

---

[1] [宋]李心传:《宋太师平章鲁国公文惠乔公圹记》,载乔廷藩,等:《吴宁乔氏宗谱》卷四《世行传》,民国二十二年(1933)重修版。

[2] [宋]乔行简:《祭父母文》,载赵一生等:《东阳丛书》第一册《唐宋邑士诗文辑存》,浙江古籍出版社2012年版,第213页。

殷感恩。从中，我们也可以看出，乔行简的第一位老师就是自己父母。所谓"儒素家风"，理应包涵家庭教育的内容。孔子云："养不教，父之过。"因此，孔鲤有"过庭受训"之教。热衷于科举、恪守儒学家风的乔梦森夫妇，对三个儿子的教育必定是从小抓得很紧的，对于"过庭受训"这样的儒家经典是一定切记在心。因此，乔行简的启蒙教育来自父亲是无可疑的。

李心传《宋太师平章鲁国公文惠乔公圹记》中云：乔行简"少肆学于东莱吕成公之门，积年而归"。①关于乔行简学于吕祖谦之门，史书多记载。《宋史》和《宋元学案》中都有乔行简"学于吕成公之门"②的记载。只是没有交代清楚乔行简几岁入吕祖谦门等问题。李心传《宋太师平章鲁国公文惠乔公圹记》中乔行简"少肆学于东莱吕成公之门"一句，提供给我们两点可以思考的信息：一是乔行简小学在哪里上，可能因无考而没有交代；二是乔行简少年时才登吕祖谦之门。这里就有一个宋代学制，即上小学与上大学（书院）的年龄问题。

《尚书大传·略说》称："古之帝王者，必立大学、小学……十有三年始入小学。"《大戴礼记·保傅》载："古者年八岁而出就外舍，学小艺焉，履小节焉。"古代小学学制一般是九年。《礼记·学记》记载："比年入学，中年考校。一年视离经辨志，三年视敬业乐群，五年视博习亲师，七年视论学取友，谓之小成；九年知类通达，强立而不反，谓之大成。"③

朱熹《大学章句序》中说得更加明白："人生八岁，则自王公以下至于庶人之子弟，皆入小学，而教之以洒扫、应对、进退之节，礼乐、射御、书数之文。及其十有五年，则自天子之元子、众子，以至公、卿、大夫、元士之适子，与凡民之俊秀，皆入大学，而教之以穷理、正心、修己、治人之道。此又学校之教，大小之节所以分也。"④宋代的宗学、诸王宫学及内小学等，都属于以贵族子弟为教育对象的贵族公立学校，地方政府则设立社学。民间私立小学则有义塾、村塾、族塾等。大学则有太学、地方官学等，民间私立大学则以书院为代表。其入小学年龄在八岁左右，入大

---

① [宋]李心传：《宋太师平章鲁国公文惠乔公圹记》，载乔廷藩，等：《吴宁乔氏宗谱》卷四《世行传》，民国二十二年（1933）重修版。
② [元]脱脱、阿图鲁，等：《宋史》卷四一七《列传》第一九七《儒林（八）》。[清]黄宗羲著，全祖望补修：《宋元学案》卷七二《丽泽学案》，陈金生、梁运华点校，中华书局1986年版，第1246页。
③ 胡平生、陈美兰：《礼记释注》，中华书局2007年版，第115页。
④ [宋]朱熹：《四书章句集注·大学章句序》，钦定四库全书本。

学年龄在十五岁左右。清代东阳学者赵忠济在《东阳社学记》中有云："古来圣帝哲王,往往以教育人材为治化之本。八岁入小学,十五岁入大学,其所以教之者甚详而又序。"①因此,一般情况下8岁的孩童即要入小学读书,入大学(民间多为私立书院)读书的年龄则一般在15岁左右。当然也有特例。

乔行简大学同学中如赵彦穛、赵彦柜兄弟,因为是赵氏皇族裔孙,因此他们上的是内小学。《道光东阳县志》载:"赵彦穛,字周实,幼颖异绝伦,与弟彦柜同入内小学,行无越思,为同学所敬爱。""赵彦柜,字周锡。幼入内小学,长师吕祖谦。擢取应科,授右选。"②内小学是宋代宫廷开设的学校之一,设教授、直讲和赞读等学官,学生为10岁以下宗室儿童资质优者。皇族裔孙社会地位就是与众不同,他们上的是宫廷小学。而葛洪、李大同等东阳土著士族之后,史志没有记载他们上小学的情况,估计也与乔行简一样,儿时上的都是村塾、族塾或义塾。极有可能是当时东阳城内较有名的一些义塾。宋时,"虽令天下州、县、里设学,皆未睹成效"。直到明代,才真正落实。当时"东阳凡三十四乡,每乡一所(社学)"。③而乔行简极有可能是在马之纯的义塾里读小学的。

《道光东阳县志》有载:

> 马之纯,字师文,城西北隅人。幼时日诵数千言,十岁能属文,入太学,弱冠登隆兴元年(1163)进士。潜心六经,究极诸子百家之言。学成行尊,声望蔼著。学徒益集,多所成就。诸生中独以大任期乔行简,卒如其言。为严州比较务,时张栻作守,大蒙赏识。不喜作县,故宦途迂回,终于沅州倅。著《尚书说》《中庸说》《论语说》《周礼随释类编》《左传纪事编年》,诗文有《豫章杂著》《金陵怀古》若干卷。既卒,邑人思其德,为之立坊曰思贤。④

---

① [清]赵衍:《康熙新修东阳县志》卷六《经制类四·教养》,东阳市人民政府地方志办公室整理,西泠印社出版社2018年版,第202页。

② [清]党金衡主修:《道光东阳县志》卷一八《人物志(六)·儒林》,东阳市人民政府地方志办公室整理,西泠印社出版社2017年版,第427页。

③ [清]赵衍:《康熙新修东阳县志》卷六《经制类四·教养》,东阳市人民政府地方志办公室整理,西泠印社出版社2018年版,第203页。

④ [清]党金衡主修:《道光东阳县志》卷一八《人物志(六)·儒林》,东阳市人民政府地方志办公室整理,西泠印社出版社2017年版,第427页。

东阳马氏,或汉会稽太守马臻之后①。其东阳迁始祖为唐季监门卫上将军马高②,东阳马氏为"世著阀阅之族"③,马之纯幼聪颖,很小时即能背诵数千言的长文,10岁即能写文章。后来入太学读书。太学为国立最高学府,设在京都临安城内,学生大都是地方书院或州学通过"补试"录取的学生,地位非同一般。这说明马之纯学习成绩的确比较优秀。马之纯学出何处,无处查考。只知其"潜心六经,究极诸子百家之言",著述有《尚书说》《中庸说》《论语说》《周礼随释类编》《左传纪事编年》,还有诗文集子《豫章杂著》《金陵怀古》等。从其著述情况看,他确乎精通六经。马之纯在担任严州比较务时,得到南轩张栻赏识。考之有关资料,张南轩于乾道五年(1169)九月得到严州令任命,并于同年十二月赴任。而此时,婺学鼻祖、"东南三贤"之一的吕祖谦也在严州任教授。是年十二月,吕祖谦与张栻两位大家首次相聚于严州④。因此,马之纯之学受吕祖谦、张栻影响,似乎不是谬论。

马之纯"弱冠登隆兴元年(1163)进士"。弱冠为20岁,马之纯20岁即登进士。然后回家乡办学,学生众多。在学生中,他特别看好乔行简。隆兴元年(1163),乔行简刚好8岁,正是入小学读书的年龄。这一年,李诚之、葛洪12岁,陈黼10岁,李大同7岁。这一批后来成为东阳翘楚的人,当时正是读小学的年龄。但当时东阳小学众多,与乔行简一起从马之纯学的大约只有徐次铎等。乔行简《朝列大夫清湘通守次铎公墓志铭》曰:

> 昔余与仲友偕从茂陵先生马公游,常见其勇悍精进,穷日夜观书,过目辄不忘,意得则抗声长吟,彻闻旁舍。为文援笔立就,必有可观。负气放逸,率常下视流辈,人亦落落不与之合,然敬畏之。马公益以博古造微

---

① [宋]马之纯《马将军庙竹枝辞序》云:"马氏,吾宗老言自会稽来也。夫自会稽以来,岂昔之为会稽太守名臻者之裔耶? 时世已久,莫得详也。"[清]党金衡主修:《道光东阳县志》卷一一《政治志(七)》,东阳市人民政府地方志办公室整理,西泠印社出版社2017年版,第267页。

② [宋]马之纯《马将军庙竹枝辞序》云:"至所谓马将军,非余祖邪? 将军之庙,实在松山已久。松山之马祖将军不疑。吾县中马盖熙宁后始行差役法,吾高祖应役自松山以出,其祖将军亦可以不疑也。……为唐之季世,巢贼遍天下,所至野无青草。按诸史传,其陷婺也,道从严陵。一时松山之人,其匈惧糜沸何如也? 将军乃能不爱死力,率众以拒之。"[清]党金衡主修:《道光东阳县志》卷一四《人物志(二)》,东阳市人民政府地方志办公室整理,西泠印社出版社2017年版,第267页。

③ [宋]李大同:《重修"马氏"宗谱序》,见赵一生,等:《东阳丛书》第一册《唐宋邑士诗文辑存》,浙江古籍出版社2012年版,第240页。

④ 杜海军:《吕祖谦年谱》,中华书局2007年版,第50—56页。

之学名重一时,士人执经者四集,仲友每见推,于是俊声日起,人知仲友
之名矣。①

　　乔行简说"昔余与仲友偕从茂陵先生马公游",由此而论,马之纯应该是乔行
简第一任老师。乔行简称马之纯的学问"博古造微",即精通古学达到了精妙入微
的地步,可见马之纯学识匪浅。马之纯治学严谨,学子大都勤奋苦读,如乔行简描
写徐次铎那样或"勇悍精进,穷日夜观书",或"抗声长吟",为文则援笔立就。因此
"学徒益集",且多所成就。如徐次铎即官至朝列大夫、清湘通守,且多有政绩。他
在会稽尉任上,曾对鉴湖保护做过许多努力。这位20岁即登进士的东阳士子马
之纯,对10来岁的乔行简却以"独以大任期",真可谓慧眼识珠。当然,乔行简赢
得老师以大任期许的资本,肯定不是李心传所说的自小即有贵人相,而是他勤奋
学习等各方面品格优异,才令马老师刮目相看。

　　《康熙新修东阳县志》与《道光东阳县志》的记载与此稍有区别:马之纯"弱冠
由太学生登隆兴元年(1163)进士。……从之游者,多有所成就。尤善藻鉴,乔公
行简在诸生中,独以大任期之,卒如所云"。②《康熙新修东阳县志》谓"从之游者,
多有所成就",而《道光东阳县志》为"学徒益集,多所成就"。"学徒",即学生。而
"从之游者",即游学者也。古代游学是指远游异地,从师求学。《论语·为政》载孔
子云"吾十有五而志于学"③《后汉书·李固传》:"固弟子汝南郭亮,年始成童,游学
洛阳。"李贤注:"成童,年十五也。"古人游学年龄一般要在15岁以后。男子15岁
又称"志学"。后来就以"志学"为15岁的代称。由此而论,马之纯的义塾里有游
学者。这说明这所义塾可能亦有大学。

　　由此,可以推断,乔行简8岁之前,在家接受父母启蒙教育。8岁时,入进士马
之纯的义塾读小学。至乾道五年(1169),马之纯离开东阳赴严州任职时,14岁的
乔行简刚好小学毕业。

　　又据东阳《茂陵马氏安恬宗谱》载,马之纯父名邦,字千里,因曾孙马光祖赠太

---

① [宋]乔行简:《朝列大夫清湘通守次铎公墓志铭》,见赵一生,等:《东阳丛书》第一册《唐宋邑士诗文辑
　存》,浙江古籍出版社2012年版,第215页。
② [清]赵衍:《康熙新修东阳县志》卷一三《人物类五·儒学》,东阳市人民政府地方志办公室整理,西泠印
　社出版社2018年版,第357页。
③ 杨伯峻:《论语今译》,中华书局2019年版,第16页。

师鲁国公,生五子,马之纯为其第三子,登隆兴元年(1163)进士,赠太师,世称茂陵先生。马之纯生子马定,字正己,赠太师、齐国公。马定生子马光祖,字华父,登宝庆二年(1226)进士,赐金紫光禄大夫,赠金华郡公,谥"壮敏"①。清王崇炳《金华征献略》有《马之纯传》,多于《道光东阳县志》相同,并论曰:"马茂陵声称藉甚,予见其《金陵怀古》全帖云。"②可见,马之纯名声卓著。《道光东阳县志·马之纯传》载:马之纯"既卒,邑人慕德,为之立坊曰'思贤'"。③马之纯在东阳里民心中以贤人称。

《东阳丛书·唐宋邑士诗文辑存》辑存马之纯诗83首,多为《金陵怀古》诗集遗存。如其《焚衣街》诗曰:

> 玉指亲裁五彩衣,尚方工作极纤奇。看来亡国都缘此,爇向通衢了不遗。鹓羽化为青烧去,雉头还有紫烟随。更须大字书华表,要使将来尽得知。④

《道光东阳县志》还载有马之纯《拟岘亭》诗:

> 吾县西岘峰,亭以拟岘名。尝见父老说,寺中有碑铭。昔晋殷仲文,作郡有政声。去而人思之,屐齿留余荣。余闻诸老说,此事不可凭。臣子从弑逆,罪合五鼎烹。桓玄在荆州,世为晋公卿。一朝睨汉鼎,举兵向金陵。……缅思唐戴令,政声极铿鍧。曾有长源碑,在夫子庙庭。曷易曰戴岘,庶以慰编氓。称之名义当,兼可怡山灵。尝读晋宋书,抵掌气填膺。安得仍拟岘,千载愚民生?⑤

《道光东阳县志》同时载有乔行简《拟岘亭》诗:

① 安恬续修宗谱编撰组:《茂陵马氏安恬宗谱》卷一,1997年重修版。
② [清]王崇炳:《金华征献略》卷一〇,见赵一生,等:《东阳丛书》第十五册,浙江古籍出版社2012年版,第277页。
③ [清]党金衡主修:《道光东阳县志》卷一八《人物志(六)·儒林》,东阳市人民政府地方志办公室整理,西泠印社出版社2017年版,第427页。
④ 赵一生,等:《东阳丛书》第一册《唐宋邑士诗文辑存》,浙江古籍出版社2012年版,第147页。
⑤ [清]党金衡主修:《道光东阳县志》卷二三《广闻志(一)·胜迹》,东阳市人民政府地方志办公室整理,西泠印社出版社2017年版,第618页。

疑是乘风到九天，不知身在此山巅。万家攒簇炊烟底，一水萦纡去鸟边。便道尘缘轻似羽，何妨诗意涌如泉。停杯更待林梢月，醉倚云根独自眠。①

以上二首诗是不是师生两人同时登东阳西岘峰所作，无从考证。但足见马之纯对乔行简之器重。乔行简素有大志向，李心传在《宋太师平章鲁国公文惠乔公圹记》中说："公自为布衣，已有大志。"②清楼上层《定志堂记》说："此志之不可不定也。不然，东阳先正若乔文惠、李正节、张冲素，嘉言懿行，具在方策，虽不能遽至，尚庶几焉。"③可见，乔行简为东阳黎民定志楷模。马之纯因乔行简志向远大而独期其大任，在诗歌创作上对乔行简也倾力培育。

培养教育出宰相乔行简的老师马之纯，也把自己的孙子马光祖培养教育成了副宰相。咸淳三年（1267）六月，马光祖拜参知政事；咸淳五年（1269）进枢密使兼参知政事，以金紫光禄大夫致仕。《宋史》有传。马光祖位列副宰，东阳马氏实因马光祖而至显。其后马氏在东阳称"五府"之一，与乔、葛相埒（等同）。④

三、少入东莱之门

被老师马之纯"独期以大任"的14岁少年乔行简，在乾道五年（1169）前后要上大学了。《道光东阳县志》载：

吕祖谦，号东莱。南渡初，始自中州走闽来婺。邑人赵公藻创友成

---

① ［清］党金衡主修：《道光东阳县志》卷二三《广闻志（一）·胜迹》，东阳市人民政府地方志办公室整理，西泠印社出版社2017年版，第618页。
② ［宋］李心传：《宋太师平章鲁国公文惠乔公圹记》，载乔廷藩，等：《吴宁乔氏宗谱》卷四《世行传》，民国二十二年（1933）重修版。
③ ［清］党金衡主修：《道光东阳县志》卷一〇《政治志（六）》，东阳市人民政府地方志办公室整理，西泠印社出版社2017年版，第213页。
④ 安恬续修宗谱编撰组：《茂陵马氏安恬宗谱》卷一，1997年重修版。

书院,延之讲习。时李诚之、乔梦符、陈黼、葛洪、乔行简、倪千里,藻子彦稼、彦柜等,勋名德业、文章政事,皆一时之选,并出其门。[①]

《康熙新修东阳县志》记载亦同。但这一条记载有许多值得推敲处。首先,把李诚之、乔梦符、陈黼、葛洪、乔行简、倪千里、赵彦稼、赵彦柜一干8人,都归入吕祖谦友成书院之弟子,似乎没有仔细考虑8人的年龄问题。这8位东阳俊彦分明是二代人。其中,乔梦符(1130—1213)、赵彦稼(1127—?)、赵彦柜(1129—1197)是一代人;李诚之(1152—1221)、陈黼(1154—1220)、葛洪(1152—1237)、乔行简(1156—1241)又是一代人。倪千里,生卒年不详。两代人整整相差30余岁年纪。当然,当时的书院里年龄相差大是惯例。问题是,吕祖谦是何时主友成书院师席的?

《道光东阳县志》卷一八《儒林》载:

　　赵彦稼,字周实,幼颖异绝伦,与弟彦柜同入内小学,行无越思,为同学所敬爱。擢承直郎,勾管文思院事。稼性喜儒术,骤登仕籍,意尝忽忽,乃乞归。就学其父公藻,侨居邑南。嘉其志,特创友成书院于溪东,延东莱吕祖谦以兴后进。[②]

这段文字为我们提供了赵公藻建造友成书院的相关信息。赵公藻长子赵彦稼与弟弟赵彦柜同入内小学读书,小学毕业后,被直接提拔为"承直郎,勾管文思院事"。宋代文思院,是一个负责宫廷及在京诸司所用造器物掌造的繁杂部门,赵彦稼生性喜欢读书,对做这样的官不是很适应,就打报告辞职归乡,跟父亲赵公藻学习儒术。赵公藻为了不耽误儿子的学业,特创友成书院于溪东,并延聘当时大儒吕祖谦来主友成书院师席。如此推算,此时的赵彦稼应该20余岁。

《道光东阳县志》卷一八《儒林·赵彦柜传》又载:

---

① [清]党金衡主修:《道光东阳县志》卷二《人物志(六)·留寓》,东阳市人民政府地方志办公室整理,西泠印社出版社2017年版,第577页。

② [清]党金衡主修:《道光东阳县志》卷一八《人物志(六)·儒林》,东阳市人民政府地方志办公室整理,西泠印社出版社2017年版,第427页。

赵彦柜,字周锡,幼入内小学,长师吕祖谦,擢取应科,授右选,非其志也。①

赵彦柜"幼入内小学,长师吕祖谦"。他生于建炎三年(1129),"及长"应该是20岁。《礼记·曲礼(上)》载:"二十曰弱,冠。"孔颖达进一步注解说:"二十成人,初加冠,体犹未壮,故曰弱冠。"古代男子20岁算作成人,要举行加冠礼。因此,赵彦柜应该于20岁登吕祖谦门。此时,赵彦稦约22岁。因此,赵公藻应该在绍兴二十年(1150)前后,就是赵彦柜及"长"之后,赵彦稦辞官回家后,才建友成书院,聘请名师吕祖谦主友成书院师席的。但,据方志载,友成书院创建于建炎二年(1128)。②也就是说,该书院创建于赵彦柜出生的前一年。此时,其哥哥赵彦稦已2岁。而不是赵彦稦辞官回乡的绍兴二十年(1150)前后。另据《吕祖谦年谱》载:绍兴二十年(1150)吕祖谦才14岁,绍兴二十三年(1153)吕祖谦17岁。在此期间,他皆随父亲吕大器在绍兴读书。绍兴二十三年,因曾祖吕好问墓从桂林迁葬武义明招山,因此,吕祖谦是年在武义明招山。绍兴二十七年(1157),21岁的吕祖谦讲学醴陵,这是吕祖谦讲学的首次记载。当地曾立书院以祀之。是年十月,因父亲吕大器福州任期满,随侍回婺州③。由此可以推断,吕祖谦可能是于绍兴二十四年(1154)至绍兴二十七年(1157)期间,主友成书院师席的。

若以吕祖谦绍兴二十七年(1157)二十一岁时主友成书院师席计,此时,乔梦符28岁、赵彦稦31岁、赵彦柜29岁;而李诚之、葛洪才6岁,陈黼才4岁,乔行简才2岁。因此,把李诚之、陈黼、葛洪、乔行简辈,与乔梦符、赵彦稦、赵彦柜等同时归入吕祖谦友成书院弟子,肯定是有问题的。

《东阳市志·民间故事》载:

乔行简仕前,曾师从吕祖谦。某年,祖谦娶媳,行简作《牛羊游春图》

---

① [清]党金衡主修:《道光东阳县志》卷一八《人物志(六)·儒林》,东阳市人民政府地方志办公室整理,西泠印社出版社2017年版,第427页。
② 东阳市地方志纂编委员会:《东阳市志》卷三〇《教育》,汉语大词典出版社1993年版,第630页。
③ 杜海军:《吕祖谦年谱》,中华书局2007年版,第9—15、15—17、43—47页。

往贺。金华诸生小觑之,席间,有人指《牛羊游春图》出联:"山羊上山,山碰山羊角,咩——"行简应声而对:"水牛下水,水淹水牛鼻,哞——"金华诸生为之动容。忽报村上演戏,请祖谦赐台柱对。祖谦命之行简。行简勿辞。趁兴命笔疾书:"金鼓动动动,实劝你不动不动不动。"祖谦点头称赞,群生屏息,但看下联。行简微理橡翰,续笔:"玉箫何何何,且看我如何如何如何。"笔势收处,赞声雷动,四座叹服。①

民间故事毕竟有趣,有细节、有生活、有情趣,就是没有确切的时间和地点。"某年,祖谦娶媳",这样的说法够模糊的。据《吕祖谦年谱》载:"绍兴二十七年丁丑(1157)十二月二十六日,如信州完婚。……二十九日,亲迎韩元吉长女韩氏(复)。"吕祖谦娶媳是在绍兴二十七年(1157),他21岁,地点在信州(江西上饶)。次年四月二日,才"自信州归婺,以妻子韩复庙见。"②绍兴二十七年(1157),乔行简才3岁,若能作得《牛羊游春图》往贺,并能应对如流,且理翰续笔精彩,乃真是天降神童也!因此,乔行简于绍兴二十七年(1157)参加吕祖谦婚礼,是断断不可能的事。

但吕祖谦有第二次婚姻。吕祖谦妻韩复因病卒于绍兴三十二年(1162)七月,至乾道五年(1169)五月才续娶韩复之妹韩螺。是年八月十一日,吕祖谦"自德清归,以继室韩夫人(螺)庙见。"③吕祖谦带了第二个夫人(前妻之妹),从德清回婺州入庙拜见祖宗。虽然年谱只载有"庙见"二字,而不及婚礼之事。但按照当时南宋的婚俗,已经在朝为官且拥有弟子千余的吕祖谦,其再婚婚礼排场一些,也是情理中事。因此,乔行简参加吕祖谦再婚婚礼,也是绝有可能的。乾道五年(1169),乔行简已14岁,翩翩少年一个。14岁的少年乔行简,能画,能对,能书,在老师的婚礼上出尽风头。总之,乔行简是一位早慧之人,而14岁年纪,刚好是入书院(大学)的年龄。也就是说,乔行简从马之纯处小学毕业,即登吕祖谦之门,进书院进修大学课程。

乾道五年(1169),乔行简14岁,李诚之18岁,葛洪18岁,陈黼16岁。这一干

---

① 东阳市地方志编委会:《东阳市志》卷三六《经籍·艺文》,汉语大词典出版社1993年版,第791页。

② 杜海军:《吕祖谦年谱》,中华书局2007年版,第15—16页。

③ 同上书,第46页。

东阳少年才俊,正值读大学的年纪。而李诚之、葛洪、陈黼可能已经早乔行简登吕祖谦之门了。然而,疑问还是不断地存在。乾道五年(1169)前后,吕祖谦根本不可能在友成书院主师席。

有资料表明,吕祖谦还曾担任过东阳西园书院师席。吕祖谦有《郭伯清墓志铭》一通,《全宋文》和《吕东莱文集》皆有载。《郭伯清墓志铭》云:

> 君讳澄,字伯清,姓郭氏,婺之东阳人。曾祖招;祖知常;父良臣,将仕郎。绍兴末,军兴,入赀佐县官者,赐爵视任。子将仕,以伯清名上,补迪功郎,调隆兴府南昌县主簿,再调台州黄岩县主簿,皆不行。尝请两浙转运司解,亦终不遂。淳熙六年(1179)八月十二日,以疾卒,年始三十。娶朝奉郎、江南东路转运司主管文字吴良骥之女,后七年(1180)有九日亦卒。七年十二月初六日,合葬于罗青原将仕墓之左。三子,曰木、曰绍、曰爱。
>
> 伯清少时,将仕奇其敏悟,为筑西园舍旁,延名士讲授,乡之秀民愿请业者,悉聚而馆焉。伯清既用力于学,益知师友之可亲,辞气悃款,未尝不以善其身、迪其族、衣被其乡闾为主。退而验其语,随其力之所至,皆有以自见。识者始悚然,不敢以内交要誉期之。岁尝大侵,乡人有不忍高其籴以牟利者。问之,则曰此吾在西园所讲也。于是又知伯清之志非特信于朋友,且有从而化者矣。将仕没,里闾意伯清书生易兴,睥睨者甚众,母杨夫人亦忧之。及莅家政,物情土俗,洞见表里,而一本于厚。环田庐四旁,悍者驯,娼者弥,燕有尝以事者,既服其能而重感其意也。平生所闻于师友者,方将次第出之,而伯清则死矣。予每患学者颛固而窒于用,才如伯清,乃遽夺之,不得极其所如往,予非特为郭氏惜也。伯清死今期年,往东者皆道西园弦涌之馨不衰,兄弟朋友相励以学,若有督趣之者,曰吾伯清不可负也。呜呼,是岂声音笑貌所能为哉?予之知伯清盖有不尽者矣。铭曰:
>
> 西园之木,与日升兮。维子之植,众所凭兮。西园之木,与岁老兮。

维子之志,神所保兮。①

从吕祖谦"岁尝大侵,乡人有不忍高其籴以牟利者。问之,则曰此吾在西园所讲也。于是又知伯清之志非特信于朋友,且有从而化者矣"文中"此吾在西园所讲也"一语,可以断定,吕祖谦的确讲学西园。因为,他曾在西园书院倡导德化,通过郭伯清的教化推广,所以当地乡民在大饥荒来临之际,也不忍做那些趁人之危,高价倒卖粮食以牟利的行为。文中,吕祖谦称郭伯清为"吾伯清",其师生情谊之切跃然纸上。

从"伯清死今期年"一语看,吕祖谦该铭应该作于淳熙七年(1180),因为"期年"是周年的意思;而且应该是淳熙七年(1180)十二月下旬,因为文中有关于郭伯清妻子吴氏卒于淳熙"七年十二月初六日,合葬于罗青原将仕墓之左"的记载。

只是吕祖谦任西园师席的时间无从考证。一是关于西园书院创立的时间没有确切记载;二是吕祖谦没有在《郭伯清墓志铭》中交代自己任师席的时间。从郭伯清"疾卒于淳熙六年(1179),年始三十"的记载来看,借定他也是二十岁左右入书院学习,那么吕祖谦任西园师席的时间应该在乾道五年(1169)前后。从杜海军《吕祖谦年谱》考证,乾道五年(1169)五月,吕祖谦"因迎娶继室韩氏和除太学博士事遣散学生"②。因此,吕祖谦任西园师席的时间,最有可能是在乾道三年(1167)至乾道四年(1168)期间。此时,吕祖谦因丁母忧,均居武义明招山。

又时人括苍汤致有《别郭伯清序》一文,载《石洞遗芳集》。序曰:

乾道元年(1165),余寓东阳郭氏之塾,与伯清周旋书册间,终岁而归。三岁,伯清至括苍见余于家,数日即去,月余又自东阳来,复过,辞余曰:"天子下举士之诏,士当备所以应诏者,今至仲秋无数日矣,其将若何,愿一言可乎?"余笑应之曰:"余何言哉!余见黜屡矣,闻大比岁,则心悸而意恐,罔然无处于己,且尔况于人乎哉!然窃有说焉,敢不尽情。余年十六,始入郡庠,得斋庭席末,乡先生目余,使砥砺,因曰:"从今安心于

---

① 吕祖谦:《吕东莱文集》卷八(第三册),中华书局1985年版,第194—195页。
② 杜海军:《吕祖谦年谱》,中华书局2007年版,第43页。

学,务如昔人所事者,十年于兹,业或就绪。二十六岁进以求名,未为晚
也。若求速成,则汲汲于彼而不知有命。他日空空,岂不自惧丁状已
乎?"余时气盛而志锐,自以缀辑成篇,为足中有司之选,闻其言,怓然迟
之,虽不敢怒,亦不以为然也。惟快意时学,尽心举子之业,如恐不及焉,
一见黜则为之愤懑不已,辍放肆自恣者累月方已,事既达而心始宁,气愈
平而志愈励,期报前羞,勤益加昔,坐是泪没,至今三十九岁而名无可称,
使初从乡先生言,从容问学,不过迟以十年,业成而出则达,不为歉穷亦
无愧矣。今年逾倍而穷困依然,视其文则不能追古,道则不能尽观,德则
不能有诸己,一无得于求,而反有失也,不能从先生长者之言,悔之何如?
然犹尚可反也。年虽过壮,亦愈于不知反者。

伯清才美而文敏,年甫弱冠而志益高,其取名誉如索寄,命固有易如
此,固无侍于皇皇之求幸,惟少安留意于所当学,以此擢危科,登显仕,非
惟无愧于古人,抑可大有为于今之时也,万一有岁月之淹,虽今不遑宁
息,岂能遽易之哉。徒丧精失时而已。他日追思,得不为可惜乎,予疑伯
清似余昔日之志,而惧伯清后日怀余之悔,故愿伯清先予今日之退,而当
壮岁免余困而未能者,余虽愧于伯清之少成,而犹得不类于乡先生之失
言于余也。伯清能念之否?或谓余以己之谬,而谓人皆然,以己之蹇钝而
挫人之锋,可不可乎?大抵事畏必得焉,乃不畏人之言失也。战畏必胜
焉,乃不畏人之言败也。以言无损于当然而有补于或然也。况余昔居门
塾,未常少违伯清之意,敢以此别。①

汤致此人不是很有名,《道光东阳县志》载其人:"汤致,丽水人。淳熙五年
(1178)进士,游学西园最久。后请为西园师。"②汤致在西园求学最久,毕业后被聘
为西园教师。但汤致的这篇《别郭伯清序》,给今人提供了当时书院教学以及学生
求学心态的大量真实信息。汤致在西园书院读书及任师席的时间,从文中表述
看,汤致在西园书院读书的时间大约有12年之久。在《别郭伯清序》开篇中云:

---

① 转引自程小青:《石洞贻芳集》研究与整理,浙江师范大学硕士论文,2012年,第3—4页。
② [清]党金衡主修:《道光东阳县志》卷二二《人物志(一〇)·儒林》,东阳市人民政府地方志办公室整理,
西泠印社出版社2017年版,第577页。

"乾道元年(1165),余寓东阳郭氏之塾,与伯清周旋书册间。"可见,他是乾道元年(1165)至西园书院读书的。如此推算,汤致也可能是吕祖谦的西园学生。据《道光东阳县志》载,汤致应该是淳熙五年(1178)中进士后,才被聘为西园书院师席的。吕祖谦可能是在乾道三年(1167)至乾道四年(1168)期间,任西园书院师席的。此时,汤致肯定在学。而汤致此文应该写于乾道三年(1167),因此文中不及吕祖谦,便是自然的事。

综上所述,乔行简,以及李诚之、葛洪、陈黼等是不可能与乔梦符、赵彦橚、赵彦柜等一起在友成书院,同时成为吕祖谦弟子的。乔行简、李诚之、葛洪、陈黼等,极有可能是吕祖谦丽泽书院的弟子,而非他在友成书院或西园书院任师席期间的弟子。吕祖谦在乾道五年(1169)赴严州州学教授后任,虽已开始遣散学生,但丽泽书院还在。丽泽书院的教务主要交给其弟吕祖俭及潘刚中等人料理,他一直在外地遥控指挥。直至淳熙四年(1177),李诚之成为吕氏弟子中乡举第一人,而一向被老师看好的乔行简却到绍熙三年(1192)才中举人,[1]比李诚之晚了16个年头。可见当时科举并非易事,因此吕祖谦对此表示极其欣慰。他在《与学者及诸弟书(十七)》中说:

> 李茂钦作魁,大可喜。年来为学有意向者,多为侪辈笑侮,往往不能自立。因此,可稍强其志气,虽学不待外,然就渠地步上来说,事殊有补尔,又可使世俗知本分为学者,初不与科举相妨。所系殊不小也。[2]

吕祖谦在这封信中,除了对李诚之中举表示惊喜和祝贺之外,还透露出一种对遣散学生的无奈,以及对自己当初所坚持"科举不妨为学"办学理念的自信。认为李诚之举人登魁,可以使那些"本分为学者"增强志气,明白"为学"与"科举"不应相妨。其实,吕祖谦这封信主要反映了当时书院办学者所面临的一个主要矛盾,即"为学"与"科举"的矛盾。就婺州尤是东阳南宋初年各家争创书院的内生动力分析,是"科举取仕"在发挥作用,而不是地方豪族想把子弟培养成学者的冲动。

---

[1] [清]党金衡主修:《道光东阳县志》卷一四《人物志(一)·举人》,东阳市人民政府地方志办公室整理,西泠印社出版社2017年版,第276页。

[2] [宋]吕祖谦:《吕东莱文集》卷五(第二册),中华书局1985年版,第131页。

宋代"学而优则仕"成为一般地方豪族的追求。关于这一点,陆游曾作过细致的分析。他说:"若推上世之心,爱其子孙,欲使之衣食给足,婚嫁以时;欲使之为士,而不欲使之流于工商,将为皂隶,去为浮屠老子之徒。"①也就是说若能使自己的子孙成为士类是父亲长辈最大爱心体现,甚至比给他们吃饱穿暖,娶个好媳妇嫁个好丈夫还要重要。可见,使子孙成为"士类",是当时地方豪族的殷切期望。从社会学视角看,"士"是指那些来自几代人都受过良好教育,并且有官宦背景家庭的人②。在唐代,氏族从地方上的权贵转变为官僚贵族;在宋代,士最终从政治精英转变为地方士③。南宋时期的江南社会,北方官僚贵族大量入迁。那些来自北方有着不同的深厚家族背景的官僚贵族,首先成为江南社会上主要的地方士族。为了继续维持本氏族的社会地位,在政府已无法为这些士人家族成员提供优厚仕途,而"科举入仕"成为最好选择的情况下,他们便凭借自身家族的优势,开始兴办书院私塾,以满足子孙后代的入仕需要。如东阳赵公藻皇族,自南宋"靖康之变"后迁入,于建炎二年(1128)即在中兴寺创友成书院,聘吕祖谦主师席,培养儿子赵彦柜等。同时,地方上拥有一定财富的家族,如东阳长衢郭彦明家族,为了免受"乡闾仇疾"而"身挂宪网"④,创办了石洞书院,培养后人"科举入仕",终成当地世代望族。这些官僚氏族和新兴的地方氏族,在"科举入仕"理念引领下,纷纷创办书院而引接一批当时理学大家,使南宋东阳崇学之风气蔚然直上,以至于日后名臣大家迭出。

吕祖谦积极投身南宋初年以东阳为先引的婺州民间办学热潮中去,并成为当时各家书院争相聘请的师席,直至乾道初(约1165—1166)自己在金华城内创办起丽泽书院。这不仅仅是一个学者和教育家对社会需求的简单适应,更是他独有的远大考量。吕祖谦在《太学策问》云:"宪虞、夏、商、周之典,而建学校;合朔、越、楚、蜀之士,而群居。上非特为饰治之具,下非借为干泽之地也。所以讲实理,育实材,而求实用也。"⑤吕祖谦认为,古代建学校不是为了显示国家治理成效,也不是为了培养求俸禄的士人,而是为了通过"讲实理",而培养国家有用的"实材",归

① [宋]陆游:《陆放翁全集》卷二一,中国书店出版社1900年版,第124页。
② 转引自[美]包弼德著,[新加坡]王昌伟译,《历史上的理学》,浙江大学出版社2010年版,第27—28页。
③ 同上书,第33页。
④ [宋]陈亮:《东阳郭德邻哀辞序》,载《东阳市志》,汉语大词典出版社1993年版,第797页。
⑤ [宋]吕祖谦:《吕东莱文集》卷二(第一册),中华书局1985年版,第21页。

根结底兴办学校的目的是为国家求实用之材而已。正是在这种"育实材""求实用"教育思想指导下,吕祖谦才积极投身到当时的书院教育中去的。当然,这种"求实用"的教育思想,也极其迎合了当时社会世家大族科举进仕的迫切需要。因此,登吕祖谦之门的学生是接踵而来,乾道三年(1167)前后,吕祖谦在丽泽书院有学子千余人①,明招学子又有三百人②,加起来有一千三百多人。而朱熹至淳熙八年(1181),学生在500人左右③。朱熹还将自己的儿子朱塾于乾道九年(1173)七月,送到金华吕祖谦门下读书④。可见,吕祖谦确是南宋时期书院教育的积极倡导者和实践者。直至淳熙元年(1174),吕祖谦才基本上遣散身边的学生,丽泽书院则交给时少章等去打理,自己一心为学⑤。

总之,回归到乔行简登吕祖谦之门的线路上,可以得出以下结论:一是乔行简是吕祖谦弟子无疑。二是乔行简登吕祖谦之门,应该在乾道五年(1169)前后。这一年,马之纯到严州任比较务,吕祖谦任严州州学教授,张栻为严州令。乔行简可能在马之纯任严州比较务前,即拜吕祖谦为师。

至于乔行简是在金华城内的丽泽书院受吕祖谦亲炙,还是在东阳友成书院等受吕祖谦教诲,基本上找不到确切的文字记载来证明。《道光东阳县志》等地方史志中有几则关于乔行简读书处的记载,稍可作考证。《道光东阳县志》载:

> 法兴院。县东三十五里九都。或传赤乌元年(238)建,或曰宋咸平元年(998)。国朝掘得古墙根,见旧砖,年号不一,有乾元(758—760),有乾符(874—879),有祥符(1008—1016),有咸平(998—1003),最下为永

---

① 时少章在《书王木叔秘监文集后》云:"往时东莱先生讲道金华……诸生是时四方来学者,常千余人。"见[元]吴师道:《敬乡录》卷一一(451册),文渊阁四库全书本,上海古籍出版社1987年版,第384页。

② 吕祖谦在《与刘衡州(子澄)书》中云:"近日,士子相过聚,学者近三百人。"见[宋]吕祖谦:《吕东莱文集》卷四,中华书局1985年版(第二册),第90页。

③ 美国学者田浩曾说:"朱熹1181年所收的四十九个学生约占他学生总数的百分之十左右。"见〔美〕田浩:《朱熹的思维世界》,台北允晨文化实业股份有限公司1996版,第129页。

④ 《吕祖谦年谱》载:乾道九年(1173)七月,"朱熹遣其长子朱塾就读至婺。为朱塾择友、规定课程"。见杜海军:《吕祖谦年谱》,中华书局2007年版,第118页。

⑤ 《吕祖谦年谱》载:"淳熙元年甲午(1174),三十八岁。正月,以韩元吉守婺,为专意读书,散迁诸生。"见杜海军:《吕祖谦年谱》,中华书局2007年版,第127页。

平(?),字迹宛然。有如意轩,宋乔文惠尝读书于此。[①]

　　东阳法华寺又名中兴寺,始建于梁天监六年(507),位于南郊西岘峰下。据《东阳隆庆续志》,该寺在武德年间(618—626)已废。数年后,唐朝刺史厉文才辞官归乡,卜居天马山下(岘山分支),所建屋宇"室宇精华,林园大盛",人称"厉刺史府"。大约130余年后的唐至德二年(757),翰林学士厉乾耀(厉文才之孙)等兄弟六人商量,舍居所为寺。据传,寺院范围数十亩,僧侣数百人,寺规甚严,远近闻名,为当时著名古刹之一。南宋建炎二年(1128),赵公藻奉母命于中兴寺创友成书院,聘吕祖谦主师席。名宦乔行简、葛洪、李诚之、乔梦符,学者陈黼、倪千里、赵彦柜等并出其门[②]。该书院为南宋时期东阳最早的书院,是东阳古代孕育人才的第一个摇篮。明朝,中兴寺毁于兵燹。明隆庆六年(1572),大儒郭天翔在寺旧址创办崇正书院,并把叶水心、许白云两位师祖供奉在书院里,受学生祭祀,激励学子笃学上进,一直延续到清朝。

　　法华寺里有如意轩,乔行简曾读书于此。《道光东阳县志·如意轩》载:"如意轩,在县东三十五里法兴寺,宋乔行简读书处。"乔行简有诗云:"生来厌喧嚣,性与邱壑便。驾言写我心,碣来兹山巅。……我今还出门,与世聊周旋。"[③]此诗应是乔行简于某次回乡省亲期间写的。吴明杰《读书法兴寺》:"萧萧深竹院,习业此良便。淡霭横岩腹,疏阴覆石巅。我来文惠后,寺出永平先。古刹余千劫,幽轩剧数椽。"[④]吴明杰何许人无考,从其诗中"习业""文惠"等句考察,这里的确应该是乔行简少年时期读书的地方。又法兴寺里有环翠阁,曹冠有《环翠阁记》云:"东阳婺之壮县,以佳山水得名。而襟带溪流,雄杰秀丽者,南山其尤也。山之下有寺焉,曰中兴,规模宏大,甲于诸刹。治平甲辰(1064),权令陈恂司直建阁于寺之坤维(西

① [清]党金衡主修:《道光东阳县志》卷二四《广闻志(二)》,东阳市人民政府地方志办公室整理,西泠印社出版社2017年版,第647页。注:永平年号至少有7个,自汉明帝永平年间(58—75)始,最迟为前蜀高祖永平年间(911—915)。此处"最下为永平",不知指哪个永平年间。
② 东阳市地方志编委会:《东阳市志》卷三〇《教育》,汉语大词典出版社1993年版,第628页。
③ [清]党金衡主修:《道光东阳县志》卷二三《广闻志(一)》,东阳市人民政府地方志办公室整理,西泠印社出版社2017年版,第618页。
④ [清]党金衡主修:《道光东阳县志》卷二四《广闻志(二)》,东阳市人民政府地方志办公室整理,西泠印社出版社2017年版,第647页。

南）。绍兴初（1127—1128），令尹王榕德林名之曰环翠。"①可见，县令王榕命名环翠阁时，赵公藻已在中兴寺建起友成书院。而乔梦符、葛洪等留有咏环翠阁诗，乔梦符《环翠阁》诗云："目尽烟波阔，风多客袂凉。清谈饶有致，白日不知长。麦陇高低熟，缫车哑轧忙。归来犹怪早，人影在斜阳。"葛洪《环翠阁次知韵》："兰若凭高处，风虚阁自凉。川林输望迥，日月对闲长。洒落幽人暇，奔驰俗累忙。何时足生理，卜筑并山阳。"②乔梦符"清谈饶有致，白日不知长""归来犹怪早，人影在斜阳"等句，明显告诉人们，他是去环翠阁读书的。而从葛洪"何时足生理，卜筑并山阳"这句诗分析，此诗应该写于其少年读书时期。"生理"这里作生计讲。葛洪说，什么时候才能懂得和掌握料理生计的本领啊，在这个山阳的地方筑起自己的居室。这显然是一个青春少年的梦想。

由此可见，乔行简、葛洪在友成书院，即当时的法兴院（中兴寺）读书，还是有迹可循的。也就是说，在乾道五年（1169）前后，吕祖谦极有可能还到友成书院讲学，哪怕是偶尔来之，由此乔行简、葛洪等比赵彦秬、乔梦符年纪小了一大截的人，成为吕祖谦友成书院弟子，也算得上是有据可考的史实。

《道光东阳县志》等史志还载有乔行简读书地若干处。如"康济庙"：

> 康济庙，一名东殿。在县东一里三十步。宋徽宗宣和四年（1122），邑令裘移忠建。理宗绍定二年（1229），敕赐灵济；三年（1230），改今额。相传乔行简尝读书于此，夜行辄有光引之出入。后跻贵显，于十月朔夜迎灯以报之。所称十月朝，盖始于此。③

宣和四年（1122），康济庙由东阳县令裘移忠建造。此时，乔行简远未出生。后来乔行简在这里读书，在伸手不见五指的夜晚，乔行简出入期间，常常有神光指引。当然，这是传说。但乔行简曾在这座庙里夜间苦读，大约是事实。夜间为何要选择到庙里来读书。这只能说明乔行简未达时家境不富裕，为了节省灯油钱，

---

① ［清］党金衡主修：《道光东阳县志》卷二三《广闻志（一）》，东阳市人民政府地方志办公室整理，西泠印社出版社2017年版，第622、623、618页。

② 同上。

③ ［清］党金衡主修：《道光东阳县志》卷一一《政治志（七）》，东阳市人民政府地方志办公室整理，西泠印社出版社2017年版，第241页。

就跑到家附近的庙里来读书。乔行简家孔山宅在"在县东南二百步孔山下"①,康济庙在"县东一里三十步",两处距离很近。绍定二年(1229),年届74岁的乔行简官至礼部尚书。据李心传《宋太师平章鲁国公文惠乔公圹记》载:乔行简"绍定元年(1228)四月,直拜礼部尚书兼国史实录院修撰;三年(1230)十二月,权端明殿学士、同金枢密院事"。②礼部尚书、同金枢密院事,都是从二品的官阶了③。此时的乔行简已经跻身达官显贵。但,他常常想念当初夜间寄读,给予他心头无限光明的东殿庙。从文字记载看,乔行简极有可能在此苦读后才中式的。这座当初名为"东殿"的庙宇,实是乔行简发达的肇始地,或可谓乔家的风水宝地。因此,他的家人便于每年十月初一夜,在庙里迎灯搞祭祀活动,以表示对乔行简中举的庆贺和纪念。所谓"十月朝",即农历十月初一,又称"祭祖节"。《道光东阳县志》编撰者认为,东阳"十月朝"习俗,即始于孔山乔氏每年十月初一在东殿庙搞祭祀活动,似乎缺乏其他证据。但,这项祭祀活动对于东阳孔山乔氏来说,必定是隆重而意义非凡的。因此,便有了绍定二年(1229),理宗敕赐该庙为灵济庙的这一段史话。绍定三年(1230),又改名为康济庙。

乔行简在吕祖谦门下排名颇高。《宋元学案·丽泽学案》列"东莱门人"66人,乔行简位第五④。排第一的是金华叶邽,第二、三位的则是鄞县楼昉(弟楼晒)兄弟,第四位是葛洪,第五位就是乔行简,李诚之第六位,乔梦符则排第八。《宋元学案》是宋元时期关于学派学脉的权威著作,黄宗羲、全祖望等在排定各学案谱系时,或说在排列各学派门人次序时,基本上是遵循其在学术、政治上的地位来论定的。当然也有例外,如楼昉名气足够大,排吕门老二无异议,但其弟弟楼晒却少有建树,几乎名不见经传,但却因哥哥楼昉而排在了第三。因此,乔行简其实是排第四位的。清代东阳人卢标所著的《婺志粹》之"吕成公祖谦弟子"子母,则列乔行简

---

① [清]党金衡主修:《道光东阳县志》卷二三《广闻志(一)》,东阳市人民政府地方志办公室整理,西泠印社出版社2017年版,第618页。

② [宋]李心传:《宋太师平章鲁国公文惠乔公圹记》,载乔廷藩等:《吴宁乔氏宗谱》卷之四《世行传》,民国二十二年(1933)重修版。

③ [宋]王益之:《职源撮要》,见赵一生等:《东阳丛书》第二册,浙江古籍出版社2012年版,第119—120页。另据《中国官阶历史词典》载,南宋时的枢密院掌军军机密使、兵防、边备等,主官为枢密使,次为知枢密院事、同知枢密院事、枢密副使、签书枢密院事、中签书枢密院事。

④ [清]黄宗羲原著:《宋元学案》卷七三《丽泽儒学案》,[清]全祖望补修,陈金生、梁允华点校,中华书局1986年版,第2434—2436页。

为第二,第一位是金华潘景宪,葛洪则在乔行简之后列第三①。

《宋元学案·丽泽学案》载有《乔行简传》:

> 乔行简,字寿朋,东阳人。学于吕成公之门。登绍熙[四年(1193)]进士,历宗正少卿、秘书监、权工部侍郎,兼国子司业,兼史院,兼侍讲。理宗即位,贻书丞相,请法孝宗行三年丧。应诏上书曰:"求贤、求言二诏之颁,果能确守初意,则人才振而治本立,国威张而奸宄销。臣窃观近事,似或不然。其所召者,非久无宦情决不肯来之人,则年已衰暮决不可来之人耳。彼风节素著、廉介有守者,论荐虽多,固未尝收拾而召之也。"端平二年(1235),朝议收复三京,又上疏曰:"臣不忧出师之无功,而忧事力之不可继。有功而至于不可继,则其忧深矣。自古英君,必先治内而后治外。陛下视今日内治,其已举乎? 其未举乎?"不听,师果败绩。进知枢密院事。后加少师、保宁军节度使、醴泉观使,封鲁国公。卒于家,年八十六,谥文惠。先生历练老成,识量宏远,居官无所不言。好荐士,多至显达。至于举钱时、吴如愚,又皆当时隐逸之贤者。所著有《周礼总说》《孔山文集》。②

这个《乔行简传》只是《宋史乔行简传》的简缩版而已,只叙述其政绩而不涉及其学术。《道光东阳县志》对乔行简于吕门的学术稍有记载,如《赵彦稯传》中说:

> 时东莱之门,李诚之、乔梦符以《易》鸣,陈黼、葛洪以《书》鸣,乔行简、马壬仲以《三礼》鸣,倪千里以《诗》鸣,于《春秋》则推稄昆季。③

在吕祖谦门下,乔行简以《三礼》见长。三礼者,《周礼》《仪礼》《礼记》是也。

---

① [清]卢标:《婺志粹》,见赵一生,等:《东阳丛书》第二十一册,赵一生,等编校,浙江古籍出版社2012年版,第90—91页。
② [清]黄宗羲原著:《宋元学案》卷七三《丽泽诸儒学案》,[清]全祖望补修,陈金生、梁允华点校,中华书局1986年版,第2436页。
③ [清]党金衡主修:《道光东阳县志》卷一八《人物志(六)》,东阳市人民政府地方志办公室整理,西泠印社出版社2017年版,第427页。

乔行简所著有《周礼总说》,可见此说不谬。吕祖谦之学以史学见长,于礼学吕祖谦只是在家礼、丧礼等方面有所涉及,且主要在于践履。当今有研究者认为,吕祖谦氏礼学,最重视丧礼研究与实践。他的丧礼思想可概括为:大复古礼,革除陋习[1]。潘叔度居丧,吕祖谦亲自为其制定《朝夕奠》《朔奠》《望奠》《荐新奠》等礼仪,还依据古礼参定了《宗法》《婚礼》《葬仪》《祭礼》等。[2]

重视"经学"乃吕学特色之一。吕祖谦主张明理躬行,治经史以致用。他说:"二帝三王之《书》,牺文孔子之《易》,《礼》之仪章,《乐》之节奏,《春秋》之褒贬,皆所以形天下之理者也。天下之人不以理视经,而以经视经,刳剥离析,雕缋疏凿之变多,而天下无全经矣。"[3]吕祖谦认为《书》《易》《礼》《乐》《春秋》等儒家经典"皆所以形天下之理者也"。他劝导学生要多读《六经》。他说:"人二三十年读圣人书,一旦遇事,便与里巷人无异。或有一听老成人之语,便能终身服膺。岂老成人之言过于《六经》哉!只缘读书不作有用看故也。"[4]"读《易》,须于常时平读过处,反复深体。见得句句是实,不可一字放过,如此读《易》,虽日读一句,其益多矣。"[5]吕祖谦如此重视经学,对乔行简影响深刻。

《道光东阳县志》记载,高定子曾在东阳《南园书院记》中说:"孔山先生乔公经为最高,聘莅其盟。"[6]乔行简受聘南园书院师席是在吕门满师之后。《宋元学案》载,高定子邛州蒲邱人,大儒魏了翁同母兄弟,"博通六经",官至端明殿学士、签书枢密院事,兼政知政事[7],位至副宰。东阳蒋建创办南园书院,称乔行简"经为"最高,聘请其主师席,高定子蒋从事如实叙之,说明他对蒋建之说是高度认同的。可见,乔行简在吕氏门下,以"经为"最高名满乡里,而为书院主竞相聘任。

① 程继红:《吕祖谦丧礼思想及其对浙东士人丧礼表现的旌扬》,《浙江海洋大学学报(人文科学版)》,2017年第4期,第56—61页。

② [宋]吕祖谦撰:《东莱吕太史别集》卷第十,《答潘叔度一三》,黄灵庚等主编:《吕祖谦全集》第一册,浙江古籍出版社2008年版,第491页。

③ [宋]吕祖谦:《晋文公秦穆公赋诗》,《左氏博议》卷一三,文渊阁四库全书本。

④ [清]黄宗羲:《宋元学案》,[清]全祖望补修,陈金生、梁运华点校,中华书局1986年版,第1662、2673页。

⑤ [宋]吕祖谦:《吕东莱文集》卷一一(第四册),中华书局1985年版,第267页。

⑥ [清]党金衡:《道光东阳县志》,东阳市人民政府地方志办公室整理,西泠印社出版社2017年版,第217页。

⑦ [清]黄宗羲:《宋元学案》,[清]全祖望补修,陈金生、梁运华点校,中华书局1986年版,第1662、2673页。

当时东阳学子胡楚才"尝问为学之要于葛洪"。洪曰:"吾学自践履中来。"又问乔行简,行简曰:"学以经为根干,子为华藻。"①可见,乔行简以经学见长。他认为以《六经》为核心的经学才是学术的"根干",先秦百家的著作,也即《子》,只是学术的枝叶和点缀。乔行简这一观点直切吕学要旨。

乔行简的礼学思想主要体现在两个方面。

一是"明宗法,尊朝廷"的宗法礼制思想。他在为东阳孙氏家族作的《永宁孙氏家乘序》中说:

> 盖闻之,封建坏,天下无世臣;宗法坏,天下无世家。……昔程氏曰:"宗法立,则朝廷之势自尊。"余不能叙孙氏之谱,聊述其流源世次,期与共明宗法,亦尊朝廷意也。②

乔行简在此明确提出了"明宗法,尊朝廷"的观点,并引用程氏曰"宗法立,则朝廷之势自尊"③之言加以论证。其实在宋代,是张载最先意识到重建宗法的重要性。他《经学理窟·宗法》中说:

> 管摄天下人心,收宗族,厚风俗。使人不忘本,须是明谱系世族与立宗子法……宗子之法不立,则朝廷无世臣。且如公卿,一旦崛起于贫贱之中以至公相,宗法不立,既死遂族散,其家不传。……如此则家且不能保,又安能保国家。……宗法若立,则人人各知来处,朝廷大有所益。……公卿各保其家,忠义岂有不立,忠义既立,朝廷之本岂有不固?④

张载把明谱系立宗子法作为收宗族、造就官僚之家世臣世族的手段,从而管

---

① [清]党金衡:《道光东阳县志》,东阳市人民政府地方志办公室整理,西泠印社出版社2017年版,第488页。
② [宋]乔行简:《永宁孙氏家乘序》,载赵一生主编:《东阳丛书》第一册《唐宋邑士诗文辑存·乔行简》,赵一生校辑,浙江古籍出版社2015年版,第214页。
③ 程颐说:"宗子之法不立,则朝廷无世臣。宗法须是一二巨公之家立法。宗法立,则人知统系来处。"见[宋]程颢、程颐:《河南程子遗书》卷一七,《二程集》,中华书局2015年版,第177页。
④ [宋]张载:《张载集》,中华书局2006年版,第258—259页。

摄天下人心,改变风俗以保护国家。这与"孝治天下"的理念是一致的,充分体现了儒家家国同构的思想特点①。所谓"宗法",也就是"立宗子之法",实行"嫡长子"制度,还包括"建家庙""祭祖宗""修家谱"等。它是"收亲睦族"的一种手段。②程颐由"宗子法立"推论到"遵祖重本",再由"遵祖重本"推论到"朝廷之势自尊"③,由此把新建宗子法的意义,从家族层面延伸到国家层面。程颐这一论断对后世影响极其深远。④可见,乔行简的"明宗法,尊朝廷"观源自张载、程颐。当然,乔行简的老师吕祖谦的宗法思想也自具特色。吕氏家学渊源深厚,吕夷简有《门铭》一通传世,其铭曰:

> 忠以事君,孝以养亲,宽以容众,谨以修身,清以轨俗,诚以教民,谦以处贵,乐以安贫,勤以积学,静以澄神,敏以给用,直以全真,约以奉己,广以施人,重以临下,恭以待宾。贯之以道,总之以仁。在家为子,在邦为臣,斯必言践。盛德聿新,勒铭于门,永代书绅。⑤

该铭仅96字,却内涵丰富,通篇贯穿了以"仁礼"为核心的儒家思想,被吕家子弟奉为做官做人之准则。吕祖谦对于宋代宗法思想亦颇有创见。淳熙七年(1180)正月,他在家庙建成之后,即开始修订《宗法》和《祭礼》⑥。他主张宗族居住形态和实行宗族管理条例的理想宗族形态,以维护宗族和睦,通过家族规范的制订和实施,来实现"以礼治宗"。如他制订的《葬仪》和《祭礼》中的某些礼节,就体

---

① 韦宝宏:《士绅于宗族制度论略》,西北师范大学硕士毕业论文,2004年,第9页。
② 高昕华:《吕祖谦宗法思想研究》,河北大学硕士毕业论文,2017年,第13页。
③ [宋]程颢、程颐:《时氏本拾遗》,见《二程集》第二册,中华书局1981年版,第231页。
④ 韦宝宏:《士绅于宗族制度论略》,西北师范大学硕士毕业论文,2004年,第9页。
⑤ [宋]吕夷简:《门铭》,见《宋文鉴》卷七三,中华书局1992年版,第1051页。
⑥ 淳熙七年(1180),吕祖谦在给朱熹信中说:梁兄弟在今士子中不易得。若整顿得周正,非细事也。受之所谓建家庙,初不能备庙制。但所居影堂,在堂之西边,位置不当,又去人太近,不严肃。庭之东隅有隙地,前月下手,一间两厦,颇高洁,秋初可断手。作主只依前所示《祭仪》中制度。时祭及朔望荐新之类,亦随力就其中撙节耳。《宗法》,春夏间尝令诸读《大传》,颇欲略见之行事。其《条目》未堪传。家间与叔位同居。向来先人以先叔久病之故尽推祖业界之。后来看两位藐然,却无系属处。今年商量,两位随分多少,撙办一项钱,共祭祀宾客等用。令子弟一人主之。今方行得数月,须俟数年,行得有次序,《条目》始可定也。见吕祖谦:《东莱吕太史别集》卷八,《与朱伺讲书(五)》,第432页。

现来了"以礼治宗"的宗法思想①。

乔行简接受了张载、程颐、吕祖谦等人的宗法礼制思想,强调"明宗法,尊国势"。理宗时代的君权与相权关系,经历了"相权专制——君权独尊——相权专制"的起伏过程。理宗是被史弥远包装后扶上台的②。因此,其当政之初,理宗只能在史弥远权相的淫威下行使君权。理宗即位不久,史弥远则利用机会置竑于死地,消除一大心腹之患。③而杨太后在短暂的垂帘听政之后,即行撤帘。④从此整

————————————

① 吕祖谦制订所谓《卜日》过程为:"执事者布卜席于殡门外阈,西北向。主人既朝哭,与众主人谓亡者诸子。出,立于殡门外之东壁下,西向南上。合东扉,主妇立于其内。主人进,立于南门,乃北面,免首绖,左拥之。"见吕祖谦:《东莱吕太史别集》卷三,《葬仪·卜日》,第316页。《卜日》就是为逝者算卜埋葬日期,吕祖谦规定,卜日时,执事者、主人、众主人、主妇等,都有自己的站立位置、动作和表情。他们有各自的状态,即执事者在殡门外,西北向;众主人立于殡门外之东边墙壁,西向南上;主妇立于东扉内;主人进入,立于南门。这就凸显出他们各自宗族地位的高低和尊卑,这是尊卑之礼在治宗中的体现。

② 《宋史》载:"会济国公竑与丞相史弥远有违言,弥远日谋媒蘖其失于宁宗,属意于帝而未遂。嘉定十七年(1224)八月丙戌,宁宗违豫,自是不视朝。壬辰,疾笃,弥远称诏以贵诚为皇子,改赐名昀,授武泰军节度使,封成国公。闰月丙申,宁宗疾甚,丁酉,崩于福宁殿。弥远使杨谷、杨石入白杨皇后,称 遗旨以皇子昀开府仪同三司,进封济阳郡王、判宁国府,命子昀嗣皇帝位。大赦。尊杨皇后曰皇太后,同听政。封竑为济王,赐第湖州,以醴泉观使就第。见[元]脱脱、阿图鲁,等:《宋史》卷四一《本纪》四一《理宗传(一)》,钦定四库全书本。理宗初名赵与莒,后改名赵贵诚,开禧元年(1205)正月生于绍兴府山阴县虹桥家中。他原非皇子,只是宋宁宗赵扩的远房堂侄。其父亲赵希瓐与皇室血缘十分疏远。赵希瓐无任何封爵,只当过山阴当地小官,生活与平民无异。赵与莒后寄居舅舅全保长家,直至16岁。赵扩因8名皇子皆早夭,便命宰相史弥远去寻品行端正的宗室继承沂王王位,史弥远幕僚余天锡途经绍兴在全保长家中认识了赵与莒兄弟,认为兄弟二人合适继承沂王。史弥远亲自考察后,于嘉定十四年(1221)将赵与莒选入宫内,改名赵贵诚,继承沂王王位。

③ 《宋史》载:"未几,遥见烛影中一人已在御坐,宣制毕,阁门赞呼,百官拜舞,贺新皇帝即位。竑不肯拜,震捽其首下拜。皇后矫遗诏:竑开府仪同三司,进封济阳郡王,判宁国府。帝因加竑少保,进封济王。[嘉定十七年(1224)]九月丁丑,以竑充醴泉观使,令就赐第。宝庆元年(1225)正月庚午,湖州人潘壬与其弟丙谋立竑,竑闻变匿水窦中,壬等得之,拥至州治以黄袍加身。竑号泣不从,不获已,与之约曰:"汝能勿害太后、官家乎?"众许诺。遂发军资库金帛、会子犒军,命守臣谢周卿率官属入贺,伪为李全榜揭于门,数弥远废立罪,云:"今领精兵二十万,水陆进讨。"比明视之,皆太湖渔人及巡尉兵卒,不满百人耳。竑知其谋不成,率州兵讨之。遣吏元春告于朝,弥远命殿司将彭任讨之,至则事平。弥远令客秦天锡托名医治竑疾,竑本无疾。丙戌,天锡诣竑,谕旨逼竑缢于州治。"见[元]脱脱、阿图鲁,等:《宋史》卷二四六《列传》第五《镇王竑传》,钦定四库全书本。

④ 《宋史》载:"(嘉定)十七年(1224)闰八月丁酉,帝大渐,弥远夜召昀入宫,后尚未知也。弥远遣后兄子谷及石以废立事白后,后不可,曰:"皇子先帝所立,岂敢擅变?"是夜,凡七往反,后终不听。谷等乃拜泣曰:"内外军民皆已归心,苟不立之,祸变必生,则杨氏无嗤类矣。"后默然良久,曰:"其人安在?"弥远等召昀入,后拊其背曰:"汝今为吾子矣!"遂矫诏废竑为济王,立昀为皇子,即帝位,尊皇后曰皇太后,同听政。宝庆二年(1226)十一月戊寅,加尊号寿明。绍定元年(1228)正月丙子,复加慈睿。(绍定)五年(1232)十二月壬午,崩于慈明殿,寿七十有一,谥恭圣仁烈。"见[元]脱脱、阿图鲁,等:《宋史》卷二四三《列传》第二《恭圣仁烈杨皇后传》,钦定四库全书本。

个朝廷可谓史弥远一手遮天①。"决事于房闼,操权于床第""其上无人主,旁无同列,下无百官士民"②。理宗因自己的身世、上位缘由及济王案等掣肘,只能"委旧辅史弥远,渊默十年无为"③。绍定六年(1233)十月,专权达26年之久的史弥远去世。至此,理宗才结束了"渊默十年无为"的历史。理宗亲政后,丞相郑清之独相,但理宗亲揽朝纲,"赫然独断"④。郑清之虽为史氏集团干城⑤,但朝廷上下仍然对他期待颇高。真德秀也认为郑清之以其理宗老师的身份,完全有资格任宰相一职,如历史上的名相伊尹、张良那样辅导君主成就伟业⑥。"端平入洛"失利后,郑清之虽未被直接予以惩罚,但理宗在他之外另立乔行简为相。乔行简为丞相后更是处处维护理宗的权威。

乔行简劝告理宗:

> 自今以往,事无大小,内断诸心,外谋大臣。勿牵于左右谀说之言,勿惑于宫闱私昵之意。当为者,毅然为之;不当为者,断然寝之。或事大体重者,必稽于典古,付之都省、下之朝绅,公共讨论,惟是之从。……国论一,则人心定;人心定,则国势尊。⑦

---

① 《宋史·史弥远传》:"弥远既诛韩侂胄,相宁宗十有七年。迫宁宗崩,废济王,非宁宗意。立理宗,又独相九年,擅权用事,专任憸壬。理宗德其立己之功,不思社稷大计,虽台谏言其奸恶,弗恤也。弥远死,宠渥犹优其子孙,厥后为制碑铭,以公忠翊运,定策元勋题其首。"见[元]脱脱、阿鲁图,等:《宋史》卷四一四《列传》第一七三《史弥远传》,四库全书本。

② 魏了翁:《鹤山先生大全文集》卷一八《应诏封事》,四部丛刊初编本。

③ 黄震:《黄氏日抄古今纪要逸编》,丛书集成初编本。

④ 《宋史·郑清之传》:"端平元年,上既亲总庶政,赫然独断,而清之亦慨然以天下为己任。"见[元]脱脱、阿鲁图,等:《宋史》卷四一四《列传》第一七三《郑清之传》,钦定四库全书本。

⑤ 史弥远欲用赵昀取代济王竑为皇位继承人之时,史弥远选用时为国子学录的郑清之兼魏忠宪王府教授,为赵昀师。史弥远即以相位相许,"一日,弥远为其父饭僧净慈寺,独与国子学录郑清之登惠日阁,屏人语曰:'皇子不堪负荷,闻后邸者甚贤,今欲择讲官,君其善训迪之。事成,弥远之坐即君坐也。然言出于弥远之口,入于君之耳,若一语泄者,吾与君皆族矣。'"[元]脱脱、阿鲁图,等:《宋史》卷二四六《列传》第五《宗室(三)》《镇王竑传》,钦定四库全书本。

⑥ 真德秀说:"规模立变进贤去佞,几如庆历之颂诗,剔蠹濯汗,快哉元祐之条贯,和气回而天为飞雪,贪风息而人乐饮冰,间阎知苏醒之期,朝野起升平之望,致君于尧舜之上,郑公固所优为,行政若管晏之卑,孟子岂其或比,尽抒硕画,丕蔚岩廊,某滥窃州符,久淹化冶,方登崇于百揆,首超擢于十连,但欣公道之伸,敢矜私己之遇,虽莫陪东阁奇士,少裨康济之谋,当敬率南方诸侯,恪奉作新之诏。"见[宋]真德秀:《真西山集》卷三十九《贺郑丞相启》,丛书集成初编本。

⑦ [宋]乔行简:《论天下之势当转弱为强奏》《论国事三忧疏》,见赵一生主编:《东阳丛书》第一册《唐宋邑士诗文辑存·乔行简》,赵一生校辑,浙江古籍出版社2015年版,第198页。

又说:"上有厉精更始之意,而士大夫之苟且不务任责者自若。朝廷有禁包苴、戒贪墨之令,而州县之黩货不知盈厌者自如。欲行楮令,则外郡之新券虽低价而莫售;欲平物价,则京师之百货视旧直而不殊。纪纲法度,多颓弛而未张;赏刑号令,皆玩视而不肃。此皆陛下国内之臣子,犹令之而未从,作之而不应,乃欲阖辟乾坤,混一区宇,制奸雄而折戎狄。"①遇事"当断则断""当为则为",事关国体之大事,则先讨论,后集中。做到"国论一律"。这分明是在鼓励理宗果敢地独断行事。就其实质,是一个宰相出于对君权的服从。这虽于宋代加强"相权"于"台谏"以制抑"君权"独裁的政治思想相背离,但它也是乔行简恪守宗法礼制"君君臣臣"要求的最好注脚。

二是"宽厚待人"的礼学思想。《宋史》云:"行简历练老成,识量弘远,居官无所不言。"②经常攻讦乔行简的王迈,对乔行简的修养和为人也只得点赞,他说:"行简为人素号多智。……善事惟谨,其性姿多苛"③。所谓"识量",就是学识与器量。这都是指一个人的修养而言。王迈则认为,乔行简做事谨慎,他的性格和仪态都非常严谨,极少得罪人。王迈说,这是一种政治智慧。其实,与其说是一种智慧,还不如说是一种涵养。这与乔行简师承吕学密不可分。

吕氏家族文化的内在核心是追求修身养性,它通过聚集讲学、践行礼仪、重经重史等外在的方式表现出来。④他们以孔子"不知礼,无以立也"的教诲为主旨,修定了《门铭》《童蒙训》修身类书目,强调言行举止的修养。吕本中引用荣阳公"后生初学,且须理会气象,气象好时,百事是当"⑤的话,说明"气象"等同于一个人的辞令、容颜、行为、品行,而这些品质又是分辨君子、小人的重要方面。以此突出言行举止修养在个人发展过程中的基础性和重要性。吕祖谦劝导宗人要学会宽容,

① [宋]乔行简:《论天下之势当转弱为强奏》《论国事三忧疏》,见赵一生主编:《东阳丛书》第一册《唐宋邑士诗文辑存·乔行简》,赵一生校辑,浙江古籍出版社2015年版,第201页。
② [元]脱脱、阿鲁图,等:《宋史》卷四一七《列传》第一七六《乔行简传》,钦定四库全书本。
③ [宋]王迈:《臞轩集》卷二《乙未六月上封事》,钦定四库全书本。
④ 陈开勇:《宋代开封—金华吕氏文化世家研究》,中国社会科学出版社2010年版,第4页。
⑤ [宋]吕本中:《童蒙训》卷中,钦定四库全书本。

切勿责罚、埋怨,要管理好自己的情绪,学会换位思考、自我反省。①他强调:"逊志",即虚心谦让。他说:"《曲礼》《少仪》,皆是逊志道理。步趋进退,左右周旋,若件件要理会,必有不到。惟常存此心,则自然不违乎礼。心有不存,则礼有时失。所谓逊志,如徐行后长,如洒扫应对,如相师,皆是逊志气象。"②

吕祖谦教育弟子,以孔子为准的。孔子教人,以孝悌忠信躬行为本。当他看到孔子"躬自厚而薄责于人"时,大受启发,忽然觉得平时忿懥涣然冰释。从此涵养心情,收敛精神。以不与人作无谓争论为处世之道。③认为"争校是非,不如敛藏收养"。"持养之久,则气渐和。气和,则温裕婉顺,望之者意消忿解,而无招咈取怒之患矣。"④全祖望评价说:"小东莱之学,平心易气,不欲逞口舌以与诸公角,大约在陶铸同类以渐化其偏,宰相之量也。惜其早卒,晦翁遂日与人苦争,并诋及婺学。而《宋史》之陋,遂抑之于《儒林》。然后世之君子终不以为然也。"⑤

作为吕学子弟,乔行简确实做到了吕祖谦所要求的那样,"静多于动,践履多于发用,涵养多于讲说",整顿收敛,操存涵泳,使"血气循轨而不乱,精神内守而不浮"。对此,李心传评价乔行简说:"公长不满五尺,退然如不胜衣,而博大有容,喜愠不形于色。"⑥

宋元时的一尺,相当于今日的31.68厘米。5尺,就是158.40厘米。一米五八的个子,无论宋代还是当代,无论男人还是女人,都不是一个理想高度。又一副弱不胜衣的样子。这样的身材,在朝廷里行走,若要赢得他人尊重,没有深厚的涵养

① 吕祖谦劝导弟子曰:"大凡亲戚或有未中节,正当尽诚规劝,不可萌责望心。若胸中有一毫责望则声色之间必有不可掩而忤人者疾。此尤是紧切用功处。大抵房族间事,只要消平收敛令小,不要展转蔓延令大。正己而不求于人,则无怨。政当尽诚委曲晓譬感切之。尤须防争气,若有毫发未去,则招拂激怒,所伤者多矣。若事果不可回,当体不可贞之义。此必诚意已尽,自反已至方可。"见[宋]吕祖谦:《东莱吕太史别集》卷一○,《与学者及诸弟》,第507—508页。

② [宋]吕祖谦:《吕东莱文集》第六卷一六《礼记说》,中华书局1985年版,第379页。

③ 王崇炳曰:"公(吕祖谦)之学,以关洛为宗,心平气和,不立崖异。……一日读《论语》'躬自厚而薄责于人',忽觉平时忿懥涣然冰释。……又曰'整顿收敛,则入于着力;从容涵泳,又堕于悠悠。又曰'静多于动,践履多于发用,涵养多于讲说。'又曰'操存,则血气循轨而不乱,收敛,则精神内守而不浮'"。见[清]王崇炳:《吕东莱先生本传》,《吕东莱文集》第一册,中华书局1985年版,第3页。

④ [清]黄宗羲原著:《宋元学案》卷五一《东莱学案》,[清]全祖望补修,陈金生、梁允华点校,中华书局1986年版,第1969—1970页。

⑤ 同上。

⑥ [宋]李心传:《宋太师平章鲁国公文惠乔公圹记》,载乔廷蕃,等:《吴宁乔氏宗谱》卷四《世行传》,民国二十二年(1933)重修版。

功夫是决计不行的。乔行简个子虽小，但器量博大，有容者乃大也，又有喜怒不形于色的内涵，于是人称其"性姿多苛"。就是说乔行简虽然矮小，但不苟言笑，神情苛严，一副貌不可犯的样子。说明乔行简在朝廷还是比较有威严的。但，这只是外表。关键是他有内涵有器量。

早年间为对金"绝币"还是"与币"一事，主张"与币"的乔行简被太学生黄自然、黄洪、家槟等伏阙请愿弹劾，声称要"斩行简"①。一时震动朝野。而其始作俑者，则是朱熹女婿、婺州北山四先生的老师黄榦。这位朱学嫡传在为江淮制置使李珏代写的《代人禀宰执论岁币》中说："愚以为莫若先斩妄议之臣，明下哀痛之诏，拔忠鲠之士。"②其剑锋直指乔行简。黄榦在朝，虽人称其"倜傥有谋"，但亦常会"言皆激切，同幕忌之尤甚，共诋排之"③。对于黄榦及太学生们的激切言辞，乔行简也只姑妄听之。至宰相之日，他也没有刻意报复。至少没有可查这方面的文字记载。

王迈对乔行简的指责最多，而且是在乔行简任宰相期间。如指责乔行简私荐小人，又指乔行简为史弥远集团成员，或云"明婺联盟"，结朋党以营私。还对乔行简任相一事质疑："陛下责治大统，功课太速，不择忠贤以辅之，乃用行简以疏间之。"意思是理宗起用乔行简，来疏远与郑清之的关系。进而王迈质疑道："群公先正，立人之朝，道合留，不合则去。清之当去久矣。行简留经筵，果合进退之义乎？"④面对王迈如此疯狂的攻讦，乔行简只在理宗面前解释了自己没有私荐举小人而外，没有说关于王迈针锋相对的指责话语，真正做到了"躬自厚而薄责于人"。在能查考到的乔行简上疏、奏折中，从来没有对谁有过于激切的言辞发现，也不见其攻讦他人的文字。后来，朝廷禋祀雷雨，王迈应诏言："天与宁考之怒久矣。曲蘖致疾，妖冶伐性，初秋逾旬，旷不视事，道路忧疑，此天与宁考之所以怒也。"遂为

① 《宋元学案》载："真西山请绝金币，乔行简为淮西漕，独曰：'强鞑必亡金。昔者金为吾之仇，今为吾之蔽，古人唇亡齿寒之辙可鉴，宜姑与之，使得拒鞑。'史弥远主其说。太学诸生黄自然、黄洪、周大同、家槟、徐士龙等伏丽正门，请斩行简，以谢天下。"[清]黄宗羲原著：《宋元学案》卷六三《勉斋学案》，[清]全祖望补修，陈金生、梁允华点校，中华书局1986年版，第1969—1970页。
② [宋]黄榦：《代人禀宰执论岁币》，《勉斋先生黄文肃公文集》卷二九，钦定四库全书本。
③ [元]脱脱、阿鲁图，等：《宋史》卷三四〇《列传》第一八九《道学传（四）·朱子门人·黄榦传》，钦定四库全书本。
④ 以上言论均见王迈：《乙未六月上封事》《丙寅九月封事》《乙未闰七月轮对第一劄》，载《臞轩集》卷二，钦定四库全书本。

台官李大同、御史蒋岘弹劾,被削二秩。最后,改任地方。①

吕祖谦曾说:

> 君子之攻小人,当攻其根。苟不攻其根本,见小人在聚敛则攻聚敛,
> 在谄谀则攻谄谀,在开边则攻开边,则终不胜。小人所以为根本,先能以
> 左道坏人君之心术,故人君深信之。而攻之者但攻其门庭而不及其室,
> 所以不胜。然则何以攻其根本? 在正君心也。②

吕祖谦这里传授的这招防小人攻讦的所谓"正君心"之法,实在太高明了。混迹朝野,不怕小人攻讦自己,就拍小人谄谀人君,坏人君之心术,为人君所信任。倘若人君为小人所惑,那小人之谄谀攻讦就会得逞。倘若人君心正,那小人就一定不会得志。因此,防止小人攻讦的最佳方法,是正人君之心。这招防小人攻讦的高明之术,为学生乔行简深深领悟并认真践履。他上书理宗,告其以正心为上:"陛下为天下君,当懋建皇极,一循大公,不应私徇小人,为其所误。""臣窃以为陛下当留神改图,一意奋发,不可有怀内之心,不可忧苟安之意",要学习周文王"内有拨乱之志,侧身修行",防止小人"蛊惑干求",而常保"圣心不肆"③。正因乔行简常劝理宗当怀懋建皇极之大志,"一循大公,不应私徇小人,为其所误",即凡事出于公心,心系国家大体。唯其如此,才可以不为小人所误。同时,他劝理宗要注意"修身、定志、正心"。正因为正君之心在先,才避免了小人攻讦的得逞,从而亦使自己免于困顿。

---

① 《宋史》载:"禋祀雷雨,迈应诏言:'天与宁考之怒久矣。……陛下不是之思,方用汉灾异免三公故事,环顾在廷,莫知所付。……世道否泰,君子小人进退之机也。'于是台官李大同言迈交结德秀、了翁及洪咨夔以收虚誉,削一秩免。蒋岘劾迈前疏妄论伦纪,请坐以非所宜言之罪,削二秩。"见[元]脱脱、阿鲁图,等:《宋史》卷四二三《列传》第一八二《王迈传》,钦定四库全书本。
② [宋]吕祖谦:《易说》,载《吕东莱文集》卷一三,第五册,中华书局1985年版,第324页。
③ 以上见乔行简:《论天下之势当转弱为强奏》《乞持身自制疏》,载赵一生主编:《东阳丛书》第一册《唐宋邑士诗文辑存·乔行简》,赵一生校辑,浙江古籍出版社2015年版,第200、202页。

四、主南园书院师席并登钱文子之门

淳熙四年(1177),李诚之中乡举第一人。这一年,李诚之24岁,乔行简22岁。而乔行简则晚于李诚之约16年,即于绍熙三年(1192)再中乡举,并于第二年,即绍熙四年(1193)登进士第。[①]此时,乔行简已经38岁了。那么,乔行简在淳熙四年(1177)至绍熙三年(1192)的16年时间里,在干什么?他一直在埋头苦读准备科举吗?

据史志记载,乔行简在此期间还担任过南园书院的师席。原来他在中举之前还当过教师的。《道光东阳县志》载:

> 南园书院,在县东南四十里,宋南渡时邑人蒋明叔建。延孔山乔行简为师,以教族属子弟及乡之后进。题曰南园书院。明叔殁,其孙龚又作屋聚书以广先志。[②]

蒋明叔者,即蒋昌道也。《道光东阳县志》载:"蒋昌道,字亢宗,九都大里人,号友松居士。轻财好义,南渡时,建南园书院,聘名儒乔行简以教族属子弟及乡之后进。其孙龚,字叔安,亦建屋聚书以广先志。"[③]南园书院建于何年,蒋昌道又是哪一年聘请乔行简主师席的,这里都没有明确记载。《道光东阳县志》又载有高定子《南园书院记》一通:

> 一日,东阳蒋叔安龚进而言曰:"龚大父友松居士,于敝庐南园为精舍,设储偫,延茂士,使子若孙师事而聚学焉。孔山先生乔公经为最高,

---

① [清]党金衡主修:《道光东阳县志》卷一四《人物志(一)》,东阳市人民政府地方志办公室整理,西泠印社出版社2017年版,第267—276页。

② [清]党金衡主修:《道光东阳县志》卷一〇《政治志(六)》,东阳市人民政府地方志办公室整理,西泠印社出版社2017年版,第217页。

③ [清]党金衡主修:《道光东阳县志》卷一九《人物志(七)》,东阳市人民政府地方志办公室整理,西泠印社出版社2017年版,第473页。

聘莅其盟。士之来游来歌,四面而至。日有益,月有功。大父殁,龚为肯堂之义,大惧宫室卑庳,闻见浅陋,无若族间之士问师请业者何。屋未具者崇大之,书未备者网罗之。堂日须成,聚书合三万余卷。堂之左师位在焉,右为恕斋龚藏修之地也。讲肄有舍,宾从有所,庖湢有次,学子至之,脱屦如归。石株竹个,如拱如揖。草木生意,轩豁呈露。使人触物有发,无少沾滞。其室西偏则为小学,斥田继廪,凡可以续五祖者,有引无替。今若子若弟,若兄弟之子,若众子弟,皆知乡方,靳靳然竞趋于善,求光厥绍。龚亦得以书剑游人间,辱名卿大夫延誉之,登进鹤山先生之门。[1]

高定子,字瞻叔,邛州蒲邱人。生于宋孝宗淳熙四年(1177),卒于理宗淳祐七年(1247),年71岁。高定子博通六经,嘉泰二年(1202)登进士第,后以资政殿学士致仕。他与蒋昌道孙蒋龚相友善。从其"孔山先生乔公经为最高,聘莅其盟"一句,大致可推断是乔行简师从吕祖谦后,却还未中式[乔行简登绍熙四年(1193)陈亮榜进士第]前。也就是上面所提到的淳熙四年(1177)至绍熙三年(1192)的16年间,乔行简极有可能被蒋昌道聘为南园书院师席。乔行简主南园书院师席期间,南园书院"士之来游来歌,四面而至。日有益,月有功",一派繁荣景象。看来吕祖谦弟子乔行简是很有号召力的。蒋昌道殁后,其孙蒋龚在南园书院里设须成堂,聚书合3万余卷。须成堂后来成为东阳历史上有名的藏书阁。

蒋龚以书剑游人间,并登魏了翁之门。

乔行简在主南园书院师席期间,还与在石洞书院、高塘书院任师席的当时大儒钱文子交友,成为钱文子弟子。乔行简在《白石诗传序》中有云:

行简昔曾尝从先生游,听言论,如岷江下三峡,滔滔乎其无涯也。今是书乃谨严简要如此,则知先生之学自博而之约,岁殊而月异矣。同门

---

[1] [清]党金衡主修:《道光东阳县志》卷一〇《政治志(六)》,东阳市人民政府地方志办公室整理,西泠印社出版社2017年版,第217页。

汤尹程尝为余述先生病革时言……①

乔行简此序撰于绍定六年(1233)。此时距钱文子去世也有20余年。钱文子虽为大儒,但对其记载的文字却不多。据汪桂海《钱文子生平与著述考》一文考证:"从绍熙三年(1192)至庆元三年(1197),将近六年的时间,……他此时大约一直在婺州等地活动,以课徒授业为主。"②《道光东阳县志》载:

> 钱文子,名宏,以字行,号白石,乐清人。主石洞师席既,郭湜妻吴氏尝为其姑叶氏筑高塘庵,命子肄业其间,延诸葛千能、钱文子并主师席,讲明洛学。后文子宰醴陵,因属叶味道续主其教。吴氏更辟巍楼,匾曰"东阁",四明楼宣献钥书之。吕祖泰既贬,道出潭州,文子私焮其行。③

《道光东阳县志》这条记载信息量极大。一是钱文子先主石洞书院师席;二是之后与诸葛千能并主由郭湜妻吴崇福创办的高塘书院师席;三是其因宰醴陵,属叶味道续主其教;四是与吕祖谦族弟吕祖泰关系甚契。

石洞书院,南宋绍兴十八年(1148)郭钦止创建,延聘叶适执掌师席。朱熹、吕祖谦、魏了翁、陈傅良、陆游等先后往来其间,或讲学论道,或切磋交流,并留下题识。④《道光东阳县志》等载"石洞书院"条目也多如此。皆提叶适主石洞师席,而无钱文子者。张直《石洞贻芳集序》云:

> 石洞山亘于东阳邑南长衢里,宋淳熙中,吾儒游息斯所,乃里人郭德谊君荒之者。初,德谊师于张无垢氏,悱然于儒,筑书院于石洞旁,兴义塾以来遐迩学者。南湖、西园如之。辟草莱以恢其基,市垄亩以饶其费。

① [宋]乔行简:《白石诗传序》,载赵一生,等:《东阳丛书》第一册《唐宋邑士诗文辑存》,浙江古籍出版社2012年版,第207页。
② 汪桂海:《钱文子生平与著述考》,《文津学志》2003年第5期,第86—97页。
③ [清]党金衡主修:《道光东阳县志》卷二二《人物志(十)》,东阳市人民政府地方志办公室整理,西泠印社出版社2017年版,第577页。
④ [宋]乔行简:《丰储孙君巨源墓志铭》,载赵一生,等:《东阳丛书》第一册《唐宋邑士诗文辑存》,浙江古籍出版社2012年版,第217—218页。

鹤山魏、水心叶、东莱吕,群儒硕彦,礼致之以即师席。紫阳朱夫子尝作访友之游以寓。陈止斋君举、唐说斋仲友、陈龙川同父辈武于其门者诜然。德谊胥与讲论道德以求益,皆厥子希鲁、希吕属。先后获儒称三书院,名惟石洞著。①

可见,南宋时长衢郭氏创有石洞、南湖、西园等书院。主师席者为魏了翁、叶适、吕祖谦。叶适主石洞师席,多有所载。吕祖谦主西园师席,也有据可考。而卢标《婺志粹》"钱氏文子"条目却有:"孙德之曰:诸葛千能、钱文子继主石洞师席。见所为郭氏《高塘记》。"②这与《道光东阳志》所载又有所出入。《道光东阳志》载是钱文子主石洞书院师席,之后又与诸葛千能并主高塘书院师席。查考孙德之《太白山遗稿》,不见有所谓《郭氏高塘记》一文,仅见《郭府君妻太孺人吴氏行状》。该文载:

乾道(1165—1173)初,二三先生以洛学倡东南,诸昆最先应和。创开义塾,聘名士硕儒,讲道议德。挟策裹饭,相踵于门。亦延诸葛公千能、钱公文子主师席,既为叶夫人作高塘庵,即以为肄业之地。著录日众,费且不资,孺人自出奁中物,禅助无靳色。人尤难之。其得水心先生铭处士(郭良显)之墓,美其家儒学,尊之至矣。府君(郭湜)既当家,高塘生徒益集。钱公得宰长沙,尚授业不忍去。孺人尊礼儒生,始终如一,郭氏之誉日隆。③

可见,吴崇福是郭湜之妻,是郭良显之长媳。"乾道初,二三先生以洛学倡东南,诸昆最先应和"。这里的"诸昆"是指郭良显的几位族兄。当时,郭良显的从兄郭钦止,字德宜,首创石洞书院,聘永嘉叶适主师席。郭良臣,字德邻,创西园书

① [清]党金衡主修:《道光东阳县志》卷二五《广闻志(三)》,东阳市人民政府地方志办公室整理,西泠印社出版社2017年版,第711—712页。
② [清]卢标:《婺志粹》,王众翘点校,载赵一生,等:《东阳丛书》第二十一册,浙江古籍出版社2012年版,第503页。
③ [宋]孙德之:《郭府君妻太孺人吴氏行状》,载赵一生,等:《东阳丛书》第二册《太白山遗稿》,浙江古籍出版社2012年版,第78—79页。

院,聘金华吕祖谦主师席。从侄郭溥亦创南湖书院,郭湜妻吴氏创高塘书院,郭伯中创青溪书院。又有籑金书院、洛阳书院等。①长衢郭氏昆仲于南宋时期共创建书院约7个之多。实为南宋东阳,乃至婺州书院开创之劲旅。也是南宋东阳本土家族读书致仕的典范和风气开先者。问题是作为郭钦止昆仲的郭良显,并没有创建什么书院,而由他的长媳吴崇福创建了高塘书院。因此,从孙德之的以上文字记载很难准确推断出"诸葛千能、钱文子"先主石洞书院师席,再继高塘书院师席的结论。当然,两人曾主高塘书院师席,有众多资料记载,应该是可采信的史实。

据史料记载,钱文子于绍熙三年(1192)因在太学成绩优异,根据当时的举士制度,未经殿试即被直接授予宣教郎。宣教郎虽是从八品京官,但只是寄禄官,即有官名有待遇,但没有实际职事。寄禄官要担任实职,还必须经过一定时期的磨勘(考察)和一定员数举主的推荐,才决定能否改为朝官。其出任者,必须担任知县。庆元三年(1197),经过6年的考核和推荐,钱文子终于谋得"潭州醴陵(今湖南株洲醴陵市)知县"一职,便兴高采烈而去。②因此,钱文子主高塘书院师席只能是绍熙三年(1192)至庆元三年(1197)期间。而乔行简绍熙三年(1192)即中乡试,绍熙四年(1193)进士及第,后授饶州州学教授,因父亲殁而没有赴任。李心传《宋太师平章鲁国公文惠乔公圹记》载:乔行简"少肆学于东莱吕成公之门,积年而归,受业者踵至。登绍熙癸丑(1193)进士,调饶州州学教授,以内艰不赴"。③据《吴宁乔氏宗谱》载,乔行简母亲俞氏卒于绍熙三年(1192)。此时,乔行简进士尚未及第。乔行简进士中式后,即调任饶州教授。母亲去世,乔行简按当时朝廷规定必须守丧3年。直至嘉泰初(1201),乔行简才任泰州州学教授。因此,乔行简与钱文子在东阳相交时间约有6年之多。应该是在此期间,乔行简拜钱文子为师的。

《宋元学案》卷六一《少卿钱白石先生文子传》称:

乾淳之际,永嘉诸儒林立,先生遍从游之,而于徐忠文公宏尤契。入
太学,有盛名。嘉定后,诸儒无存者,先生岿然为正学宗师。……其门人

① 汪桂海:《钱文子生平与著述考》,《文津学志》2003年第5期,第86—97页。
② [清]党金衡主修:《道光东阳县志》卷一〇《政治志(六)》,东阳市人民政府地方志办公室整理,西泠印社出版社2017年版,第215页。
③ [宋]李心传:《宋太师平章鲁国公文惠乔公圹记》,载乔廷藩,等:《吴宁乔氏宗谱》卷四《世行传》,民国二十二年(1933)重修版。

曰：乔行简、丁黼、曹豳、汤程。①

钱文子，嘉定（1208—1224）后称"正学宗师"的儒林巨擘，其第一门生乃乔行简也。另据资料载，钱文子东阳弟子还有孙礿、孙巨源等。吴立梅《悠悠东阳》一书有云：

> 孙礿（1149—1226），字居敬，东阳孙宅人。南宋孝宗淳熙十四年（1187），丁未科王容榜进士第三人。
>
> 据《婺东忠孝世家孙氏宗谱》所载，宝祐元年（1253）国子监司业林岊所撰《夏官畸庵孙公行状》，孙礿少时就学于葆和居士刘倩之门，继而受业于沈焕及钱文子。领乡荐入太学，复学于曹冠，"学业日深，搦管摛词，掷地有声"。及第后，任太学正，议论慷慨，词意激切，皇上叹赏，传旨褒谕，且命大臣擢用。迁太学博士，寻转监丞。因京兆尹辱武学生，孙礿抗论力争，义形于色，于是称疾要求外放。出知汉阳军。知黄州时蠲除前政逋负千百缗，建平籴仓以利民，尤着意教育，亲自授课。加授朝散大夫，调湖南提举使。迁兵部郎官，封通议大夫，条陈时弊，剀切而备。边备之事，屡言不听，遂辞归。
>
> 孙礿曾书"真实心地敬简法门"八字于座右，以为警示。著有《畸庵集》10卷、奏议3卷、《大学讲义》3卷及诗稿6卷。所著《经义考》已佚。其次子孙德之（1191—1274）为嘉熙二年（1238）进士，曾建藏书楼，文天祥为其题匾"文昌阁"，并撰《文昌楼记》，文中赞许后学推崇孙德之的"文场元帅"誉词。②

按上述文字记载，孙礿少时学于刘倩之门，继而受业于沈焕及钱文子。关于沈焕东阳籍弟子，乔行简《丰储孙君巨源墓志铭》一文有载：

---

① ［清］黄宗羲：《宋元学案》卷六一《徐陈诸儒学案》，［清］全祖望补修，陈金生、梁允华点校，中华书局1986年版，第1969—1970页。
② 吴立梅：《悠悠东阳》，上海交通大学出版社2013年版，第23页。

乾道、淳熙间，端献沈公焕讲学四明，为后进所归。既而应东阳孙公国干之聘，入主师席。惟时孙氏子弟多质能植立，有官兵部讳礿者，有官秘书讳德之者，有官桃源讳澜者，皆为端献所器许。乃兵部、秘书经纶康济，为世闻人。予独悲夫巨源君之贤，顾不少舒其蕴而已也。始君得端献抽其绪，又从白石钱公游，益驰骋其文。①

从乔行简该文可知，沈焕曾应东阳孙巨源之聘，任孙家书院（义塾）师席。孙家子弟孙礿、孙德之、孙澜等，皆为沈焕入门弟子。而孙巨源始受沈焕之学，后又登钱文子之门。孙巨源为钱文子之弟子，有确凿文字可证。而至于孙德之是否与孙巨源一起从钱文子游，不能由此确证。至于其他资料说孙礿曾登钱文子之门，可能仍是孤证，很难找到其他旁证。关于孙氏书院，孙德之有《代朱尚父玉溪书院记》一文，其文云：

太白山，一名东白，跨越、婺、台三州，地数百里，连岩崔巍，吐灵含秀。……众壑奔赴，会于玉溪之上，与俗人夹溪而居，天侈弊塾之逢茂陵。先闻孙礿斋先生不赐鄙夷，肯屑居之。少长，咸迪于教，故惟不肖获著录牒，乃肄业之地一新瓦染，扁以"玉溪书院"。②

就是不知这位孙礿斋先生为何人。孙德之之父孙礿，字居敬。孙礿斋可能为孙礿远房从兄，孙德之受其教，故而以先生称。但，不管他为何人，孙家在吐灵含秀东白山上，玉溪河畔建有玉溪书院，却是可信的事实。诸葛千能、钱文子主师席的书院，是否就是这个玉溪书院，无从考证。

关于乔行简钱门同窗丁黼、曹豳、汤程，《宋元学案》均有记载。丁黼（1166—1236），字文伯，号涎溪，安徽石埭人。丁黼是南宋末年少有"正学直道"的士大夫之一，晚年血洒在抗击蒙古入侵的战场上。《宋元学案·徐陈诸儒学案》载：

① ［宋］乔行简：《丰储孙君巨源墓志铭》，载赵一生，等：《东阳丛书》第一册《唐宋邑士诗文辑存》，浙江古籍出版社2012年版，第217—218页。
② ［宋］孙德之：《代朱尚父玉溪书院记》，载赵一生，等：《东阳丛书》第二册《太白山遗稿》卷上，浙江古籍出版社2012年版，第26页。

丁黼，字文伯，其祖故徐州人也，汉说《易》大师、将军宽之后。……年十四，已知为学之要。父泰亨，宿儒也，自教之。已而平阳徐忠文公谊教授池州，父挈先生共往从焉。忠文以老友待之，留与共训后进，而授先生以《语》《孟》《学》《庸》大旨、圣贤修己治人之学。永嘉钱宗正文子亦硕儒，先生由忠文以见之，得其经学。先生气捷神悟，诵言观行，遂忠文门下第一，成淳熙进士。枋臣当国，贤士多沉下僚。时天下所称为正学直道者，鹤山、平斋、西山皆重先生，而鹤山尤契。①

《宋史》载：

丁黼，成都制置使也。嘉熙三年（1239），北兵自新井入，诈竖宋将李显忠之旗，直趋成都。黼以为溃卒，以旗榜招之。既审知其非，领兵夜出城南迎战，至石笋街，兵散。黼力战，死之。方大兵未至，黼先遣妻子南归，自誓死守。至是，从黼者，惟幕客杨大异及所信任数人。大异死而复苏。黼帅蜀为政宽大，蜀人思之。事平，赐额立庙。②

丁黼出身大儒家门，父亲丁泰亨为宿儒。丁黼自小受父亲之教，14岁即知为学之要。后来平阳徐谊任池州教授，丁黼即拜入其门下，称"忠文（徐宜）门下第一"，又由徐宜引荐登钱文子之门。与魏了翁、洪咨夔（平斋）、真德秀等交游，称"正学直道者"。后死于四川抗蒙战场。

曹豳则为"嘉熙四谏"之一。《宋元学案·徐陈诸儒学案》载：

曹豳，字西士，瑞安人，文肃公叔远族子也。少从钱白石学。登嘉泰二年（1202）进士第，授安吉州教授。调重庆府司法参军，郡守度正欲荐之，辞曰："章司录母老，请先之。"正敬叹。改知建昌县，复故尚书李公择

---

① ［清］黄宗羲原著，［清］全祖望补修，陈金生、梁允华点校：《宋元学案》卷六一《徐陈诸儒学案》，中华书局1986年版，第1972—1973页。

② ［元］脱脱、阿图鲁，等：《宋史》卷四五四《列传》第二一三《忠义九》，钦定四库全书本。

山房,建斋舍,以处诸生。擢秘书丞兼仓部郎官。出为浙西提举常平,面陈和籴折纳之敝;建虎丘书院,以祀尹和靖。移浙东提点刑狱,寒食放囚归祀其先,囚感泣,如期至。召为左司谏,与王万、郭磊卿、徐清叟俱负直声,当时号"嘉熙四谏"。上疏言:"立太子,厚伦纪,以弭火灾。"又论余天锡、李明复之过,迕旨,迁起居郎。进礼部侍郎,不拜,疏七上,进古诗以寓规正。久之,起知福州,再以侍郎召,为台臣所沮而止。遂守宝章阁待制致仕,卒,谥文恭。[①]

曹幽,瑞安人,少年即从钱文子学。召为左司谏,与王万、郭磊卿、徐清叟俱负直声,当时号"嘉熙四谏"。

县尹汤程在钱门中与乔行简关系比较密切。《宋元学案·徐陈诸儒学案》载:

汤程,与乔行间同门,为县尹。尝为乔述白石病革时言曰"吾于《诗传》尚多欲有所更定"云。……梓材谨案:乔文惠序《白石诗传》前云:"同门汤尹程。"后云:"访求于汤尹之侄时大,俾偕诂释,刻诸郡斋。"[②]

乔行简在《白石诗传序》中说:

诗者,人心之所存,有感而后发者也。故《国风》《雅》《颂》,莫非忧乐怨慕之所形见。言《诗》者,必自夫治道之隆替,诗人之性情而索之,斯足以得其意而达其微。泥诸儒杂出之说,而无忧柔自求之功,则其义隐矣。……志于传授解惑者,苟不为拔其根本,去其所先入,安能使之以《诗》求《诗》而有所得哉! 此殆黜异尊经之意,故虽若失之易而不暇问也。[③]

乔行简在给老师钱文子的《诗传》作序时,提出了"以经观诗"的主张。他反对

① [清]黄宗羲原著,[清]全祖望补修,陈金生、梁允华点校:《宋元学案》卷六一《徐陈诸儒学案》,中华书局1986年版,第1975页。
② 同上书,第1975—1976页。
③ [宋]乔行简:《白石诗传序》,载赵一生主编:《东阳丛书》第一册《唐宋邑士诗文辑存·乔行简》,赵一生校辑,浙江古籍出版社2015年版,第207页。

以《诗》求《诗》的解《诗》方法,强调"黜异尊经"。这是一个值得深究的诗学观点。

《诗经》作为儒家经典之一,在汉代已有今、古文之分。今文诗凡三家,即齐、鲁、韩。古文诗则仅毛氏一家。汉末郑玄混合今古文家法,本《毛传》,杂采三家,撰《诗笺》。自后,今文《诗》渐次亡佚,唯古文派之《毛传》及《郑笺》占据统治地位。至宋代欧阳修、苏辙、郑樵、程颢等相与"辨序文,正古音,破改字之谬,辟专门之隘"。朱熹集其大成,有《诗集传》传世。钱文子《诗传》就是在这种学术背景下撰写的。此书虽佚,但魏了翁、乔行简先后所作序文尚存,魏序又收于《鹤山集》。

宋人认为《诗》序有古序、续序之分,每篇首二语为古序,其下学者增益之辞则为续序,亦曰后序。苏辙《诗集传》始认为毛序不可尽信,存其古序,删去续序。钱文子《诗传》对毛序亦仅存序首之语,而去所谓后师增益之说。并"一章之中释以数语,一篇之后赞以数词"。①就是说钱文子的《诗传》对《诗》的字句作了注解、训释。②魏序也说此书"约文述指,篇为一赞。凡旧说之涉乎矜己讪上、伤俗害伦者,皆在所不取"③。也就是说钱文子的《诗传》对《诗经》中所谓的"旧说之涉乎矜己讪上、伤俗害伦者",予以批判、抛弃。《诗经》中有不少讥讽君主、批评现实的诗,还有不少爱情诗,这些诗都是当时人生活的真实反映。宋人对诗序多有看法,如朱熹指《诗经》多有淫乱之意。钱文子作为理学家,其《诗传》"约文述指"为每首诗作赞,无疑也是用理学家的眼光来评判《诗经》④。也就是乔行简所说的"以经观诗"。

乔行简"以经观诗"的诗学观点,其实是对吕祖谦"以理视经"思想的继承和发扬。吕祖谦提倡以理解经,认为《书》《易》《礼》《乐》《春秋》等儒家经典乃载理之文,故须以理视经,而不以经视经,流于支离之弊。他说:"圣人欲以《诗》之平易,而救五经之支离也。孰知后世反以五经之支离而变《诗》之平易。"因为"《诗》本发乎闾巷草野之间,冲口而发,举笔而成,非可格以义例而局以训诂也。"原来是"义

---

① [宋]乔行简:《白石诗传序》,载赵一生主编:《东阳丛书》第一册《唐宋邑士诗文辑存·乔行简》,赵一生校辑,浙江古籍出版社2015年版,第208页。
② [清]顾镇《虞东学诗》卷十二《殷武》下引用了钱文子《诗集传》的一段注释,引文如下:"《集传》钱文子曰:'圜,直也。"是断是迁",言截之所生之地,徙之造作之处也。方,正以绳墨也。斫,削以斧斤也。'《白石诗传》又称钱氏《诗集传》,《虞东学诗》引作《集传》,乃简称。"这段引文是对《诗经·殷武》"是断是迁,方斫是虔"一句作的注释。
③ [宋]魏了翁:《钱氏诗集传序》,载《鹤山集》卷五四,钦定四库全书本。
④ 汪桂海:《钱文子生平与著述考》,《文津学志》2003年第一辑,第86—97页。

例训诂之学,至《诗》而尽废"①。义例训诂之学,就是"以经解经"。这是极其危险的。乔行简把吕祖谦这种观点引入诗学,反对"以诗视诗",提倡"以经观诗",也即"以理观诗"。

但"以经观诗""以理观诗",使人们随意把《诗经》中所谓"涉乎矜己讪上、伤俗害伦者"的内容剔除掉,导致《诗经》的支离,而影响其整体艺术性和原创性。

钱文子与杨万里有交游和唱。杨万里对钱文子颇为推许,其《送钱文季金判》诗曰:

> 东海珠胎清庙珍,璧水秀孝第一人。胡为俯首莲泛绿,如有用我试治民。古来幕中要婉画,君乃不肯作此客。囊箧细碎吾不能,玉壶清冰朱丝直。梅花雪片迎新年,送君搏风上九天。风池鸡树只咫尺,致君尧舜更努力。②

"璧水"为太学,"秀孝"是秀才、孝廉的意思。杨万里与陆游、尤袤、范成大并称为南宋"中兴四大诗人"。他称钱文子为"璧水秀孝第一人"。只是在赞赏钱文子在太学成绩优异,而不及其诗歌优劣。丞相周必大有《钱文季状元去春用杨吉州子直赋玉蕊诗老悖》诗曰:"尽揽群芳博物华,夕披众说聚萤车。花来北固无新唱,诗到西崐有故家。乡里孝廉流泽远,弟兄科甲搢绅夸。盍归史馆开群玉,徐步词垣判五花。"③其中"诗到西崐有故家"一句,说明钱文子的诗歌创作对"西昆体"④多有接受。

总之,吕祖谦、钱文子的诗学思想对乔行简影响颇深。乔行简诗歌现存不多,

---

① 以上见吕祖谦:《晋文公秦穆公赋诗》,《左氏博议》卷一三,钦定四库全书本。
② 汪桂海:《钱文子生平与著述考》,《文津学志》2003年第一辑,第86—97页。
③ [宋]周必大:《文忠集》卷四〇,钦定四库全书本。其诗题云:钱文季状元去春用杨吉州子直韵赋《玉蕊诗》,老悖久稽奉酬。今承秩满还朝,就以为饯。
④ 西昆体是宋初诗坛上声势最盛的一个诗歌流派。它是以《西昆酬唱集》而得名的,是以杨亿为首的17位宋初馆阁文臣互相唱和、点缀升平的诗歌总集,其诗人中成就较高的有杨亿、刘筠、钱惟演。它是晚唐五代诗风的沿续,师法晚唐诗人李商隐,发展了李商隐追求形式美的倾向,其诗雕润密丽、音调铿锵、辞藻华丽、声律和谐、对仗工整,呈现出整饬、典丽的艺术特征。

《东阳丛书》收录了乔行简诗三首。①

其《游三丘山》(《道光东阳县志》题为《拟岘亭》)诗:

疑是乘风到九天,不知身在此山巅。

万家攒蔟炊烟底,一水萦纡去鸟边。

便觉尘缘轻似羽,何妨诗意涌如泉。

停杯更待林梢月,归去家僮相未眠。

如意轩

生来厌喧嚣,性与丘壑便。

驾言写我心,褐来兹山巅。

僧房余千础,此室良居先。

重门二三曲,老屋数十椽。

尘几印鼠迹,纸窗篆蜗涎。

檐外倚花木,壁间罗诗篇。

春随蔷薇在,月带梧桐圆。

政用远公故,剩结我辈缘。

来频费茗碗,话长销炉烟。

解衣此盘礴,曩在六月天。

六尺簟敷榻,一枝藤倚肩。

忘形自卧起,白日羲皇前。

我今还出门,与世聊周旋。

后夜如有怀,梦魂应翩然。

如意轩为乔行简读书处。"驾言写我心,褐来兹山巅。""驾言"为出行的意思,"褐来"即离去。从此句可以看出,该诗是乔行简离别如意轩将远行时写成的。后

---

① 赵一生主编:《东阳丛书》第一册《唐宋邑士诗文辑存·乔行简》,赵一生校辑,浙江古籍出版社2015年版,第222—223页。

面"我今还出门,与世聊周旋。后夜如有怀,梦魂应翩然"二句,正好印证了前面几句的意思。如今我将远行,去与世周旋,但曾经伴我读书的如意轩呀,定然会翩然入梦来。

池荷

萱草轩窗处处幽,酒中不著客中愁。

芭蕉叶上无多雨,分与池荷一半秋。

王迈《臞轩集》还载有乔行简词《贺秦秘阁季槱得子》一首,其词云:

探春到。

岷儒听莺报,玉燕来早。

尧舜德之韶,明月弄清晓。

夜尘不浸银河水,金盆供新澡。

镇帷犀,护紧风蚤,秀藏芝草。

星斗灿怀抱。

嘉定元年(1208)戊辰四月乙卯①

原来乔行简与秦季槱、崔与之、程珌为同年,同登绍熙四年(1193)陈亮榜进士。《南宋馆阁录续录》卷七:"少监,嘉定以后二十人。……秦季槱,字父宏,普州安岳人,绍熙四年(1193)陈亮、程珌、乔行简等同榜进士出身。治春秋,(嘉定)十七年(1224)九月除。"②秦季槱,字父宏,四川普州安岳人。官至工部郎中、秘书省少监。著名数学家秦九韶之父。乔行简与秦季槱关系最为密切。开禧三年(1207),乔行简在秘书省为官,秦季槱除秘阁。嘉定元年(1208)秦的第二个儿子秦九韶出生,乔行简赋词《贺秦秘阁季槱得子》。

乔行简词开篇即云:"探春到。岷儒听莺报,玉燕来早。""岷儒",乔行简对秦

---

① [宋]王迈:《祭秦季槱先生文》,见《臞轩集》,钦定四库全书本。

② [宋]陈骙,等:《南宋馆阁录续录》卷七,钦定四库全书本。

季櫓的雅称。李曾伯在《代回潼川秦守贺生日》中,也称秦季櫓为"岷蜀儒英"①。
"莺报"即春天莺声报喜,暗喻外迁,古人将升迁称作"莺迁"。"听莺报"包含两种暗
喻,一是开禧三年(1207)冬秦季櫓丁父忧除回到朝廷,嘉定元年春即升迁。二是
秦季櫓的妻子传书告知儿子于春天降生的喜讯。"玉燕",应该是暗喻秦季櫓得子。

"尧舜德之韶",这说明秦九韶的名字源于弘扬"尧当了皇帝传贤不传子,舜代
行天子不称帝"的美德。据秦季櫓的父亲给秦九韶起名的民间传说,"九韶"中的
"九",是中文量词,取其"九",表示长久或永久。"韶",《礼记·乐记》为继也。"九韶"
即永久继承、弘扬尧舜之德。

"镇帷犀,护紧风矗,秀藏芝草。""芝草"即灵芝,古人视为瑞草,此喻满月小
儿,与"芝童"通。"芝童"即仙童。乔行简此处写要把婴儿床的帷帐压紧,不要风凉
着和蚊虫叮咬刚满月的"芝童",表达了长辈对晚辈的赞美与爱护。由此而论,乔
行简该词当是为秦九韶满月所赋的"满月词"。②

五、进士中式

乔行简在吕祖谦门下共学习了几年,史料未载。李心传用"积年而归"一词聊
以应付。"积年"为多年的意思,到底是几年,不得而知。按古代大学学制一般为6
年计,乔行简大约是20岁出头时离开吕门的。淳熙元年(1174),吕祖谦开始遣散
身边的学生。此时,乔行简已经19岁,在吕祖谦门下已经学了近6年。三年后,即
淳熙四年(1177),李诚之中乡举第一人。这一年,李诚之24岁,乔行简22岁。而
乔行简则晚于李诚之约16年,即于绍熙三年(1192)在中乡举,并于第二年,即绍
熙四年(1193)登进士第。而李诚之则于庆元二年(1196)进士中式。③

乔行简从淳熙四年(1177)到绍熙四年(1193)中进士式,有整整16年时间。
这16年间,乔行简一边在蒋明叔的南园书院任教,一边复习准备科举。历经艰

---

① [宋]李曾伯:《可斋杂稿》卷一四,钦定本四库全书。
② 杨国选:《秦九韶生年及任县尉考》,《中国科技史杂志》2008年第4期,第371—375页。
③ [清]党金衡主修:《道光东阳县志》卷一四《人物志(一)》,东阳市人民政府地方志办公室整理,西泠印社
出版社2017年版,第267—276页。

辛,终成正果。关于乔行简中式,《道光东阳县志·仙释传》有载:

> 卢鸿,字硕父,举进士,善仙卜。绍熙壬子(1192)乡举,问何人预荐?
> 曰有口人得。已而乃乔行简、许复道。庆元丙辰(1196)省试问问谁当,
> 书淡墨曰"大有年",已而乃李常博大有、徐主簿大年。①

当时东阳善仙卜者卢鸿,卜绍熙三年(1192)乡举中式者,曰:"有口人得。"乔字繁体为"喬",有口2个。复字繁体为"復",有2个人。结果乔行简、许复道两人举人中式。绍熙四年(1193),乔行简登进士第。卢鸿占卜当然是传说,就如李心传《宋太师平章鲁国公文惠乔公圹记》中所载的父老相乔行简父母骨法,说乔行简日后必贵及人臣一样。就算这样的说法或可信,但事实上,乔行简的成功历经了不少磨难。长达16年的科举之途,锲而不舍;事业上的成功之花,迟迟未开。而那些吕门同窗,几乎皆先于乔行简中式。

表2-1　乔行简东阳籍同窗进士中式年份一览表②

序号	姓名	进士中式年份	进士中式年龄(岁)
吕门同窗	乔梦符(1130—1213)	淳熙二年(1175)	46
	陈 韡(1154—1220)	淳熙八年(1181)	28
	葛 洪(1152—1237)	淳熙十一年(1184)	33
	倪千里(?—?)	淳熙十四年(1187)	不详
	赵彦柜(1129—1197)	绍熙元年(1190)	61
	马壬仲(?—?)	绍熙元年(1190)	不详
	乔行简(1156—1241)	绍熙四年(1193)	38
	李诚之(1152—1221)	庆元二年(1196)	45
	李大有(?—?)	宝庆二年(1226)	不详
	李大同(1157—1243)	嘉定十六年(1223)	67

① [清]党金衡主修:《道光东阳县志》卷二二《人物志(十)》,东阳市人民政府地方志办公室整理,西泠印社出版社2017年版,第584页。
② 徐次铎与乔行简同为马纯之学生,见[宋]乔行简《朝列大夫清湘通守次铎公墓志铭》,载赵一生,等:《东阳丛书》第一册《唐宋邑士诗文辑存》,浙江古籍出版社2012年版,第215页。

序号	姓名	进士中式年份	进士中式年龄(岁)
马门同窗	徐次铎(1164—1222)	绍熙元年(1190)	26
钱门同窗	孙 构(1149—1226)	淳熙十四年(1187)	39
	孙德之(1191—1274)	嘉熙二年(1238)	48

如此看来,乔行简虽在同窗中进士中式时间较晚,但其进士中式年龄还是算小的。赵彦秬登进士第时61岁了,李大同则67岁登进士第,将近古稀之年。他们为了博取功名,往往推迟结婚。乔行简儿子乔元龙生于庆元四年(1198)九月。[①]此时,乔行简已43岁。乔行简还有4个女儿:乔元礼、乔元成、乔元度、乔元恭。4人的年龄都没有记载。若乔元龙为老幺。按每2年生育一胎计,则乔元礼应该出生于淳熙十六年(1189)。由此推测,乔行简可能于淳熙十五年(1188)或淳熙十六年(1189)结婚。此时,乔行简也是一个33岁的大龄青年了。若乔元龙为老二,按每2年生育一胎计,则乔元礼应该出生于庆元二年(1196),乔行简则可能于庆元一年(1195)结婚。此时他已40岁,年逾不惑才结婚。进士及第后再结婚这种可能性最大。老天没有特别眷顾这位早慧而又富贵骨相的东阳才俊。因此,清代东阳名士楼上层在《定志堂记》一文中说:

> 天下之务无穷,而道之所由以一者,则志焉而已矣。……盖学,犹之水也,挂帆以济乎河,不柂是谋,而惟徒楫之□,焱风一至,北首者扬越,南帆者抵幽燕矣。此志之不可不定也。不然,东阳先正若乔文惠、李正节、张冲素,嘉言懿行,具在方策。[②]

定志堂,即东白书院,是清代东阳县学。它于乾隆二十四年(1759),由当时的东阳县令施廷灿建造。乾隆二十七年(1762),东阳县令李德举完成建设工程,并定名为"定志堂"。道光二年(1822),东阳县令刘镕把它改名为东白书院。楼上层

---

① 乔廷藩,等:《吴宁乔氏宗谱》卷四《世行传》,民国二十二年(1933)重修版。
② [清]党金衡主修:《道光东阳县志》卷一〇《政治志(六)》,东阳市人民政府地方志办公室整理,西泠印社出版社2017年版,第213页。

认为,所谓"志",就是"道之所由以一者"。也就是说,要一以贯之地去追求道的缘由。读书人不可不定志,否则就像河流上行驶的船只,失去柁准而随波逐流,迷失航向。东阳历史上的名人志士如乔行简、李诚之、张志行等,他们之所以成功,是因为他们有坚定的志向。把乔行简作为东阳历史上志向坚定的名贤,以激励后辈。乔行简不仅是南宋时期东阳最高级别的官宰,而且在吕祖谦众多门生中,他也是官阶最高的。乔行简、葛洪、李诚之等这辈人是受吕祖谦亲炙的学生,他们是南宋初年东阳青年才俊发奋读书、进入仕途的典范。其实,南宋初期的东阳,读书之风气并不浓厚。《道光东阳县志》载有《留观德跋石刻》一通。其石刻曰:"东阳习俗,士风不振久矣!"①留观德是绍兴二十年(1150)任东阳县令的。在东阳任上,留县令兴教办学,诱导后生为己任。他"饬蛊弊,新百务",先后建面香阁②、放生池,重修兴孝祠,贾廷佐称其"使一邑之内随风向化,消残暴之气,有恻隐之实,可谓知所本矣"。③婺州"通判沈旼尝称其兴学崇儒,知教化之源"④。当时,东阳有10岁奇童孙惟一,小小少年却通晓五经子史集。到金华府学考试,当时主考官是通判沈旼。沈旼试举数经,孙惟一应对如流,口诵数千言,无一滞句。由此沈旼大发感慨,认为这是东阳"兴学校,崇儒术,知教化"的结果。沈通判在给其哥乐安的书信中说:

> 东阳乃婺之剧邑也,比承贤尹,首兴学校,崇儒重士,诚知教化之源。作新群才,由少及壮,所以成人有德,小子有造复咏于今日。遂至奇童颖悟,蔼然而出。拜朔于宣圣之庭,聚僚黉堂,试举数经,言之历历,令人忘倦。乃知所誉,诚不我欺,正所谓名下无虚士矣,庸非教育之效足以移风易俗?故善为政者若春风风人,夏雨雨人,所至而人皆化之,稽古循良,

---

① [清]党金衡主修:《道光东阳县志》卷二七《广闻志(五)》,东阳市人民政府地方志办公室整理,西泠印社出版社2017年版,第795页。

② 面香阁为读书处,尤熖《东阳宝祐志序》曾云:"面香则余读书处,涵碧之淙澜,西岘之幽趣,今各无恙乎?"见[清]党金衡主修:《道光东阳县志》序,东阳市人民政府地方志办公室整理,西泠印社出版社2017年版,第12页。

③ [清]党金衡主修:《道光东阳县志》卷二四《广闻志(二)》,东阳市人民政府地方志办公室整理,西泠印社出版社2017年版,第644页。

④ [清]党金衡主修:《道光东阳县志》卷六《政治志(二)》,东阳市人民政府地方志办公室整理,西泠印社出版社2017年版,第139页。

何愧文公哉！①

这事大约发生在绍兴二十二年(1152)前后。沈昣认为，东阳"奇童颖悟，蔼然而出"，决非偶然，而是东阳的地方父母官兴学崇教之使然。东阳县令留观德则把神童孙惟一的事迹刻成石碑，放置于县学，用来劝导后生。也就是说东阳"兴学校，崇儒术，知教化"之风俗，应该始于南宋绍兴二十二年(1152)前后。比乔行简出生(绍兴二十六年)早5年。可见，乔行简是生长在东阳"兴学校，崇儒术，知教化"已成风俗的年代。而东阳斯风渐长，应在留德观任县令之后。这可以从南宋东阳历届进士分布情况得到证实。如表2-2所示。

表2-2　东阳南宋进士分布一览表②

纪年等	进士数	备注
建炎年间(1127—1130)共4年	1	俞玘
绍兴年间(1131—1162)共32年	5	贾廷佐、曹冠等
隆兴年间(1163—1164)共2年	3	马之纯等
乾道年间(1165—1173)共9年	3	曹冠第二次中式
淳熙年间(1174—1189)共16年	8	乔梦符、陈黼、葛洪、倪千里等
绍熙年间(1190—1194)共5年	7	赵彦秬、马壬仲、乔行简、徐次铎等
庆元年间(1195—1200)共6年	2	李大有等
嘉泰年间(1201—1204)共4年	5	乔嚞等
开禧年间(1205—1207)共3年	2	
嘉定年间(1208—1224)共17年	20	乔元龙、许复道、李大同、郭伯中等
宝庆年间(1225—1227)共3年	2	马光祖等
绍定年间(1228—1233)共6年	9	乔幼闻、杜幼节等
端平年间(1234—1236)共3年	2	
嘉熙年间(1237—1240)共4年	7	孙德之等
淳祐年间(1241—1252)共12年	19	何梦然等

① [清]党金衡主修：《道光东阳县志》卷二四《广闻志(二)》，东阳市人民政府地方志办公室整理，西泠印社出版社2017年版，第795页。
② [清]党金衡主修：《道光东阳县志》卷一三《人物志(一)》，东阳市人民政府地方志办公室整理，西泠印社出版社2017年版，第266—271页。注：该表在数字和人名上与其他资料所记载的或有出入。

纪年等	进士数	备注
宝祐年间(1253—1258)共6年	13	厉文翁等
景定年间(1260—1264)共5年	3	
咸淳年间(1265—1274)共10年	18	赵若恢等

由表可见,绍兴年间(1131—1162)共32年,东阳只有贾廷佐、许直可、曹冠、沈山、卢鸿等5人登进士第。以后,虽屡有中举者,但尚无勃发之势。直至绍熙元年(1190)庚戌俞复榜,才有赵彦梓、赵希伋、徐尧佐、徐次铎、徐千秋、马壬仲等6人同年登[①]。这是东阳历史上第一波中举高峰。其后,可谓好戏连连。嘉定十六年(1223),乔行简从子乔从龙,以及李大同、郭伯中等6人同登进士第。嘉熙二年(1238),孙德之等7人同登进士第。淳祐元年(1241),何梦然等7人同登进士第。宝祐元年(1253),厉文翁等9人同时进士中式。咸淳元年(1265),赵若恢等8人同时进士中式。从绍熙元年(1190)第一波进士及第高潮,到嘉定十六年(1223)第二波高潮到来,之间尚有34年时间。嘉定十六年(1223)之后,东阳才进入人才高峰迭起时期,直至南宋末期的咸淳年间(1265—1274),也有18名进士中式。当然,这不排除当年进士录取名额多少对此带来的影响,但无论录取名额多少,最终还得靠学子自己努力才能成功。同时,我们在考察东阳进士中式数量的时候,也不能不看到当时科举取士给社会尤其是青年带来的不少负面影响。但是,我们更应该从乔行简身上看到,明志苦读,科举进仕,对一个青年,对一个家族,乃至对一个地方社会和国家的巨大影响。这种影响,浓缩到东阳才俊乔行简身上,便在其日后的仕途上逐渐体现出来。

乔行简是绍熙四年(1193)登进士第的。他与绍熙元年(1190)进士及第的赵彦梓、徐次铎、马壬仲等,组成了东阳历史第一波进士及第高潮。因此,乔行简的成才案例,在浙江教育史上具有典型意义。他对激励广大青年才俊立定志向,奋发向上具有正向引导意义。

[①] ［清］党金衡主修:《道光东阳县志》卷一三《人物志(一)》,东阳市人民政府地方志办公室整理,西泠印社出版社2017年版,第267页。

从此,年届不惑的乔行简将正式踏入仕途,开启其敢于直言,善荐善士,历练老成,识量冲远的官宦人生;成就其爱国爱民,"治国平天下"的士子理想。

第三章

蹉跎不失忠诚之心

一、丁父母忧幸避党禁

　　乔行简仕途起于绍熙四年(1193)进士及第。进士及第后的乔行简可能立即被选调饶州州学教授,因丁母忧而未赴任。守丧期满后,于嘉泰元年(1201)才出任泰州州学教授。从此,为地方官直至嘉定十四年(1221)。此后,他开始赴京任职。从国史院修编官起步,直至宰相①。其仕途漫漫且艰辛,但他始终以博大之胸怀,远大之志向,以及宏远之识度,以"不剥民之膏脂,不伤国之根本"②为出仕原则,忠实践履"忠君爱民"之本旨,《宋史》称其"历练老成,识量弘远""弘深好贤,论事通谏。"③

　　李心传《宋太师平章鲁国公文惠乔公圹记》载:

　　　　(乔行简)登绍熙癸丑(1193)进士,调饶州州学教授,以内艰不赴。嘉泰初(1201),始为泰州州学教授。秩满又调两浙路安抚司干办公事。公擢第至十余年,年且五十矣。④

　　乔行简仕途起步维艰。绍熙四年(1193)进士及第,被选调出任饶州州学教授。宋室南渡,新及第进士授官一般仍沿北宋嘉祐三年(1058)以来之制。《宋会要辑稿·选举二》之二〇《进士科》载:

① 〔宋〕李心传:《宋太师平章鲁国公文惠乔公圹记》,载乔廷藩,等:《吴宁乔氏宗谱》卷四《世行传》,民国二十二年(1933)重修版。
② 同上。
③ 〔元〕脱脱、阿鲁图,等:《宋史》卷四一七《列传》第一七六《乔行简传》。
④ 〔宋〕李心传:《宋太师平章鲁国公文惠乔公圹记》,载乔廷藩,等:《吴宁乔氏宗谱》卷四《世行传》,民国二十二年(1933)重修版。

乾道五年(1169)四月十八日,诏新及第进士第一人郑侨补左承事郎、签书诸州节度判官事,第二人石起宗、第三人汪义端并左文林郎、两使职官,第四人贾光祖、第五人史俞并左从事郎、初等职官。第六人至第四甲并左迪功郎、诸州司户簿尉。第五甲守选。①

"文林郎"即是元丰改官制前的两使职官中的"节度、观察推官","从事郎"即是元丰改官制前的"初等职官","迪功郎"即是元丰改官制前的"判司簿尉"②。南宋高宗绍兴元年(1131)至孝宗淳熙元年(1174),曾经两度规定,凡进士及第等有出身人所授阶官皆带"左"字,恩荫等无出身人所授阶官皆带"右"字。阶官分左、右先后共60余年,其他250余年阶官是不分左、右的③。《宋会要辑稿·选举二》之二九《进士科杂录》载:

绍熙四年(1193)五月四日,诏新及第进士第一人陈亮,补承事郎、签书诸州节度判官厅公事;第二人朱质、第三人黄中,并文林郎、两使职官;第四人滕强恕、第五人杨琛,并从事郎、初等职官;第六人以下至第四甲,并迪功郎、诸州司户簿尉;第五甲守选。④

乔行简与陈亮同榜。陈亮高中状元,而乔行简的名次大约在"第六人以下至第四甲"。因为若排名在第五甲,则要等候选用。但乔行简直接被授予州学教授。据王益之《职源撮要》载,南宋诸王大小学教授、国子博士,为正八品官。迪功郎,诸州司士、文学、助教为从九品官。⑤因此,乔行简被选调饶州州学教授,刚好是从九品的芝麻官。有今人说,乔行简是陈亮榜进士第五名,这显然是一个误解或误读。

然而,乔行简母亲于绍熙三年(1192)就去世了。按照南宋"丁忧"制度规定,

---

① [清]徐松:《宋会要辑稿》,中华书局1957年版,第4255页。
② 张希清:《宋朝贡举释褐授官制度述论》,《中原文化研究》2015年第3期。
③ 同上。
④ [清]徐松:《宋会要辑稿》,中华书局1957年版,第4259页。
⑤ 张希清:《宋朝贡举释褐授官制度述论》,《中原文化研究》2015年第3期。

乔行简必须守丧三年,才能赴任。也就是说,乔行简必须到庆元元年(1195),才能担任官职。没想到的是庆元二年(1196)四月,乔行简父亲乔梦森也去世了①。丁外忧,守丧又是三年。一来二去,五六个年头就过去了。因此,乔行简直至嘉泰初(1201)才担任泰州州学教授,从原地起步。

而在东阳为父母守丧尽孝的五六年时间里,乔行简也没有闲着。庆元四年(1198)九月,他的儿子乔元龙出生了。庆元二年(1196)四月,乔行简父亲乔梦森去世。因此,庆元二年(1196)四月至庆元三年(1997)年底,乔行简都不可能结婚。如此推算起来,乔行简最有可能在庆元元年(1195)某月,丁母忧期满后结婚的。这样,庆元二年(1996),他的大女儿乔元礼出生。到庆元四年(1198)九月,儿子乔元龙出生。乔元礼与乔元龙的间隔年限十分合理。因此,乔行简的结婚年龄在40岁左右。

这期间,孔山乔家登第添丁,好事连连,煞是热闹。据《吴宁乔氏宗谱》载,绍熙元年(1190)七月,乔行简长兄乔宗唐之子乔从龙出生。绍熙四年(1193)三月,乔行简二兄乔宗虞之子乔为龙出生。庆元二年丙辰(1196)六月,乔行简二兄乔宗虞之次子乔行龙出生。庆元四年(1198)九月,乔行简儿子乔元龙出生。不到10年时间内,孔山乔家连添四丁。而乔行简则于绍熙四年(1193)进士及第。这是南宋孔山乔家第一位进士。他为整个孔山乔氏家族带来了历史性的突破和翻天覆地的变化。其后,乔元龙登嘉定四年(1211)进士第,官至监行在左藏,封桩库,赠通直郎。乔从龙,嘉定十六年(1223),授建昌郡教授。乔梦符两个儿子先后登第:乔幼闻登绍定二年(1229)进士第,官至中正丞;乔宗亮登嘉登二年(1238)武举进士第,官至武功大夫、两淮都督。乔行简从弟乔宗礼之子乔似孙,登景定三年(1262)进士第,官至朝议大夫②。乔行简哥哥乔宗唐、乔宗虞,乔宗虞的儿子乔为龙、乔行龙,以及乔行简的孙子乔师孟、乔师颐等,虽没有进士及第,也分别授官。因此可以说,自绍熙元年(1190)始,孔山乔家开始步入全盛时期。整个吴宁乔氏家族也进入兴旺时期。

然而,正所谓"子欲养,而亲不待",乔行简父母也于此期间相继离世。为此乔

---

① 乔廷藩,等:《吴宁乔氏宗谱》卷四《世行传》,民国二十二年(1933)重修版,第15页。
② 同上书,第15—23页。

行简在其《祭父母文》中,十分感慨地说:

> 仕宦而至将相,富贵而归致故乡,昔人以为荣。余则谓使父母俱存,
> 为其子馐一日之禄,则有以遂报反之心,酬孝养之愿。此非但足以为荣,
> 而其乐亦无涯矣。今余之归省,则有禄不遗亲之悲。①

乔行简发达以后,祖父三世俱赠太师。只可惜,最丰厚的赏赐也是迟到的荣誉,其父辈并没有能够真实地享受到。对于这些迟来的恩宠,乔行简唯有徒生"禄不遗亲之悲",唯有无奈地慨叹:"余则谓使父母俱存,为其子馐一日之禄,则有以遂报反之心,酬孝养之愿。此非但足以为荣,而其乐亦无涯矣。"只此一叹,乔行简之真孝实情跃然纸上。古人云:"孝弟也者,其为仁之本欤。"②自古以来,孝道是仁政的基础。乔行简日后为官能守正不阿,胸怀家国天下,与此"孝"字作为人之根基是密不可分。

乔行简绍熙四年(1193)进士中式,完成了父母的守孝期,到嘉泰元年(1201)之后,才赴泰州州学教授之任。从原地踏步开始。这八九年的岁月蹉跎,正是他最好的出仕年华。到调任两浙路安抚司干办公事,已经是他中进士后的第10个年头了。

两浙路安抚司干办公事,官品不高,但地位不低。宋朝汲取前代的种种经验与教训,采用了一种"虚三级制"或称"二级半制"的区划设置,设置了"路"一级政区,分设"转运使""安抚使""经略使""常平使",把原先高层政区的权力分割到了不同的机构之中,避免了原先高层政区的叛乱,形成了"路—州—县"的"虚三级"行政区划。南宋嘉定元年(1208),两浙路(两浙东路、两浙西路)转运司驻地为临安府,安抚司驻地分别为临安府、绍兴府,提点刑狱司驻地分别为平江府、绍兴府。③两浙路安抚司当时主要负责路军务和治安,地位比较重要。两浙路安抚司干办公事的官品在从八品上下。④除去乔行简为父母守丧的五六年时间,乔行简

---

① [宋]乔行简:《祭父母文》,见赵一生,等:《东阳丛书》第一册《唐宋邑士诗文辑存》,赵一生等校对,浙江古籍出版社2012年版,第212—213页。
② 唐满先:《论语今译》,江西人民出版社1982年版,第1页。
③ 佚名:《州、道、路、行中书省、承宣布政使司与现代的省有何异同》。
④ [宋]王益之:《职源撮要》,见赵一生等:《东阳丛书》第三册,浙江古籍出版社2012年版,第122页。

在泰州州学教授至两浙路安抚司干办公事任上度过了四五个年头。从从九品的州学教授，成了从八品的路安抚司干办公事，其进步是不能算小的。此时，他已年近知天命之年。

然而，正是这10年蹉跎，乔行简才有幸躲过那惊心动魄的政治浩劫——"庆元党禁"。

据史载，庆元元年（1195）二月，韩侂胄使谏官奏赵汝愚以宗室居相位不利于社稷，赵扩就贬赵汝愚至永州，后死于贬所。赵汝愚被贬，朱熹、彭龟年等奏论韩侂胄事，赵扩亦加贬逐。韩侂胄当政，凡与他意见不合者都被称为"道学之人"，后又斥道学为"伪学"，禁毁理学家的《语录》一类书籍。科举考试中，稍涉义理之学者，一律不予录取。六经、《论语》、《孟子》、《中庸》、《大学》之书为世大禁。庆元三年（1197）闰六月，朝散大夫刘三杰奏称："前日伪党，今又变为逆党……"刘三杰这篇对道学的声讨书，集以往遣责道学言论之大成，并把罪名升级为"逆党"，从而把道学之禁推向了高潮。同年十二月，知绵州王沆上疏，"请置伪学之籍"，宁宗"从之"。于是仿元祐党禁的做法，置《伪学逆党籍》，入籍者有59人。这就是"庆元党禁"。①

在此之前，被朝廷列入"伪学之籍"的赵汝愚（右丞相，饶州人）、留正（少保观文殿大学士，泉州人）、王蔺（观文殿学士知潭州，庐江人）、周必大（少保观文殿大学士，吉州人）、朱熹（焕章阁待制兼侍讲，建宁人）、徐谊（权工部侍郎，温州人）、彭龟年（吏部侍郎，台州人）、陈傅良（中书舍人兼侍读兼直学士院，温州人）、薛叔似（权户部侍郎兼枢密都承旨，永嘉人）、章颖（权兵部侍郎兼侍讲，临江人）、郑湜（权刑部侍郎，福州人）、楼钥（权吏部尚书，明州人）、林大中（吏部侍郎，婺州人）、黄由（权礼部尚书，平江人）、黄黼（权兵部侍郎，临安人）、何异（权礼部侍郎，抚州人）、孙逢吉（权吏部侍郎，吉州人）、刘光祖（起居郎兼侍读，蜀人）、吕祖俭（太府寺丞，婺州人）、叶适（太府少卿总领淮东财赋，温州人）等59人，②已经罢官的罢官，远斥的远斥。有的已逮捕，有的已充军，甚至有的已被迫害致死。凡与他们有关系的人，也都不许担任官职或参加科举考试。

---

① ［清］黄宗羲著，全祖望补修：《宋元学案》卷九七《庆元党案》，陈金生、梁运华点校，中华书局1986年版，第3213—3225页。

② ［宋］佚名：《庆元党禁》（永乐大典本），载［清］纪昀，等：《四库全书总目提要·史部·传记类·总录之属》。

庆元党禁,是南宋政治和学术史上的一个重要事件,是中国历史上知识分子遭受的一场浩劫①。它主要打击目标是以朱熹为代表的道学,但事实上并不如此简单。在庆元党禁的实际过程中,不但朱熹一派的道学家难逃厄运,并且非朱熹一派的学者也受打击,如陆氏心学主要传人杨简等被列入党籍。吕祖谦门人及其他浙东学人作为一个整体,成了庆元党禁中被严厉打压的最大目标。甚至连反对朱熹一派的学者,如永嘉学派的主要代表陈傅良、叶适,也被列入党籍。而婺学中坚吕祖俭、吕祖泰,更是惨遭打击。吕祖俭作为吕学继承人,于庆元四年(1198)死于贬所。作为吕学传承基地的丽泽书院也因之式微②。

据《庆元党禁》(永乐大典本)所载的59名伪党人士的籍贯看,浙籍人士有陈傅良、叶适、吕祖俭、杨简、彭龟年等18名(如表3-1所示),闽籍人士有留正、朱熹、蔡元定等12名,赣籍人士有赵汝愚、周必大、曾三聘等8人。

表3-1　庆元党禁中入"伪党"籍的浙籍人士一览表

	姓名	籍贯	职务
1	徐 谊	温州人	权工部侍郎
2	陈傅良	温州人	中书舍人兼侍读兼直学士院
3	薛叔似	温州永嘉人	权户部侍郎兼枢密都承旨
4	叶 适	温州人	太府少卿总领淮东财赋
5	孙元卿	温州乐清人	国子博士
6	陈 武	温州人	国子正
7	蔡幼学	温州人	福建提举
8	周端朝	温州永嘉人	太学生
9	林大中	婺州人	吏部侍郎
10	吕祖俭	婺州人	太府寺丞
11	吕祖泰	婺州人	士人
12	杨 简	明州人	国子博士
13	袁 燮	明州人	太学博士
14	黄 度	绍兴人	右正言
15	王厚之	绍兴人	直显谟阁江东提刑

① 杜文玉:《庆元党禁述论》,《渭南师专学报(社会科学版)》1992年第4期,第30—39页。
② 马艳辉:《吕祖谦门人及后学研究》,广西师范大学2013级博士学位论文,第5页。

续表

	姓名	籍贯	职务
16	彭龟年	台州人	吏部侍郎
17	黄黼	临安人	权兵部侍郎
18	赵巩	处州缙云人	秘阁修撰知扬州

然而,在党禁中最受打击的是浙籍士人。在18名浙籍"伪党"人士中,温州人达8名,婺州人3名,明州人2名,绍兴人2名,临安、台州、处州各1名。

吕祖谦早逝后,吕祖俭作为吕学新掌门者,他受家学影响,兼取诸家之长,义精仁熟,体用并举。他虽然官阶甚微,在朝时间也很短,但有强烈的民本思想,崇尚风节。心系家国,不私其身。绍熙二年(1191),中丞何澹生父继室周氏死,澹欲服伯母,服下太常,百官杂议,吕祖俭贻书宰相曰:"礼曰为伋也,妻者是为白也。母今周氏,非中丞父之妻乎? 将不谓之母而谓之何。中丞为风宪首,而以不孝,令百僚何观焉。"[1]何澹因此丢官。后来,何澹为韩侂胄所用,除御史中丞。

朱熹在得知赵汝愚被逐、吕祖俭被贬的时候,也起草了数万言的封事,"子弟诸生更进迭谏,以为必且贾祸。熹不听,蔡元定入谏,请以蓍决之。遇遁之家人。熹默然取奏稿焚之,因更号遁翁"[2]。朱熹作为庆元党争主要干将,关键时刻选择了忍隐。吕祖俭与朱熹的选择截然不同,在韩侂胄相继罢赵汝愚、祭酒李祥,朝中大夫钳口结舌之时,冒死上疏,力攻韩侂胄。"疏既上,束檐待罪。"[3]结果吕祖俭被贬瘴乡广东韶州,后改送江西吉州。后遇大赦,量移,即酌量改移近处江西高安。庆元四年(1198)六月卒,谥"忠公",归葬武义明招山祖茔。

庆元六年(1200),韩侂胄进位太傅。吕祖俭堂弟吕祖泰上书朝廷,认为不可封禁理学,并请皇帝诛杀韩侂胄,以周必大为宰相。韩侂胄大怒,将吕祖泰施以杖刑,流放于钦州。言官为迎合韩侂胄,纷纷弹劾周必大培植私党。《宋史·韩侂胄传》:"(庆元)六年(1200),进太傅。婺州布衣吕祖泰上书言道学不可禁,请诛侂胄,以周必大为相。侂胄大怒,决杖流钦州。言者希侂胄意,劾必大首植伪党。降

---

① 束景南:《朱熹年谱长编》(下卷),华东师范大学出版社出版2001年版,第1018页。
② [清]王懋竑:《朱子年谱》卷三,中华书局1998年版,第145页。
③ [元]脱脱、阿鲁图,等:《宋史》四五五《列传》第二一四《忠义(一〇)》,钦定四库全书本。

为少保。"①

《宋史·吕祖泰传》记载更为详细:

> 庆元(1195—1200)初,祖俭以言事安置韶州。既移瑞州,祖泰徒步
> 往省之,留月余,语其友王深厚曰:"自吾兄之贬,诸人箝口。我虽无位,
> 义必以言报国,当少须之,今未敢以累吾兄也。"及祖俭殁贬所,嘉泰元年
> (1201),周必大降少保致仕,祖泰愤之,乃诣登闻鼓院上书,论侂胄有无
> 君之心,请诛之以防祸乱。其略曰:"道学,自古所恃以为国也。丞相汝
> 愚,今之有大勋劳者也。立伪学之禁,逐汝愚之党,是将空陛下之国,而
> 陛下不知悟邪? 陈自强,侂胄童孺之师,躐致宰辅。陛下旧学之臣,若彭
> 龟年等,今安在邪? 苏师旦,平江之吏胥,以潜邸而得节钺;周筠,韩氏之
> 厮役,以皇后亲属得大官。不识陛下在潜邸时果识师旦乎? 椒房之亲果
> 有筠乎? 凡侂胄之徒,自尊大而卑朝廷,一至于此也! 愿亟诛侂胄及师
> 旦、周筠,而罢逐自强之徒。独周必大可用,宜以代之,不然,事将不测。"
> 书出,中外大骇。
>
> 有旨:"吕祖泰挟私上书,语言狂妄,拘管连州。"右谏议大夫程松与
> 祖泰狎友,惧曰:"人知我素与游,其谓预闻乎?"乃独奏言:"祖泰有当诛
> 之罪,且其上书必有教之者,今纵不杀,犹当杖黥窜远方。"殿中侍御史陈
> 谠亦以为言。乃杖之百,配钦州牢城收管。
>
> 初,监察御史林采言伪习之成,造端自必大,故有少保之命。祖泰知
> 必死,冀以身悟朝廷,无惧色。既至府廷,尹为好语诱之曰:"谁教汝共为
> 章? 汝试言之,吾且宽汝。"祖泰笑曰:"公何问之愚也。吾固知必死,而
> 可受教于人,且与人议之乎?"尹曰:"汝病风丧心邪?"祖泰曰:"以吾观
> 之,若今之附韩氏得美官者,乃病风丧心耳。"
>
> 祖泰既贬,道出潭州,钱文子为醴陵令,私赆其行。侂胄使人迹其所
> 在,祖泰乃匿襄、郢间。侂胄诛,朝廷访得祖泰所在,诏雪其冤,特补上州
> 文学,改授迪功郎、监南岳庙。丧母无以葬,至都谋于诸公,得寒疾,索纸

---

① [元]脱脱、阿鲁图,等:《宋史》卷四七〇《列传》第二三三《奸臣(四)》,钦定四库全书本。

书曰："吾与吾兄共攻权臣,今权臣诛,吾死不憾。独吾生还无以报国,且未能葬吾母,为可憾耳。"乃卒。尹王柟为具棺敛归葬焉。[①]

　　吕祖泰是吕祖谦的堂弟,寓居常州宜兴。他与吕祖谦、吕祖俭一样,秉持忠信、明理的家族理念。遗憾的是其命运与堂兄吕祖俭相似:奸臣当道,因言获罪。吕祖俭去世后,吕祖泰继续上疏,请求皇帝明辨忠奸,揭露奸相韩侂胄有目无君王的野心,请求诛杀他来防止祸乱。他曾说:"自从我兄长被贬,各人紧闭嘴巴。我虽然没有职位,义必以言报国。"结果被发配。韩侂胄派人去找吕祖泰,于是他躲藏在襄阳、鄂州之间。韩侂胄被杀,朝廷找到吕祖泰,为他平冤昭雪,还授了官。后来,他染上了寒病,弥留之际,他写下一句话:"我与兄长一起攻击权臣,现在权臣被杀,我死而无憾。唯独我生还无以报国,又没能埋葬我母亲,是可遗憾的事情。"笔落,撒手人寰。"东莱兄弟"一门忠烈,却生不逢时,报国无门,可悲可叹。作为乔行简老师的钱文子,在醴陵令任上,对被贬的吕祖泰极其照顾,私底下赠财物为吕祖泰送行。钱文子"潭州醴陵(今湖南株洲醴陵市)知县"一职,是在庆元三年(1197)。

　　母亲去世,乔行简按当时朝廷规定必须守丧3年。直至嘉泰初(1201),乔行简才任泰州州学教授。因此,乔行简与钱文子在东阳相交时间约有6年之多。应该是在此期间乔行简拜钱文子为师的。可见,乔行简进士及第之后,因守父母之丧留在东阳直至再次选官,约有10余年。作为吕祖谦高弟,乔行简因为丁父母之忧而避开了"庆元党禁"这一祸祟,也可谓因祸得福,或说是父母给予他的福荫。

　　乔行简虽没有被卷入"庆元党禁"中,但在日后为其老师吕祖俭平反时,则不遗余力。嘉熙二年(1238),他在《请谥陈亮、吕祖俭劄子》中说:

　　　　承议郎、太府臣吕祖俭,实祖谦之弟。少与其兄研究经传,悉本家学。后祖谦死,凡诸生皆承事祖俭,吕氏之学益明。庆元间,韩侂胄用事,中外侧目莫不敢言。祖俭时在下僚,独抗章殿陛,直指其失,谪高安以死。及侂胄日益横,以罪诛灭,人固恨曲突徙薪之谋不早用也。……

---

① [元]脱脱、阿鲁图,等:《宋史》卷四七〇《列传》第二三三《奸臣(四)》,钦定四库全书本。

祖俭当时奸气焰熏灼之时,首建抑绝之义,其视东都名节诸贤亦为无歉。当今国家多事,所少者忠义名节之士。苟褒二臣,亦足以激昂人心。二臣者皆生于婺,臣少长接闻,取为模范。今独后死,遭时窃位,倘不引义一陈于上,使获表见于明时,非惟有愧于前贤,抑亦无以垂示于后学。①

作为吕学掌门人之一,吕祖谦死后,吕祖俭独当大任。这个素以"躬自厚"修炼心情的吕氏裔孙,在朝中却是见不得一点不公,权臣韩侂胄当朝,他人皆当作看不见而不敢发声,只有他屡屡撑扛,直指其失,最后谪高死安。对于自己的老师,乔行简当初不能像钱文子那样予以切身关照,但在日后赠谥这件事上,乔行简终于充满感情地表达了自己的观点。

二、为官时心系百姓

李心传《宋太师平章鲁国公文惠乔公圹记》载:

> 韩侂胄死,嘉定元年(1208)四月以荐,召赴都堂。四月,除秘书省正字,五月兼枢密院编修官,暂权右司。逾年,求补外②。嘉定四年(1211)六月,迁校书郎;八月,差知通州。嘉定六年(1213)八月,移知嘉兴府,未上。闰九月,擢淮南转运判官,兼淮西提刑,提举平常茶盐,江淮湖北铁冶公事与制置使。论边事,不合,为所劾。嘉定十年(1217)五月,主管建康府崇禧观。十二月,除都大③提点④江浙等路坑冶铁钱公事。嘉定十一年(1218)十一月,除两浙西路提点刑狱公事。嘉定十二年(1219)六

---

① [宋]乔行简:《请谥陈亮、吕祖俭劄子》,见赵一生,等:《东阳丛书》第一册《唐宋邑士诗文辑存》,赵一生等校对,浙江古籍出版社2012年版,第192—194页。

② 求补外:补外是京官调外地就职。求补外,即京官自请外放,又称丐外。

③ 都大:官名,宋置,主管铸钱贸易之事。[宋]吴曾《能改斋漫录·事始一》:"本朝制置使,始于杨允恭。太宗命允恭为洛苑副使,江淮、两浙都大发运,擘画茶盐捕贼事。"《正字通·大部》:"都大,官名。宋制有两都大:一、提举茶马;一、提点坑冶铸钱与提刑序官。"参阅《文献通考·职官一六》。

④ 提点:官名。宋始置,寓提举、检点之意。掌司法、刑狱及河渠等事。

月，兼权平江府节制都统司水军。嘉定十三年(1220)十一月，除军器监，未上。升直焕章阁①知镇江府兼提点刑狱公事。嘉定十四年(1221)十月，召为国子司业，未徙。升兼同国史院修编官、实录院检讨官。公连失子女，又丧其夫人。谒告东归甚力。嘉定十五年(1222)九月，除宗政少卿，趣就职。嘉定十六年(1223)正月。始阙除秘书监。三月，擢起居舍人。四月，又迁起居郎。②

　　李心传虽非进士出身③，但其特具史才，是南宋著名史学家④。他仅用短短400余字，略写了乔行简在嘉定年间17年岁月中的官宦生涯。可谓言简意赅，信息量极大，尽显其史家笔法。

　　在这17年中，乔行简官起从九品的秘书省正字⑤，后至正四品秘书监⑥，以及只有从六品的起居舍人、起居郎⑦。从嘉定元年(1208)四月奉朝廷之召赴京担任秘书省正字，到嘉定十六年(1223)正月除秘书监，乔行简并非16年如一日始终待

① 焕章阁：南宋阁名。孝宗淳熙元年(1174)建，淳熙十五年(1188)，置学士、直学士、待制为贴职。
② [宋]李心传：《宋太师平章鲁国公文惠乔公圹记》，载乔廷藩，等：《吴宁乔氏宗谱》卷四《世行传》，民国二十二年(1933)重修版。
③ 李心传，字微之，舜臣之子也。庆元元年，荐于乡，既下第，绝意不复应举，闭户著书。晚因崔与之、许奕、魏了翁等合前后二十三人之荐，自制置司敦遣至阙下。为史馆校勘，赐进士出身，专修《中兴四朝帝纪》。寻迁著作佐郎，兼四川制置司参议官。诏无入议案，许辟官置局，踵修《十三朝会要》。端平三年成书。召赴阙，为工部侍郎，……所著成书，有《高宗系年录》二百卷、《学易编》五卷、《诵诗训》五卷、《春秋考》十三卷、《礼辨》二十三卷、《读史考》十二卷、《旧闻证误》十五卷、《朝野杂记》四十卷、《道命录》五卷、《西陲泰定录》九十卷、《辨南迁录》一卷、诗文一百卷。参见[元]脱脱、阿鲁图，等：《宋史》卷《李心传传》。
④ 李心传继承了中国史学家求"通"的优秀传统。他认为史贵淹博，作为史家，应该"该贯古今"。他的著作均是首尾该贯，通古达今。如他的代表作《要录》以日系月，以月系时，以时系年，编年纪事，叙述高宗一朝三十六年史事，首尾贯通，成为信史。诸如《道命录》《十三朝会要》《四朝帝纪》《西陲泰定录》等，也以编年形式写成，首尾该贯，追求通达。黄震评价说："史臣自汉迁固后无闻焉，至我朝而后有心传，该总通达，遂成一家。"(黄震：《戊辰修史传·宝章图待制李心传传》)李心传主编《四朝帝纪》，对高斯得如实记载理宗与济王事表示首肯和支持。体现了史学家敢于据实直书的史德和气魄。参见来可泓：《试论李心传的史学》，《史学史研究》1991年第1期，第24—28页。
⑤ 秘书省正字，为正九品下。掌雠校典籍，刊正文章。
⑥ 唐秘书监，为从三品。北宋前期，秘书监为三品寄禄官。神宗元丰(1078—1085)，改制后，置中大夫代此为新寄禄官，而以此职为秘书省长官，员一人，正四品，掌古今经籍图书、国史实录、天文历数之事。南宋初不置，高宗绍兴元年(1131)复置。金朝为秘书监长官，从三品。
⑦ 宋初，门下省起居郎、中书省起居舍人皆寄禄官，另设起居院，以他官任记录皇帝言行之职，称同修起居注。元丰改制后，始正本职。习惯上与起居舍人合称左右史。宋初起居郎为六品寄禄官。神宗元丰五年(1082)，复为职事官，从六品，掌修注之事。

在秘书省里混日子。大约在嘉定二年(1209)或嘉定三年(1210)间,他向朝廷提出了到地方任职的申请。古史称为"求补外"或"丐外"。嘉定四年(1211)六月八日,他即被派遣去通州做知府。南宋时期的通州即现在的江苏南通。通州虽地处长江以北,却比不得长江以南各州的地位,但它人口不少,且有盐场之利①,应该属于中等州府。乔行简能获得这样不坏的差任,或得益于史弥远等谋诛韩侂胄后②,宁宗开始推行的一系列政治改革,即"嘉定更化"③。

自开禧三年(1207)十一月诛韩以来,"党禁"已解除,庆元党人的政治名誉已经相继恢复,朱熹已经赐谥为"文"。嘉定二年(1209),太学博士章徕奏议谥状,根据《逸周书·谥法解》:"道德博闻曰文""廉方公正曰忠",拟谥朱熹"文忠"。然而,负责覆谥的吏部员外郎兼考功郎官刘弥正推翻章徕的拟谥,"去忠存文",改谥为"文"。嘉定二年(1209)十二月,朝廷下诏公布这一谥号。朱熹赐谥得以"去忠存文",具有显而易见的思想史意义,从而为彻底解除"庆元学禁"打开突破口。④嘉定三年(1210)五月,朱熹被追赠中大夫、宝漠阁直学士(从三品),赠官的待遇得到

---

① 关于通州的户口,旧志记载:宋徽宗崇宁间(1102—1106),计一万七千五百二十七户、四万三千一百八十九人。当时,通州有盐场七:西亭、石港、利和、金沙、余庆、吕四、永兴。其中的石港、利和、余床,以及州北的白蒲,同为大镇。参见史星:《通州古今谈》。

② 开禧三年(1207)十一月间,礼部侍郎史弥远,时兼资善堂翊善,谋诛侂胄,议甚秘,皇子荣王入奏,杨皇后亦从中力请,乃得密旨。弥远以告参知政事钱象祖、李壁。御笔云:"韩侂胄久任国柄,轻启兵端,使南北生灵枉罹凶害,可罢平章军国事,与在外官观。陈自强阿附充位,不恤国事,可罢右丞相。日下出国门。"仍令权主管殿前司公事夏震以兵三百防护。象祖欲奏审,壁谓事留恐泄,不可。翌日,侂胄入朝,震呵止于途,拥至玉津园侧殛杀之。嘉定元年(1208),金人求函侂胄首,乃命临安府斫侂胄棺,取其首诣之。见[元]脱脱、阿鲁图,等:《宋史》卷四七四《列传》第二三三《韩侂胄传》,钦定四库全书本。

③ 在诛杀韩侂胄以后,宁宗改明年为嘉定元年(1208),声称要革除韩侂胄的弊政,为赵宋基业"作家活"。如清洗韩党,陈自强、邓友龙、郭倪、张岩、程松等都贬窜到远恶州军,除名抄家的也大有人在。但清洗却走向了极端,凡是赞同过北伐恢复的都被视为韩党。其次是平反昭雪。赵汝愚尽复原官,增谥"忠定",算是充分肯定他在绍熙内禅中的忠诚与功绩。朱熹被赐予文臣最高荣誉的一字谥,称为朱文公。吕祖俭、吕祖泰与庆元六君子也分别有所表彰。等等。史家把嘉定初年的政治举措称之为"嘉定更化"。

④ 王宇:《"去忠存文"与朱子学官学化进程的启动》,《中国哲学史》2010年第4期,第80—86页。

落实①。其他在"庆元党禁"中饱受打击的道学人士，纷纷得到正名或重用。对此，枢密院编修官、著作郎吴泳曾有描述：

> 元凶殛死，众正方升。楼钥自海滨召，林大中自浙东召，倪思自雪川召，杨辅、刘光祖自西蜀召，黄度、蔡幼学、傅伯成、刘爚、杨简、袁燮等同时为侍从、郎官。曾附侂胄用兵如邓友龙、陈景俊、郭倪、郑庭、皇甫斌、薛叔似，次第镌窜。曾昌言侂胄误国如朱熹、彭龟年、吕祖俭、杨万里、徐邦宪等优与旌擢。其气象似矣！②

其中吕祖俭、吕祖泰是婺学干城，更是"庆元党禁"中反韩先锋，理应"优与旌擢"。嘉定元年（1208）秋七月，诏吕祖泰特补上州文学③。这个"饮酒至数斗不醉，论世事无所忌讳"④，在"庆元党祸"中屡屡上诉、屡屡遭贬、个性十分鲜明独特的吕氏弟子，终于昭雪其冤，并授迪功郎、监南岳庙。在吴泳提及的一干人等中，除吕祖俭而外，自海滨召还者，后来得到重用官同知枢密院事⑤的楼钥，也是吕祖谦弟

---

① 以上"嘉定二年（1209），太学博士章徕奏议谥状""嘉定二年（1210）十二月，朝廷下诏公布这一谥号""嘉定三年（1210）五月，朱熹被追赠中大夫、宝谟阁直学士（从三品）"三处记载，均转引自王宇：《从庆元党禁到嘉定更化：朱子学解禁始末考述》，《国际社会科学杂志（中文版）》2011年第4期，第87—96页。随着朱熹的赐谥，嘉定年间掀起了一波为理学家们赐谥的浪潮。嘉定八年（1215）十月，朝廷下令赐陆九渊谥。嘉定九年（1216）张栻谥"宣"，同年吕祖谦谥"成"。嘉定十三年（1220）周敦颐（"元"）、程颢（"纯"）、程颐（"正"）、张载并特赐谥。经过宁宗嘉定年间这一波赐谥浪潮后，北宋以周、程、张为正统，南宋以朱、张、吕（东南三先生）为正统的理学道统被官方确认。进入理宗朝后，周敦颐、二程、张载、朱熹五人于淳祐元年（1241）从祀孔庙，吕祖谦、张栻于景定二年（1261）跻身从祀。
② 吴泳：《鹤林集》卷一七《论元祐建中嘉定及今日更化疏》，影印文渊阁四库全书本，第1176册，第165页。
③ ［元］脱脱、阿鲁图，等：《宋史》卷三九《本纪》三九《宁宗传（三）》，钦定四库全书本。
④ 吕祖泰，字泰然，生卒年不详，吕夷简六世孙，吕祖谦、吕祖俭从弟，寓居宜兴。性疏达，尚气谊，学问该洽。交当世知名士，得钱或分挈以去无吝色。饮酒至数斗不醉，论世事无所忌讳。庆元六年（1200），他上书宁宗，请诛韩侂胄。被杖一百，配钦州牢城收管，嘉泰三年（1203）十月被赦宥。［元］脱脱、阿鲁图，等：《宋史》卷四五五《列传》第二一四《忠义传（十）》，钦定四库全书本。
⑤ 《宋史·宁宗传（三）》载：嘉定元年（1208）八月辛巳，以礼部尚书娄机同知枢密院事，吏部尚书楼钥签书枢密院事。嘉定元年（1208）冬十月丙子，以钱象祖为左丞相，史弥远为右丞相。雷孝友知枢密院事仍兼参知政事，娄机参知政事，楼钥同知枢密院事。宋代"同知枢密院事"为枢密院副长官，神宗元丰（1078—1085）改制，定为正二品。［元］脱脱、阿鲁图，等：《宋史》卷三九《本纪》三九《宁宗传（三）》，钦定四库全书本。

子①。其中四明心学干城杨简、袁燮等，与吕祖俭关系密切。全祖望《吕忠公祠堂碑文》说：

> 忠公（吕祖俭）之官吾乡，为司庾，故不得有所设施，但传其屏去仓中淫祠一事，深宁志之《四明七观》，而是时正甬上奎娄光聚，正学大昌。忠公以明招山中父兄中原文献之传，左右其间，其功无所见于官守，而见之讲学。②

朱熹也十分推崇吕祖俭。滕德粹为鄞县尉，他在《答滕德粹》一书中说："熹所识者杨敬仲简、吕子约监米仓，所闻者沈国正焕、袁和叔燮，到彼皆可从游也。"③可见，吕祖俭在四明与杨简、袁燮、沈焕、舒璘等列于先师之座可以无愧④。正是吕祖俭与杨简、袁燮等的密切关系，为乔行简这个东莱大弟子的仕途带来了利好。因为，当时权相史弥远亦为杨简弟子⑤。据《宋元学案》卷七四《慈湖学案》载，史浩之子史弥远、史弥坚，以及从子史弥忠、史弥巩等皆曾入慈湖杨简之门⑥。史弥坚、史弥忠、史弥巩等还与当时大儒真德秀相友善。真德秀曾经对史弥坚行义仓法于建宁、史弥忠荐陈铧平闽寇等政绩加以赞扬⑦，对史弥巩因为兄弟史弥忠的儿子史嵩之入相而"引嫌丐祠"更为赞赏⑧。"嘉定更化"期间这种权臣与清流间的暂时合作

---

① 据杜海军考证：楼钥，字大防，自号攻媿主人，明州鄞县人。吕祖谦同年，折行辈从吕祖谦学。参见杜海军：《吕祖谦门人及吕学与浙东学术的发展关系》，《浙江师范大学学报（社会科学版）》2014年第2期，第23—28页。

② 朱铸禹：《全祖望集汇校集注》，上海古籍出版社2000年版，第429页。

③ ［宋］朱熹：《朱熹集》，郭齐、尹波点校，四川教育出版社1996年版，第2394页。

④ 杜海军：《吕祖谦门人及吕学与浙东学术的发展关系》，《浙江师范大学学报（社会科学版）》2014年第2期，第23—28页。

⑤ 《谢山奉临川帖子（四）》曰："读《陆子学谱》至赵与懃、袁韶传，心有疑也。四先生之讲学吾甬，句东无不从之游者，故其中不无非种之苗。慈湖弟子则有史弥远、赵与懃。"见［清］黄宗羲原著：《宋元学案》卷七四《慈湖学案》，［清］全祖望补修，陈金生、梁运华点校。中华书局1986年版，第2506页。

⑥ ［清］黄宗羲原著：《宋元学案》卷七四《慈湖学案》，［清］全祖望补修；陈金生、梁运华点校。中华书局1986年版，第2482—2483页。

⑦ ［清］黄宗羲原著：《宋元学案》卷七四《慈湖学案》，［清］全祖望补修；陈金生、梁运华点校。中华书局1986年版，第2482—2483页。

⑧ 据《宋元学案》卷七四《慈湖学案》载，真西山赏曰："史叔南（史弥巩字）不登宗衮之门者三十年，为仕为其寄理，已仕则为其排摈，嚼然不污有如此。"见黄宗羲原著，全祖望补修：《宋元学案》卷七四《慈湖学案》，陈金生、梁运华点校。中华书局1986年版，第2484页。

状态为乔行简的仕途铺平了道路。

在外任期间,乔行简是有所作为的。据《宋史》载,乔行简"历官知通州,条上便民事"。[1]李心传《宋太师平章鲁国公文惠乔公圹记》载,乔行简是"嘉定四年(1211)八月,差知通州"[2]的。当时的通州,即今天的江苏南通。在通州任上,乔行简即向朝廷上了《江北赃罪事奏》:

> 窃观见行条法[3],计赃定罪,元以二贯成匹,至绍兴(1131—1162)而增为三贯,至乾道(1165—1173)又增为四贯,且候绢价低平日,别行取旨。仰见祖宗达权变通,不惮弛法以便民,唯恐寘人于深宪。今江北专用铁钱,近年以来比之内郡铜钱数轻三倍,匹绢之直为钱十千,而犯赃罪以绢定罪,亦如铜钱,以四贯为匹。赃轻罪重,犯者易入,深可悯恻。[4]

计赃定罪又叫计赃论罪。它一直是中国历代惩治赃罪的不易之法。所谓赃罪,即涉及财产的犯罪。它包括一般犯罪主体所犯的盗窃罪,以及特殊犯罪主体(官员)所犯的贪赃枉法罪。宋朝的计赃论罪法则是在唐律的基础上形成的。宋代的计赃论罪法的变化趋向主要表现在对"强盗""窃盗"赃罪惩罚的趋于加重,对官吏贪赃罪处罚的由重趋轻。[5]如监临主司受财枉法,唐律规定:"一尺杖一百,一匹加一等,十五匹绞。"[6]而南宋庆元年间的相关法律规定:"诸监临主司受财枉法二十匹,无禄者二十五匹绞。若罪至流不枉法赃五十匹,受及乞取所监临赃百匹,配本城。"[7]其贪官赃获罪数量明显提高。而对盗窃罪的量刑和处罚,宋朝则明显加重。如窃盗罪,唐律规定:"不得财笞五十;一尺杖六十,一匹加一等;五匹徒一

---

① [元]脱脱、阿鲁图,等,《宋史》卷《列传》第一七六《乔行简传》,钦定四库全书本。

② [宋]李心传:《宋太师平章鲁国公文惠乔公圹记》,载乔廷藩,等:《吴宁乔氏宗谱》卷之四《世行传》,民国二十二年(1933)重修版。

③ 条法:即例法规。苏辙《龙川别志》卷上:"吾不于汝惜差遣,因汝不知条法,妄有举动,适为汝累矣。"

④ [宋]乔行简:《江北赃罪事奏》,载赵一生主编:《东阳丛书》第一册《唐乔邑士诗文辑存·乔行简》,赵一生校辑,浙江古籍出版社2015年版,第190—191页。

⑤ 郭东旭:《宋朝以赃致罪法略述》,《河北大学学报(哲学社会科学版)》2002年第3期,第5—10页。

⑥ [唐]长孙无忌、李绩,等:《唐律疏议》卷一一《监主受财枉法》,钦定四库全书本。

⑦ [宋]谢深甫:《庆元条法事类》卷七五《职制敕》,钦定四库全书本。

年,五匹加一等,五十匹加役流。"①这里的匹是绢的计量单位。也就是乔行简所说的"元以二贯成匹",也就是说一匹绢相当二贯钱。而宋太宗太平兴国七年(982)规定:"窃盗赃满十贯者,奏裁;七贯,决杖、黥面、隶牢城;五贯,配役三年;三贯二年;一贯一年;它如旧制。"②南宋条法则规定:"诸窃盗得财,杖六十;四百文杖七十,四百文加一等;二贯徒一年,二贯加一等;过徒三年,三贯加一等,二十贯配本州。"③唐朝刑律规定"五匹徒一年",即相当于(假定唐宋绢价格相等)20贯才处以"徒"刑一年。唐"徒"刑作为五刑之一亦分为五等,但刑期有所缩短,最低为一年,最高为三年,每等之间相差半年,并且不附加答、杖,准许以铜赎刑。宋代徒刑五代基本沿用唐制,但恢复了加杖制,实际上是一罪两刑。宋初条例规定:"五贯,配役三年;三贯二年;一贯一年。"到了宋初的太平兴国年间,犯窃盗达五贯者,除了受杖刑外,还要配役三年;一贯,配役一年。南宋庆元年间"二贯徒一年",比之唐朝,确实是苛严了不少。

而处于江北的通州又有一个特殊的情况,即那里流通的货币与江南地区不同。通州当时流通的是铁钱,而江南等流通的是铜钱。南宋铁钱区有二,一是四川区,一是江北区④。乾道元年(1165)始于长江以北行用铁钱。⑤乾道二年(1166),宋廷于淮南正式发行淮交,随禁铜钱过长江北,令榷货务开展兑换业务,又特许淮东总领所自印会子。宋廷企图在江北行用铁钱的同时禁用铜钱。自乾道五年(1169)至淳熙十年(1183),宋廷先后下了十六次诏敕,收换两淮铜钱。淳熙十年(1183),因这些诏敕落实不力,孝宗震怒,又下了第十七次命令。⑥可见宋

---

① [唐]长孙无忌、李绩、等:《唐律疏议》卷一九《贼盗》,钦定四库全书本。
② [元]脱脱、阿鲁图、等:《宋史》卷一九九《志》第一五二《刑法(一)》,钦定四库全书本。
③ [宋]谢深甫:《庆元条法事类》卷七五《刑狱杂事》,钦定四库全书本。
④ 汪圣铎:《南宋江北铁钱若干问题》,《中国钱币》1989年第2期,第43—48页。
⑤ 据史载:"淮南旧铸铜钱。乾道初,诏两淮、京西悉用铁钱,荆门军隶湖北,以地接襄舰,亦用铁钱。"见[元]脱脱、阿鲁图、等:《宋史》卷一八〇《志》第一三三《食货下(二)·钱币》,钦定四库全书本。然此诏并未立即兑现。李心传记曰:"乾道初,林枢密安宅……议以铜钱多入北境,请禁之,而即蜀中取铁钱行之淮上。事既行,洪景伯参政言其不可……曰:今每州不得千络,一州以万户计之,每家才得数百,恐民间无以贸易,且客旅无回货,盐场有大利害。上(孝宗)以为是,乃不行,但即蜀中取十五万缗行之、和三州而已。"见[元]脱脱、阿鲁图、等:《宋史》卷三三《本纪》第三三《孝宗(一)》,钦定四库全书本。可知当时江北系用四川所铸铁钱,因数量不足等原因,仅在少数州郡试行。
⑥ 佚名:《皇宋中兴两朝圣政》卷六〇,见佚名:《宋史全文》卷二〇,钦定四库全书本。

廷对此事之重视。①光宗绍熙三年（1192），"命汉阳、荆门军、复州行铁钱"②。宁宗时又令江陵行铁钱③，此前后大约湖北路江北各州先后行用铁钱。于是，两淮、京西、湖北的铁钱区连成一片，成为统一的江北铁钱区。且与四川铁钱区相接，形成了防止铜钱北流的一个隔离带。绍熙（1190—1194）中期，江北发生铁钱贬值问题后，有人便主张扩大铁钱区，令沿江江、池、太平、常州、建康、镇江、兴国、江阴八州郡通行铁钱，与铜钱兼行。宋廷于庆元元年（1195）、嘉泰元年（1201）两次召集群臣议此事，并于嘉定二年（1209）下令："听两淮诸州民行铁钱于沿江八州。"④此举遭到许多人反对⑤。此令仅在建康府等少数地区施行，铁钱区并未由江北扩大到江南。

　　江北行用铁钱，以铁钱标示的物价自然与铜钱标示者不同，这是由两种金属单位的价值差造成的⑥。但是，江北铁钱购买力有随时间推移明显下落的趋势。到了宋光宗即位以后，铁钱贬值问题已经成了当时朝野瞩目的大事。其主要原因有二，一是铸行量过大，二是管理失当。⑦铁钱在江北兼行，江南却行铜钱，就产生了二者间的比价问题。⑧嘉定初（1208），袁燮言："江南之褚币，易淮甸之铁钱，厥

① 史载："时铜钱之在江北者，自乾道以来悉以铁钱易之，或以会子一贯易铜钱一贯。其铜钱输送行在及建康、镇江府。凡沿江私渡及边径严禁漏泄，及于边界三里内立堠，如出界法；其易京西铜钱如两淮例。"见[元]脱脱、阿鲁图，等：《宋史》卷一八〇《志》第一三三《食货下（二）·钱币》，钦定四库全书本。其简括地叙述了南宋在两淮、京西推行铁钱、兑收铜钱的措施。

② 《宋史·光宗纪》：绍熙三年（1192）"八月甲寅，诏两淮行铁钱交子。戊午，总领四川财赋杨辅奏：已蠲东、西两川畸零绢钱四十七万缗、激赏绢六万六千匹。诏奖之。自是岁以为例。"见[元]脱脱、阿鲁图，等：《宋史》卷三六《本纪》第三六《光宗（一）》，钦定四库全书本。

③ 《宋史·李大性传》载："江陵旧使铜镪，钱重楮轻，民持货入市，有终日不得一钱者。大性奏乞依襄、郢例通用铁钱，于是泉货流通，民始复业。"[元]脱脱、阿鲁图，等：《宋史》卷《列传》第三九五《李大性传》，钦定四库全书本。

④ [元]脱脱、阿鲁图，等：《宋史》卷三九《本纪》第三九《宁宗纪（三）》，钦定四库全书本。

⑤ 如王遇提出："两淮铁钱奎滞，民间重困，正以盗铸者多。"见《勉斋集》卷三七《王遇行状》。袁燮说："今议者急于丰财，欲用铁钱与铜钱并行（于八州），一往时褚币多故铜钱少，今益以铁钱，不愈少乎？往时褚币多故物贵，今益以铁钱，不愈贵乎？"见佚名：《钦定续通考》卷七《钱币》，三通馆浙江书局。

⑥ 汪圣铎：《南宋江北铁钱若干问题》，《中国钱币》1989年第2期，第43—48页。

⑦ 叶适说："自淳熙七年至绍熙二年上半同（安）、（蕲）春两监通铸过四百余万贯，七年之前及他监所铸又未有数目。"见[宋]叶适：《水心文集》卷二《淮西论铁钱五事状》，钦定四库全书本。在江北有限的地区铸行如此多的铁钱，难免出现饱和、过剩的问题。周必大说："铁钱之轻，亦缘积年铸得多年将了，只用之淮上十余郡，所以至此益贱。"见[宋]朱熹：《朱子语类》卷一一一《财》，钦定四库全书本。铸铁钱有利可图，工艺又简单，私铸势必流行。加之官监贪多不顾质量，又给私钱混入流通领域造成可乘之机。私钱泛滥加速了铁钱贬值。

⑧ 汪圣择：《南宋江北铁钱若干问题》，《中国钱币》1989年第2期，第43—48页。

价三倍。"①嘉定五年（1212），"臣僚言江北以铜钱一折铁钱四"。②嘉定八年（1215）前后，黄幹说："两淮、荆襄人烟萧索，而铁钱太多，故其用也轻。数年之前，铁钱二当铜钱一，今则以三当一矣……若监中所铸无度，则铜钱愈重，铁钱愈轻。"③可见，乔行简在嘉定五年（1212）知通州任上所奏道："今江北专用铁钱，近年以来，比之内郡铜钱数轻三倍。"奏折中对当时江北铁钱与江南铜钱3∶1的比价陈述，是十分可信的。虽然嘉定五年（1212）有官员建议将铁钱、铜钱比价提高到4∶1，但朝廷没有采纳。由于当时铁贱铜贵，而江北江南犯赃罪，江北以铁钱数量量刑，江南则用铜钱数量量刑，显然不公。如甲在江北盗窃二贯铁钱就要徒刑一年，如果在江南则要盗窃六贯铁钱（折合铜钱二贯）才会判处徒刑一年。这对江北人民来说，是司法上的明显不公。而这个不公现象，是当时"二元制"货币制度造成的。作为当时通州的行政长官，乔行简敏锐地觉察到了这个由经济制度造成的带有普遍性的社会问题。乔行简正是在这种背景下向朝廷提出上疏的。他认为由于币值原因，造成江北"赃轻罪重，犯者易入"，因此，他建议朝廷"达权变通"，修改条例，以悯恤江北百姓。其勤政亲民之心，跃然纸上。

嘉定六年（1213）八月，朝廷下令将乔行简调任嘉兴知府。乔行简没有赴任。南宋时期的通州虽居江北，但也是一个"据江海之会，由此历三吴问两越，或出东海动燕齐"④，有"南北之喉吭"之称，不是很差的州府，可以比之处于南宋都会临安附近的嘉兴府，无论是政治地位，还是经济地位，都无法望其项背。南宋两浙西路下辖临安府、平江府、镇江府，常州、严州［咸淳元年（1265）升为建德府］、秀州［庆元元年（1195）升为嘉兴府］、湖州［宝庆二年（1226）更名安吉州］及江阴军，治临安府⑤。其中嘉兴"密拱凤城，若汉右扶风、京兆之壮观……介两大府，旁接三

---

① 佚名：《钦定续通考》卷七《钱币》，三通馆浙江书局。

② 《宋史·食货志》载："嘉定五年（1212），臣僚言江北以铜钱一折铁钱四，禁之。时铜钱之在江北者，自乾道以来，悉以铁钱易之，或以会子一贯易铜钱一贯。其铜钱输送行在及建康、镇江府。凡沿江私渡及边径严禁漏泄，及于界界三里内立堠，如出界法；其易京西铜钱，如两淮例。京西、湖北之铁钱，则取给于汉阳监及兴国富民监，后并富民监于汉阳监，以二十万为额。"见［元］脱脱、阿鲁图，等：《宋史》卷一八〇《志》第一三三《食货下（二）·钱币》，钦定四库全书本。

③ ［清］徐松：《宋会要辑稿》卷二《刑法》，钦定四库全书本。

④ ［清］顾祖禹：《读史方舆纪要》卷二三《扬州府·通州》，钦定四库全书本。

⑤ 来亚文：《南宋两浙西路府州级城市行政区划研究》，上海师范大学2016年硕士论文，第5页。

江,擅湖海鱼盐之利,号泽国秔稻之乡"①。可见,嘉兴府拱卫首都临安,有汉代扶风、京兆之壮观,其在地理位置上的优势是当时通州无法比拟的。更何况它又具有"湖海鱼盐、泽国秔稻"之利。

宋代两浙路商业发达的一个典型特征,是发展起许多沟通城乡之间的新镇市,以及农村中的墟市②。南宋嘉兴府市镇经济十分发达。其下属华亭县的魏塘镇,是典型的粮食市镇,它年商税额高达3万贯以上③。兼跨湖州和嘉兴府的乌青镇,南宋前期极为兴盛,年商税额高达4万贯以上。后因"商旅不行",趋于衰落,年商税额减至2万余贯④。远远超过了当时一般县级城市的水平。其下属的崇德县青墩镇是典型的盐业市镇,年产盐量在数万石以上⑤。崇德县的濮院市是纺织业市镇。到南宋后期,濮院市"机杼之利,日生万金,四方商贾云集"⑥。嘉兴府的青龙镇、澉浦镇是当时最为著名的海港贸易集镇。青龙镇早在北宋时海外贸易就已相当活跃,"通快、蕃商舶船辐辏往泊"⑦。宋室南渡后,正式成为外贸口岸,贸易往来更显繁忙,"市廛杂夷夏之人,宝货当东南之物"⑧。澉浦镇位于杭州湾内侧,南宋前期是临安的外港,后虽一度衰落,但很快又重新兴起,"招接海南诸货,贩运浙西诸邦"⑨。到南宋后期,年商税额仍在3万贯以上。

乔行简没有选择到如此繁华的嘉兴府就职,而继续留在江北。至于乔行简出于什么考虑,很难查考文字佐证资料。若加以推测,可能是他想与当时权倾朝野的权相史弥远保持一定的距离。而实际上,乔行简在许多问题上还是与史弥远保持一致。具体原因下文逐步展开讨论。

嘉定六年(1213)闰九月,也就是乔行简选择不赴嘉兴府知府任后不久,朝廷即提拔他为淮南转运判官,并兼淮西提刑、提举平常茶盐、江淮湖北铁冶公事与制

---

① [宋]王象之:《舆地纪胜》卷三,中华书局1992年版,第174页。

② 方如金、赵瑶丹:《试论宋代两浙路社会经济的发展及其在全国的领先地位》,《温州大学学报》2002年第3期,第10—17页。

③ [清]徐松:《宋会要辑稿·食货》卷二三,钦定四库全书本。

④ [清]徐松:《宋会要辑稿·食货》卷一九,钦定四库全书本。

⑤ [清]徐松:《宋会要辑稿·食货》卷二二,钦定四库全书本。

⑥ 夏辛铭:《濮院志》卷一四《农工商》引《濮川志》。

⑦ [清]徐松:《宋会要辑稿》卷四四《职官》,钦定四库全书本。

⑧ [清]宋如林、孙星衍:《嘉庆松江府志》卷二《市镇》,引宋应熙《青龙赋》,嘉庆二十二年(1817)刻本。

⑨ [宋]罗叔韶、常棠:《绍定澉水志》卷一《地理门·风俗》,民国刻本。

置使。嘉定七年(1214)八月,乔行简又向朝廷上了《中渡花靥差管事奏》,对两淮地区的中渡、花靥两镇的榷场监官的任用监管提出建议①。这涉及了宋金榷场贸易。

榷场贸易是宋金关系中重要的组成部分。②"绍兴和议"③之后的绍兴十二年(1142),宋金双方开始设置榷场④。南宋方设置的榷场有盱眙军场、光州光山县中渡市场、安丰军花靥镇场、随州枣阳县场、天水军场等5个。到了绍兴二十九年(1159),随州枣阳县场关停;乾道元年(1165),新开襄阳邓城镇场⑤。可见,光州光山县中渡市场、安丰军花靥镇场是南宋的两个重要榷场。所谓榷场,即"与敌国互市之所也"⑥。榷场"皆设场官",由于榷场贸易是受政府控制的,因此宋金都设官对其进行管理。宋廷设的榷场官有提领、措置、提点、主管官、押发官等。⑦提领、措置、提点(或提辖)由地方官兼,总领以朝臣充,负责督办军需钱粮。而主管榷场具体事务的主管官,则由朝廷委派。措置、提辖虽位于主管官之上,但对榷场贸易过程却无从插手,因此,榷场在贸易过程中实际是自成一体的,直接对中央负责。为防止走私,榷场官不仅对货物进行检查,还有榷场巡防兵帮助缉私。⑧

乔行简在《中渡花靥差管事奏》中,对两淮州县榷场监渡官选派,尤其是中渡、花靥两榷场监渡官兼任提出了建议。他认为,当时两淮州县榷场的官员只重视收

---

① [宋]乔行简:《中渡花靥差管事奏》,载赵一生主编:《东阳丛书》第一册《唐宋邑士诗文辑存·乔行简》,赵一生校辑,浙江古籍出版社2015年版,第191—192页。

② 刘智博、李秀莲:《金宋榷场贸易的历史分期与特征》,《山西大同大学学报(社会科学版)》,2019年第3期,第43—47页。

③ 绍兴和议:宋绍兴十一年(1141),宋金双方达成和约:宋向金称臣,金册宋康王赵构为皇帝;划定疆界,东以淮河中流为界,西以大散关(陕西宝鸡西南)为界,以南属宋,以北属金;宋每年向金纳贡银、绢各25万两、匹,自绍兴十二年(1142)开始,每年春季搬送至泗州交纳。见文渊:《你不可不知的历史典故》,陕西师范大学出版社2009年版。

④ 左强:《宋金榷场贸易与走私贸易研究》,吉林大学硕士论文,2004年,第3页。据金史载:"熙宗皇统二年[南宋绍兴十二年(1142)]五月,许宋人之请,遂各置于两界。九月,邓州、凤翔府等处皆置。"见[宋]徐梦莘:《三朝北盟会编》,上海古籍出版社1987年版。

⑤ 靳华:《宋、金榷场贸易的特点》,《华中师范大学学报(哲学社会科学版)》,1990年第4期,第56—61页。

⑥ [元]脱脱、阿鲁图等:《金史》卷五〇,钦定四库全书本。

⑦ 《宋会要辑稿》:"旧制:总领兼提领官、知军兼措置官、通判兼提点官。榷场置主管官二员,押发官二员。主管官系朝廷差注,押发官从措置官辟差。"见[清]徐松:《宋会要辑稿·食货》三八,中华书局1957年版。

⑧ 靳华:《宋、金榷场贸易的特点》,《华中师范大学学报(哲学社会科学版)》,1990年第4期,第56—61页。

税,而"不觉察禁缉"走私。如对那些从金地走私回来的盐,"拘没入官"后,有些官员又私底下"置铺出售,或发于盐铺户发泄"①。这不仅仅是放纵走私,而是利用职务之便直接参与走私。宋廷对这样的走私屡有禁令,而且处罚甚严格。"隆兴议和"②后,朝廷又下令:"沿淮郡邑令、监、司、帅严密禁缉。不许逾淮买卖,如有尚敢违犯,官员按劾,余人送狱根治,并寘严宪。"③乾道四年(1168),朝廷又强调了对私渡私贩的赏罚办法:"犯人决配,籍没家财。"④然而,上有政策下有对策,尽管朝廷三令五申要严查走私,但总是屡禁不止。这与榷场官员徇私枉法有关。因此,乔行简认为"今后两淮榷场监渡官",应该"选差见任官兼任,令提举司常切觉察"之⑤。监渡官就是掌监津渡的官员,"见任"是现任的意思⑥。当时的监渡官一般都由京朝官、三班使臣充任。乔行简认为应该由现任的地方官兼任,以便两淮提举司经常督察。对花靥镇、中渡镇两个榷场的主管,不得"互补充替代",并由当地县尉、巡检轮流兼管,三月一轮岗。⑦

　　乔行简嘉定五年(1212)《江北赃罪事奏》和嘉定七年(1214)《中渡花靥差管事奏》,对江北赃罪定罪量刑与中渡花靥差管选派监察,提出了自己的建议。这两件事貌似小事,却切中南宋嘉定政府政治经济上的弊端。江北以铁钱定赃罪,以盗窃一贯处徒刑一年论,江北铁钱只值江南铜钱三分之一,江北百姓明显吃亏。这

---

① [宋]乔行简:《中渡花靥差管事奏》,载赵一生主编:《东阳丛书》第一册《唐宋邑士诗文辑存·乔行简》,赵一生校辑,浙江古籍出版社2015年版,第191—192页。

② 隆兴和议:宋孝宗即位后欲进攻金朝,收复中原,发动了"隆兴北伐",于隆兴元年(1163)在符离被金军击溃。隆兴二年(1164)十二月,在金朝大军胁迫下达成和议。规定金宋两国皇帝以叔侄相称;改"岁贡"称"岁币",银、绢各减五万,为二十万两匹;宋割唐、邓、海等六州与金。见任崇岳:《隆兴和议新论》,《中州学刊》,1991年第1期,第118—123页。

③ [清]徐松:《宋会要辑稿·兵》二九,钦定四库全书本。

④ 乾道四年(1168)四月十二日,臣僚言:"淮上客旅多是过淮博易,往往寄附书信,传报两下事端,窃虑引惹生事,乞令盱眙军守臣将往回客旅并五人结为一保,互相委保,不敢寄附两下书信文字,许诸色人告捉。赏钱五百贯,更以客人随行物货充赏,犯人决配,籍没家财,同保人一等坐罪,其同保人内有能告首,依此支赏。从之。"见[清]徐松:《宋会要辑稿·兵》二九,钦定四库全书本。

⑤ 《文献通考》载:"天下堰二十一,监官各一人,渡总六十五处,监官各一人,皆以京朝官、三班使臣充,亦有以本处监当兼掌者。"[宋]马端临:《文献通考》卷六七《职官考》一六,钦定四库全书本。

⑥ [唐]韩愈《论变盐法事宜状》:"请停观察使见任,改散慢官。"[宋]吴曾《能改斋漫录·记事二》:"大观四年(1110)八月诏:'所在学生及五百人以上,许置教授二员;其不及八十人者不置。以本州见任有出身官兼领。'"

⑦ [宋]乔行简:《中渡花靥差管事奏》,载赵一生主编:《东阳丛书》第一册《唐宋邑士诗文辑存·乔行简》,赵一生校辑,浙江古籍出版社2015年版,第191页。

只是表象,深层次的问题是嘉定政府对"二元制"货币政策的监管失度。中渡、花靥两镇差管选派及监督管理问题,其背后的原因一是当时榷场官员的选调制度存在问题,二是政府对当时的榷场监管不够严格规范。可见,当时的乔行简思维敏锐,而且确确实实地勤政为民。

在两淮任上,乔行简还上了一个《乞推赏方晖及母奏》。方晖为光州光山县寄居承信郎,新黄州黄冈、黄陂、麻城三县巡检。当时,他在光州劝导百姓有无相济,以身作则,劝导其母亲拿出稻谷"一千五百石给光山,二千石给固始"①。又在沙窝市设立赈济场,以每斗"一贯一百五十文"的价格买米给当地饥民。当时的米价为"二贯四百文"②。这样,方晖每斗米贴价"一贯二百五十文",总共贴了"四千余缗"。方晖80岁的母亲,乐善好施,每每遇到歉收年份,她就开仓减价出粜,20年如一日。乔行简启奏朝廷,认为应该对方晖及其母亲,予以旌赏加惠。这反映了乔行简作为地方官确实心系黎民百姓。

嘉定四年(1211),乔行简担任朝廷召试③官期间,他推举了东阳老乡王霆。《道光东阳县志》载:

> 王霆,字定叟。高大父豪,帅众诛方腊,以功补官。霆少有奇气,试
> 有司不偶,去就武举,嘉定四年(1211),中绝伦异等。乔行简考艺别头,
> 喜曰:"吾为朝廷得一帅才矣。"④

嘉定四年(1211),乔行简担任召试官举行武举"别头试"⑤时,发现了老乡王霆,见其武艺绝伦异等,便高兴地说:"我为朝廷又发现了一位帅才。"王霆(1180—

---

① [宋]乔行简:《乞推赏方晖及母奏》,载赵一生主编:《东阳丛书》第一册《唐宋邑士诗文辑存·乔行简》,赵一生校辑,浙江古籍出版社2015年版,第192页。
② 同上。
③ 召试:皇帝召来面试的意思。《晋书·职官志》:"博士皆取履行清淳,通明典义者,若散骑常侍、中书侍郎、太子中庶子以上,乃得召试。"
④ [清]党金衡主修:《道光东阳县志》卷一五《人物志(三)》,东阳市人民政府地方志办公室整理,西泠印社出版社2017年版,第267页。《宋史·王霆传》《金华征献略》有同样记载。
⑤ 别头试是唐宋科举制度中为避嫌疑而采取的措施,即回避制度。为了限制官僚子弟和士族子弟应试的特权,应试者有亲戚在本州为官,或为主试官,或因随亲在外不能回乡应试的,由各路转运司主试,十中取三,也叫别头试。又进士试也有避亲另考的办法,叫作别头场。详见《新唐书》及《宋史》的"选举志"。

1245)，东阳南里(今磐安尚湖镇大王村)人。出身书香门第，父祖皆为官。少年颖异英发，研读经史，精习韬略，尤工骑射①。王霆的祖父王豪，宣和(1119—1125)年间，率众诛方腊，扞御有功，补忠翊郎，摄县事、为四明巡检②，有东阳"六义士"③之称。嘉定四年(1211)，21岁英姿勃发的东阳青年王霆应试武举，刚好遇上考官老乡乔行简。这一年，乔行简的大儿子乔元龙刚好也应试文举④，为避嫌召试官乔行简只得去担任武举试官。这样就发现了一个文武全才王霆。

南宋时期是东阳进士迸发期。据《道光东阳县志》载，南宋时期东阳中文进士的有138人，中武进士的有71人⑤。对此，元代东阳学者胡瀞《进士题名碑记》曰：

> 东阳山水环异，钟为英迈俊特之才，自唐冯宿、舒元舆，皆一门兄弟，踵武科名，载诸信史。下如宋绍兴以前，濡香翰墨，揆秀词庭，不为不多。而邑乘不传，碑石未建，殆不可考。绍兴以后，岿然遗碣存诸横舍。一邑之小，岁不下三四人，或五六人。由是而秉钧轴，入政府，践台阁，居文昌者，盖彬彬焉，抑又盛矣！⑥

胡瀞在这里说东阳自南宋绍兴(1131—1162)年间以后，每科中式的人"不下三四人，或五六人"，可谓人才彬彬矣！据《道光东阳县志》载，南宋绍熙(1190—1194)年间，东阳进士中式者突然开始增多。东阳中绍熙元年(1190)庚戌俞复榜文科进士的有"赵彦租、赵希伋、徐尧佐、徐次铎、徐千秋、马壬仲"⑦等6人。而厉

---

① [元]脱脱、阿鲁图，等：《宋史》卷四〇八《列传》第一六七《王霆传》，钦定四库全书本。

② [清]党金衡主修：《道光东阳县志》卷一七《人物志(五)·武功》，东阳市人民政府地方志办公室整理，西泠印社出版社2017年版，第423页。

③ [宋]陈天瑞《祭六义士文》："惟陈公严、申屠公大防、陈公宗誉、王公豪、孙公琛、杜公伯傳，并当宣和抢攘之际，忘家捐躯，为邑保障。壮胆劲气，雪严霜凛。奇筹伟烈，幵巨寇，遏趋乱之党，明胁从之辜。"见[清]党金衡主修：《道光东阳县志》卷之二五《广闻志(三)·文附》，东阳市人民政府地方志办公室整理，西泠印社出版社2017年版，第267页。

④ [清]党金衡主修：《道光东阳县志》卷一三《人物志(一)·选举》，东阳市人民政府地方志办公室整理，西泠印社出版社2017年版，第268页。

⑤ 同上书，第265—271页。

⑥ 同上书，第271页。

⑦ [清]党金衡主修：《道光东阳县志》卷一三《人物志(一)·选举》，东阳市人民政府地方志办公室整理，西泠印社出版社2017年版，第267页。

仲方则高中同年武科第一(状元)。一年文武两科进士共7人,这是东阳历史上第一次进士中式大丰收。自此以后至咸淳十年(1274)甲戌王龙泽榜①,东阳文科进士中式6人以上的有6年。②其中,文科中式人数最多的是宝祐元年(1253)癸丑姚勉榜,有杜幼虒、刘玉渊、厉文翁、赵若墭、赵若埁、杜幼存、吕遇吉、黄灿文等9人,这在旧金华府属各县中,创下同榜进士最多的纪录,在全国也属罕见③。其次是咸淳元年(1265)乙丑阮登炳榜,有许子宏、陈君采、赵与暹、赵与澜、赵与㵐、赵时历、徐元善、赵若恢等8人。值得注意的是,这两榜中赵姓人士多达7人。东阳赵氏为宋朝皇帝裔孙,于宋室南渡时迁入,至咸淳元年(1265)才不过100多年。在文科进士大量中式的同时,东阳的武科进士也不可小觑。自南宋淳熙八年(1181)至咸淳十年(1274)间,东阳共有71人举武科进士。其中武科进士中式4人以上的有7年。④武科中式人数最多的是宝祐四年(1256)丙辰榜,有陈肇、王泽、黄桂常、周桂、吕梦得、周仲廉、潘汤孙等7人;景定三年(1262)壬戌榜,有俞葵、周焕新、吕梦魁、陈昭先、马梦得、吕梦斗、许墭等7人。最令人大跌眼镜的是,东阳南宋时期文科进士虽多,却没有一个高中状元。⑤而武科状元却出了5位!他们分别是厉仲祥[绍熙元年(1190)庚戌榜]、周师锐[嘉定元年(1208)戊辰榜]、杜幼节[嘉定十六年(1223)癸未榜]、俞葵[景定三年(1262)壬戌榜]、俞仲鳌[咸淳四年(1268)戊辰榜]。⑥从绍熙元年(1190)至咸淳四年(1268)的近80年时间里,东阳竟然出了6位

---

① 咸淳十年(1274)甲戌榜,是南宋最后一榜进士科,状元王龙泽,义乌人,是义乌唯一一位状元,也是南宋最后一位状元。见侯福兴:《中国历代状元传略》,中国人事出版社1998年版,第502页。东阳亭塘陈取青(陈樵之父)中咸淳十年(1274)甲戌王龙泽榜进士。

② 嘉定十六年(1223)癸未蒋重珍榜乔从龙等6人;嘉熙二年(1238)戊戌周坦榜孙德之等7人;淳祐元年(1241)辛丑徐俨夫榜何梦祥7人;淳祐七年(1247)丁未张渊微榜赵孟傝等6人;宝祐元年(1253)癸丑姚勉榜厉文翁等9人;咸淳元年(1265)乙丑阮登炳榜赵若恢等8人。见[清]党金衡主修:《道光东阳县志》卷十三《人物志(一)·选举》,东阳市人民政府地方志办公室整理,西泠印社出版社2017年版。

③ 周振鹤、朱海滨:《东阳何以人才辈出》,《文化交流》1998年第1期,第78—79页。

④ 嘉定十年(1217)丁丑吕定夫等4人;嘉定十六年(1223)癸未杜幼节等4人;淳祐元年(1241)辛丑周仲祥等4人;淳祐七年(1247)丁未杜幼常等4人;淳祐十年(1250)庚戌王梦元等4人;宝祐四年(1256)丙辰陈肇等7人;景定三年(1262)壬戌俞葵等7人。见[清]党金衡主修:《道光东阳县志》卷十三《人物志(一)·选举》,东阳市人民政府地方志办公室整理,西泠印社出版社2017年版。

⑤ 资料表明,东阳历史上没有出现文科状元,文科榜眼有曹冠、乔嘉;文科探花有舒元褒、滕元发、孙玓。见吴立梅:《东阳籍进士中的巍科——三鼎甲》,载吴立梅:《悠悠东阳》,上海交通大学出版社2014年版。

⑥ [清]党金衡主修:《道光东阳县志》卷一三《人物志(一)·选举》,东阳市人民政府地方志办公室整理,西泠印社出版社2017年版,第286—289页。

武科状元,仅次于温州平阳的14位而雄居第二。①

没有考中武状元的王霆,则与其他武状元不同,他在武功方面颇多建树。《道光东阳县志》载:

> 嘉定四年(1211)以武举得第,镇江都统赵胜辟为计议官。时李全寇盐城,海陵胜出戍扬州,属官多惮从。霆慨然曰:"此岂臣子辞难时耶?"至扬子桥,人言贼兵在南门,去将安之?霆不顾,大小十八战,皆捷,贼为气慑。历知高邮军,会流民聚众三千人为盗,霆剿其渠魁,余党悉散。时议出师,霆谓不觇敌情,无故出师,是外兵未至而内兵先自裂也。境赖以安。由是与时忤,遂罢,提举云台观。②

李全③占领盐城时,许多官员都害怕。王霆却挺身而出,慷慨激昂地说:国家危难之际,做臣子哪能推卸责任。带领士兵与李全打了大小18次仗,都取得了胜利。又把高邮的匪魁剿灭了。这才是武将本色,帅才之用。对李全这个人,乔行简有《请讨李全奏》:

> 李全攻围泰州,剿除之兵今不可已。此贼气貌无以逾人,未必有长算深谋,直剽悍勇决,能长雄于其党耳,况其守泗之西城则失西城,守下邳则失下邳,守青社则失青社,既又降北,此特败军之将。十年之内,自白丁至三孤,功薄报丰,反背义忘恩,此天理人情之所共愤,惟决意行之。④

---

① 吴立梅:《金华武状元述略》,《金华日报》2018年11月16日第4版。

② [清]党金衡主修:《道光东阳县志》卷二七《广闻志(五)·逸事》,东阳市人民政府地方志办公室整理,西泠印社出版社2017年版,第794—795页。

③ 李全(1190—1231),金朝潍州北海(今山东潍坊)人。嘉定六年(1213),蒙古军进攻山东,李全之母、长兄都被乱兵杀害。李全为复仇,与二哥李福聚众数千起兵,响应杨安儿,攻打临朐(今属山东),进取益都。嘉定十年(1217,金宣宗兴定元年),宋宁宗下诏伐金,并招安各路义军。宋嘉定十一年(1218)正月,李全等人依靠南宋。后李全公开与宋敌对。绍定四年(1231),李全兵败而死。

④ 赵一生主编:《东阳丛书》第一册《唐宋邑士诗文辑存·乔行简》,赵一生校辑,浙江古籍出版社2015年版,第197页。

乔行简认为,李全为"败军之将",守哪里就失哪里。而且十年之内,由白丁提拔至三孤①这样的高官,实在是功薄报丰,但李全却忘恩背义,降金作乱。对于这样的人,必须坚决予以讨伐。而对于与李全一样在宋金之间反复的时青,②乔行简则认为应该将其"为我用"。他有《论时青奏》:

> 时青者,以官则国家之节度,以人则边陲之大将,一旦遽为李全所戕,是必疑其终为我用,虑变生肘腋,故先其未发驱除之。窃意军中必有愤激思奋之人,莫若乘势就淮阴一军,拔其尤者以护其师,然后明指杀青者之姓名,俾之诛戮,加赠恤之典于青,则其势自分,而吾得借此以制之,则可折其奸心而存吾之大体。不然,跋扈者专杀而不敢诛,有功者见杀而不敢诉,彼知朝廷一用柔道而威断不施,乌保其不递相视效?则其所当虑者,不独李全一人而已。③

可见,王霆在对待李全问题上是与乔行简(当时任丹阳太守)的态度高度一致的,即坚决予以讨伐。在抗金问题上,王霆也十分坚决。《宋史》载:

> 北兵至浮光,其民奔遁,相属于道,朝论以为霆可守之,乃知光州兼沿边都巡检使。冒雪夜行,倍道疾驰至州,分遣间探,整饬战守之具,大战于谢令桥,光人遂安。督府魏了翁以书来慰安之,以缗钱十万劳其军。霆以召,寻为吉州刺史,仍知光州。霆固辞,丞相郑清之、制置使史嵩之皆数以书留霆,霆不从,且曰:"士大夫当以世从道,不可以道从世也。"④

---

① 三孤:周成王时立少师、少傅、少保,合称三孤,是三公的副职。其地位低于公而高于卿。秦、汉以后废,北周时复置。宋徽宗政和二年(1112)复置,作为次相之任。
② 时青:宋滕阳人。时全从子。初与全俱参加红袄军,及首领杨安儿败,同降金,青为济州义军万户。旋率众归宋,被置于淮南,屯龟山,有部众数万。宁宗嘉定十三年(1220),金泗州帅纥石烈牙吾塔遣人招之,青贻书请假邳州,金人不允。青复为宋守,次年袭破泗州西城。金人急攻城,青不敌,弃城走。后复受宋诏拒金兵于淮,乘金兵渡河时淮水暴涨,出袭获胜。见《历史词典》。
③ 赵一生主编:《东阳丛书》第一册《唐宋邑士诗文辑存·乔行简》,赵一生校辑,浙江古籍出版社2015年版,第196页。
④ [元]脱脱、阿鲁图,等:《宋史》卷四〇八《列传》第一六七《王霆传》,钦定四库全书本。

《宋史》作者对王霆的评价是："通兵家言,而谓不可以道从世,此古人谋帅贵乎'说《礼》《乐》而敦《诗》《书》'也。"①当郑清之、史嵩之等一干甬籍权臣拉拢王霆时,他语出惊人:士大夫应该让世事服从大道,而不应该让大道去服从世事。就是说,做人必须要坚持道义,坚持原则。士大夫更应有这样的气节。因而,《宋史》作者以为王霆的确具备帅才。因为,古人谋帅贵乎"说《礼》《乐》而敦《诗》《书》"。而王霆做到了这一点。

乔行简对王霆这样的人才大加推举,而对许国那样"偃然自大"的人却坚决予以抵制。

嘉定十六年(1223)十一月,许国自武阶换朝议大夫、淮东安抚制置使。诏命下,大家都十分惊异。此时,已经为吏部侍郎的乔行简,即上疏认为许国声望轻,不宜担任淮东安抚制置使。但朝廷没有听从乔行简的意见,结果许国果然不能胜任而导致李全反叛。②对此事,《鹤林玉露》有比较详细记载:

> 嘉定间,山东忠义李全,跋扈日甚。朝廷择人帅山阳,见大夫无可使,遂用许国。国,武人也,特换文资③,除大府卿以重其行。国至山阳,偃然自大,受全庭参,全军忿怒,囚而杀之。幕客杜子埜,诗人也,亦死焉。初,国之换文资,乔寿朋以书抵史丞相曰:"祖宗朝,制置使多用名将。绍兴间,不独张、韩、刘、岳尝为之,杨沂中、吴玠、吴拱、刘锜、王燮、成闵、李显中诸人亦为之。不特制置使可为,枢密、处置、宣抚等使,亦可为也,岂必尽文臣哉!至于文臣任边事,固有反以观察使授之者,如韩忠献、范文正、陈尧咨是也。今若就加本等之官,以重制帅之选,初无不可,乃使之处非其地,遽易以清班,彼必修饰边幅,强自标置,求以称此。人心固未易服,恐反使人有轻视不平之心,此不可不虑也。"庙堂不能从,未几,果败。李全自此遂叛。④

---

① [元]脱脱、阿鲁图,等:《宋史》卷四〇八《列传》第一六七《王霆传》,钦定四库全书本。
② [元]脱脱、阿鲁图,等:《宋史》卷四七六《列传》第二三五《叛臣中·李全上》,钦定四库全书本。
③ 《宋代官制辞典》中"换官"称:"宋代有《换官法》,即许武资换文资、文资换武资。由于两宋重文轻武,以武臣换文官者为多,限制也严;文官换武职者较少,限制较宽。"
④ [宋]罗大经:《鹤林玉露》甲编卷四,《四库全书·子部(十)·小说家类》。

李全在山东跋扈,为了抑制李全,朝廷决定选择大臣担任山阳统帅,只是一时没有合适人选,就选用了许国。作为一方统帅的制置使是经划边防军务,控制地方秩序,大权在握的重臣,南宋时期因与金作战需要,对制置使更加重视,多以安抚大使兼任。而许国原先是个武将,靠"换官"才混得个文臣身份,而且为人骄傲自大,不堪重用。当初在许国以武换文时,乔行简就写信给丞相史弥远表示反对。但是史弥远没有听取一个小小吏部侍郎的意见,结果因为许国的狂妄自大,引起李全军队的忿怒,直接把许国给杀了,许国的幕客诗人杜子塍也因此被害,最后导致李全反叛。看来乔行简的确具有"慧眼",孰珠孰砾,一眼识破。

三、主"与币"惨遭弹劾

然后,在抗金这个大是大非问题上,乔行简曾马失前蹄,惨遭弹劾,险些丧命。对此,《宋史》一笔带过:

> (乔行简)"言金有必亡之形,中国宜静以观变。因列上《备边四事》。会近臣有主战者,师遂出,金人因破蕲、黄。"[1]

《宋史》作者对乔行简主张"静以观变"的抗金态度而遭弹劾之事,以"为贤者讳"的笔法没有写明。而史学家李心传在《宋太师平章鲁国公文惠乔公圹记》中,对此事倒是直言不讳:

> 嘉定六年(1213)八月,移知嘉兴府,未上。闰九月,擢淮南转运判官,兼淮西提刑,提举平常茶盐,江淮湖北铁冶公事与制置使。论边事,不合,为所劾。[2]

---

[1] [元]脱脱、阿鲁图,等:《宋史》卷四一七《列传》第一七六《乔行简传》,钦定四库全书本。
[2] [宋]李心传:《宋太师平章鲁国公文惠乔公圹记》,载乔廷藩,等:《吴宁乔氏宗谱》卷四《世行传》,民国二十二年(1933)重修版。

又：

> 其守淮南也，言金有必亡之形，中国宜静以观变。因列上《备边四事》。近臣有主战者，于是诸生伏阙论公。师遂出，金进兵，残淮西，破蕲、黄而去。中外大震。①

李心传虽然如实记载了乔行简这段颇受争议的历史，但还不够详细。他只告诉我们乔行简遭弹劾的时间是在嘉定六年（1213）闰九月，担任淮南转运判官兼淮西提刑期间，在讨论边事，即对是否继续与金币问题时，认为"金有必亡之形，中国宜静以观变"，因此与"主战者"意见不合，而遭到太学生弹劾。对此，叶绍翁《四朝闻见录》对此事记述较为详细：

> 文忠真公奉使金廷，道梗不得进，止于盱眙。奉币反命，力陈奏疏，谓敌既据吾汴，则币可以绝。朝绅三学主真议甚多，史相未知所决。乔公行简为淮西漕，上书庙堂云云，谓"强鞑渐兴，其势已足以亡金。金，昔吾之仇也，今吾之蔽也。古人唇亡齿寒之辙可覆，宜姑与币，使得拒鞑。"史相以为行简之为虑甚深，欲予币犹未遣。太学诸生黄自然、黄洪、周大同、家横、徐士龙等，同伏丽正门，请斩行简以谢天下。②

嘉定六年（1213）闰九月，乔行简提升为淮南转运判官兼淮西提刑，大约为一个从五品的官员。③这一年，乔行简58岁。这一年，发生了乔行简一生中最受打击，也是其历史上最有争议的事件。在当时直接影响南宋朝廷重大国际政策的"宋金纳币"之争中，乔行简认为对金朝的衰落应该"静以观变"，并主张"继续与币"。由此，乔行简遭到了黄自然、黄洪等一干太学生的集体弹劾。学生们在丽正门前请愿高呼："请斩行简以谢天下！"一个从五品地方官员，闹出一场被学生弹劾

① [宋]李心传：《宋太师平章鲁国公文惠乔公圹记》，载乔廷藩，等：《吴宁乔氏宗谱》卷四《世行传》，民国二十二年（1933）重修版。
② [宋]叶绍翁：《四朝闻见录》甲集"请斩乔相"，钦定四库全书本。
③ [宋]王益之：《职源撮要·官品》载，"团练使、诸州刺史"为从五品官。见赵一生，等：《东阳丛书》第二册，浙江古籍出版社2012年版，第120页。

要杀头的事件来,这在朝廷是一件大事,在乔行简个人更是一件人命关天的大事。要知道,太学生们的背后是以大儒真德秀为代表的"绝币派"。乔行简的"静以观变""继续纳币"主张,又为当朝权相史弥远所接受。由此,乔行简很自然地被打上了"史党"的印记,而站到了真德秀、徐侨、黄幹等一干大儒的对立面。虽然,历史没有留下更多的由此否定乔行简的资料可稽,当今学者也鲜有相关研究文章。但在作为乔行简生平中一件十分重大的事件,我们不得不作详细的探讨。这里,最关键的就是乔行简到底该不该杀。要搞清楚这一点,就必须先厘清两个问题:一是乔行简的"静以观变""继续纳币"主张,究竟是不是简单的"和金"或"降金"?二是乔行简作为婺州吕学著名弟子,究竟有没有彻底地进入"史党"阵营?要厘清这些问题,还必须从嘉定时期的宋金关系说起。

宁宗嘉定(1208—1224)时期,由于北方蒙古崛起、河北群盗割据、金人南迁汴京等剧烈变化,给一直处于外交弱势的南宋朝廷带来前所未有的主动契机。嘉定十年(1217)前后,宋廷"对金和战"政策由"以静观变"向"以战应战"转变。这与蒙兴金衰、宋廷内部主战派占上风等相关联。[①]

嘉定元年(1208)宋金和议后,两国恢复了和平关系。[②]至嘉定四年(1211),华北地区因蒙古入侵而产生剧变。是年七月,蒙古大举入侵金国,河北一带遭到掳掠,其势直逼燕京,对金国形成极大压力。[③]当时的河北地区,因蒙古入侵,金人势力退出而再度群盗纷起。[④]此时的南宋朝野普遍存在"夷狄之衰,乃中国之利"的

---

① 郑丞良:《试论南宋嘉定年间(1208—1224)对金和战议论与政策的转变》,《台湾师大历史学报》2017年第57期,第1—34页。

② 开禧三年(1207)五月,宋分道进兵,开始了"开禧北伐"。初时收复了一些地方,不久,金援兵大量南下,宋军大败。金人要求惩办战争祸首,主和派礼部侍郎史弥远等竟杀死韩侂胄,函其首送给金人。嘉定元年(1208),双方重定和约,史称"嘉定和议"。和议内容为上国书称金主为伯父,岁币银绢各增三十万,又以三百万缗钱赎回淮、陕两地,见门肖:《二十六史精要词典》,人民日报出版社2000年版。"嘉定和议"是南宋历史上第三次与金议和(前二次为高宗《绍兴和议》、孝宗《隆兴和议》),三次"和议"都是以屈辱买安,不仅仅是把民脂民膏进贡给别人,而且是既丧失国格又丧失人格。嘉定和议后,宋金双方大致维持了六七年的和平。

③ 史载:"鞑靼过关,取掠山东两河少壮男女数十万,皆杀之。""既破两河,赤地千里人烟断。""两河山东数千里,人民杀戮几尽,金用子女牛羊马百皆席卷而去,屋庐焚毁,城郭废墟。"见[宋]李心传:《建炎以来朝野杂记》,徐规点校,中华书局2000年版。蒙元军队包围燕京,所到之处之宫观、园苑、官司皆"焚毁无遗"。见[宋]宇文懋昭撰,崔文印校证:《大金国志校证》卷二三,中华书局1986年版。

④ [宋]王迈:《臞轩集》卷五《真西山集后序》,景印文渊阁四库全书本。"王迈字贯之,兴化军仙游人。嘉定十年(1217)进士,为潭州观察推官。……调南外睦宗院教授。真德秀方守福州,迈竭忠以裨郡政。"见[元]脱脱、阿鲁图,等:《宋史》卷四二三《列传》第一八二《王迈传》,钦定四库全书本。

看法,蒙古对金朝北部边境的骚扰,可以大大减轻金朝给自身所造成的国防压力。宋廷乐于见到北方金衰蒙兴的局势。[①]鉴于此,围绕是否"绝金岁币",宋廷内部形成了两种对立的观点并引发激烈争论。

其中一派以真德秀为代表,认为"金人衰微,其亡必然,理当绝币"[②]。南宋朝中大量官员上书要求罢金岁币,尤以真德秀、刘擒、度正、李任和袁燮等积极性最高。嘉定七年(1214)七月,金朝遣使南宋,告知迁都之事。[③]此事在南宋朝廷上下激起了强烈反响,真德秀等人开始针对"嘉定和议"本身提出变更要求,即终止向金输纳岁币。[④]真德秀认为:"岁币之弗遣是矣,然不以还燕为词,而诿曰,漕之渠干涸,使残虏得以移文书督责中原。豪杰闻之,宁不以寡谋见哂乎?"[⑤]嘉定七年(1214)十一月,真德秀上奏:"国家之于金虏,盖万世必报之仇……今天亡此胡,近在朝夕……臣尝熟思待敌之策,其别有三,练兵选将,直捣虏巢,若勾践袭吴之师,此上策也。"[⑥]即直接提出了"以直捣虏巢为上策、绝币为中策、援虏为下策"[⑦]的主张。这与他在四个月前提出的"以罢岁币为上策、复隆兴和义岁币旧额为中策、继续纳币为下策"[⑧]的主张进一步强硬。嘉定七年(1214)十一月,真德秀外任江南东路转运副使。此时,他对江北局势的判断或许更贴近实际。因此,袁燮直接站出来支持真德秀,认为真德秀"蹇蹇谔谔,时作砥柱""岁币之数,不为不厚,足以募勇敢,足以族战功。自此以后,边防于此取办,国威由此复伸"。[⑨]因此,当今学者认为,真德秀凭借对时局的深入观察、明确的主战积极见解,已然跻身为当时主战派领袖之流,推动了主战言论日渐高涨。[⑩]王迈对此曾有记述:真德秀"每上一谏疏、

① [宋]徐侨:《毅斋诗集别录》之《家传》,《宋集珍本丛刊》,钦定四库全书本。
② [清]黄宗羲原著:《宋元学案》卷九六《沧州学案上》,全祖望补修,陈金生、梁运华点校;中华书局1986年版,第2262页。
③ [元]脱脱、阿鲁图,等:《宋史》卷四二二《列传》第一八一《徐侨传》,钦定四库全书本。
④ "台官李大同言迈交结德秀、了翁及洪咨夔以收虚誉,削一秩免。"见[元]脱脱、阿鲁图,等:《宋史》卷四二三《列传》第一八二《王迈传》,钦定四库全书本。
⑤ [元]脱脱、阿鲁图,等:《宋史》卷四二二《列传》第一八一《徐侨传》,钦定四库全书本。
⑥ [元]脱脱、阿鲁图,等:《宋史》卷四三〇《列传》第一八九《黄幹传》,钦定四库全书本。
⑦ 同上。
⑧ [宋]真德秀:《西山先生真文忠公文集》卷三《直前奏事劄子》,万有文库本。
⑨ [宋]袁燮:《絜斋集》卷八《送右史将漕江左序》;《絜斋集》卷四《论备边札子(一)》四八;丛书集成本。
⑩ 朱鸿:《真德秀及其对时政的认识》,《食货月刊复刊》(台北)1979年第9期,第217—224页。

草制一诰,朝大夫与都人士争相传写。"①王迈的这一夸赞冲着真德秀当时在朝廷的个人威望而言,但真德秀的绝币主战态度的确影响了一大批士大夫,就连朝中的婺州籍官员、乔行简同门徐侨,朱学嫡传、北山学派鼻祖黄幹等,也积极站到了"绝币派"一边。徐侨认为应当"绝虏岁币勿遣",若一味"以存虏为幸,豢虏为得计,何以作兴天下之忠愤之气?"②徐侨(1160—1237),义乌人,从学吕东莱门人叶邽③,与乔行简同为吕学传人。《宋史》载:"金使至,侨以无国书宜馆之于外,如叔向辞郑故事",由此"迕丞相史弥远劾罢"。"宝庆初(1225),葛洪、乔行简代为请祠,迄不受禄。"④徐侨显然站在权臣史弥远的对立面,意见与乔行简相左,是主张与金绝币的。这对乔行简来说是一件极其微妙的事情。在吕(祖谦)学门下,乔行简虽与徐侨老师叶邽同辈,而且无论在当时还是在历史上,其名望皆超过叶邽。但在嘉定时期于朝中为官的吕学门生并不多见,除了徐侨大约还有袁燮、李大同等人。袁燮与徐侨明显站在真德秀一边,是积极的"绝币"派干将。乔行简东阳老乡李大同,到嘉定十六年(1223)才中进士。嘉定初"绝币之争"时,他尚未走上仕途。但《宋史》则有关于他奏"王迈与真德秀、魏了翁等勾结而降职"⑤的记载。这是后话。可见,当时的淮西运判乔行简在真德秀竭力主张绝币,且为朝中道学人士和太学生们广泛支持情况下,贸然提出"以静观变""继续与币"建议,不仅把自己置于与朝中同门对立状态,也必然使人们形成把其归入"史党"的逻辑判断。

作为朱熹女婿的福建人黄幹,时任安庆知府,他对当时两淮地区的百姓情况有切肤之感。在给时任江淮制置使李珏的书信中,他说:"淮民遭丙寅[开禧二年

---

① [宋]王迈:《臞轩集》卷五《真西山集后序》,景印文渊阁四库全书本。"王迈字贯之,兴化军仙游人。嘉定十年(1217)进士,为潭州观察推官。……调南外睦宗院教授。真德秀为守福州,迈谒忠以神郡政。"见[元]脱脱、阿鲁图,等:《宋史》卷四二三《列传》第一八二《王迈传》,钦定四库全书本。
② [宋]徐侨:《毅斋诗集别录》之《家传》,《宋集珍本丛刊》,钦定四库全书本。
③ [清]黄宗羲原著:《宋元学案》卷九六《沧州学案上》,全祖望补修;陈金生、梁运华点校;中华书局1986年版,第2262页。
④ [元]脱脱、阿鲁图,等:《宋史》卷四二二《列传》第一八一《徐侨传》,钦定四库全书本。
⑤ "台官李大同言迈交结德秀、了翁及洪咨夔以收虚誉,削一秩免。"见[元]脱脱、阿鲁图,等:《宋史》卷四二三《列传》第一八二《王迈传》,钦定四库全书本。

(1206)]之厄,①今闻金人迁汴,莫不狼顾胁息,有弃田庐、挈妻子渡江之意。"②安庆离光山不远,当时光山被金人攻破,所以安庆的百姓十分担心。黄幹即上奏要求加固安庆城:"乃请于朝,城安庆以备战守,不俟报,即日兴工。城分十二料,先自筑一料,计其工费若干,然后委官吏、寓公、士人分料主之。役民兵五千人,人役九十日,而计人户产钱起丁夫,通役二万夫,人十日而罢。"③加固安庆城要起用民兵五千人、役夫二万人。粮食必须从外地调运,为了从庐州调运二万五千石粮食,黄幹曾写信给淮西运判乔行简,协商运粮征集人夫(起夫)事宜。他在这封信中说:

> 今又承使帖,再差宿松、望江、太湖三县人夫运庐州米,盖前所申者尚未呈彻耳。欲乞台慈照前所申并与蠲免,不胜千里生灵之幸。幹到郡之初,窃以为此郡古称名郡,而荡无城壁之可恃,急欲创筑城壁。今也边事方敦,难以乞差大军,只得募五县之百姓相与助役,其间岂无劳扰,辄具公状申闻,欲乞台慈以本郡见役大众一切差夫,特与免放,则千里幸甚。④

黄幹任安庆知府时,正值金人破光山,而安庆离光山不远又没有城墙可以抵挡保护,百姓十分恐慌。黄幹下决心建城。但建城要动用大量财力、物力,役民兵

---

① 开禧二年(1206),身任平章军国事的韩侂胄未做充分准备,便贸然发动北伐。然金军方面早有准备,故宋军以失败告终。韩侂胄只好向金朝求和。见李传印:《韩侂胄与开禧北伐》,《安庆师范学院学报(社会科学版)》2000年第4期,第55—60页。

② [元]脱脱、阿鲁图,等:《宋史》卷四三〇《列传》第一八九《黄幹传》,钦定四库全书本。

③ 同上。

④ [宋]黄幹:《与淮西乔运判辨起夫运粮事》,《勉斋先生黄文肃公文集》卷二九,钦定四库全书本。

五千人,通役二万人。①这么多人的粮食要从庐州去运来,因此有关运粮之事,黄干只得写公文申报运判乔行简。并且接连二封呈之,可见其事情之急。但乔行简的回复不见有记载。

在此信中,黄干还直言不讳地对主张"与币"的乔行简说:"闻虏之入寇,大抵以岁币为主。三两年间所谓书生者,皆以免岁币为请也。"②可见,作为朱熹嫡传的黄干与吕学大弟子乔行简的关系尚可。而且两人同在江北基层面对外虏入侵威胁的百姓,对边防事宜颇有共同话语。但在绝币问题上黄干却是坚定的绝币主张者。他认为"与币"给百姓带来了苦难和怨声,他说:"为政者不务恤民,但求利己,视其外若汲汲,于事功而诞谩欺罔,使百姓怨入骨髓。"③

他在《代人禀宰执论岁币》一文中说:

> 虏人若索要岁币,即当予之,使得以赂鞑靼然后两国宁静。愚实不晓所谓也。……若虏人果南走,鞑靼果侵陵不已,区区岁币果能遏其锋乎? 靖康之事,吾国未尝不行赂也,卒不能遏女真之祸。今女真又岂能以岁币而止鞑靼之师乎! ……愚以为莫若先斩妄议之臣,明下哀痛之诏,拔忠鲠之士。④

从"今女真又岂能以岁币而止鞑靼之师乎"这句话的背景推测,黄干此文大约写成于嘉定六年(1213)前后。他以靖康之耻为例证,推断出"岁币不能遏金人之祸",同样不能遏蒙古之祸,逻辑十分严密。这样就把乔行简"继续与币"与金而联

---

① 《宋史·黄干传》:"寻起知安庆府,至则金人破光山,而沿边多警。安庆去光山不远,民情震恐。乃请于朝,城安庆以备战守,不俟报,即日兴工。城分十二料,先自筑一料,计其工费若干,然后委官吏、寓公、士人分料主之。役民兵五千人,人役九十日,而计人户产钱起丁夫,通役二万夫,人十日而罢。役者更番,暑月月休六日,日午休一时,至秋渐杀其半。干日以五鼓坐于堂,濠砦官入听命,……俱受命毕,乃治府事,理民讼,接宾客,阅士卒,会僚佐讲究边防利病,次则巡城视役,晚入书院讲论经史。……城成,会上元日张灯,士民扶老携幼,往来不绝。有老妪百岁,二子舆之,诸孙从,至府致谢。干礼之,命具酒炙,且劳以金帛。……后二年,金人破黄州沙窝诸关,淮东、西皆震,独安庆按堵如故。……舒人德之,相谓曰:'不残于寇,不滔于水,生汝者黄父也。'"[元]脱脱、阿鲁图,等:《宋史》卷四三〇《列传》第一八九《黄干传》,钦定四库全书本。

② [宋]黄干:《与淮西乔运判辨起夫运粮事》,《勉斋先生黄文肃公文集》卷二九,钦定四库全书本。

③ 同上。

④ [宋]黄干:《勉斋先生黄文肃公文集》卷二九《代人禀宰执论岁币》,钦定四库全书本。

金抗蒙策略的理论基础驳垮了,并借他人之口,提出了"莫若先斩妄议之臣"的动议。由此把黄幹看成"请斩乔行简"的始作俑者,也绝非虚妄之辞。

　　黄幹此文虽是代人撰写,但也代表了他本人的意见。他是代何人所写? 据史料分析推测,大约是当时任江淮制置使①的李珏。李珏是福建人,与黄幹是老乡。由此,一个以朱学为统领、地域为特征的"福建·朱门系人物",赫然进入了我们的视野。日本学者小林晃认为,当时"与李珏一起主导岁币废除论的真德秀、刘爚也都来自福建地方,从与朱熹接近的人物这一点来看,这些事实也决不能忽视。而且,于嘉定七年(1214)及其翌年进入执政,与史弥远一起成为宰执的郑昭先、曾从龙也都是福建人。也就是说,在当时南宋中央执拗地主张对金强硬论,成为宁宗下定决心中断岁币输纳的重大原因的多数人士,要不就是出自福建地方,要不就是受到朱熹思想深刻影响。"②这些"福建·朱门系人物",在嘉定七、八年(1214、1215)间,从官僚机关的核心执政、侍从官到末端的太学生,相互共鸣并形成了对金国的强硬舆论,促使宋廷于嘉定七年(1214)中断对金岁币输纳,最终结果导致嘉定十年(1217)宋金战争复发。这一政治过程,很明显是由"福建·朱门系"官员所主导的。③在震动朝野的伏阙请愿乞斩乔行简行动中,太学生家樇就是福建籍黄幹门生。④可见,"斩乔"请愿也是由"福建·朱门系"官员所导演的。

　　厘清了这一背景,也就基本明白了乔行简之所以遭黄幹、李珏及太学生等"乞斩"的原委。乔行简"继续与币"主张,得到了当时浙江明州籍权相史弥远的默认,⑤这颗项上之头才免于落地。当时支持乔行简的还有"主管管诰院程珌、主管

---

① 开禧三年(1207)六月,叶适兼任江淮制置使,指挥江淮战区的军事事务。此时江淮制置司的管辖范围较大,大致包括淮南西路、淮南东路、江南西路、江南东路。从叶适任江淮制置使至嘉定十二年(1219),这一时期都是江淮合并司。见申亚平:《南宋沿江制置司考》,《河北广播电视大学学报》2017年第4期,第102—105页。嘉定十二年(1219),李楠奏:"前江淮制置使李珏权重谋疏……"见[宋]刘克庄:《后村先生大全集》,四川大学出版社2008年版,第190页。可见,嘉定七年(1214)至十二年(1219)期间的江淮制置使,可能就是李珏。

② [日]小林晃:《南宋后期史弥远专权内情及其嬗变》,《国际社会科学杂志》2020年第3期,第76—82页。

③ 同上。

④ 家樇,宋眉州眉山人,字本仲。为太学生,因乔行简力主与金岁币使拒蒙古,遂与诸生伏阙上书,请斩行简以谢天下。师事黄幹,幹尝称其持身甚介,玩理甚精,务学甚实,足与李道传相伯仲。

⑤ "乔公行简为淮西漕,上书庙堂云云,谓'强鞑渐兴,其势已足以亡金。金,昔吾之仇也,今吾之蔽也。古人唇亡齿寒之辙可覆,宜姑与币,使得拒鞑。'史相以为行简之为虑甚深,欲予币犹未遣。"见[宋]叶绍翁:《四朝闻见录》甲集"请斩乔相",钦定四库全书本。

武夷山冲佑观曹彦约等人"①。程珌虽为徽州人,丞相王淮女婿,却是"史党"骨干,宁宗崩时,被史弥远召,同入禁中草矫诏。②曹彦约,江西都昌人,朱熹弟子。嘉定间曹彦约上封事,谓"敌岂不以岁币为利,惟其所向辄应,所求辄得,以我为易与而纵其欲。莫若迟留小使,督责边备,假以岁月,当知真伪。设复大举。则民固已怨矣,欲进而我已戒严,欲退而彼有叛兵,决胜可期矣"。③观其言好像是一个绝币派人士。然后,日后形势的发展,似乎是朝着乔行简判断的方向发展。

通过对金绝币论者的屡屡上疏,以及太学生极端行动,最终使宁宗及丞相史弥远下了决心。嘉定七年(1214)十一月,南宋派遣贺正旦使到金国,但此时南宋中央以运河不通为借口,决定暂时中止输纳岁币,并于翌年向金国要求减少岁币。南宋中断岁币输纳以后,金国多次派遣使者催促输纳,但由于南宋不从,金国对南宋出兵的论调开始高涨。嘉定十年(1217)四月,金兵侵犯南宋领地光州(河南潢川),宋金战争再次爆发。而此时黄幹的安庆新城已经筑城,安庆百姓为之欢欣鼓舞,扶老携幼,相与庆贺。新城为安庆百姓筑牢了抵御外寇的城壁,为此黄幹被载入安庆史册。④而在黄幹的筑城工程实施中,乔行简是肯定给予过支持的。从黄幹《与淮西乔运判办起夫运粮事》的信中可以看出,黄幹对乔行简的印象还是不错的。他在信中对当地"郡县皆扼民之吭,而夺之食者"的腐败现象,痛入骨髓。黄幹能如此坦诚地对乔行简吐露情愫,说明他根本没有把乔行简当作被他所唾弃的那种"扼民之吭,夺民之食"者。而在写此信时,是乔行简被弹劾的一到二年之后,这也说明两人并没有因此产生隔阂。否则在公文中无须交流对时政的看法,只要把起夫运粮之事说明白即可。更有意思的是,黄幹在信中对多年前乔行简被弹劾的事作了说明:

> 闻虏之入寇,大抵以岁币为主。三两年间所谓书生者,皆以免岁币

---

① 〔日〕小林晃:《南宋后期史弥远专权内情及其嬗变》,《国际社会科学杂志》2020年第3期,第76—82页。

② 〔元〕脱脱、阿鲁图,等:《宋史》卷四二二《列传》第一八一《程珌传》,钦定四库全书本。

③ 〔元〕脱脱、阿鲁图,等:《宋史》卷四一〇《列传》第一六九《曹彦约传》,钦定四库全书本。

④ 《宋史·黄幹传》:"城成,会上元日张灯,士民扶老携幼,往来不绝。……金人破黄州沙窝诸关,淮东、西皆震,独安庆按堵如故。继而霖潦余月,巨浸暴至,城屹然无虞。舒人德之,相谓曰:'不残于寇,不滔于水,生汝者黄父也。'"

为请也。幹虽至愚,亦窃笑之。惟某官毅然力排众论,至于今日而其验已。此则通儒有用之学,非若世之不达时宜者!今某官持节于此,残虏岂不知感又安敢深入耶?①

从"今某官持节于此"一句,可以判断黄幹这里的"某官"即指当时的江淮制置使李珏。因此,黄幹对乔行简解释说,当年的"绝币""与币"之争,是李珏力排众议主张"免币"的。而争论的结果孰对孰错,如今已经为事实所验证。我黄幹虽然愚笨,当时也曾经窃笑他们。因此,"莫若先斩妄议之臣"的动议实在是李珏的主张。黄幹的说法决非推脱之辞,因为他实在没有必要因为起夫运粮的事情,去讨好一个乔运判,而不惜得罪大权在握的李制置使。黄幹到安庆后,看到那里一片混乱、凄凉景象,"旱蝗疾疫"流行,小民饥饿流离,税户"破荡产业无复生意",淮民"困苦憔悴",而这一切令黄幹涕泣横流的惨象,就是那位自诩"体国爱民"大臣的所谓治迹。②由此,黄幹对这位于自己屡有"存抚之恩"的某官,顿生睥睨。事实马上印证了黄幹对李珏的判断。

嘉定十年(1217)二月,为了应对对金战争,李珏又被任命为江淮制置使。江淮制置使司置于建康府(今江苏南京),统辖江东、淮西、淮东等广大地区的防卫。李珏起用许多熟知的同乡人为幕僚,"其时幕府书馆,往往轻儇浮靡之士"③,导致了嘉定十一年(1218)泗州之战(泗上之役)的惨败。泗州之战发生的具体时间,史书记载很不一致,关于战争中失败的详细情况,史料也十分缺乏。《宋史·黄幹传》略有记载:"向者轻信人言,为泗上之役,丧师万人。良将劲卒、精兵利器,不战而沦于泗水。黄团老幼,俘虏杀戮五六千人,盱眙东西数百里,莽为丘墟。"④可以推测这是一场丧失了一万余将士和大量物资、老百姓被杀戮五六千人的大败仗。泗州之战惨败,令南宋政权陷入困境,也改变了南宋朝廷的舆论风向。当初支持对金强硬论的南宋官场舆论在泗州战败以后突然转为低调,由此和平论骤然抬头,仍主张强硬论的官员对此又表示强烈抵制。这为史弥远强权政治的形成创造了

① [宋]黄幹:《与淮西乔运判辨起夫运粮事》,见《勉斋先生黄文肃公文集》卷二九,钦定四库全书本,第17页上。
② 同上书,第18页下。
③ [元]脱脱、阿鲁图、等:《宋史》卷四三〇《列传》第一八九《黄幹传》,钦定四库全书本。
④ [元]脱脱、阿鲁图、等:《宋史》卷四三〇《列传》第一八九《黄幹传》,钦定四库全书本。

条件①。嘉定十二年(1219),李珏被罢免江淮制置使。嘉定十二年(1219)六月,李楠奏曰:"前江淮制置使李珏权重谋疏,泗上之役,实珏逼行,损国家威重,启夷狄轻心。乞候服厥夺职,仍乞沿江两淮各命制置使,其有官序尚卑,资望犹浅,则姑命以副使。"②

　　随着李珏被罢免,江淮制置使随之被废除。其管辖地区及权限一分为三,即沿江制置使、淮东制置使、淮西制置使。淮东制置副使和淮西制置副使的人分别为贾涉与赵善湘。而贾涉娶史弥远兄长史弥正之女为妻,而赵善湘最小的儿子则是史弥远女婿。史弥远族侄史嵩之被擢升京湖制置使。在宋金战争这种外部危机的形势下,史弥远借泗州战败之机,通过这一连串人事安排,进一步地将行政权力集中于自己的"明州·陆门系"③手中。而导致泗州战败的"福建·朱门系"官员,却日薄西山。嘉定十二年(1219),曾从龙④被罢免;嘉定十三年(1220),福建人、朱熹弟子任希夷虽成为执政,但到了嘉定十四年(1221),郑昭先⑤、任希夷⑥一起被罢免。之后,"福建·朱门系"人物便从执政集团消失了⑦。于是,史弥远强权政治正式形成。由此,可以看出泗州之战是南宋中期政治史上的一个转折点。作为浙

---

① 〔日〕小林晃:《南宋后期史弥远专权内情及其嬗变》,《国际社会科学杂志》2020年第3期,第76—82页。

② [宋]刘克庄:《后村先生大全集》,四川大学出版社2008年版,第190页。

③ 史弥远为浙江明州(今浙江宁波)人,为四明陆学传人杨简弟子。故以"明州·陆门系"称其专权的"史家党",与小林晃的"福建·朱门系"概念相对应。

④ 曾从龙(1175—1236),字君赐,泉州晋江(今福建晋江)人,庆元五年(1199)己未科状元。官至刑部尚书、礼部尚书、知枢密院事兼参知政事。他曾两次奉诏出使金时,不辱使命而返,并且从不趋炎附势,敢于伸张正义,忠心谋国,悉心辅政;出任地方官时,又能关心百姓疾苦,体恤民瘼,除暴安良,是南宋后期有所作为的贤相。[元]脱脱、阿鲁图,等:《宋史》卷四一九《列传》第一七八《曾从龙传》,钦定四库全书本。

⑤ 郑昭先(1158—1225),字景绍,号日湖,福建福州人,淳熙十七年(1190)中丙科登王容榜进士。嘉定十一年(1218),郑昭先统领荆门平寇功在社稷,朝廷行赏,诏授"金紫光禄大夫兼提中书右丞相"。陛辞再三,宁宗含泪诏拜观文殿学士、少师吴国公,终以"参知政事"(副相)职衔归家养老。见吴用耕:《南宋名官郑昭先》,载《福州人物》。

⑥ 任希夷,字伯起,其先眉州人。四世祖伯雨为谏议大夫,其后仕闽,因家邵武(福建南平)。登淳熙三年(1176)进士第,调建宁府浦城簿。从朱熹学,笃信力行,熹器之曰:"伯起,开济士也。"见[元]脱脱、阿鲁图,等:《宋史》卷三九五《列传》第一五四《任希夷传》,钦定四库全书本。

⑦ 〔日〕小林晃:《南宋后期史弥远专权内情及其嬗变》,《国际社会科学杂志》2020年第3期,第76—82页。

江婺州吕门人士,乔行简因权相史弥远的庇护①而没有被问斩。其仕途在嘉定十二年(1219)史弥远专权局面形成后,似乎也没有受到多少影响。

据李心传《宋太师平章鲁国公文惠乔公圹记》载:

嘉定十年(1217)五月,主管建康府崇禧观。十二月,除都大提点江浙等路坑冶铁钱公事。嘉定十一年(1218)十一月,除两浙西路提点刑狱公事。嘉定十二年(1219)六月,兼权平江府节制都统司水军。嘉定十三年(1220)十一月,除军器监,未上。升直焕章阁知镇江府兼提点刑狱公事。嘉定十四年(1221)十月,召为国子司业,未徙。升兼同国史院修编官、实录院检讨官。公连失子女。又丧其夫人。谒告东归甚力。嘉定十五年(1222)九月,除宗政少卿,趣就职。嘉定十六年(1223)正月,始阙除秘书监。三月,擢起居舍人。四月,又迁起居郎。②

乔行简嘉定七年(1214)遭弹劾。嘉定十年(1217),除都大提点江浙等路坑冶铁钱公事,为正四品官③,至嘉定十六年(1223)正月,除秘书监,仍为正四品官阶。看来这是他人生和仕途最为风险四伏的七年,有幸逃过杀身之祸,仕途也徘徊而平稳。一方面,是获益于"史党"(或称为"明州·陆门系")与"福建·朱门系"之间的派系之争。另一方面,更因他当时的"以静观变""继续与币"为实践证明是极具远见和实际意义的策略。

当代研究者王高飞认为,嘉定绝币是南宋历史上的一次重要历史事件,它不仅改变了宋金关系,而且深刻地影响到了宋、西夏、金和蒙古之间的关系,正是这种关系的存在才使得历史在偶然中向着必然方向发展。宋金在面对共同强敌时本有可能携手抗敌,但由于所处时代的限制,双方在面对新格局时产生了战略上

① 似乎没有史料可以清楚地证明,是什么原因使乔行简在"福建·朱门系"上疏及太学生请愿的强大压力下,而没有被问斩。但事实上,这与当时史弥远对"继续与币"的默认大有关系。
② [宋]李心传:《宋太师平章鲁国公文惠乔公圹记》,载乔廷藩,等:《吴宁乔氏宗谱》卷四《世行传》,民国二十二年(1933)重修版。
③ 宋朝在路一级分设转运司、提点刑狱司、提举常平司,从朝廷派文臣担任转运使、提点刑狱公事、提举常平公事。他们为正四品官。[宋]王益之:《职源撮要·官品》,载赵一生,等:《东阳丛书》第二册,浙江古籍出版社2012年版,第119页。

的偏差。宋之失误之处在于对金之形势估计过于乐观,在强烈的仇恨情绪支配下仓促绝金岁币,断金财源后路,更使自己陷入孤立无援之地。金之失误在于过于自信,从没正确评估过宋,处理宋金关系时过于简单、粗暴,这极大地激发了宋之仇恨。绝币后,宋、金都试图尽力为自己争取更多的利益,岂知"螳螂捕蝉,黄雀在后",绝币事件中的南宋和金都是输家,最大获利者只有蒙古①。由此可见,乔行简的"以静观变""继续与币"策略,是有一定战略意义在里面的。

岁币是维持宋金和平相处的关键因素,宋廷常以纳币为重要议和条件对金进行经济要挟,其目的在于增加宋对金和谈的筹码。②宋代岁币往往都是贯穿于和议的签订和实施过程始终,一方面,合约能否顺利达成的关键在于岁币额的多少;另一方面,合约能否达到预期效果的关键也在于岁币的缴纳情况。岁币对稳定双方关系非常重要,嘉定绝币使得宋金关系产生十分微妙的变化,它改变了宋、金以及蒙古的三边关系,加速了蒙古混一的历史进程。③嘉定十五年(1222),金国以宋廷绝币为由,派元帅左监军讹可三路军马,由颍州(今安徽阜阳)、寿州(今安徽六安)出发,渡过淮河,向南宋进攻。宋金战争再次爆发。④"金的这次军事行动,虽称乃绝岁币所致,实质上是想把失之于蒙古手中者再从南宋方面取得补偿,即扩张土地,掠夺财物。"⑤但不管金国发动这场战争的目的是什么,南宋绝币是铁定的导火索。由于南宋军民的强烈反抗,金国不但没有达到战略意图,反而削弱了自己的实力,"宣宗南伐,士马折耗十部一存"⑥,国家精锐几近丧尽。同时,它对南宋

① 王高飞:《嘉定绝币与宋金关系之变化》,《绵阳师范学院学报》2011年第12期,第91—94页。
② 张嘉友:《宁宗前期的宋金关系述评》,《西南科技大学学报(哲学社会科学版)》,2007年第3期,第48—53页。
③ 王高飞:《嘉定绝币与宋金关系之变化》,《绵阳师范学院学报》2011年第12期,第91—94页。
④ "金主以朝廷绝岁币,国用以困,乃命元帅左监军讹可行元帅府事,节制三路军马……由颍、寿进,渡淮。"[明]陈邦瞻:《宋史纪事本末》卷八六《金好之绝》九六七,钦定四库全书本。
⑤ 胡昭曦:《宋蒙(元)关系史》,四川大学出版社1992年版,第15页。
⑥ [元]脱脱,等:《金史》卷一一二《完颜合达传》二六八,钦定四库全书本。

也造成了惨重损失。①

金的这次南侵对宋金双方产生了极其严重的后果,造成了双方面对共同敌人上的战略失误。②金宣宗在北方战事稍缓时开辟南方战场,不仅"扩地"不成,反而使自己兵力分散,陷入腹背受敌的尴尬局面而不能自拔。同时,也使南宋内部企图借金以为屏障者对金失去幻想,增加了对金的仇恨,从而失去了金宋和解甚至联合抗蒙的可能。当时的南宋虽在国际地位上处于弱势,却是西夏、蒙古极力拉拢的对象,因为西夏、蒙古都无实力单独打败南迁的金国。针对各方的拉拢,南宋持谨慎态度,不敢正式与金决裂。但金国没能与宋和解,大肆侵略宋境,这坚定了宋朝绝币的决心。随着战争爆发,宋金关系不可调和,南宋开始向蒙古靠拢。面对灭金的巨大诱惑,宋宁宗主动派使臣与蒙古联系。尽管之后宋蒙之间摩擦不断,但在共同目的下,双方最终实现联合灭金的愿望。③但随着金国的灭亡,宋、金、蒙等三方互相牵制的局面被打破,蒙古势力随之壮大,从而加速了南宋的灭亡。

---

① 据《宋史》载:嘉定十二年(1219)春正月戊辰朔,召董居谊诣行在。以新利州路安抚使聂子述为四川制置使。庚辰,金人犯湫池堡,守将石宣拒退之。甲申,金人攻白环堡,守将董炤拒退之。戊子,金人犯成州,沔州都统张威自西和州退守仙人原。庚寅,金人犯随州、枣阳军,又破信阳军之二砦,京西诸将引兵拒之。辛卯,金人犯西和州,守臣赵彦呐设伏以待之,歼其众乃还。金人犯安丰军,建康都统许俊遣将却之。金人焚成州,犯河池,守将张斌遁去。癸巳,金人围安丰军及光州,攻光化军,破郧山县,进副均州。甲午,破凤州,守臣雷云弃城去,金人夷其城。乙未,兴元都统吴政及金人战于黄牛堡,死之。金人乘胜攻武休关。
嘉定十二年(1219)闰三月己未,追雷云三官、梅州安置。辛酉,赠吴政为右武大夫、忠州刺史。壬戌,诏抚谕四川官军、忠义人。癸亥,兴元军士张福、莫简等作乱,以红巾为号。是春,金人围安丰军及滁、濠、光三州。江、淮制置使李珏命池州都统武师道、忠义军统制陈孝忠救之,皆不克捷。金人遂分兵自光州犯黄州之麻城,自濠州犯和州之石碛,自盱眙军犯滁州之全椒、来安及扬州之天长、真州之六合。淮南流民渡江避乱,诸城悉闭。金人游骑数百至东采石、杨林渡,建康大震。京东总管李全自楚州、忠义总辖季先自涟水军各引兵来援,金人乃解去。全追击,败之于曹家庄,获其贵将。见[元]脱脱、阿图鲁,等:《宋史》卷三九《本纪》第三九《宁宗传(三)》,钦定四库全书本。
② 王高飞:《绝币与宋金关系之变化》,《绵阳师范学院学报》2011年第12期,第91—94页。
③ 联蒙灭金是南宋末年临安朝廷经过深思熟虑做出的军事外交战略,以报靖康之耻。嘉定十三年(1220),淮东制置使贾涉奉朝廷命令遣赵珙出使蒙古,并受到木华黎的热情款待。同年,宋廷还派遣苟梦玉出使,并见到了成吉思汗。嘉定十六年(1223),苟梦玉再次被派遣出使。绍定五年(1232)十一月,蒙军再次进攻金国的时候,南宋也出兵相助一起围攻开封。绍定六年(1233)十月,史嵩之最终下达了出兵的命令,孟珙、江海率忠义军2万运粮30万石北上,抵达蔡州城下与蒙军会师。端平元年(1234)正月,宋蒙联军攻破了金国最后的据点蔡州城,金哀宗完颜守绪匆忙传位后自缢身亡,金末帝完颜承麟亦在乱军中被杀死,金国灭亡。见伍纯初:《南宋"联蒙灭金"政策形成原因分析》,《枣庄学院学报》2007年第6期,第21—23页。

因此,回过头去分析乔行简"强鞑渐兴,其势已足以亡金。昔吾之仇也,今吾之蔽也。古人唇亡齿寒之辙可覆,宜姑与币,使得拒鞑"①之主张,就会觉得它有许多道理在里面。因为,在蒙古人势力兴起的背景下,金已经由过去的仇敌转而为今天的缓冲国,南宋继续向金输纳岁币,以联金抗蒙。倘若任由蒙古势力坐强,一旦蒙古灭金,势必与宋为邻,这对宋朝并非好事。继续与金朝输纳岁币,则有可能联金抗蒙,这样南宋也有机会舒缓时间,组织力量,以阻止蒙古势力的崛起。因此,乔行简此主张绝非简单的"和金"策略。由此受到真德秀等"福建·朱门系"及太学生"以斩行简"的上疏、请愿,这是一个至今也很难分清谁是谁非的历史难题。但事实证明,乔行简不应该由此被斩。

同时,乔行简也没有因"以静观变""继续与币"主张为权臣史弥远所默认,而由此加入"史党"。因为,他历来主张"破朋党"。这一点,在日后他主宰理宗朝时的行迹,可以得到有力的证明。②当时,婺州籍,尤其是东阳籍在朝官员不少,乔行简始终没有与他们结成党派,哪怕是他主宰朝廷时也不作这样的小人勾当。故而《宋史》作者不得不由衷敬佩,而称其为"识量高远。"③

四、悼英雄尽见忠诚

嘉定十四年(1221),同窗同里李诚之合家战死疆场,乔行简悲痛激昂地写下了《祭李蕲州文》:

> 呜呼悲哉! 兹岁之春,纷敌骑之渡淮,望五关而疾奔。关无素备而不守,蕲之城东峙而磷磷。问守者其谁? 曰吾茂钦。人有恃而来趋,如风之靡尘。余曰是余礼义之友,断能悉力以捍西淮之民。一城如掌之大,而以十万众环其闉,虽力不敌而义丰,曰吾惟知有国与君。攻者千计

---

① [宋]叶绍翁:《四朝闻见录》,钦定四库全书本。
② 乔行简宝庆元年(1225)升兼侍读。对理宗"首言敬天命、破朋党之说,以存善类,防宦官宫妾之蔽"。见[宋]李心传:《宋太师平章鲁国公文惠乔公圹记》,载乔廷藩,等:《吴宁乔氏宗谱》卷四《世行传》,民国二十二年(1933)重修版。
③ [元]脱脱、阿鲁图,等:《宋史》卷四一七《列传》第一七六《乔行简传》,钦定四库全书本。

而来，来辄有应，应辄如神。以儒者而抗敌，盖弥越于两旬。彼计穷而势挫，终不能以一伸。是可谓事至难兮功至勤。

　　呜呼悲哉！蚍蜉蚁子之援，乃远视而不临。五鼓绒绒，杀声沉沉，事极则以死报国，此生平之素心。有如讲学之正大，才气之厚浑，世所期者大用。仅符竹而朱轮，盖志每难于苟合，澹然以守者，道之真。今虽止于斯，而独使以节义闻。家与身同殒，名千古其不湮。吾犹惧夫议论之不明，而好为异议者之纷纷。伊昔人之忠烈，有如卞壶与张巡，且不免于人言，喷众口之狺狺。向非蕲当敌之冲，殆将西出而东侵，灊皖之山，濡须之流，宁能帖然而似今？是弥月之捍御，虽一城终失，而百城以存。独愧余非李翰之笔，韩公之文，徒长号于一奠，以慰公之魂。①

　　呜呼悲哉！呜呼悲哉！连用两个"呜呼悲哉"，足见乔行简心情之沉痛。

　　李诚之（1153—1221），字茂钦，东阳人，是历史上著名的抗金英雄。②他是吕祖谦的高足，乔行简同门，平生以"笃信好学，守死善道"为箴言。登庆元二年（1196）进士第。官承议郎，蕲州知州。作为浙东吕学的代表传人，勤于务学，而又特别能言善辩的李诚之成绩优异，最后出知蕲州。李诚之刚到蕲州时，即修整城墙、挖深拓宽护城河，充实地方粮仓，昼夜不停地训练士兵，积极防御准备。

　　嘉定十四年（1221），金兵直趋蕲州而来，久未遭遇兵燹的蕲州终于经历了历史上的大灾难。此时李诚之已经任职期满，准备返回家乡了。但在大敌当前的危难时刻，李诚之挺身而出，与自己的家属一起，继续留在蕲州，担当起领导蕲州军民抗金的重任。他对下属说："吾以书生再任边垒，行年七十，抑又何求？独欠一死耳，当与同僚勠力以守。不济，则以死继之。"③因为原有兵力被上司分散，李诚之不得不挑选城内壮丁若干名，招募三百名敢死队员，并先挫敌先锋于蕲州城外，

① 赵一生主编：《东阳丛书》第一册《唐宋邑士诗文辑存·乔行简》，赵一生校辑，浙江古籍出版社2015年版，第210页。
② 佚名：《抗金民族英雄李诚之》，《东阳日报》2017年2月5日第2版。
③ 嘉定十四年（1221）二月，金人犯淮南。时诚之已逾满，代者不至，欲先遣其孥归，闻难作而止。喟然谓其孥曰："吾以书生再任边垒，行年七十，抑又何求，独欠一死尔。当与同僚勠力以守，不济则以死继之。"见[元]脱脱、阿鲁图、等：《宋史》卷四四九《列传》第二〇八《忠义传（四）·李诚之传》，钦定四库全书本。

后分兵把守蕲州城内各个交通要道,防止金兵混入。①

随后,金兵大举攻城,李诚之精心组织蕲州军民,采用各种办法,②逐个击破金兵进攻。即使知道自己孤立无援后,李诚之仍然"神色自若",镇定从容地指挥蕲州军民奋勇杀敌。最后由于叛将投敌,③蕲州的城门还是被金兵攻克。在与金兵展开了短兵相接的巷战后,又历经五六个小时的拼杀,终因寡不敌众,敌我力量过分悬殊,以失败告终。李诚之自杀身亡,其子、侄阵亡战场,其妻、媳投河自尽。④明代东阳县令郑淮赞曰:"道亢卞颜⑤,才兼文武。臣死于君,子死于父,妻死于夫,孙死于祖。忠孝一门,光昭千古。"⑥

乔行简作为同学、老乡,对李诚之之英雄事迹大加褒扬。他认为李诚之平生素有"以死报国"的大志,而且才气厚浑,堪当大任。虽然"家与身同殒",但"名千古其不湮"。真德秀与李诚之关系甚洽。李诚之殉国后,真德秀为李诚之写了墓表。表称:

> 开禧中,德秀与公为僚于闾师幕,居相邻,游相乐也。公尝语曰:

---

① (李诚之)"乃选丁壮分布城守,募死士迎击,遇于横槎桥,大破之。居数日,金人拥众临沙河,欲渡,又破之。……金人虽屡挫,然谋益巧,攻益力。……诚之出兵御之,又杀其将卒数十人,夺所佩印。三月朔,金人攻西门,射却之。俄造望楼以窥城,诚之为疑兵以示之。又使持书来胁降,诚之戮之,而还其书。越二日,金人以攻具进,诚之设械御之,夜出捣其营。料敌应变若熟知兵者,金人卒不得志"。见[元]脱脱,阿鲁图,等:《宋史》卷四四九《列传》卷二零八《忠义传(四)·李诚之传》,钦定四库全书本。

② [元]脱脱,阿鲁图,等:《宋史》卷四四九《列传》卷二〇八《忠义传(四)·李诚之传》,钦定四库全书本。

③ "归正人张奇久居蕲,为敌间。诚之察其有异志,羁焉。金且扣城,呼'张奇毋误我!'临濠欲渡,夺之。""将去,会黄州失守,合兵十余万。援将徐挥夜率其众缒城板。"见[清]党金衡主修:《道光东阳县志》卷一六《人物志(四)·忠臣》,东阳市人民政府地方志办公室整理,西泠印社出版社2017年版,第404页。可见,当时不仅有叛将,而且还有间谍。抗金前线情势十分复杂。

④ 嘉定十四年(1121)三月"十七日,城陷,子士允、兄子士宏率众力战死。诚子巷战,自子至寅,兵尽自刎死。妻许氏,子妇赵氏、王氏,孙女和娘、瑞娘皆赴水死。同事秦巨、阮希甫、赵汝标、宁时凤死之"。见[清]党金衡主修:《道光东阳县志》卷一六《人物志(四)·忠臣》,东阳市人民政府地方志办公室整理,西泠印社出版社2017年版,第404页。

⑤ 卞,即东晋忠臣卞壸。卞壸(281—328),字望之,济阴郡冤句县(今山东省菏泽市卞庄)人。晋成帝登位后,出任尚书令,联合外戚庾亮共掌机要。咸和三年(328),带兵平定苏峻叛乱,身先士卒,英勇杀敌,终因不支,壮烈殉国,时年四十八岁。其二子卞眕、卞盱,见父殉国,为报父仇,相随杀入敌军,亦力战而死。卞壸父子三人英勇就义,演绎了"忠孝双全"的家族忠烈史。《晋书》称赞卞壸父子的忠孝行为:"望之徇义,处死为易。惟子惟臣,名节斯寄。"见符奎:《千古忠孝表清门——东晋名臣卞壸的凛然之气》,《中国纪检监察》2018年13期,第61—62页。

⑥ [清]党金衡主修:《道光东阳县志》卷一六《人物志(四)·忠臣》,东阳市人民政府地方志办公室整理,西泠印社出版社2017年版,第405页。

"'笃信好学,守死善道',此吾辈八字箴,特患立志弗坚耳。"德秀叹佩其言。……公学主力行,而充以涵养。平居接物,容貌粹穆,饮人以和,见者意消。至其论是非,辨邪正,则凛然不可回夺。德秀久从公游,尝窃以为仁以为己任,死而后已者,公实有焉。

……公在蕲时,置惠民仓,属德秀书其事。……世亦言公守蕲捍贼,有蔽遮舒巢功。德秀又谓公一死,其激昂天下臣子,使知幸生不足荣,而义死不足畏。帅是以往,人人皆金城耳。不则,鼠雀偷生,卒亦不免含丑入地,犹有余辜。如公之义烈昭然,与天地日月相为无极,天下万世庸以兴起,保全二郡,直其细欸!

……呜呼!公今已矣,士大夫闻风慕义,岂必危难而后见?立朝事主,以尽忠竭节自期;莅官临人,去苟且自营之念,则是公心也。《诗》曰:"高山仰止,景行行止。"夫高山则仰之,光明正大之行,则必行之,非徒可仰而已也。有志之士,其亦勉诸!①

李诚之之壮举,感动朝野。"(嘉定)十五年(1222),金华叶秀发讼于朝②,赠朝散大夫、秘阁修撰,封正节侯,庙于蕲,赐额褒忠,赙绢银二百,赐爵迪功郎者三人。赠士允通直郎,士宏承务郎,许赠令人,子妇、孙女赠安人。"③宁宗感念李诚之全家的忠诚,封其为正节侯,并钦赐"忠孝名家"匾额。《道光东阳县志》载有宁宗《赠蕲州刺史李诚之诰》:

蕲春介在疆场,所恃以为险者,六关也。朕命茇臣往专备御之责,而

---

① [清]党金衡主修:《道光东阳县志》卷二五《广闻志(三)》,东阳市人民政府地方志办公室整理,西泠印社出版社2017年版,第699—700页。另《道光东阳县志》载有真德秀写于嘉定十三年(1220)五月《惠民仓记》一文。其文曰:"嘉定某年某月,金华李公守蕲。始至,曰:'城郭完乎?'有司以圮告,则命缮而新之,凡若干丈人尺。……仓之成,公既以告于朝,下部使者核其实,又书来命某识之"。第698页。
② 叶秀发(1161—1230),字茂叔,学者称南坡先生,金华人,师事吕祖谦、唐仲友。宁宗庆元二年(1196)进士,授福州长溪簿,历庆元府教授,知政和县、休宁县、扬子县。宋濂《叶秀发传》:"秀发退居余十年,无一毫觖望意,独愤李诚之之冤,上书讼于朝。初,诚之守蕲,蕲陷,一城士卒皆战死无降者,诚之亦望阙再拜,拔剑自刭。议者不录其忠,反咎其不能全人,故秀发不平而讼之。"见[明]宋濂:《宋濂全集》,第2038页。
③ [清]党金衡主修:《道光东阳县志》卷一六《人物志(四)·忠臣》,东阳市人民政府地方志办公室整理,西泠印社出版社2017年版,第404页。

措置疏略,负我使命。尔诚之儒绅之望,属分符守蕲,以孤城而撄敌锋,盖亦难矣。慷慨激烈,尽其命义,阖门死难,朕甚痛之。乃加论撰,仍躐崇阶,爵之通侯,谥曰正节,庙食兹土,赏延于后,并命一时。夫忠臣之心,非慕名禄;国家之泽,当峻彝章。今密印累累,未足为尔宠;将灭此朝食,始足以慰九泉也。可赠朝散大夫,赐紫金章服、秘阁修撰,特封正节侯,赐庙蕲州,曰褒忠。

诰曰:尽忠者臣子之大分,全节者古今之难能。河北二十四州,真卿而已;睢阳数百余战,霁云以之。卓卓可称,寥寥不数。我国家之养士气,独盛前朝;故守臣之死封疆,相望芳史。蠢兹残寇,盗我边州,忽闻二士之殱,莫起万夫之赎。尔诚之早传正学,夙负隽声。以大义作三军之气,以严令安万室之心。州邑官联,咸仰天而更誓;闾阎童稚,亦击鼓以扬声。故能以七百余众之兵,而坚为二十五日之守。奈之何赴援之将顾迟而不进,助戍之卒既入而复逃,虽势尽而力穷,犹号呼而巷战。痛矣!豫州之赤地,百姓何辜?哀哉!卞壶之一门,千载无及。兴怀至此,有涕潸然。爰册命于列侯,俾烝尝于兹土。[1]

宁宗在诰命中称李诚之有"儒绅之望""早传正学,夙负隽声";以"大义作三军之气,以严令安万室之心";以"忠臣之心",守"孤城撄敌锋",实有"卞壶之一门,千载无及"之壮烈。

全祖望在《宋元学案·丽泽学案》中说:

西河谓宋儒讲学者,无一死节。夫宋儒死节多矣!蕲州死事,李诚之最,在理、度二朝忠臣之先,东莱之高弟也。……其余如唐震、吕大圭之徒,不胜屈指,而曰无一死节,是梦中呓语也,潭州之陷,岳麓三舍诸生,荷戈登陴,死者尤多,史臣不能博访,附之《李芾传》后,今乃反见谤蔑

---

① [清]党金衡主修:《道光东阳县志》卷二五《广闻志(三)》,东阳市人民政府地方志办公室整理,西泠印社出版社2017年版,第694—695页。

于妄人,可为轩渠。①

全祖望说毛奇龄曾认为宋代儒生"无一死节"。这简直是梦中呓语,别的不说,蕲州李诚之壮烈战死,就是理宗、度宗二朝忠臣的典型代表。南宋其他为大义而赴死的儒士,不胜屈指! 李诚之是乔行简同学、同乡,两人一起拜入吕门受学,先后中举人,登进士第,又服务于朝廷,并都在抗金第一线浴血奋战。对李诚之的热情褒扬,表明乔行简与李诚之一样具有赴死国难的忠诚之心。

嘉定十三年(1220),乔行简担任镇江府兼提点刑狱公事期间,他还主持完成了宗泽年谱——《忠简公年谱》②。据《至顺镇江志(下)》载:

> 乔行简:朝奉大夫、浙西提刑、直秘阁。嘉定十三年(1220)二月,兼府事。转朝散大夫,除焕章阁,正知府事,仍兼提刑。(嘉定)十四年(1221),(冬)诏除司业。③

乔行简于嘉定十三年(1220)二月,兼镇江知府,其后正知府事直至嘉定十四年(1221)冬。在这段时间里,乔行简在忙于镇江防守边务的空闲,写下了《忠简公年谱》。④

宗泽(1060—1128),字汝霖,婺州义乌人。他是北宋、南宋之交在抗金斗争中涌现出来的杰出政治家、军事家,我国历史上的著名将领。元祐六年(1091)进士,先后任大名府馆陶县县尉、衢州龙游、莱州胶水、晋州赵城、莱州掖县县令,登州通判等地方官。靖康元年(1126),临危受命,出任磁州知州。宗泽为人刚直豪爽,沉

---

① [清]黄宗羲:《宋元学案》卷七三《丽泽学案》,[清]全祖望补修,陈金生、梁运华点校,中华书局1986年版,第2436—2437页。

② 乔行简在《忠简公年谱》中署名为"浙西提点刑狱公事兼镇江军府婺州乔行简"。见[宋]乔行简:《忠简公年谱》,尹波点校;吴洪泽、尹波:《宋人年谱丛刊》第六册,四川大学出版社2005年版,第3494—3500页。

③ [元]俞希鲁:《至顺镇江志》,杨积庆、贾秀英等校点,江苏人民出版社1999年版,第590页。

④ 《忠简公年谱》点校者认为,此谱"或为清人所编,托名乔氏"。见[宋]乔行简:《忠简公年谱》,尹波点校;吴洪泽、尹波:《宋人年谱丛刊》第六册,四川大学出版社2005年版,第3494页。但无法考实其真伪,从宗泽是乔行简老乡(义乌为东阳邻县)这一点来看,乔行简对宗泽肯定是十分了解且推崇的,因而姑且作为乔行简作品来讨论。

毅知兵。到任后,积极修复城墙,整治兵器,招募义兵,广集粮饷。不久,受封河北义兵都总管,率军击退来犯的金兵。同年11月,金兵再次包围开封,钦宗任康王赵构为兵马大元帅,宗泽为副帅。宗泽率军趋李固渡,途中遇敌,大破之。次年正月,率军至开德,与敌十三战皆胜。建炎元年(1127)六月,任东京留守,知开封府,招集王善、杨进等义军协助防守,又联络两河"八字军"等部协同抗金,并任用岳飞等人为将,屡败金兵。金人畏惮宗泽,都称他为"宗爷爷"。宗泽在任东京留守期间,曾20多次上书高宗赵构,力主还都东京,并制定了收复中原的方略,均未被采纳。他因壮志难酬,忧愤成疾,临终三呼"过河"而卒。死后追赠观文殿学士、通议大夫,谥号"忠简"。著有《宗忠简公集》传世。[1]

乔行简《忠简公年谱》云:

> 公姓宗氏,讳泽,字汝霖。系出南阳汉汝南太守资公之裔。五代之乱,其祖避地江南,居婺州义乌,世为义乌人。母夫人刘氏,梦天大雷,电光烛其身而生公,有金麟现于县治二都宗堂。
>
> 公为人端方质直,平居不妄笑语,律己甚严。事悖于礼,虽毫发不犯,义所当为,鼎镬在前不恤。为文不事雕琢,浑然天成。于书无所不读,尤邃《左氏》。亲故贫者,多依为活,而自奉甚薄。
>
> …………
>
> 元符元年戊寅(1098),公年四十
>
> 循通士郎,迁丽衢州龙游令。民未知学,公为建庠序,设师儒,讲论经术,风俗一变,擢科者相继起。里间恶少十百为群,持蛇虺(huǐ)扰民以规利,前令不能禁。公密白之州,借其壮者为军,风遂革。
>
> …………
>
> 崇宁二年癸未(1103),公年四十五
>
> 调莱州胶水令。有温包者挟势害民,公案前后犯法治之。有强贼百余人侵入县境,公率僚属亲捕之。一士族女碑掠,匿旁郡,不能获。公径

---

① 以上见[元]脱脱、阿鲁图,等:《宋史》卷四四九《列传》卷二零八《忠义传(四)·李诚之传》,钦定四库全书本,以及其他资料。

造贼垒,取女以出,斩首五十余,焚其庐。州奏功于朝,进文林郎。同社生林迪者,先公登第,官莱之邑,以病告。公亲往视之,力任后事,以迪女妻康森,以亲女妻森之弟协,申爱好焉。迪子懋从公讨贼,得官为文登令,卒于官,公厚以俸资其行。

....

靖康二年丁未(1127),公年六十九

三月,敌寇开德,公亲提所节制兵进卫南直入,躬冒矢石,大败之。公曰:"敌十倍于我,一战而却,必复来。"乃暮徙军南华,敌果至,得空营,大惊,敌自不敢复出。

....

八月,秉义郎岳飞犯法将刑,公奇为将才,释罪,令复汜水,立功,补为统领。授以阵图,戒毋野战,后迁飞为都统。军声大振,敌人不敢称名。

建炎二年戊申(1128),公年七十

....

六月,起师结连诸忠义水寨民兵,约日进发。权臣忌嫉,从中阻之。积愤成疾,疽发于背。诸将问疾,公嘱曰:"奸灭仇方,以成主上恢复之志,虽死无恨。"众皆坠泪,公叹曰:"出师未捷身先死,长使英雄泪满襟。"无一语及家事,但连呼"过河"者三而薨。……公薨之日,朝野无贤愚皆为号恸,三学之士为文吊之。……①

乔行简此谱写得简洁仓促,这倒是很符合他在镇江前线忙于边事抽空而作的实情。总之,凭乔行简的史学功底和对家乡抗金英雄的膜拜之情,在百忙中为宗泽作谱是极有可能的事。乔行简在抗金一线为宗泽作年谱,表达了他向宗泽、李诚之学习,抗金到底的忠诚之心。

---

① [宋]乔行简:《忠简公年谱》,尹波点校;吴洪泽、尹波,《宋人年谱丛刊》第六册,四川大学出版社2005年版,第3494—3500页。

五、戍边关情系桑梓

嘉定十五年(1222)十二月,东阳徐次铎殁,乔行简与徐次铎同为马纯之门生,乔行简则为其志墓铭,曰《朝列大夫清湘通守次铎公墓志铭》。他在墓志铭中说:

> 昔余与仲友偕从茂陵先生马公游,常见其勇悍精进,穷日夜观书,过目辄不忘,意得则抗声长吟,彻闻旁舍。为文援笔立就,必有可观。负气放逸,率常下视流辈,人亦落落不与之合,然敬畏之。马公益以博古造微之学名重一时,士人执经者四集,仲友每见推,于是俊声日起,人知仲友之名矣。……

> 登绍熙庚戌余复帮进士,又试宏词科,授会稽尉。会稽诸司鼎立,觚牒纷至,仲友从容应酬,未尝废书。时会稽有暴露不葬之棺,数几三千,仲友为请于平常使者,作义冢埋之,有为之记,以诏后来。秩满,擢国子监书库官,迟次。即置弃家事,重上岘山绝巅,扃门著书。每病《唐史》多舛误,于是考异同,作《唐书传注》《补注》《音训》三书,总三百卷,自号《徐氏唐书》。又以《唐书纠谬》向因吴缜挟不豫修史憾,过为指摘,讹舛反多,或误读本文,翻谓阙失,或直凭旧史,不考诸书,遂作《释纠辨谬》十卷,箴其失。洎开禧之官,边衅适开,枢庭典故散在方册,仓卒不易稽据参豫,张公岩、李公壁以是属君,乃自建炎以来凡战攻守御之事,编纂成书,名曰《中兴兵防事类》。二公见而说之。

> ……壬午[嘉定十五年(1222)]之冬,谒告还家,数与过从。间数日不见,则闻有小疾,遽捐膳却药,属其子以家事,告语详复,若知病不能生者。

> ……梦得来乞铭。余与仲友生同里,长同舍,铭尚奚辞!独念仲友高抗英爽,谈论风生,临事勇为,不少疑滞,盖魁磊士也。人谓功名可以气取,平时强健轻捷,年又未高,半生勤苦,仅至以治中别驾,乃暴见摧折,遂止于斯,可哀也已!方其病时,欲力疾访余,余亟往问之。仲友欣

然揽衣延接，索所注《唐书》，历指以示余。盖是书前平江守赵公希怿曾捐金缮写，欲为刳上，以去官不果。故仲友之言，若将以是属余也。余心领之，未知所以副其意者，姑为叙其著述之详与出处，大略而为之铭。①

徐次铎，字文伯，旧字仲友，绍熙元年(1190)庚戌余复榜进士，官至广西全州清湘通守。徐次铎与乔行简同从师东阳精于博古的马之纯。徐次铎聪颖过人，读书过目不忘，思维敏捷，落笔成章；负才气而不与流辈为伍，常常受到恩师马之纯推介，名气日盛。他曾取《周官》②门分类析，制成图谱，又仿《周官》体，取西汉百官分职，撰成《汉官》一书。他认为《唐史》有许多误处，于是考异同，又作《唐书传注》《补注》《音训》，总三百卷，自称为《徐氏唐书》。又认为吴缜的《唐书纠谬》③"或误读本文，翻谓阙失；或直凭旧史，不考诸书"④，因此讹舛颇多，遂作《释纠辨谬》十卷。当时内廷的典故都散记在一些典籍里面，不易查考，在朝为官的张岩、李璧⑤等人，要徐次铎将建炎以来凡战攻守御之事编纂成书。徐次铎便将它们编辑成《中兴兵房事类》一书，得到了张岩、李璧两人的夸赞。徐次铎任山阴尉时，廉明公勤，修举政事，当时鉴湖大面积湮废，水面所剩无几，徐次铎亲临现场考察，"出入

---

① 赵一生主编：《东阳丛书》第一册《唐宋邑士诗文辑存·乔行简》，赵一生校辑，浙江古籍出版社2015年版，第215—217页。

② 《周官》，《尚书·周书》中的篇名。《书经·周官·序》："成王既黜，殷命灭淮夷，还归在丰，作周官。"[汉]孔安国传："言国家设官分职用人之法。"

③ 《唐书纠谬》，实为《新唐书纠谬》。北宋吴缜著。吴缜，字廷珍，生卒年不详，成都人。他治学勤奋，博通古今，尤精于考订前代史书的谬误。吴缜在蜀中任官期间，曾利用公余闲暇而研读《新唐书》。凡遇有脱漏失误之处，则反复参究，并记录下来。任官期满后还朝，取道长江，坐舟东下。他在船中无他事纷扰，因取昔日所记《新唐书》谬误，整理编排成书，题名《新唐书纠谬》。后曾改名《新唐书正谬》。宋绍圣元年(1094)，他将此书呈献朝廷。又因"未尝刊正，止是纠摘谬误而已"，仍题名《新唐书纠谬》。见余敏辉：《纠摘谬误传信求实——吴缜〈新唐书纠谬〉新探》，《殷都学刊》1996年第3期，第109—114页。

④ 赵一生主编：《东阳丛书》第一册《唐宋邑士诗文辑存·乔行简》，赵一生校辑，浙江古籍出版社2015年版，第217页。

⑤ 张岩，字肖翁，大梁(河南开封)人，徙家扬州，绍兴末渡江，居湖州。为人机警，柔回善谐。登乾道五年(1169)进士第，历官为监察御史。李璧(1157—1222)，字季章，眉之丹棱人，南宋历史学家李焘之子。曾任参知政事兼同知枢密院事。嗜学如饥，群经百家之书无所不读，熟知历朝典章制度，一生著述近千卷。

阡陌,询父老,面形势,度高卑",向朝廷提出了《复鉴湖议》[1],为修复鉴湖大声呼吁。徐次铎不仅为后人留下了很多有关鉴湖的重要信息和可靠数据,更为鉴湖水系的保存而造福绍兴世代后人作出了贡献。徐次铎任清湘通守时,又将由柳开创办的读书堂扩展,改名为湘山书院。[2]

乔行简对徐次铎这位同学加老乡的感情十分深厚。他在墓志铭中说:"余与仲友,生同里,长同舍,独念仲友高抗英爽,谈论风生,临事勇为,不少凝滞,盖魁磊之士也。"[3]

徐次铎告老回家病重时,多次想带病访问乔行简。乔行简知道后"亟往问之",徐次铎报衣迎接,拿出自己所注释而还未付梓的一卷《唐书》,拜托乔行简为之处理。嘉定十六年(1223)正月,乔行简已经赴临安任秘书监。"是年三月,为起居舍人,四月又迁起居郎。"[4]从临安到东阳还是比较方便的。因此,此时的乔行简与同学徐次铎交往甚频。

乔行简在嘉定十一年(1218),还为东阳知县方猷所造的生祠作记一通。其记曰:

> 东阳大县也,自昔号难治,注邑者辄畏避不敢当。天台方侯猷来视事之明日,览民讼多寡,接奉士大夫,究观风俗美恶之实。既得之矣,则鞺然而笑曰:"是传闻之过尔,夫谁谓难哉!"于是出教条,立期约,剔奸蠹,崇善良,刚不致戾,察不失苛,发敛弛张,平易无扰,未几月而民服。

---

① [清]楼上层:《金华耆旧补》卷之二一《徐次铎》,载赵一生主编:《东阳丛书》第十九册,赵一生校辑,浙江古籍出版社2015年版,第207—208页。《嘉泰会稽志》也载其全文。其文曰:"湖废殆尽。而水所流行,仅仅从横支港,可通泛舟而已。每岁旱,则田方告病,而湖之涸久矣。昔之湖为民田之利,今之湖或反为民田之害者。……向使堤塘峻整,堰闸分明,斗门之启闭以时,禁窒私小沟,不令妄通,则湖可坐复。"

② 湘山书院,又名"清湘书院",原为宋初著名文学家柳开读书处。徐次铎将其扩展为湘山书院。宝庆二年(1226)理宗赵昀赐额曰"清湘书院"。又:柳开(947—1000),原名肩愈,字绍先,改名柳开,字仲涂,自号东郊野夫、补亡先生,河东郡解县(今山西省运城)人。他提倡韩愈、柳宗元的散文,以复兴古道、述作经典自命。反对宋初的华靡文风,为宋代古文运动倡导者。见[元]脱脱、阿鲁图,等:《宋史》卷《列传》卷一九九《文苑(二)·柳开传》,钦定四库全书本。

③ 赵一生主编:《东阳丛书》第一册《唐宋邑士诗文辑存·乔行简》,赵一生校辑,浙江古籍出版社2015年版,第217页。

④ [宋]李心传:《宋太师平章鲁国公文惠乔公圹记》,载乔廷藩,等:《吴宁乔氏宗谱》卷四《世行传》,民国二十二年(1933)重修版。

视昔之鄙夷此民,假难治之名,因以诿吏责,肆己私以行其暴鸷一切之政者有间矣。令既孚,理效益著。顾视邑郭有孰当修治者,惟衢道陋甚。一日,集其民于庭而告之曰:"吾闻道路桥梁之修否,君子于是观政。兹邑既壮矣,而行道缺陷磨剥,燥湿咸不利,毋乃未宾其实欤? 吾将为若治之,而民居两旁之侵越者,须断楠徙渠,以还其旧,得毋以我为多事乎?"咸曰:"此邑民之公愿也。顾前后视为不急,又力所不及,因置不问。今大夫此举为民,且重有费于公,畴敢不敬听!"遂命饬工计材,伐石甄甓,悉撤其旧而新之。

　　不逾年而告成,信矣如其素者。役者不劳,居者不病,端亘宏达,行者改观。邑民感侯之意,始相与谋,于邑之西偏绘侯像祠之,而使来请记于予。予曰:"是特侯之一节耳。岂知侯之有德于邑人,抑有大于此者乎?"余故岁奉祠东归时,自四月不雨,至七月,禾尽槁,山隈水际,间有秽实,剽夺蜂起。侯曰:"是殆难以言语谕。"亟取其甚者一人刑之,徇于四境,众用帖息。是岁,邑之东邻民有不静,至关朝虑。吾乡东北万山之间,晏然无虞,得非侯之赐耶? 不宁惟是,侯以岁俭诉州,而蠲租独厚于他邑,故中产不至困乏。社仓州家之米,几五千斛,以充给济,故穷民不至流殍。劝上户富商,择浮屠氏之有干才者,转粟于浙右以归,籴价不知翔踊。皆其临事经画,惠及此民。而足以称是祠者,独衢道乎哉?

　　今是祠之立,盖将揭虔以致悠远之思,岂易得者? 余惧异时观者惟衢道之知,而不知侯之有德于此民也,故并述其所见闻授之,而使归刻焉。

嘉定十一年(1218)九月一日记①

　　嘉定十一年(1218)九月间。乔行简正在"都大提点江浙等路坑冶铁钱公事"任上,也常"奉祠东归",即回东阳祭祀父母。当时东阳旱情十分严重:"自四月不雨,至七月,禾尽槁。"干旱导致庄稼歉收,而盗贼四起。稍有成熟的庄稼,便"剽夺

① [清]党金衡主修:《道光东阳县志》卷六《政治志(二)·名宦传》,东阳市人民政府地方志办公室整理,西泠印社出版社2017年版,第139—140页。

蜂起"。县令方猷杀一儆百,以平盗贼。当时东阳的邻县都发生了盗贼而不平静,以引起朝廷关注,而东阳安然无恙。方猷用州社仓①之米"几五千斛",以救济灾民。并要求州府减免东阳税收。因此,东阳百姓要建造"生祠(为活着的人修建祠堂)"②来表彰方猷的功德,并邀请乔行简为该生祠作记。一般来说,生祠设立之目的,一方面是对造福一方官员的感激和怀念,另一方面是为了激励和鞭策后继官员,进而能够达到以此"劝诫天下吏"的积极效果。宋代生祠奉祀的对象有路府州(军、监)县地方官员、中央官员、武将等,其中以地方官员为主,文臣多于武将。③宋代生祠文化是我国生祠发展史上的巅峰。这表明宋人已经开始正视自身价值,推崇人的力量,人文主义开始在基层萌发。它体现了宋代人的价值观和信仰的力量。④据研究者统计,宋代北方地区有河南、河北、陕西、山西、甘肃、山东6省,共建有生祠33处;南方地区有四川、江苏、江西、福建、湖南、湖北、安徽、浙江、广西、广东、重庆11省,共建有生祠116处。尤以南宋首都临安所在地的两浙路(浙江)为最多,多达28处。⑤可见,东阳百姓为方猷所建的生祠并非一处简单的祠堂建筑,它不仅是浙江28处生祠之一,承载着东阳百姓对县令方猷惠民、爱民的感恩感激,更是南宋嘉定时期东阳百姓价值观的物化和文化觉醒的肇始。因此,作为这一时期东阳佼佼者的乔行简,对方猷生祠给予了足够的重视和推崇,不仅体现

---

① 《道光东阳县志》载有方猷《请戒饬社仓札子》:"猷近者学制是邑,适又岁凶,乃所在晏然,推迹其由,实社仓之利也。开禧丁卯,浙东章提举燮以所籍本县王宾余谷给置社仓,假贷农民,春散秋敛,鳏寡孤独又计口而给之,于是十余年间,乡民有所恃赖,寇盗为之衰息,猷也借是而获终更。盖社仓之谷,效朱文公熹之余规,随其风土为之增损,条尽井井,以县官为提督官,择乡之寓客士友之。有行义者为措置官。其提督官止执维张之权,而谷之敛散出入,一无所预。……其措置官有不公不廉者,暴之众而去之。别有差请,亦必付之公论,毋使寡廉鲜耻者得以参预其间。仍欲每岁轮请二三人举其纲领,名曰职岁,先事倡率,免致稽违。勾考有人,奸弊束手。……其同措置者,原约所给饮食仆从之费,日止一二百钱,虽贤者自律,取之过廉,使之主敛散,晨入幕州,尘劳既甚,家事亦废,若更令取资于家以自给,岂人情也哉!欲照原约所立,姑与倍支,使不惮协力,而悠久可行。参之人情,实为要便。猷去邑虽久,未能遽忘,故不避僭狂,辄为陈述利害,以图永久无穷之利云云。"[清]党金衡主修:《道光东阳县志》卷八《政治志(四)·积贮》,东阳市人民政府地方志办公室整理,西泠印社出版社2017年版,第187页。

② 生祠一般是中国古代为纪念有德政的官员而在其生前所立的祠庙。生祠的建立起源于汉代,宋朝的高承在《事物纪原》中曰:"汉平公为县吏曹,决狱平,郡中为立生祠,自三代而来无生为立祠者,至此始见兹。则生而立祠始于汉世也。"见[宋]高承:《事物纪原》,金圆、许沛藻校,中华书局1989版,第380页。

③ 闫国防:《生而为神:宋代生祠现象探析》,《唐山师范学院学报》2020年第1期,第71—76页。

④ 张诗瑞:《宋代生祠研究》,武汉大学硕士毕业论文,2018年,第53页。

⑤ 同上书,第41页。

了他心系家山关心父老的为官情怀,更充分表明了他作为一个吕学传人的文化自觉和精神导向。

其实,东阳人为县令方猷建造生祠,其背景还与东阳社仓有关。据《道光东阳县志》载,东阳社仓由浙东提举章燮建于开禧三年(1207)。[①]嘉熙三年(1239),通判林静之[②]有《东阳社仓记》一通,详细记述了改社仓的情况:

> 婺治七县,皆有乡里之委积,以时颁敛,恤灾赈乏,古遗意也。嘉熙(三年)己亥(1239),岁大祲,核社仓故籍,东阳独无有。吏曰:"有之,是无与乎郡,盖乡之大夫掌之,而专达于提举常平司。……提举章公宣使指檄郡县,以祸福降其党数十百人,方有事北边,请勿诛,俾致死于敌。其后有战多赐爵者。而邑之豪右王宾,囊橐诸寇以自肥殖。既伏辜,乃籍其资,大施惠于困穷。余以秤计,尚五万有奇。公谋所以经久利民者,今少傅平章乔公时为乡井建社仓之议,而公遂力行之。贮之十寺,分东西廒,仿侍讲朱文公条约,颇加诠辑,以遗邑人,实开禧三年(1207)也。公去而少傅平章公振掣其事,以至于鼎贵,无日不致意焉。迨今三十余载,非无灾俭,而盗贼衰止不作者,以其备先具,人有凭借,非奸宄所能动摇。盖名贤巨公护养民天,先后一意。而邑人亦知利害之切己,合谋并智,补苴堤障,以其二分之息,日积月累。至端平(二年)乙未(1235),命官检校,遂有谷十一万六千余秤,视昔过倍。而乡寺之积,十衍其三。复有大仓,峙二十三廒于东郭。盖自公建置二十载后,他邑社仓始萌芽,而合六邑之储,仅能当东阳之半。积厚而施丰,一夫之所受,可以立起其穷瘁,故得之以为惠。
>
> (公)今徙台治衢,以部使者行郡事,而衢自汪徐变后,民志未定,饥馑因之。有郑炎者,武于讼以致寇,其产入官,鬻缗钱五万。宪车至则以易谷数千斛,下其直粜于市。既及麦,乃节缩浮冗,益为十万缗,建平粜

① [清]党金衡主修:《道光东阳县志》卷八《政治志(四)·积贮》,东阳市人民政府地方志办公室整理,西泠印社出版社2017年版,第186页。

② [清]赵衍主修:《康熙新修东阳县志》卷五《经制类(四)·社仓》,东阳市人民政府地方志办公室整理,西泠印社出版社2018年版,第209页。

仓城中,辅常平之所不及,以销乱于未形。事闻于朝,少傅平章公喜见颜色,褒语甚美,知其能继志也。①

　　章燮,吴兴人,为南宋著名词人章谦亨之父②。《宋史》无传,生平不详。开禧三年(1207),任浙东提举时,籍没了东阳豪右王宾的5万多斤粮食,施惠给穷人,并听取乔行简建议,在此基础上建起了东阳社仓,将粮食"贮之十寺,分东西廒,仿侍讲朱文公条约,颇加诠辑,以遗邑人"。章燮离任后,则由乔行简亲自过问东阳社仓管理事宜。到端平二年(1235),东阳社仓的粮食达十一万六千余秤。而当时婺州其他六邑社仓的粮食总数只有东阳的一半。可见,东阳社仓在章燮和乔行简的努力下,成为当年婺州之最,并切切实实地造福于东阳生民。开禧三年(1207)前后,乔行简任两浙路安抚司干办公事。端平二年(1235)六月,他已拜右丞相、兼枢密使。③30年官宦沉浮,无论是担任一个路安抚司干办公事这样的小官,还是成为宰相位至显赫,乔行简都一如既往地关心家乡的社仓,其拳拳爱民之心赤诚可见。章燮后来担任衢州知府,又仿照东阳时的做法,籍没了豪右郑炎的五万文资产,建起了社仓,以济衢州灾民。此举得到当时平章军国重事乔行简的高度褒奖。林静之生平无考,但从此文中得之,他与章燮为老乡,即吴兴人。林静之在此文中,对章燮、乔行简建东阳社仓事赞美有加,更使后人看到了一个时时牵挂百姓民生的好官乔行简的形象。

　　而天台方斿是嘉定十年(1217)前来东阳任县令的。他看到当时社仓管理不善,就上了一个札子,请求朝廷戒饬社仓,整顿管理。正是方斿对社仓的重视,才使东阳在嘉定十一年(1218)遭遇大旱时,晏然无虞。东阳百姓为此建生祠,纪念方斿功绩。乔行简知道此事后,欣然作记。

　　综合乔行简嘉定年间对李诚之、徐次铎、章燮、方斿等人的关注及颂扬,充分体现了他在价值观和文化精神方面至善至美。其言行思想或可代表南宋一代有良知的士人精神风貌,并以此引导和影响当时社会文化的发展。

---

① [清]党金衡主修:《道光东阳县志》卷八《政治志(四)·积贮》,东阳市人民政府地方志办公室整理,西泠印社出版社2017年版,第186页。
② 钟振振:《〈全宋词〉章谦亨小传订补》,《闽江学刊》2010年第3期,第119—122页。
③ [宋]李心传:《宋太师平章鲁国公文惠乔公圹记》,载乔廷藩,等:《吴宁乔氏宗谱》卷四《世行传》,民国二十二年(1933)重修版。

《道光东阳县志》还载有乔行简于端平二年(1235)首倡并捐钱修建东阳"兴孝祠"事。兴孝祠又叫"六孝子祠",主要祀东阳斯敦、许孜、许生、冯子华、应先、唐君佑等六位孝友先贤。^①早在政和二年(1112),东阳就建起了"二孝子祠",主要祀斯敦、许孜二位孝子。淳熙初(1174),建先贤堂,祀六孝及处士张志行。端平二年(1235),知县林嘉会建六孝子祠,申请庙额,赐名"兴孝"。袁甫为其作记:

> 端平二年(1235),婺州东阳县令林君嘉会治邑有善政,深以扶植风教为先务,于是合兹邑六孝子而祠之,且白之郡。郡以闻之省部,而奏之天子。今丞相肃国公实东阳人,首捐金钱佐役,而和者滋众,鸠工庀材,庙貌聿新,遐迩胥悦。朝廷赐额曰"兴孝",于以彰圣上孝治之仁,表令尹崇本之化,用以为来世事亲者之劝,而非徒为六孝子私也。令君属甫为之记,不能以固陋辞,乃为叙次本末,且作诗以遗之,俾歌以祀神。^②

从袁甫该记中得之,当时东阳县令林嘉会在兴建"六孝子祠"时,是时任右丞相、萧国公的乔行简首倡捐款,并由朝廷赐额名"兴孝"。可见孝道是乔行简一生所奉行的为人基点和真谛。乔行简此举,为东阳社会赓续倡明孝道之风起到了引领作用。

① [清]党金衡主修:《道光东阳县志》卷一一《政治志(七)》,东阳市人民政府地方志办公室整理,西泠印社出版社2017年版,第232页。
② 同上书,第233页。

第四章

秉朝政而忠人主

一、守礼法行孝道

《宋史》对乔行简劝理宗守丧三年一事，记载十分简洁："理宗即位，行简贻书丞相史弥远，请帝法孝宗行三年丧。"[1]这短短22个字，包含了大量背景信息。

它首先涉及的是"理宗即位"这件天大的事情。关于理宗上位，《宋史》是这样记载的：

> [嘉定十七年(1224)闰八月]丁酉，皇帝崩于福宁殿，年五十七。史弥远传遗诏，立侄贵诚为皇子，更名昀，即皇帝位。尊皇后为皇太后，垂帘听政。进封皇子竑为济阳郡王，出居湖州。宝庆元年(1228)正月己丑，谥曰仁文哲武恭孝皇帝，庙号宁宗。三月癸酉，葬于会稽之永茂陵。[2]

> 　理宗建道备德大功复兴烈文仁武圣明安孝皇帝，讳昀，太祖十世孙。父希瓐，追封荣王，家于绍兴府山阴县，母全氏。以开禧元年(1205)正月癸亥，生于邑中虹桥里第。前一夕，荣王梦一紫衣金帽人来谒，比寤，夜漏未尽十刻，室中五采烂然，赤光属天，如日正中。既诞三日，家人闻户外车马声，亟出，无所睹。幼尝昼寝，人忽见身隐隐如龙鳞。是时，宁宗弟沂靖惠王薨，无嗣，以宗室希瞿子赐名均为沂王后，寻改赐名贵和。嘉定十三年(1220)八月，景献太子薨，宁宗以国本未立，选太祖十世孙年十五以上者教育，如高宗择普安、恩平故事，遂以十四年(1221)六月丙寅，

---

① [元]脱脱、阿鲁图，等：《宋史》卷四一七《列传》卷一七六《乔行简传》，钦定四库全书本。
② [元]脱脱、阿鲁图，等：《宋史》卷四〇《本纪》第四〇《宁宗(四)》，钦定四库全书本。

立贵和为皇子,改赐名竑,而以帝嗣沂王。六月乙亥,补秉义郎。八月甲子,授右监门卫大将军,赐名贵诚。十五年(1222)五月丁巳,以竑为检校少保,进封济国公。己未,以帝为邵州防御使。帝性凝重寡言,洁修好学,每朝参待漏,或多笑语,帝独俨然。出入殿庭,矩度有常,见者敛容。会济国公竑与丞相史弥远有违言,弥远日谋媒蘖其失于宁宗,属意于帝而未遂。

十七年(1224)八月丙戌,宁宗违豫,自是不视朝。壬辰,疾笃,弥远称诏以贵诚为皇子,改赐名昀,授武泰军节度使,封成国公。

闰月丙申,宁宗疾甚,丁酉,崩于福宁殿。弥远使杨谷、杨石入白杨皇后,称遗旨以皇子竑开府仪同三司,进封济阳郡王、判宁国府,命子昀嗣皇帝位。大赦。尊杨皇后曰皇太后,同听政。封竑为济王,赐第湖州,以醴泉观使就第。癸亥,诏宫中自服三年丧。

九月乙亥,诏褒表老儒,以傅伯成为显谟阁学士,杨简宝谟阁直学士,并提举南京鸿庆宫。……己卯,皇太后、皇帝御便殿垂帘。诏以工部侍郎葛洪、起居郎乔行简、宗正少卿陈贵谊、军器监王塈兼侍讲。壬午,葛洪权工部尚书,升兼侍读。①

理宗以宁宗的一个远房堂侄身份登上皇位。其中缘由,首先应归结为宁宗子嗣不旺。宁宗活到57岁,共生育了9子1女,生育力还是蛮强大的。只可惜没有一个养活超过1岁的②。这样尴尬的养育情况,迫使宁宗于庆元四年(1198)在众

① [元]脱脱、阿鲁图,等:《宋史》卷四〇《本纪》第四〇《宁宗(四)》,钦定四库全书本。
② 宁宗于淳熙十二年(1185)八月18岁时大婚,绍熙四年(1193)二月26岁时,后宫才诞生第一个孩子。但没有活过满月就夭折,甚至连名字都没有。庆元二年(1196)六月二十八,已33岁高龄的韩皇后为宁宗生下嫡长子赵埈。但赵埈只活了47天,就得了惊风病而夭折,追封冲惠王。庆元四年(1198),31岁的宁宗取燕懿王德昭8世孙赵希怿第二子、6岁的赵与愿,鞠养宫中。庆元六年(1200)正月十二,37岁的韩皇后又生下嫡次子赵坦。赵坦不满1岁也夭折。庆元七年(1201)十一月十一,39岁高龄的杨贵妃为宁宗生下四皇子赵增。赵增也没活过满月就夭折,被追封郢冲英王。嘉泰二年(1202)闰十二月,被册立为皇后的杨贵妃生下五皇子赵垌,同样没有活过满月就夭折,被追封华冲穆王。这一年,杨皇后已经41岁,宁宗35岁。开禧三年(1207)正月十一,后嫔钟夫人诞育了一对双胞胎皇子,是中国历史上第一例皇子双胞胎。很不幸,序齿第六的双胞胎老大落地即夭折,七皇子熟过满月六天也薨。嘉定元年(1208)春天,一位后宫诞育八皇子赵坦,一位后宫诞育祁国公主。这俩娃也都夭折,八皇子活了两个月,追封肃冲靖王,小公主活了半岁。以上根据《宋会要》《续通志》《建炎以来朝野杂记》等整理。

多的侄辈中选择了年仅6岁、居于青田的太祖十世孙赵希怿次子赵与愿①为继子，接至宫中抚养。庆元六年(1200)，赐其名为赵曮。开禧三年(1207)，立为皇太子。嘉定二年(1209)，更名为赵询，出居东宫。可惜的是，嘉定十三年(1220)，太子赵询病故，年仅29岁。谥号"景献"，后人称"景献太子"。宁宗以国本未立，选太祖十世孙年十五以上者教育，如高宗择普安、恩平故事，遂以嘉定十四年(1221)六月丙寅，立贵和为皇子，改赐名竑。②赵竑对史弥远专权颇为不满，便遭到了一手遮天的史弥远的"日谋媒蘗"。"媒蘗"是借端诬罔构陷的意思。可见史弥远是处心积虑地想着构陷赵竑。于是，太祖另一位十世孙赵与莒被史弥远乘机推上了政治舞台。

赵与莒(后改名赵贵诚)，开禧元年(1205)正月癸亥日，出生于绍兴府山阴县虹桥家中。赵与莒只是宋宁宗赵扩的远房堂侄。他是赵匡胤之子赵德昭的十世孙，至赵与莒父亲赵希瓐这一代已与皇室血缘十分疏远。赵希瓐在世时并没有任何封爵，只当过山阴县当地的小官，生活与平民无异。赵与莒7岁时，父赵希瓐逝世，生母全氏(慈宪夫人)带着他及弟赵与芮返回娘家，三母子在全氏在绍兴当保长的兄长(全保长)家寄居，一直到赵与莒16岁。嘉定十四年(1221)，史弥远将赵

---

① 赵与愿(1192—1220)，宋太祖十世孙赵希怿次子。宁宗因无子，于庆元四年(1198)在众多的侄辈中选择了年仅6岁、居于青田的赵与愿为继子，接至宫中抚养。庆元六年(1200)，赐其名为赵曮，为福州观察使。嘉泰二年(1202)，拜威武军节度使，封卫国公，听读资善堂。开禧三年(1207)，立为皇太子，拜开府仪同三司，封荣王，更名赵晔，嘉定元年(1208)，诏御朝太子侍立，宰执日赴资善堂会议。嘉定二年(1209)，诏皇太子更名赵询，出居东宫。嘉定十三年(1220)，太子赵询病故，仅29岁。谥号"景献"，人称"景献太子"。"景献太子讳询，燕懿王后，艺祖十一世孙也。初名与愿。宁宗既失衮王，从宰执京镗等请，取与愿养于宫中，年六岁，赐名曮，除福州观察使。曮立为皇太子，拜开府仪同三司，封荣王，更为晔。诏御朝太子侍立，宰执日赴资善堂会议。寻用天禧故事，宰辅大臣并兼师傅、宾客，太子出居东宫，更名询。"见[元]脱脱、阿鲁图，等：《宋史》卷二四六《列传》第五《宗室(三)》，钦定四库全书本。
② 赵竑，宋太祖四子秦王赵德芳的九世孙。沂靖惠王赵抦去世，没有后代，以赵竑作为后代，赐名赵均，不久改赐名为赵贵和。嘉定十三年(1220)，景献太子赵询去世，宋宁宗于是立赵贵和为皇子，并赐名赵竑，授任宁武军节度使，封为祁国公。嘉定十五年(1222)五月，加官检校少保，封为济国公。赵竑喜欢弹琴，丞相史弥远买了一个擅长弹琴的美女，送给他，而厚待美女家里，让美女监视赵竑，一举一动都告诉史弥远。美女知书又狡猾，赵竑喜欢她。宫里墙壁上有一张地图，赵竑指着琼崖州说："我日后如得志，就把史弥远安置到这里。"史弥远非常恐惧，日夜考虑怎么处置赵竑，而赵竑却不知道这些事。嘉定十七年(1224)，宁宗去世，在史弥远与杨皇后策划下，矫诏立赵贵诚为皇子，赐名赵昀，并即皇帝位。赵竑改封济王，赐第湖州，被监管起来。宝庆元年(1225)，被史弥远害死于湖州。有一子，名赵铨，早夭，无后。见[元]脱脱、阿鲁图，等：《宋史》卷二四六《列传》第五《宗室(三)》，钦定四库全书本。

与莒选入宫内,改名赵贵诚,继承沂王王位①。史弥远为了阻止赵竑皇子登上皇位,便派自己的亲信、时任国子学录的"明州籍"官员郑清之,兼任沂王府教授,精心辅导与调教赵贵诚②。

当今有研究者认为,史弥远之所以选择与自己毫无关联的赵与莒入宫,完全出于他排斥赵竑的私心。他深知自己的行为很可能会招致非议,若再选择一个与自己或与四明有明显渊源的宗室,无异于授人以柄,这对其拥立非常不利③。日后成为理宗的赵与莒,当年就是权臣史弥远对付皇子赵竑的一张牌。赵与莒也确有过人处。据载,当年聚集在土地祠等待选拔的诸位宗子,因为饥饿从市场上叫卖食物,卖者在进门之时不慎将食物掉在地上,招致诸位宗子责备,唯独赵与莒面无怒色,好言相慰。此事令史弥远大为惊叹④。史弥远费尽心机,却未如其所愿。嘉定十四年(1221)六月,赵竑被立为皇子。这应与宁宗的态度有关⑤。宁宗对于魏惠宪王⑥一系倍加青睐,必欲在魏王子孙中选择皇子。端平三年(1236),方大琮在给理宗的奏疏中论及嘉定末的立储之事,称:"臣在田野间,侧闻宁宗皇帝嘉定选

---

① 理宗母亲家全氏住在绍兴西郭门外虹桥北。理宗童年时,值秋暑,偕弟与芮浴于河。适逢当时宰相史弥远的塾师余天锡回庆元老家探亲,自杭舟行抵此而忽逢雷雨,赵与莒与弟与芮趋避舷侧。天锡卧舟中,梦龙负舟,惊起视之则两儿也。问之,为全保长家儿,乃登岸访全氏。主人具鸡黍,命二子出侍,因谓天锡曰:"此吾外甥赵与莒、与芮也。日者尝言二子后当极贵。"当时余天锡奉史弥远命,密访皇室宗子之贤者,以承皇嗣。后被带入宫中,宁宗崩,与莒接位就是理宗。见袁桷:《延祐四明志》,宋元方志丛刊第6册,中华书局1990年版,第6214页。

② "时沂王犹未有后,方选宗室希瓐子昀继之。一日,弥远为其父饭僧净慈寺,独与国子学录郑清之登惠日阁,屏人语曰:'皇子不堪负荷,闻后沂邸者甚贤,今欲择讲官,君其善训迪之。事成,弥远之坐即君坐也。然言出于弥远之口,入于君之耳,若一语泄者,吾与君皆族矣。'清之拱手曰:'不敢。'乃以清之兼魏忠宪王府教授。清之日教昀为文,又购高宗书俾习焉。清之上谒弥远,即以昀诗文翰墨以示,弥远誉之不容口。弥远尝问清:'吾闻其贤已熟,大要奇何如?'清之曰:'其人之贤,更仆不能数,然一言以断之曰:不凡。'弥远颔之再三,策立之意益坚。清之始以小官兼教授,其后累迁,兼如故。"见[元]脱脱、阿鲁图,等:《宋史》卷二四六《列传》第五《宗室(三)》,钦定四库全书本。

③ 李超:《宋理宗继位问题再探——以赵竑与史弥远之矛盾为中心》,《宁波大学学报(人文科学版)》2020年第2期,第77—84页。

④ [宋]周密:《癸辛杂识》,吴企明点校,中华书局1988年版,第65页。

⑤ 李超:《宋理宗继位问题再探——以赵竑与史弥远之矛盾为中心》,《宁波大学学报(人文科学版)》2020年第2期,第77—84页。

⑥ 魏惠宪王即赵恺(1146—1180),宋孝宗赵眘次子,庄文太子赵愭的同母弟,生母为郭皇后。孝宗即位,拜雄武军节度使,封庆王。庄文太子病死,恺理应当立。孝帝意未决,遂加恺雄武、保寒军节度使,进封魏王于婺州义乌,判宁国府。淳熙七年(1180),死于明州,赠淮南、武宁军节度使、扬州牧兼徐牧,谥惠宁。见[元]脱脱、阿鲁图,等:《宋史》卷二四六《列传》第五《宗室(三)》,钦定四库全书本。

择之时,追记先朝,眷念魏邸,故陛下之立,必自魏来。"①朝野舆论应该起到了重要的推动作用,当时支持赵竑的群体主要有真德秀代表的道学之士和学校之士(太学学生)②。

直至嘉定十七年(1224)六月,宁宗驾崩前都是将赵竑作为储君来对待的。没有将赵竑立为皇太子,可能是在史弥远、杨皇后的阻挠和安排下,宁宗没有意识到皇子与皇太子之间的区别,想当然地认为自己仅有赵竑一位皇子,无须再进一步册立其为太子③。由此,周密称宁宗"不慧"④。宁宗不谙政治,史弥远玩其于股掌间。史弥远没有阻止宁宗按照储君的规格来赋予赵竑权力和给予相应待遇,让宁宗乃至朝野上下皆坚信赵竑就是唯一合法的继承人,背地里却一直都是以极为隐秘的方式来培养理宗作为皇位继承人⑤。理宗被立为"沂王后"之后,史弥远请同乡、时为国子学录的郑清之担任王府教授。郑清之受史弥远之旨,悉心教导理宗。而理宗也不负弥远所望,诗文翰墨令史弥远赞不绝口。这更加坚定了他要立理宗

---

① [宋]周密:《齐东野语》,张茂鹏点校,中华书局1983年版,第225页。

② 真德秀曾对赵竑说:及储位一虚,大计未定,皇枝帝胄,集于阙下者,无虑以十数,而朝廷之士议于朝曰:"无如国公也。"学校之士议于学曰:"无如国公也。"其他私议窃语,亦莫不然……既而恩命之锡,果不庸释焉。以此见人心至公之理,虽天亦不能违之也。见[元]脱脱、阿鲁图,等:《宋史》卷二四六《列传》第五《宗室(三)》,钦定四库全书本。

③ 李超:《宋理宗继位问题再探——以赵竑与史弥远之矛盾为中心》,《宁波大学学报(人文科学版)》2020年第3期,第77—84页

④ [宋]周密:《癸辛杂识》,吴企明点校,中华书局1988年版,第191页。据史载,宁宗不谙朝政事务。嘉定十四年末,殿前司同正将华岳因意图谋反而被处决。华岳为当时名士,宁宗本想保全,史弥远却不从。《四朝闻见录》载:"初以斩罪定刑,史对上曰:'如此,则与减一等。'上不悟,以为减死一等,故可其奏。岳竟杖死于东市。"见[宋]叶绍翁:《四朝闻见录》,沈锡麟、冯惠民点校,中华书局1989年版,第23页。宁宗以为减斩刑一等即是免于一死,结果华岳被杖刑致死。可见宁宗之不谙政治。

⑤《宋史》载:"竑好鼓琴,丞相史弥远买美人善鼓琴者,纳诸御,而厚廪其家,使美人间竑,动息必以告。美人知书慧黠,竑嬖之。宫壁有舆地图,竑指琼崖曰:'吾他日得志,置史弥远于此。'又尝呼弥远为'新恩',以他日非新州则恩州也。弥远闻之,尝因七月七日进乞巧奇玩以觇之,竑乘酒碎句之地。弥远大惧,日夕思以处治,而兹也不知也。"(见[元]脱脱、阿鲁图,等:《宋史》卷二四六《镇王传》,四库全书本)史弥远见赵竑不为所动,遂思以其他宗室子代替赵竑。嘉定十四年(1221)八月,赐名赵与莒贵诚(即理宗),九月二日,立为沂王(宁宗幺弟,已薨)后。(见佚名:《续编巧朝纲目备要》卷一六,"嘉定十四年六月乙亥条""嘉定十四年八月甲子条")

的决心①。当宁宗薨后,史弥远、杨皇后改遗诏立理宗,朝野上下皆感不可思议②。

真德秀在给史弥远的信中称:"方其始也,四方万里,骤奉遗诏,罔知厥由,惊忧疑惑,往往而有。"③显然,遗诏的内容令真德秀等感到一头雾水。就在朝野上下还没有反应过来之际,一切都已尘埃落定。

理宗即位,既有皇子之身份,又是杨皇后以太后之尊主持颁发遗诏,似有先例可循,因此未可言理宗帝位不正。但理宗与济王赵竑这段关系,始终难以冰释。在杨皇后主持颁发宁宗遗诏立赵昀为帝后,史弥远先引理宗到宁宗枢前举哀,然后才召来皇子赵竑。由于以为自己应该准备登基即皇帝位,于是愕然曰:"今日之事,我岂当仍在此班?"夏震以"未宣制以前当在此,宣制以后乃即位耳"答,竑以为然。随后,理宗出,就御座,宣宁宗遗诏,百官贺新帝即位。竑不肯拜,夏震按其头令跪拜④。这场面着实尴尬。

理宗刚刚在如此尴尬的局面中上位,乔行简即贻书丞相史弥远,请理宗法孝宗行丧三年。这里有多层意味在里面。一是行丧三年为古法。我国的行丧三年制度始于商周。孔子说"三年之丧,天下之通丧也"⑤。二是乔行简要理宗效法孝宗,其意蕴深长。孝宗特别注重孝道。淳熙十四年(1187)十月,高宗崩,孝宗听闻后失声痛哭,两天不能进食,又表示要服丧三年。孝宗为了服丧,让太子赵惇参预政事,并于淳熙十六年(1189)二月,禅位于光宗,自称太上皇,居慈福宫继续为高宗服丧⑥。由此,《宋史》称:"宋之庙号,若仁宗之为'仁',孝宗之为'孝',其无愧

---

① 《宋史》载:"乃以清之兼魏忠宪王府教授。清之日教昀为文,又购高宗书俾习焉。清之上谒弥远,即以昀诗文翰墨以示,弥远誉之不容口。弥远尝问清之:'苦闻其贤已熟,大要竟付如?'清之曰:'其人之贤,更仆不能数,然一言以断之曰:不凡。'弥远颔之再三,策立之意益坚。"见[元]脱脱、阿鲁图,等:《宋史》卷二四六《镇王竑传》,钦定四库全书本。

② 《宋史》载:"会济国公竑与丞相史弥远有违言,弥远日谋媒蘖其失于宁宗,属意于帝而未遂。(嘉定)十七年(1224)八月丙戌,宁宗违豫,自是不视朝。壬辰,疾甚,弥远称诏以贵诚为皇子,改赐名昀,授武泰军节度使,封成国公。闰月丙申,宁宗疾甚,丁酉,崩于福宁殿。弥远使杨谷、杨石入白杨皇后,称遗旨以皇子竑开府仪同三司,进封济阳郡王、判宁国府,命子昀嗣皇帝位。大赦。尊杨皇后曰皇太后,同听政。封竑为济王,赐第湖州,以醴泉观使就第。"见[元]脱脱、阿鲁图,等:《宋史》卷四一《本纪》第四一《理宗(一)》,钦定四库全书本。

③ [宋]真德秀:《西山先生真文忠公文集》卷三八,四部丛刊初编。

④ [元]脱脱、阿鲁图,等:《宋史》卷二四六《镇王竑传》,钦定四库全书本。

⑤ 杨伯峻:《论语译注》,中华书局2019年版,第268页。

⑥ [元]脱脱、阿鲁图,等:《宋史》卷三三《本纪》第三三《孝宗(一)》,四库全书本。

焉,其无愧焉!"①孝宗又是南宋中兴英主②。因此,要理宗学习孝宗,理宗肯定乐
意接受。而且,理宗当初也靠一个"孝"字,才为史弥远选定立为皇子,从而得以顺
利晋升皇位③。三是这不仅仅是对古礼法的尊重,更有一种政治智慧在里面。原
来孝宗亦非高宗嫡出,他是宋太祖少子秦王赵德芳的后裔,为太祖七世孙。绍兴
二年(1132)五月,选帝育于禁中。……(绍兴)三十二年(1162)五月甲子,立为皇
太子,改名眘。只不过是高宗养子而已④。这样的孝宗,理宗没有什么理由不学
他。因此,理宗即昭告天下,行丧三年。他明白,乔行简及其他臣工对此提议,都
暗隐着对他继位的宗法意义上的认同。可见乔行简此提议,其过人之处,就是加
上了"法孝宗"三字,它一下撞到了理宗的心口上。不但彰显了孝道,同时也获得
了理宗的信任。

　　宝庆元年(1225)正月,发生"霅川之变"。湖州豪强潘甫与其弟潘壬、潘丙率
领太湖亡命之徒数十人,夜入济王邸,声称拥立济王。济王闻变,易装藏匿于水池
中被发现。众人拥济王至东岳行祠,置龙椅使就座,并以黄袍加其身。济王号泣
不从,众人以兵胁之,王与之约定不能伤太后、官家。众诺,乃发军资库犒军,命守
臣率见任官及寄居官立班。又以山东忠义军李全名义,立微文于州口,谴责史弥
远私自废立之罪,言"今领精兵二十万,水陆并进"。次日天明,济王发现执兵举事
者大半是太湖渔人,且不满百,才知并无李全之援。济王知事必败,遂与郡将谋
划,率州兵剿之。史弥远奏遣殿司将彭任讨之。待至,贼已就诛。史弥远令秦天

① [元]脱脱、阿鲁图,等:《宋史》卷三三《本纪》第三三《孝宗(一)》,四库全书本。
② 宋孝宗在位期间,政治清明、社会稳定、经济繁荣、文化昌盛,宋朝相对进入一个兴盛时期,孝宗平反岳
　飞冤狱,起用主战派人士,锐意收复中原。在内政上,孝宗积极整顿吏治,裁汰冗官,惩治贪污,加强集
　权,重视农业生产。总体说来,宋朝的内政形势有所改观。宋孝宗专心理政,百姓富裕,五谷丰登,太平
　安乐,史称"孝宗中兴"。
③ 嘉定十三年(1220)八月,景献太子去世。在史弥远的主导下,朝廷开始仿效高宗故事选立新皇子。理
　宗挥笔写下了"朕闻上古"四字,令史弥远感叹"此天命也"。"朕闻上古"乃是唐玄宗为《孝经》御撰之序
　文的起首句,理宗选择书写此四字,显现出他对孝道的尊奉。见[宋]周密:《癸辛杂识》,吴企明点校,中
　华书局1988年版,第57—58页。
④ 《宋史》载:"及元懿太子薨,高宗未有后,而昭慈圣献皇后亦自江西还行在,后尝感异梦,密为高宗言之,
　高宗大寤。会右仆射范宗尹亦造膝以请,高宗曰:'太祖以神武定天下,子孙不得享之,遭时多艰,零落
　可悯。朕若不法仁宗,为天下计,何以慰在天之灵。'于是诏选太祖之后。同知枢密院事李回曰:'艺祖
　不以大位私其子,发于至诚。陛下为天下远虑,合于艺祖,可以昭格大命。'高宗曰:'此事不难行,朕于
　"伯"字行中选择,庶几昭穆顺序。'而上虞丞娄寅亮亦上书言:'望陛下于"伯"字行内选太祖诸孙有贤德
　者。'绍兴二年(1132)五月,选帝育于禁中。……(绍兴)三十二年(1162)五月甲子,立为皇太子,改名
　眘。"见[元]脱脱、阿鲁图,等:《宋史》卷三三《本纪》第三三《孝宗(一)》,钦定四库全书本。

锡托召医治竑疾,逼竑缢于州治。①

济王竑的冤死,真德秀、魏了翁、洪咨夔、胡梦昱等纷纷上书为其鸣冤。真德秀在上书中认为朝廷对济王的处理有违人伦纲常,而三纲废必将与唐朝一样,导致安禄山叛乱。如今冤案既成,他希望理宗"知有此失而益讲学进德""力行众善,以掩前非"。又说"雪川之狱未闻参听于公朝",请理宗今后凡天下之事,能"与众共之"。②时任大理评事的胡梦昱,与徐瑄一起参与了这次济王案件的处理。身为法官,他不忍心"坐视人侮法于帝兄而不救",遂不顾史弥远"穷治其事,转相诬引"的意旨,于宝庆元年(1225)八月二十二日应诏上书,认为"济王僭伪,事迫于凶党,非其本谋"。借用晋之恭世子申生、汉之戾太子刘据之事来喻指济王赵竑之事并非其本心,希望理宗能考虑兄弟人伦之情,从宽处理。并历陈春秋及初唐史事来告诫理宗不要像"齐威之薄于子纠,唐太宗之薄于建成、元吉"那样对待济王赵竑,不然既伤害"孝友"国本,甚至严重者会衍生国家之祸变。他建议理宗当追赠济王,为其选继后嗣,"抚其家属,厚其赍予"③。他又致书丞相史弥远,认为"公论之

---

① 《宋史》载:"宝庆元年正月庚午,湖州人潘壬与其弟丙谋立竑,竑闻变匿水窦中,壬等得之,拥至州治,以黄袍加身。竑号泣不从,不获已,与之约曰:'汝能勿伤太后、官家乎?'众许诺。遂发军资库金帛、会子犒军,命守臣谢周卿率官属入贺,伪为李全榜揭于门,数弥远废立罪,云:'今领精兵二十万,水陆进讨。'比明视之,皆太湖渔人及巡尉兵卒,不满百人耳。竑知其谋不成,率州兵讨之。遣王元春告于朝,弥远命殿司将彭任讨之,至则事平。弥远令客秦天锡托召医治竑疾,竑本无疾。丙戌,天锡诣竑,谕旨逼竑缢于州治。"见[元]脱脱、阿鲁图,等:《宋史》卷二四六《镇王竑传》,钦定四库全书本。

② 真德秀奏曰:"三纲五常,扶持宇宙之栋干,奠安生民之柱石。晋废三纲而刘、石之变兴,唐废三纲而安禄山之难作。我朝立国,先正名分。陛下不幸处人伦之变,流闻四方,所损非浅。雪川之变,非济王本志,前有避匿之迹,后闻讨捕之谋,情状本末,灼然可考。愿讨论雍熙追封秦王舍罪恤孤故事,济王未有子息,亦惟陛下兴灭继绝。"上曰:"朝廷待济王亦至矣。"德秀曰:"若谓此事处置尽善,臣未敢以为然。观舜所以处象,则陛下不及舜明甚。人主但当以二帝、三王为师。"上曰:"一时仓猝耳。"德秀曰:"此已往之咎,惟愿陛下知有此失而益讲学进德。"次言:"雪川之狱未闻参听于公朝,淮蜀二阃乃出于金论所期之外。天下之事非一家之私,何惜不与众共之。"见[元]脱脱、阿鲁图,等:《宋史》卷四三七《列传》第一九六《真德修传》,钦定四库全书本。

③ 胡梦昱疏曰:"臣尝阅京府所勘沈伯括等案,所言济邸隐匿,有无虚实臣不得而知也;就使有之,其事乃在陛下临御以前,其罪合在赦宥之域,今不必论矣。又尝阅诏狱所勘谢周卿等案,窃见逆贼深夜突发,济王脱身窜匿,既而寻获,迫以僭伪。……是殆风闻之过也,否则,为府像者驾其说以为免罪计也。不能止其僭而能留其行,此必无之事也,将谁欺,欺天乎……陛下若不早回友爱之天,政恐奸雄得以窃议,夷狄得以窃窥,乘间抵巇,特未可测。况乎冤抑不散,乖戾寖生,他日国家之祸变何有终穷…济王僭伪,事迫于凶党,非其本谋……凡追赠褒崇之典,宁过乎厚焉。降存亡继绝之诏,徐择人而立之,加以岁时,遣使致其祭祀,抚其家属,厚其赍予,使死者可以无憾,生者不至无聊……仰焉可以慰天心,俯焉可以慰人心,幽焉可以慰先帝与祖宗之心。"见[宋]胡知柔:《象台首末》卷一《宝庆乙酉八月二十二日应诏上封事》,钦定四库全书本。

在天下，未有久而不明者"，他日必有反复，"冤抑之在天下，未有久而不伸者"，他日必有祸端。①史弥远恼羞成怒，唆使党羽打压胡梦昱。宝庆元年（1125）九月初一，御史李知孝乘机上书弹劾，说胡梦昱素不能文，上书言济王事是"惑群听"②，建议将"梦昱追官落籍，窜之海外州军"③。胡梦昱削籍远谪象州（今广西象州县）。史为铲除后患，又密使广西帅臣钱宏祖待梦昱过桂林时杀之，赖通判陈公汶左右才得以幸免。对此大理少卿徐瑄站出来为胡梦昱张言抗争，他上书史弥远责问道，梦昱在朝刚正耿直，公正廉明，为国为民赤胆忠心，何以致罪④。侍御史蒋岘也觉得朝廷对其的立罪太过冤，于是出面回护，说："梦昱所言果有益于朝廷，虽直庸何伤？"⑤绍定六年（1233）十月，史弥远薨，当年为其贬斥之清流才纷纷得以回朝，而济王一事又再次成为言事焦点。总之，济王案是理宗一生都挥之不去的魅影，因济王案而起的政争对其之后的政治行为产生了重要的影响⑥。

乔行简在影响如此重大的济王案中，自有主张。他虽没有似真德修、胡梦昱他们那样激烈疏诤，但他就此对理宗有过讽谏。《宋史》载：时帝移御清燕殿，行简奏"愿加畏谨"，且言："群贤方集，愿勿因济王议异同，致有涣散。"⑦端平元年（1234），济王案引发了真德修、魏了翁等一干清流士人的激烈反对，把矛头直接指向破坏"三纲五常"的理宗和迫害济王致死的史弥远。史弥远则借机打压排斥其政治上的宿敌。胡梦昱卒死象州，真德秀为史弥远的爪牙莫泽、梁成大之辈弹劾，

———————————

① 胡梦昱致史弥远书曰："雪川之变，实出于济王之不幸，闻其死，莫不悲之。主上存恤之意始于厚，终于薄；追赠之典始于涣汗，终于反汗……闻有疏其兄之宿过者，反从而听之信之，哀吊不至，抚问不加，丘嫂之痛哭无聊者不之恤，烝尝之似续无人者不之顾，视同气如仇敌，弃手足如赘疣，则宗族姻党必将交口讥议，共指为残忍刻薄人矣……公论之在天下，未有久而不明者，大丞相能逆料此事他日无反复否欤？冤抑之在天下，未有久而不伸者，大丞相能逆料此事它日决不为国家之厉阶否欤？"见［宋］胡知柔：《象台首末》卷一《上丞相史弥远书》，钦定四库全书本。

② ［宋］胡知柔：《象台首末》卷一《监察御史李知孝疏》，钦定四库全书本。

③ 同上。

④ ［宋］胡知柔：《〈象台首末〉卷一大理少卿徐瑄上史丞相书》，钦定四库全书本。

⑤ ［清］李前泮：《奉化县志》卷二三《蒋岘传》，（台北）成文出版社1975年版，第1219页。

⑥ 徐美超：《史弥远的政治世界：南宋晚期的政治生态与权力形态的嬗变（1208—1259）》，复旦大学硕士毕业论文，2014年，第45页。

⑦ ［元］脱脱、阿鲁图，等：《宋史》卷四一七《列传》卷一七六《乔行简传》，钦定四库全书本。

差点被流放和杀戮①。魏了翁也被指为首倡异论,而降职。②朝廷内部出现分裂。
在如此严峻情势下,乔行简没有纠缠于济王案的是非曲直,而是理智地提醒理宗,
千万不要因为济王案议异同,分派别类,以致朝廷人心涣散,人心惶惶。人心定,
则国势尊。这完全是出于大局考虑的建议。在这里,乔行简虽十分机智地回避了
对济王案的评判。但,对济王案长期不能释怀的理宗,终于有一天听到了乔行简
对该案的看法。宝庆元年(1225)七月丁丑,理宗与乔行简谈论济王事,理宗说:
"朕待济王,可谓至矣。"乔行简答曰:"济王之罪,人所共知。当如周公待管、蔡之
心,又当取孟子知周公受过之意。"③乔行简劝理宗"取孟子知周公受过之意",他虽
以"周公""孟子"规喻理宗,实则指出理宗在处理济王案时,与周公处理官叔、蔡叔
叛乱案一样,负有不可推卸的过责。《孟子·公孙丑下》载:陈贾以周公平定管叔叛
乱这件事去见孟子,认为周公这样的圣人,也难免有过失。孟子说,周公是管叔的
弟弟,周公之过不也是很正常吗?况且古之君子,有过则改之。④孟子以为周公在
处理管叔叛乱这件事情上是有过错的。乔行简引用孟子的观点来说济王案,显然
是认为理宗在处理济王案时,也与周公一样,存在过失。这就是乔行简对济王案
的看法,说明他对理宗和史弥远在济王案中践踏"常纲",激起公愤从根本上是反
对的。但他没有像真德秀、魏了翁、胡梦昱那样据理力争,而是从朝廷团结大局出
发,讽谏理宗学古君有过则改。

正是乔行简这种恪守礼法而又不得罪刚上位的理宗和专权的史弥远的态度

---

① 《宋史》载:"德秀屡进鲠言,上皆虚心开纳,而弥远益严惮之,乃谋所以相撼,畏公议未敢发。给事中王
塈、盛章始驳德秀所主济王赠典,继而殿中侍御史莫泽劾之,遂以焕章阁待制提举玉隆宫。谏议大夫朱
端常又劾之,落职罢祠。监察御史梁成大又劾之,请加窜殛。上曰:'仲尼不为已甚。'乃止。"[元]脱脱、
阿鲁图,等:《宋史》卷四三七《列传》第一九六·儒林七·真德修传》,钦定四库全书本。
② 《宋史》载:"属济王黜削以死,有司顾望,治葬弗虔。了翁每见上,请厚伦纪,以弭人言。应诏言事者十
余人,朝士惟了翁与洪咨夔、胡梦昱、张忠恕所言能引义剀上,最为切至。而了翁亦以疾求去。……越
二日,谏议大夫朱端常遂劾了翁欺世盗名,朋邪谤国,诏降三官。"[元]脱脱、阿鲁图,等:《宋史》卷四三
七《列传》第一九六·儒林七·魏了翁传》,钦定四库全书本。
③ 佚名:《宋史全文·理宗纪》,"宝庆元年七月纪事",钦定四库全书本。
④ 《孟子·公孙丑下》载:燕人畔。王曰:"吾甚惭于孟子。"陈贾曰:"王无患焉。王自以为与周公孰仁且
智?"王曰:"恶,是何言也?"曰:"周公使管叔监殷,管叔以殷畔。知而使之,是不仁也;不知而使之,是不
智也;仁智,周公未之尽也,而况于王乎?请见而解之。"(陈贾)见孟子,问曰:"周公何人也?"曰:"古圣
人也。"曰:"使管叔监殷,管叔以殷畔也,有诸?"曰:"然。"曰:"周公知其将畔而使之与?"曰:"不知也。"
"然则圣人且有过与?"曰:"周公,弟也;管叔,兄也,周公之过,不亦宜乎?且古之君子,过则改之;今之
君子,过则顺之。古之君子,其过也,如日月之食,民皆见之;及其更也,民皆仰之。今之君子,岂徒顺
之,又从为之辞。"杨伯峻:《孟子译注》,中华书局2016年版,第75—76页。

和做法,逐渐赢得了理宗对他的信任。而乔行简的这种折中态度决非投机取巧,而是其恪守吕学包融宽容特色并长期涵泳的结果。要明白,此时的乔行简已年届古稀,宝庆元年(1225),他已是七十岁老翁,正是"耳顺之年"。比之理宗的血气方刚和史弥远的老奸巨猾,乔行简在朝廷行事是处处沉着稳健。乔行简是一个既有原则性又有灵活性的朝臣。通过要理宗效法孝宗行三年表,以及劝理宗在对待济王案这件十分棘手的事情上学习周公"君子有过则改",使理宗看到了乔行简为人处世独到的地方。

尽管乔行简这种恪守礼法的做法也为他人所诟病。如王迈说:"行简为人素号多智。……善事惟谨,其性姿多苛。"[1]但其"博大有容,喜愠不形于色"[2]的融容博大器量,深得朝臣们的赞许。

二、进直言薄责于人

《宋史》称乔行简"历练老成,识量弘远,居官无所不言"[3]。居官无所不言者,这一评价可谓高矣。

乔行简自布衣时,即敢于直言。据李心传为乔行简撰写的圹记载,绍熙四年(1193)五月,乔行简策试集英殿[4]时,题目为"论尚安静而光庙,以属寿皇疾过宫之

---

① 闽人王迈对乔行简的指责最多。如指责乔行简私荐小人,结党营私。说:"明有明党,所以攻其右者无不至;婺有婺党,所以毁其左者无不力。"又指乔行简为史弥远集团成员,或云"行简为人素号多智。弥远在时,善事惟谨,其性姿多苛,其荐举多私。弥远喜其顺己,每事委曲从之"。还对乔行简任相一事,提出质疑:"陛下责治大统,功课太速,不择忠贤以辅之,乃用行简以疏间之。"意思是理宗起用乔行简,来疏远与郑清之的关系。进而王迈质疑道:"群公先正,立人之朝,道合留,不合则去。清之当去久矣。行简留经筵,果合进退之义乎?"[宋]王迈:《臞轩集》卷二《乙未六月上封事》等,钦定四库全书。
② [宋]李心传:《宋太师平章鲁国公文惠乔公圹记》,载乔廷藩,等:《吴宁乔氏宗谱》卷四《世行传》,民国二十二年(1933)重修版。
③ [元]脱脱、阿鲁图,等:《宋史》卷四一七《列传》卷一七六《乔行简传》,钦定四库全书本。
④ 集英殿为宋代皇帝策试进士和每年举行春秋大宴的场所。据记载,乔行简绍熙四年(1193)五月集英殿对策中式。

礼渐简"①。

寿皇即孝宗。孝宗生病后,光宗按期觐见朝省的礼节逐渐被简化。也就是所谓光宗的"过宫事件"。初,光宗尚能谨奉事亲之道,按期前往重华宫觐见探视孝宗,两宫关系相欢甚洽。淳熙十六年(1189)二月庚午,初登大位的光宗即下诏"五日一朝重华宫"。是年三月,即改为一月四朝,与孝宗事高宗一样。绍熙二年(1191)十一月壬申冬至,光宗"因郊感疾,而五日一朝之礼少辍,至诞节、冬至,车驾皆不过重华宫"②。此后,光宗朝重华宫次数渐少。绍熙四年(1193)九月庚午重阳节,百官都去重华宫问候,而光宗欲去却为李皇后所阻止。光宗的这种行径激起了朝臣的不满,官员们纷纷上疏乞求罢黜,居家待罪,仅仅职事官请去待罪的就有百余人。绍熙五年(1194)六月戊戌夜,孝宗崩,朝中文武百官皆为孝宗丧事忙

---

① 寿皇,即孝宗。孝宗于淳熙十六年(1189)传位于子光宗,光宗上孝宗尊号为至尊寿皇圣帝。《宋史·本纪》载:"(淳熙)十六年春正月辛亥,帝始谕二府,以旬日当内禅,命周必大留身呈诏草。丙辰,罢拘催钱物所。复二广官般官卖盐法。己未,更德寿宫为重华宫。……二月辛酉朔,日有食之。壬戌,下诏传位皇太子。是日,皇太子即皇帝位。帝素服驾之重华宫。辛未,上尊号曰至尊寿皇圣帝,皇后曰寿成皇后。"见[元]脱脱,阿鲁图,等:《宋史》卷三五《本纪》第三五《孝宗纪》,四库全书本。"过宫之礼",是指皇帝按期前往太上皇所居之宫殿觐见,行省视问安之礼。也即所谓"定省之礼"。"早往则谓之省,暮往则谓之定"。此礼在高、孝时期曾作调整。"恭闻寿皇圣帝之事高宗也,备极子道,其始受禅,欲日一朝,高宗不可,于是下仿汉制,月六朝焉。已而高宗复难之,始展为四朝。"见[宋]彭龟年:《止堂集》,文渊阁四库全书第1155册,(台北)商务印书馆1986年版,第783页。

② 淳熙十六年(1189)二月,宋孝宗禅位,退居重华宫,皇太子赵惇即皇帝位,是为宋光宗。宋光宗即位后以妃李氏为皇后。次年,改元绍熙。李皇后系庆远军节度使李道之女,她心狠手辣,妒贤嫉能。曾请立嘉王为太子,太上皇孝宗未许(因为嘉王不是长子,而是光宗次子),退而泣诉于光宗,遂使光宗与其父猜疑不和。还有一次,光宗很随意地对一位宫女的玉手表示欣赏,第二天,李皇后给光宗送上一盒点心,揭开一看,竟是那位宫女的一双玉手,光宗当场吓得心脏病发作。孝宗知道后,送去治疗心脏病的药丸,李后却说是毒药,从此,光宗与其父长期失和。光宗本患精神病,多次受到刺激而加剧,不视朝,政事多决于李后。光宗内受制于李后,久废朝拜太上皇之礼,朝廷内外疑骇非常,一时成为朝中大事。绍熙四年(1193)九月重明节(宋光宗生日),百官请求光宗朝到重华宫看望父亲孝宗,终为李后所阻未成。因此全国上下都盯着光宗,看他是不是去看父亲。除了亲近的大臣之外,人们并不知道皇帝已经发疯。太学生也闹起了学潮,几百人集体请愿;许多官员上书不见采纳,纷纷辞职;皇帝的人伦问题渐渐演化成全国性的政治危机。见徐自明:《宋宰辅编年录校补》,王瑞来校补,中华书局1986年版,第1281页。

碎,太子嘉王去请他主持丧礼,光宗仍称等到病好时再过宫行礼。①

　　光宗过宫事件,表面上看是光宗没有按期过宫行省定之礼,实则是由来已久的父子矛盾、翁媳矛盾、皇帝与宦官矛盾激化的必然产物。最终迫使光宗内禅,太后听政,宁宗即位,宋政权完成相对平稳的过渡。②

　　面对如此重大的策对题材,乔行简胸有成竹。他说:"不可徇安静之名,而有因循之实。寿皇既能尽圣人之孝,宜以寿皇之所以事高宗者事。寿皇其给礼玉堂也。"③《管子·内业》云:"天主正,地主平,人主安静。"《大学》有云:"知止而后有定,定而后能静,静而后能安,安而后能虑,虑而后能得。物有本末,事有终始,知所先后,则近道矣"④。朱子《大学章句》释曰:"安,谓随处而安;静,谓心不妄动。"乔行简以《大学》解"安静",强调不可徇安静之名,而应该循安静之实。所谓循安静之实,就是要考察如何践履。因为吕祖谦之学本是从践履中来,尤以强调践履为特

---

① 淳熙十六年(1189)二月,庚午,诏五日一朝重华宫。……三月戊申,以寿皇却五日之朝,诏自今月四朝重华宫。……绍熙元年春正月丙辰朔,帝率群臣诣重华宫,奉上寿圣皇太后、至尊寿皇圣帝、寿成皇后册、宝。……绍熙二年(1191)十一月,……帝既闻贵妃薨,又值此变,震惧感疾,罢称贺,肆赦不御楼。寿皇圣帝及寿成皇后来视疾,帝自是不视朝。……绍熙四年(1193)九月庚午,重明节,百官上寿。侍从、两省请帝朝重华宫,不听。……甲申,帝将朝重华宫,皇后止帝,中书舍人陈傅良引裾力谏,不听。戊子,著作郎沈有开、秘书郎彭龟年、礼部侍郎倪思等咸上疏,请朝重华宫。……绍熙五年(1194)夏四月甲辰,侍从入对,请朝重华宫。己酉,太学生程肖说等以帝未朝,移书大臣,事闻,帝将以癸丑日朝。至期,丞相以下入宫门以俟,日昃,帝复以疾不果出。侍从、馆学官上疏,乞罢黜,居家待罪;职事官请去待罪者百余人,诏不许。丙辰,侍讲黄裳、秘书少监孙逢吉等再上疏以请。丁巳,起居郎兼权中书舍人陈傅良请以亲王、执政或近上宗戚一人充重华宫使。台谏交章核内侍陈源、杨舜卿、林亿年离间两宫,请罢逐之。五月,宰执诣重华宫问疾,不及引。……丁卯,以寿皇圣帝疾棘,命丞相以下分祷天地、宗庙、社稷。戊辰,丞相留正等请帝侍疾,正引裾随帝至福宁殿,久之,乃泣而出。……乙亥,帝将朝重华宫,复不果。戊寅,以寿皇圣帝疾,赦。权刑部尚书京镗入对,请朝重华宫。庚辰,丞相以下诣重华问疾。癸未,起居舍人彭龟年叩头请奏事,诏令上殿,乃请朝重华宫。甲申,从官列奏以请,嘉王府翊善黄裳、讲读官沈有开、彭龟年奏,乞令嘉王诣重华宫问疾,许之。王至重华宫,寿皇为之感动。……六月戊戌夜,寿皇圣帝崩,遗诏改重华宫为慈福宫,建寿成皇后殿于宫后,以便定省。……先是,丞相留正、知枢密院事赵汝愚、参知政事陈骙、同知枢密院事余端礼闻寿皇圣帝大渐,见帝于后殿,力请帝朝重华宫,皇子嘉王亦泣以请,不听。至是,丞相正等闻寿皇圣帝崩,乃率百官听遗诰于重华宫。己亥,丞相以下上疏,请诣重华成礼。辛丑,丞相率百官拜表,就丧次成服。壬寅,寿皇大敛。皇子嘉王复入奏事,诰俟疾愈,过宫行礼。丞相以下请皇太后垂帘听政,不许;请代行祭尊礼,许之。仍有旨:皇帝有疾,听就内中成服。

② 方燕:《南宋光宗朝过宫流言探析》,《四川师范大学学报(社会科学版)》2015年第6期,第125—131页。

③ [宋]李心传:《宋太师平章鲁国公文惠乔公圹记》,载乔廷藩,等:《吴宁乔氏宗谱》卷四《世行传》,民国二十二年(1933)重修版。

④ 颜培金、王谦:《大学·中庸译注》,崇文书局2007年版,第12页。

色。因之,分析光宗"过宫事件",也要以"践履"这把尺子去衡量。孝宗对孝礼践之殷殷,对高宗尽了"圣人之孝",并以自己的行动使礼法行之于朝廷殿堂。以此去看光宗的行为,就不用多加评说了吧。乔行简这里没有直呈光宗的种种不屑行为,而是用孝宗的孝行,去指责光宗的不孝,这样"借力打力"的委婉表达方式,成为他日后屡屡讽谏而又不得罪人主的不二法宝。由此,李心传赞其曰:"自为布衣,已有大志。"[①]这其实是一种立足大志向而构建起来的大格局,大器度。

入仕以后,乔行简更建言不断。他为修注时,"论不必通,且所约三事,皆不逊不可"。又论"许国易文帅淮,非计;郑损帅蜀,比败"。事后都为乔行简言中。宁宗薨,理宗即位,他要求理宗"上宫中服丧三年"。兼侍讲时,首言"敬天命、伸士气、破朋党之说",要理宗"存善类,防宦官、宫妾之蔽",要"正心术",以"黜远善士,厌恶直言"为戒。当台谏交论济王事时,又劝理宗"当取孟子为周公受过之意"。理宗尚未亲政时,乔行简即贻书丞相史弥远,说"天下大权,人主未能自操,亦岂可不使得之而操。方今岂无大因革大黜陟,愿取决圣裁,布之中外"。乔行简主张君权独尊。理宗尚未亲政,乔行简即劝史弥远一切"取决圣裁"。看来,他并不怕得罪权臣史弥远。对史弥远专权而极少抨击,是出于维护君权和大局。为礼部尚书时多次上疏,说:"中宫建立,人主名节所系,比以正选,比以德。"这说明他主张以德用人,以正选人。不搞结党营私,私荐小人之举。一切皆从维护人主名节出发。[②]凡此种种,可谓不尽枚数。

最值得一提的是,嘉定六年(1213)闰九月,真德秀认为金国势头已衰,可以停止纳币。

朝野为绝币还是继续与币,争议纷起。任淮西漕的乔行简上疏朝廷,认为蒙古势力正逐渐兴起,将来必然会成为宋之强敌,因此应该采取联金抗蒙策略,对金继续与币,使得其共同抗拒蒙古。乔行简此建议遭到朝野抗金绝币派极力反对,太学诸生黄自然、黄洪、周大同、家槟、徐士龙等人在丽正门伏地请愿,高喊:"请斩

---

① [宋]李心传:《宋太师平章鲁国公文惠乔公圹记》,载乔廷藩,等:《吴宁乔氏宗谱》卷四《世行传》,民国二十二年(1933)重修版。
② 以上各条,皆见[宋]李心传:《宋太师平章鲁国公文惠乔公圹记》,载乔廷藩,等:《吴宁乔氏宗谱》卷之四《世行传》,民国二十二年(1933)重修版。

行简以谢天下！"①而事实证明，乔行简"以静观变""继续与币"建议是有一定战略意义在里面的。绝币后，宋金都试图尽力为自己争取更多的利益，岂知"螳螂捕蝉，黄雀在后"。宋蒙联合灭金以后，蒙古势力逐渐坐大，以致成为直接葬送南宋政权的强敌。因此，绝币事件中的南宋和金都是输家。②

　　幸亏当时丞相史弥远"以为行简之为虑甚深"，乔行简由此逃过一劫。可是，乔行简没有汲取教训，一如既往直言而不悔。杨太后崩，乔行简即上疏理宗："陛下衰绖在身，愈当警戒，宫廷之间既无所严惮，嫔御之人又视昔众多，以春秋方富之年，居声色易纵之地，万一于此不能自制，必于盛德大有亏损。愿陛下常加警省。"③理宗正处于方富之年，流连宫闱嫔御，纵情声色之地，乃皇上必然本色。乔行简则规劝理宗，衰绖在身，应当警戒自制。端平元年（1234）正月，金被宋蒙联军所亡。蒙古军北撤后，河南就成了无人占领的地区。理宗和丞相郑清之在赵范、赵葵竭力主张下，欲趁蒙古北撤之机出兵北伐，以"抚定中原，坚守黄河，占据潼关，收复三京"。时任参知政事的乔行简正卧病在家，听说此事后立即抱病上书道：

　　　　今边面辽阔，出师非止一途，陛下之将，足当一面者几人？勇而斗者几人？智而善谋者几人？……今百姓多垂罄之室，州县多赤立之帑，大军一动，厥费多端，其将何以给之？④

　　又一次竭力劝阻理宗不要贸然出兵。然而，理宗亲政不久，很想有所作为，收复中原，以完成祖宗未竟之业。丞相郑清之也急于建功立业，以稳固自己的相位。乔行简带病上疏，竭力阻挠，大有冒犯理宗和丞相之意味。一不小心，也会陷于被

① 《四朝见闻录》载："文忠真公……力陈奏疏，谓敌既据吾汴，则币可以绝。……乔公行简上书谓'强鞑渐兴，其势已足以亡金。金，昔吾之仇也，今吾之蔽也。古人唇亡齿寒之辙可覆，宜姑与币，使得拒鞑'。史相以为行简之为虑甚深，欲予币犹未遣。太学诸生黄自然……同伏丽正门，请斩行简以谢天下。"见叶绍翁：《四朝闻见录》甲集"请斩乔相"，钦定四库全书本。
② 王高飞：《嘉定绝币与宋金关系之变化》，《绵阳师范学院学报》2011年第12期，第91—94页。
③ [宋]乔行简：《乞持身自制疏》，载赵一生主编：《东阳丛书》第一册《唐宋邑士诗文辑存·乔行简》，赵一生校辑，浙江古籍出版社2015年版，第203页。
④ [宋]乔行简：《论国事三忧疏》，载赵一生主编：《东阳丛书》第一册《唐宋邑士诗文辑存·乔行简》，赵一生校辑，浙江古籍出版社2015年版，第198—199页。

弹劾的窘境。但,他没有汲取与币事件教训,始终坚持"先治内,方可治外"的战略思维,哪怕是丢官去职也在所不惜。他甚至告诫理宗:陛下"非其他人主之比",若要使人起敬起爱,必须勇于担当,果敢决断。这几乎是在揭理宗的老底,直戳理宗的心窝子。

尽管有宋一代诸帝多子嗣不旺,如仁宗、高宗、宁宗、理宗皆因没有子嗣而不得不通过收继宗子的方式延续皇统。但仁宗所立英宗为濮王赵允让之子,赵允让则为真宗弟、商王赵元份之子。英宗于仁宗可算近属。而高宗所立孝宗乃是太祖七世孙,高宗则属太宗一系,孝宗于高宗属旁支。孝宗是宋太祖少子、秦王赵德芳的后裔,绍兴二年(1132)五月,选帝育于禁中。……(绍兴)三十二年(1162)五月甲子,立为皇太子,改名。[①]而理宗虽也为太祖十世孙,与宋宁宗同属宋太祖后裔。但宋宁宗属于秦王赵德芳一支,宋理宗则属于燕王赵德昭一支,至南宋后期,两支在血缘关系上已十分疏远。而赵德昭一支很早就已经没落,失去王爵。理宗的曾祖和祖父均无官职,父亲赵希瓐不过是一个九品县尉。[②]因此,理宗虽属赵宋皇室之裔孙,但地位不高,几与平民无异。理宗原名赵与莒,还有一个弟弟赵与芮,兄弟二人年纪很小的时候,父亲就去世了,全氏无力抚养孩子,回到娘家寄居。赵与莒的舅舅是当地的保长,家境尚好,赵与莒兄弟就在全家长大,直至后来被史弥远选入宫中,登上帝位。[③]理宗对于自己的如此身世,不能不说是一块心病。而乔行简竟然不顾皇帝脸面,直接拿其说事。可谓敢于直言者之最了。

---

① 李超:《宋理宗继位问题再探——以赵竑与史弥远之矛盾为中心》,《宁波大学学报(人文科学版)》2020年第3期,第76—84页。

② 《宋史》载:"理宗建道备德大功复兴烈文仁武圣明安孝皇帝,讳昀,太祖十世孙。父希瓐,追封荣王,家于绍兴府山阴县,母全氏。以开禧元年正月癸亥生于邑中虹桥里第。"见[元]脱脱、阿鲁图,等:《宋史》卷四一《本纪》第四一《理宗纪》,钦定四库全书本。

③ 《延祐四明志·余天锡传》载:忠献在相位久,皇子济公深嫉之,意欲有废置,而近属无有。会沂王宫无嗣,丞相欲借是阴立为后备。天锡试于乡,秋,告归,丞相曰:"今沂王无后,里中宗子族属相似贤厚者,幸具以来。"天锡渡江,与越僧同舟,舟抵西门,天大雨,僧言门左有全保长家,可避雨。如其言访之,保长知为丞相馆下客,具鸡黍甚肃。须臾有二子侍立,全曰:"此吾外孙也,日者尝言二雏后极贵。"问其姓,长曰赵与莒,次曰芮。天锡忆丞相所属,其号亦良是,问其生年月日,告于丞相。仍命二子来……已行,天锡见于相府,丞相善相人,大奇之。见[宋]袁桷:《延祐四明志》,《宋元方志丛刊》第6册,中华书局1990年版,第6214页。

乔行简在皇帝面前敢于直言,不惮冒。①但与其他人却较为宽融。闽人王迈对乔行简的指责最多。如指责乔行简私荐小人,结党营私。说:"明有明党,所以攻其右者无不至;婆有婆党,所以毁其左者无不力。"又指乔行简为史弥远集团成员,或云"行简为人素号多智。弥远在时,善事惟谨,其性姿多苛,其荐举多私。弥远喜其顺己,每事委曲从之"。还对乔行简任相一事,提出质疑:"陛下责治大统,功课太速,不择忠贤以辅之,乃用行简以疏间之。"意思是理宗起用乔行简,来疏远与郑清之的关系。进而王迈质疑道:"群公先正,立人之朝,道合留,不合则去。清之当去久矣。行简留经筵,果合进退之义乎?"②

理宗再次起用乔行简为宰相,史嵩之也将复用,王迈上疏云:"天下之相,不与天下共谋之,是必冥冥之中有为之地者。且旧相奸憸刻薄,天下所知,复用,则君子空于一网矣。"③面对王迈如此疯狂的攻讦,乔行简除了在理宗面前解释了自己没有私荐举小人外,没有说过一句与王迈针锋相对的指责话,真正做到了"躬自厚而薄责于人"。在能查考到的乔行简上疏、奏折中,没有发现他对王迈、对其他人有过于激切的言辞,也不见其攻讦他人的文字。

后来,朝廷禋祀雷雨,王迈应诏言:"天与宁考之怒久矣。曲蘖致疾,妖冶伐性,初秋逾旬,旷不视事,道路忧疑,此天与宁考之所以怒也。"遂为台谏官李大同、御史蒋岘弹劾,被削二秩。最后,改任地方。④李大同为乔行简同里,他弹劾王迈之举是否为乔行简所指使,无文字可考。⑤据《道光东阳县志》载,乔行简当国,李

---

① 李心传有记:"故事之切于躬关国体者,必尽言无所隐避。尝因雨雹奏章曰:'今陵中国,固阴胁阳之裹,毋亦少人得志,女谒干政之渐乎?'上敛容听纳。"见[宋]李心传:《宋太师平章鲁国公文惠乔公圹记》,载乔廷藩,等:《吴宁乔氏宗谱》卷四《世行传》,民国二十二年(1933)重修版。

② 以上言论见王迈:《乙未六月上封事》《丙寅九月封事》《乙未闰七月轮对第一札》,载《臞轩集》卷二,钦定四库全书本。

③ [元]脱脱、阿鲁图,等:《宋史》卷四二三《列传》第一八二《王迈传》,钦定四库全书本。

④ 《宋史》载:"禋祀雷雨,迈应诏言:'天与宁考之怒久矣。曲蘖致疾,妖冶伐性,初秋逾旬,旷不视事,道路忧疑,此天与宁考之所以怒也。隐、刺覆绝,佽、熹尊宠,纲沦法斁,上行下效,京卒外兵,狂悖迭起,此天与宁考之所以怒也。陛下不是之思,方用汉灾异免三公故事,环顾在廷,莫知所付。遥瞩崔与之,臣恐与之不至,政柄他有所属,此世道否泰,君子小人进退之机也。'于是台官李大同言迈交结德秀、了翁及洪咨夔以收虚誉,削一秩免。蒋岘劾迈前疏妄论伦纪,请坐以非所宜言之罪,削二秩。久之,复通判赣州,改福州、建康府、信州,皆不行。淳祐改元,通判吉州。"见[元]脱脱、阿鲁图,等:《宋史》卷四二三《列传》第一八二《王迈传》,钦定四库全书本。

⑤ 《宋史》曰:"李大同以乡人乔行简为相,荐起之。"见[元]脱脱、阿鲁图,等:《宋史》卷四二三《列传》第一八二《李大同传》,钦定四库全书本。

大同曾"以亲嫌累疏乞外"。①

虽然乔行简以"温良恭俭让"著称于朝,但他也不是没有脾气的人。乔行简担任宰相时,李宗勉极力向他推荐闽人黄师雍。乔行简就答应授予黄师雍以官职。但,这个时候不知就里的黄师雍却致书乔行简,说你年事已高,还不如早日告老还乡。乔行简虽然自己也多次上疏请求归辞,但对黄师雍的劝归却多少有些不高兴。于是李宗勉推荐提拔黄师雍的动议即被搁置。②乔行简不用黄师雍,其原因不仅仅因为黄师雍致书劝其归老,还因为黄师雍这人背景比较复杂。他年少时为黄幹弟子,后又出史弥远之门,担任婺州教授时,又倾心吕学,其学政都以吕祖谦为法。见义乌徐侨有清望,就去拜望徐侨,结果徐侨认为这是个贤人而推许之。按理对于这么一个出生于闽,又与明、婺士人皆交往甚多的人,乔行简不应该会有成见。但是,黄师雍虽被多人推举而称贤人,可是他在策反李全部将时青时,因不慎泄密,导致时青为李全所杀。③极有可能是因此事,而使乔行简对黄师雍有看法。

对于李全,乔行简认为其"功薄报丰,背义忘恩,天理人情所共愤",必须加以

①《道光东阳县志》载:"真德秀进讲《大学》,言'此心当如明镜止水,不可作槁木死灰'。大同谓'不可'二字未安,盖此心原是活物,岂能作槁木死灰?德秀叹服。迁太常少卿兼国史编修、实录检校兼侍讲,兼权侍立修注官,迁起居郎,拜殿中侍御史,平心持衡,斥去党论。乔行简当国,以亲嫌累疏乞外。"[清]党金衡主修:《道光东阳县志》卷一五《人物志(三)》,东阳市人民政府地方志办公室整理,西泠印社出版社2017年版,第386页。

②《宋史》载:"宗勉在政府,力言于丞相乔行简,行简已许以朝除。师雍以书见行简,劝其归老,行简不悦,宗勉之请遂格。知遂之龙溪,转运使王伯大上其邑最。行简罢,宗勉与黄之入相,召师雍审察,将至而宗勉卒。之延师雍,密示相亲意,师雍不领;迁粮料院,又曰:'料院与相府密迩,所以相处。'师雍亦不领。之独相,权势浸盛,上下惧祸,未有发其奸者。博士刘应起首疏论之,帝感悟,思逐之。师雍与应起相善,故之疑师雍左右之,讽御史梅杞击师雍,差知兴化军,旋夺之,改知邵武军。及应起为监察御史,师雍迁宗正寺簿,寻亦拜监察御史。"见[元]脱脱、阿鲁图,等:《宋史》卷四二二《列传》第一八三《黄师雍传》,钦定四库全书本。

③《宋史》载:"黄师雍,字子敬,福州人。少从黄幹学。入太学。宝庆二年,举进士。诏为楚州官属。出盗贼白刃之冲,不畏不慑。李全反状已露,师雍密结忠义军别部都统时青图之,谋泄,全杀青。师雍不为动,全亦不加害。秩满,朝议褒异。师雍耻出史弥远门,不往见。调婺州教授,学政一以吕祖谦为法。李宗勉、赵必愿、赵汝谈皆荐之。师雍慕徐侨有清望,欲谒之,会其有召命,师雍曰:'今不可往也。'侨闻而贤之,至阙,以其学最闻。"见[元]脱脱、阿鲁图,等:《宋史》卷四二二《列传》第一八三《黄师雍传》,钦定四库全书本。

坚决剿灭之。①而时青被杀,乔行简担心李全因此识破其中计谋,而事将生变。乔行简即有《论时青奏》上奏朝廷,为此筹谋。他认为,时青乃边陲大将,一旦为李全所杀,则李全必然会怀疑时青是为我所用。可以乘势拔淮阴军中的一部分优秀者名义上去保护李全,然后明指杀青者之姓名,俾之诛戮,而对时青加赠恤典。这样李全军中其势自分,然后可以借此以制服。②可见,乔行简当年对时青被杀的后果是十分担忧的,生怕李全因此生变而起事。由此,对因谋事不慎而泄密导致时青被杀的黄师雍等,乔行简肯定不会有好感。可见,乔行简没有任命黄师雍,事出有因,不仅仅是因为黄师雍劝他告归,还有是对黄师雍的谋事能力有疑虑。

据《金华征献略》卷之八载,时任刑部架阁文字的义乌人康植,因"轮对言事抗直,忤丞相乔行简意,差通判广德郡"③。关于康植其人,《宋史》似无记载,据《嘉庆义乌县志》等载,康植乃徐侨高足。其父亲康仲颖与徐侨有同里同年之谊。因此,康植奉父命投师徐侨门下受教三年。康植聪明颖悟、学习刻苦用功,是徐侨颇为得意的门生,与王世杰并称为徐侨的高足。嘉定七年(1214),登进士第,授职奉化县主簿。端平元年(1234),徐侨任职太常少卿,为帝侍讲经筵,康植伴师同行。徐

---

① 乔行简说:"李全攻围泰州,剿除之兵今不可已。此贼气貌无以逾人,未必有长算深谋,直剽捍勇决,能长雄于其党耳,况其守泗之西城则失西城,守下邳则失下邳,守青社则失青社,既又降北,此特败军之将。十年之内,自白丁至三孤,功薄报丰,反背义忘恩,此天理人情之所共愤,惟决意行之。"见[宋]乔行简:《请讨李全奏》,载赵一生主编:《东阳丛书》第一册《唐宋邑士诗文辑存·乔行简》,赵一生校辑,浙江古籍出版社2015年版,第197页。

时史弥远生病告假,任独参知政事的郑清之,因为力赞讨伐李全,理宗由此决定讨全,其诏书云:"蠢兹李全,侪于异类,蜂屯蚁聚,初无横草之功;人面兽心,易胜擢发之罪!缪为恭顺,公肆陆梁。因馈饷之富,以啸集徒徒;挟品位之崇,以胁制官吏。凌蔑帅阃,杀逐边臣,虐刘我民,输掠其众。狐假威以为畏己,犬吠主旁若无人。姑务包含,愈滋猖獗,遽夺攘于盐邑,继掩袭于海陵,用怨酬恩,稔恶恣暴。为封豕以洿食,贪婪无厌;怒螳螂而当车,灭亡可待。故神人之共愤,岂覆载之所容!舍是弗图,孰不可忍!李全可削夺官爵,停给钱粮。敕江、淮制臣,整诸军而讨伐;因朝野金议,坚一意以剿除。蔽自朕心,诞行天罚。……时青以忠守境,屡立骏功;彭义斌以忠拓境,大展皇略,亦为逆全谋害,俱加赠典,追封立庙。"见[元]脱脱、阿鲁图,等:《宋史》卷四七七《列传》第二三六《叛臣(下)·李全传(下)》,钦定四库全书本。

② 乔行简奏云:"时青者,以官则国家之节度,以人则边陲之大将,一旦遽为李全所戕,是必疑其终为我用,虑变生肘腋,故先其未发驱除之。窃意军中必有愤激思奋之人,莫若乘势就淮阴一军,拔其尤者以护其师,然后明指杀青者之姓名,俾之诛戮,加赠恤之典于青,则其势自分,而吾得借此以制之,则可折其奸心而存吾之大体。不然,跋扈者专杀而不敢诛,有功者见杀而不敢诉,彼知朝廷一用柔道而威断不施,乌保其不递相视效?则其所当虑者,不独李全一人而已。"见[宋]乔行简:《论时青奏》,载赵一生主编:《东阳丛书》第一册《唐宋邑士诗文辑存·乔行简》,赵一生校辑,浙江古籍出版社2015年版,第196页。

③ [清]王崇炳:《金华征献略》卷八,载赵一生主编:《东阳丛书》第十五册,赵一生校辑,浙江古籍出版社2015年版,第214页。

侨在侍讲时对理宗说起秦时孝子颜乌事亲至孝事,乃曰忠孝乃治国之本。右丞相乔行简奏请理宗给孝子颜乌立庙,理宗亲赐"永慕庙"匾额一块,命康植携回义乌,并饬义乌知县蒋祀嘉在孝子坟旁择地建造永慕庙,供奉孝子颜乌牌位,永享香火。永慕庙开光以后,康植回京复命。丞相乔行简有心举荐康植在京任职,康植辞谢而任武安军节度掌书记。①可见,乔行简对徐侨及其弟子康植均有提携。不知康植轮对时所言何事而忤乔行简心意,因没有查考到相关文字,不敢妄加猜测。由此,康植因轮对而忤丞相乔行简意而差判通州一事,不能作为乔行简苛责他人之依据。

三、举人才不结朋党

乔行简历练老成,识量弘远,居官无所不言。好荐士,多至显达,至于举钱时、吴如愚,又皆当时隐逸之贤者。②好荐士人,成为乔行简的一个为官特质。

李心传亦有云:

> 公(乔行简)为执政二十年,荐士多矣。今之显官要职,未有不出公门者。去国之日,面荐五十士。自从官之闲退及中外历官之有才望者,各以序进退,即藏其橐。薨后数月,其家始于箧中得之。盖其间一二从官,世或指为与公异意者,公恶近名故不以示中外。有遄被峻擢者,亦不知公之荐也。③

乔行简执政近20年,举荐了无数士人。当时显官要职不少是出于他的门下。致仕之日,还向朝廷推荐了50名士人。退休还家时,还把那些有才望的士人名单列出表格。其中被他推荐的一些下属,还是对其有意见的士人。他也不对外显

---

① 《嘉庆义乌县志》,义乌市地方志办公室整理,1997年版。
② [元]脱脱、阿鲁图,等:《宋史》卷四一五《列传》第一七六《乔行简传》,钦定四库全书本。
③ [宋]李心传:《宋太师平章鲁国公文惠乔公圹记》,载乔廷藩,等:《吴宁乔氏宗谱》卷四《世行传》,民国二十二年(1933)重修版。

扬。有些得到快速提升的官员,自己也不知道是乔行简暗中推荐的结果。

理宗即位,即颁求贤、求言二诏。乔行简应诏上疏曰:"求贤、求言二诏之颁,果能确守初意,深求实益,则人才振而治本立,国威张而奸宄销。臣窃观近事,似或不然。夫自侍从至郎官凡几人,自监司至郡守凡几人,今其所举贤能才识之士又不知其几人也,陛下盖尝摭其一二欲召用之矣。"①"人才振而治本立"可以说是乔行简的政治主张之一。

正因为乔行简主张"人才振而治本立",所以他"好荐士"。《宋史》列举了乔行简所推举的二位隐逸贤者钱时和吴如愚。

钱时为慈湖高弟,《宋元学案·慈湖学案》载:"钱时,字子是,淳安人。慈湖高弟。读书不为世儒之习。以《易》冠漕司,即而绝意科举,究竟理学。江东提刑袁蒙斋甫建象山书院,招主讲席,学者兴起,大抵发明人心,指摘痛决,闻者皆有得焉。丞相乔行简荐之,授秘阁校勘。……人称为融堂先生。"②钱时为袁甫所荐,主讲象山书院。其学大抵发明人心,论议宏伟,指摘痛决,闻者皆有得焉。因乔行简之荐,授秘阁校勘,后出佐浙东仓幕。

乔行简有《进融堂书解劄子》曰:

臣昨任国子司业日,于延见诸生之,次闻严州布衣钱时山居读书,理学淹贯,尝从故宝谟阁学士杨简游,盖其深所推许。今宝章阁待制袁甫昨任徽州,与故太府丞郑之悌守严州日,皆尝一再礼聘,莅讲郡庠,远近士子翕然云集。已而得其讲篇,其于辨析义理,参错事物,发明疑难,有以起人。臣是时心已属之。其后知绍兴府汪纲亦尝延讲至郡。臣始属纲求其所著之书。益信其学之有所本。……臣遂因纲以延其来,与之相见而欸扣之。见其气负才识,尤通世务,自田里之休戚利病、当世之是非得失,莫不详究而熟知之。……臣愚欲望圣慈,

且与钱时特补迪功郎,畀以秘书阁校勘。仍乞下时本贯严州,取所

① [宋]乔行简:《论求贤求言疏》,载赵一生主编:《东阳丛书》第一册《唐宋邑士诗文辑存·乔行简》,赵一生校辑,浙江古籍出版社2015年版,第201页。
② [清]黄宗羲:《宋元学案》卷七四《慈湖学案》,全祖望补修,陈金生、梁运华点校,中华书局1986年版,第1969—1970页。

著书缮写缴进,上备乙览。①

乔行简称钱时理学淹贯。于辨析义理,参错事物,发明疑难,有以起人。其气负才识,尤通世务,自田里之休戚利病、当世之是非得失,莫不详究而熟知之。钱时是一个学养渊博的理学人士,所以乔行简极力推荐之。因为国家有举才不遗之策,大臣有知而必举之责。

吴如愚者,钱塘人氏。年少时,以其父亲任补承信郎,监福州连江商税,再调常熟,而解职归里。嘉熙二年(1238),以丞相乔行简奏荐,改授承信郎,差充秘阁校勘。《宋史》无载。徐元杰《梅野集》载有《吴如愚行状》,对其生平介绍极为详细,《四库全书总目》有载,其《准斋杂说》也见《四库全书》。四库提要云:

> 如愚字子发,钱塘人。少以父任补承信郎,监福州连江商税。再调常熟,解职归。嘉熙二年,以丞相乔行简奏荐,改授承信郎,差充秘阁校勘。三疏辞免,特转秉义郎与祠。其仕履见于《馆阁续录》及赵希弁《读书附志》,而《宋史》不为立传,故行实不概见。今考徐元杰《梅野集》有所作如愚行状,胪载事迹极详。大略言如愚孝友忠恕,安贫乐道,理明行修。凡所著述,于学问自得甚深。别有《易诗书说》《大学》《中庸》《论》《孟》及《阴符经解》诸种,并佚不传。此书亦久无行世之本,独散见《永乐大典》中者尚得四十余篇,大抵皆研究理学之文。②

吴如愚学术初稍涉于禅学。因为他早年留心清净之教,后来才幡然尽弃所学,刻意讲道。他讲解《大学》"格物以正为训""明王守仁《传习录》所谓格物如孟

---

① [宋]乔行简:《进融堂书解割子》,载赵一生主编:《东阳丛书》第一册《唐宋邑士诗文辑存·乔行简》,赵一生校辑,浙江古籍出版社2015年版,第194—195页。
② [清]纪昀:《准斋杂说二卷提要》,见《钦定四库全书·子部一》。

子格君心之格，其说实创于如愚"。①吴如愚认为致知之方不出于格物，欲明格物之旨，当明格字之训。《书》言"归格于艺祖"，《礼》言"言有物而行有格"，《史》言"手格猛兽之格"，这些皆不可以训此格。唯孟子言"大人格君心之非"，以正为训。②毅然成为一家之言者。

　　吴如愚认为，"塞乎天地者皆实理，行乎万世者皆实用，惟尽心知性则实理融而实用贯。其用功致力，实以体用兼备为主，而不坠于虚无。"③吴如愚这里强调"体用兼备"为主，以求实理致实用。这与吕祖谦之学十分接近。吕学强调"统而博多""体用兼备"，且具有理论的统贯性与系统性。它以内圣学为"体"为"本"，以外王学为"用"为"末"，而异于多数理学家之学之偏于"体"与"本"。吕学其实是以内圣学为基础而通往外王学的。④吕祖谦倡导的"明实理、求实用、育实才"，体现了求实疾虚和实事求是的精神。⑤

　　吴如愚剖析义理，如天理人欲之辨，三畏四力之论，无不发挥深至。他说："理在天下，一而已矣。理之所以一者，根于心也。由其心而推之，何适而非理哉！

---

① 纪昀云："元杰又称如愚早年留心清净之教，凡三四年。既而幡然尽弃所学，刻意讲道。是如愚学术，其初亦稍涉于禅悦。其解《大学》格物以正为训，明王守仁《传习录》所谓格物如孟子格君心之格，其说实创于如愚。似欲毅然独行一家之言者。然如愚平日尝称塞乎天地者皆实理，行乎万世者皆实用，惟尽心知性则实理融而实用贯。其用功致力，实以体用兼备为主，而不坠于虚无。故其剖析义理，如天理人欲之辨，三畏四勿之论，无不发挥深至，于宋末诸儒中所造较为平实。元杰又言，永嘉陈昉亲炙不倦，得所著述，退辄录之，刻为一编。临川罗愚复刊于广右漕台，所传益广。"见[清]纪昀：《准斋杂说二卷提要》，《钦定四库全书·子部一》。
② 吴如愚云："致知者，期造乎其之极地也。致知之方不出于格物，欲明格物之旨，当明格字之训。格之为义不一，或以为至。……惟孟子言"大人格君心之非"，以正为训。于义近之，即所训字详其句义则可见矣。若曰致知在至物，物至而后知至，不可也。致知在来物，物来而后知至，亦不可也。以至曰法、曰感、曰斗，逐句取义，皆不可也。惟有正字谓致知在正物，物正而后知至。其于句义诚通。所以孟子论大人之格君，终之以一正君而国定，是以正训格也。然此不言正物而言格物者，盖欲学者于物交物之际用其力焉。故谓之格物，物格则正，不格则不正。"见[宋]吴如愚：《致知格物说》，载《准斋杂说》卷上，钦定四库全书本。
③ [清]纪昀：《准斋杂说二卷提要》，见《钦定四库全书·子部一》。
④ 高苑科技大学陈立骧说：吕学其实是"统而博多""体用兼备"，且具有理论的统贯性与系统性。它以内圣学为"体"为"本"，以外王学为"用"为"末"，而异于多数理学家之学之偏于"体"与"本"。所谓"内圣学"，系指儒家义的修己、践仁以成德之学，它包含了道德的本体论（天理、心性论）与工夫论等；而所谓"外王学"，则是指儒家义的安人、齐家、治国与平天下等之学，它泛指经、史之学，以及政治、经济、社会、制度等事功之学等。因此，吕学其实是以内圣学为基础而通往外王学的。更精准地说，东莱根本就是以其内圣学为基底去论述与发展其外王学，如他对历史的诠释、他的春秋学等，其实都是根基于其内圣学的。见陈立骧：《吕东莱的"本体论"初探》。
⑤ 王锟：《浙学的独特价值》，《光明日报》2017年7月29日第11版。

……一于心而无不敬之谓诚,妙于心而不可测之谓神,神于心而有所变之谓易,无非心也,无非理也。人人有是心,具是理,而不能无智愚贤不肖之殊者,学与不学之分耳。……学明则心明,心明则理明,理明则会其有极。归其有极,而系辞之所谓一致,《论语》之所谓一贯,《孟子》之所谓一揆,自然默而成之。"①他强调:"人有三畏,而仕宦者尤当畏之。一畏满,二畏炎,三畏极。"②倡导"四力":"人之仕宦宜具四力。一曰学力,二曰才力,三曰精力,四曰福力。学力关于心志,才力关于质禀,精力关于气体,福力关于命分。"③

可见,钱时与吴如愚皆为满腹经纶之良才。乔行简识而力荐之,是可谓尽到了一个大臣的应尽之责。

真德秀、洪咨夔、徐侨等一干清流士人,也受到乔行简的荐举。李心传《宋太师平章鲁国公文惠乔公圹记》记载:"上令可选备经筵者,公首若真公德秀、洪公咨夔。"④在对待蒙金关系问题上,乔行简与真德秀的意见是有分歧的。嘉定四年(1211),蒙金战争初起,户部员外郎余嵘使金见到金军溃败,归后即说,今日的蒙古坚锐,像金朝崛起之时的情形,而如今金朝沮丧销铄,有旧辽灭亡之势。⑤宋廷了解到金有鞑靼之忧,他们就又多了一个分歧——蒙古的崛起、金的困境究竟是幸还是不幸。当时在朝廷上流行两种主流观点。乔行简认为"强鞑渐兴,其势已足以亡金。金,昔吾之仇也,今吾之蔽也。古人唇亡齿寒之辄可覆,宜姑与币,使

---

① [宋]吴如愚:《理一说》,载《准斋杂说》卷上,钦定四库全书本。

② 吴如愚说:"人有三畏,而仕宦者尤当畏之。一畏满,二畏炎,三畏极。满系平心,炎系平时,极系平分。心高而傲,满也;时发而骤,炎也;分足而止,极也。三者皆不可久之兆。此其所以可畏也,人之于此知满之可畏,则当处之以谦,毋骄纵,可也。知炎之可畏,则当处之以逌,毋躁进,可也。知极之可畏,则当处之以节,毋过求,可也。苟为不然,当畏不畏,满则必溢,炎则必焚,极则必变。其可久乎?观者戒之。"[宋]吴如愚:《三畏说》,载《准斋杂说》卷下,钦定四库全书本。

③ 吴如愚说:"人之仕宦宜具四力。一曰学力,二曰才力,三曰精力,四曰福力。学力关于心志,才力关于质禀,精力关于气体,福力关于命分。于其四力之中学力可以必其至,福力不可以必其全。何者?学力本乎人,福力本乎天也。乃若才力精力,则在乎可必之间。盖于学力福力或相因而消长焉。世固有无才力,无精力而因学力之充,福力之厚,或能勉强而成事者;亦有有才力,有精力而因学力之不充,福力之不厚,或至衰微而败事者。是知四力之在人虽均不可无。"[宋]吴如愚:《四力说》,载《准斋杂说》卷下,钦定四库全书本。

④ [宋]李心传《宋太师平章鲁国公文惠乔公圹记》云:"其参与大政也,上令可选备经筵者,公首若真公德修、洪公咨夔。且言,囊者非出圣意。今既可自承当此。以为然。"[宋]李心传:《宋太师平章鲁国公文惠乔公圹记》,载乔廷藩,等:《吴宁乔氏宗谱》卷之四《世行传》,民国二十二年(1933)重修版。

⑤ [宋]刘克庄:《后村先生大全集》卷一四五,王蓉贵、向以鲜校点,刁忠民审订,四川大学出版社2008年版,第3732页。

得拒辄。"①

真德秀则认为金朝已危机四伏，民心不归，"以垂亡困沮之势，既不足以当新胜之锋，而众叛亲离，安知无他变乘之者"。②由此断言金朝必亡。而蒙古崛起、金朝衰微，非无之福而是宋廷之忧。因为一旦金朝灭亡，宋廷必然上恬下嬉，自谓无虞，而忽视蒙古崛起所带来的潜在危机。③强调应该慎重处理与蒙金关系，不应急功近利，以致招祸。④在对待蒙古崛起而及早提防这一策略上，真德秀与乔行简是基本一致的。乔行简也是预判到逐渐兴起的蒙古必将是宋朝最潜在威胁，因此主张继续对金"与币"，以联金抗蒙。这两种观点均从国家安危出发，但与是否继续给金朝岁币的问题上存在分歧。真德秀是正人君子，他虽然与乔行简在"绝币"与"与币"问题意见相左，但他没有像另一位福建清流黄幹那样，以此要求"斩行简"。

乔行简举才不避亲。据载，为乔行简举荐的东阳籍士人至少有王霆、李大同、徐雄、许子良、王奕等。其中武进士王霆很有成就。王霆少有奇气，但屡试不偶。后来考武举，嘉定四年（1211）时，中绝伦异等。乔行简主持考艺别头，见王霆在录，窃喜曰："吾为朝廷得一帅才矣。"⑤后王霆果然有奇功，镇江战潘甫，光州平谢

---

① [元]脱脱、阿鲁图，等：《宋史》卷四一七《列传》卷一七六《乔行简传》，钦定四库全书本。

② 嘉定四年（1211）十二月，真德秀在上殿轮对时曰："盖自有天地以来，夷狄盛衰不常。然未尝有昌炽百年而无变者也。真盗据中原，九十载矣。自其立国，唯以刑威杀戮，劫制上下，非有欢然心服之素也。持此而欲久存，虽秦隋不能，况区区无道之女真乎！此其必亡者一。……今期溃散四出，犹川决防，不可遏止。至用赦以安之，瓦解土倾，其形已露，岂待智者而后知哉。"见[宋]真德秀：《西山先生真文忠公文集》（万有文库本），商务印书馆1937年版，第32页。

③ 真德秀曰："和议未坚，边警未撤，君臣上下，惕然有不敢康之心……遽已狃目前之安，而忘前日之患。"见[宋]真德秀：《西山先生真文忠公文集》（万有文库本），商务印书馆1937年版，第32页。

④ 温婧：《真德秀对金战略观研究》，华中科技大学硕士毕业论文，2013年，第12页。

⑤ "王霆，字定叟，东阳人。高大父豪，帅众诛方腊，以功补官。霆少有奇气，试有司不偶，去就武举，嘉定四年，中绝伦异等。乔行简考艺别头，喜曰：'吾为朝廷得一帅才矣。'理宗即位，特差充浙西副都监、湖州驻札。镇江都统赵胜辟为计议官，时李全寇盐城，攻海陵，……霆竟至南门，以帅宪之命董三城事。胜次第出城接战，霆必身先士卒，大小十八战，无一不利。夺贼壕，筑土城，焚城门，贼气为慑。……北兵至浮光，乃知光州兼沿边都巡检使。冒雪夜行，倍道疾驰至州，分遣间探，整饬战守之具，大战于谢令桥，光人遂安。督府魏了翁以书来慰安之，以缗钱十万劳其军。"见[元]脱脱、阿鲁图，等：《宋史》卷四〇八《列传》第一六七《王霆传》，四库全书本。

令桥,高邮剿盗,皆战无不克。[①]他撰有《论游击军十事》,官至授带行左领军卫大将军,是理宗朝一位难得戍边安境之良将。《宋史》称其"通兵家言,而谓不可以道从世,此古人谋帅贵乎'说《礼》《乐》而敦《诗》《书》'也"[②]。可见,东阳王霆确是一位文韬武略皆精通的良将帅才,不像许国之流,没有真才实学,却有骄横跋扈,靠关系换文资,混个名声而已。

与乔行简同朝的东阳士人颇多,主要有乔行简同窗葛洪。葛洪甚至比乔行简出道要早。葛洪淳熙十一年(1184)即登进士第,[③]乔行简直至绍熙四年(1193)才进士及第。[④]乔行简登第时间比葛洪晚了10年。嘉定间,葛洪即为枢密院编修官兼国史院编修官、实录院检讨官,迁守尚书工部员外郎兼权枢密院检详诸房文字。而此时乔行简还是在淮西漕任上。直至嘉定十七年(1224)闰八月,宁宗崩,理宗即位。是年九月,葛洪以工部侍郎、乔行简以起居郎兼侍讲。同月,葛洪即权工部尚书,升兼侍读。[⑤]宋代侍讲大约为从四品,侍读大约为从三品,皆以他官中之文学之士兼充,掌读经史,释疑义,备顾问应对。[⑥]可见,在理宗即位之初,葛洪就比同里同窗乔行简前进了一步。其中缘由不得而知,可能是葛洪所上的"忠诚"疏,

---

① 《宋史》载:"理宗即位,特差充浙西副都监、湖州驻扎。时潘甫等起兵,事甫定,霆因绥抚之。镇江都统赵胜辟为计议官,时李全寇盐城,攻海陵,胜出戍扬州,属官多惮从行,霆慨然曰:'此岂臣子辞难之日!'至扬子桥,人言贼兵昨日在南门,去将安之,霆竟至南门,以帅宪之命董三城事。胜次第出城接战,霆必身先士卒,大小十八战,无一不利。夺贼壕,筑土城,焚城门,贼气为慑。""北兵至浮光,其民奔遁,相属于道,朝论以为霆可守之,乃知光州兼沿边都巡检使。冒雪夜行,倍道疾驰至州,分遣间探,整饬战守之具,大战于谢令桥,光人遂安。督府魏了翁以书来慰安之,以缗钱十万劳其军。霆以召,寻为吉州刺史,仍知光州。""知高邮军,流民邦杰聚众三千人为盗,霆剿其渠魁,余党悉散。时议出师,和者甚多,霆以为:'莫若遣间探觇敌情,如不得已然后行之;否则无故自荡其根本,是外兵未至而内兵先惨烈也。'诸军毕行,惟高邮迟之,境内赖以安全。""提举云台观。执政期边事,且谓朝廷即有齐安之命。霆曰:'秋防已急,边守不宜临时更易,盍少需之。'乃授带行左领军卫大将军,充沿江制置副使司计议官,霆乃撰《沿江等边志》一编上之。制置使董槐、邓泳交荐之,差知寿昌军,改蕲州,建学舍,祠忠臣。尝叹曰:'两淮藩篱也,大江门户也,三辅堂奥也。藩篱不固则门户且危,门户既危则堂奥岂能久安乎?'于是贻书丞相杜范,乞瞰江审察形势,置三新城:蕲州置于龙眼矶,安庆置于孟城,滁阳置于宣化。"[元]脱脱、阿鲁图,等:《宋史》卷四〇八《列传》第一六七《王霆传》,钦定四库全书本。

② [元]脱脱、阿鲁图,等:《宋史》卷四〇八《列传》第一六七《王霆传》,四库全书本。

③ [元]脱脱、阿鲁图,等:《宋史》卷四一五《列传》第一七四《葛洪传》,钦定四库全书本。

④ [元]脱脱、阿鲁图,等:《宋史》卷四一七《列传》卷一七六《乔行简传》,钦定四库全书本。

⑤ 嘉定十七年(1224),"九月乙亥,诏褒表老儒,以傅伯成为显谟阁学士,杨简宝谟阁直学士,并提举南京鸿庆宫。……以礼部侍郎程珌、吏部侍郎朱著、中书舍人真德秀兼侍读;工部侍郎葛洪、起居郎乔行简、宗正少卿陈贵谊、军器监王塈兼侍讲。壬午,葛洪权工部尚书,升兼侍读。"见[元]脱脱、阿鲁图,等:《宋史》卷四一《本纪》第四十一《理宗传(一)》,钦定四库全书本。

⑥ [清]王益之:《职源撮要》,载赵一生,等:《东阳丛书》第二册,浙江古籍出版社2012年版,第127页。

赢得了理宗的好感。①同年十一月,葛洪为端明殿学士、同签书枢密院事。从此进入执宰行列。②宝庆元年(1225)十一月,葛洪为签书枢密院事;魏了翁、真德秀被弹劾落职。③绍定元年(1288)十二月辛亥,以薛极知枢密院事兼参知政事,葛洪参知政事,袁韶同知枢密院事,郑清之端明殿学士、签书枢密院事。绍定三年(1230)十一月,以郑清之参知政事兼签书枢密院事,乔行简端明殿学士、同签书枢密院事。至此,乔行简正式进入执宰行列。此时,丞相为史弥远(独相),执宰群体由薛极、葛洪、袁韶、郑清之、乔行简等组成。薛极者,虽为常州武进人,却为史弥远之心腹。④袁韶、郑清之皆为明州人,葛洪、乔行简为婺州人。袁韶与史弥远既是同乡又是同年,⑤乃史弥远心腹。其行状并非《宋史》所载那样,而是一个"聚敛小

---

① "葛洪上疏曰:'今之将帅,其才与否,臣不得而尽知。惟忠诚所在,凡为人臣者斯须所不可离,则不可不以是责之耳。今安居无事,非必奋不顾死,冒水火,蹈白刃,而后谓之忠也。第职思其忧谓之忠,公尔忘私谓之忠,纯实不欺谓之忠。'帝嘉纳之。进直焕章阁,为国子酒,仍兼国史编修、实录检讨。迁工部侍郎,仍兼祭酒兼同修国史实录院同修撰,拜工部尚书,亦兼祭酒兼侍读。"见[元]脱脱、阿鲁图,等:《宋史》卷四一五《列传》第一七四《葛洪传》,钦定四库全书本。
② [元]脱脱、阿鲁图,等:《宋史》卷四一《本纪》第四十一《理宗传(一)》,钦定四库全书本。
③ "宝庆元年(1225)十一月癸亥,宣缯兼同知枢密院事,薛极参知政事,葛洪签书枢密院事。诏邵州潜藩,可升为宝庆府。……甲申,朱端常言魏了翁封章谤讪,真德秀奏札诬谄。诏魏了翁落职,夺三秩,靖州居住;真德秀落职罢祠。"见[元]脱脱、阿鲁图,等:《宋史》卷四一《本纪》第四一《理宗传(一)》,钦定四库全书本。
④ 《宋史》曰:"薛极,字会之,常州武进人。以父任调上元主簿。中词科,为大理评事、通判温州,知广德军。以参知政事楼钥荐,迁大理正、刑部郎官,司封郎中、权右司郎中,迁右司郎中兼提领杂卖场、寄桩库,兼敕令所删修官,中书门下省检正诸房公事,兼删修敕令官。拜司农卿兼权兵部侍郎,寻为真。……迁权刑部尚书,寻试户部尚书兼权吏部尚书,遂为真,时暂兼权户部尚书。嘉定十五年(1222),特赐同进士出身,拜端明殿学士、签书枢密院事。绍定元年(1228),拜参知政事兼同知枢密院事。寻知枢密院事兼参知政事,封毗陵郡公。以观文殿大学士知绍兴府兼浙东安抚使。端平元年(1234),加少保、和国公,致仕,卒。""宋自嘉定以来,居相位者贤否不同,故执政者各以其气类而用之,因其所就而后世得以考其人焉。宣缯、薛极者,史弥远之腹心也。陈贵谊、曾从龙、郑性之、李性传、刘伯正,皆无所附丽。李鸣复、金渊者,史嵩之之羽翼也。"见[元]脱脱、阿鲁图,等:《宋史》卷四一九《列传》第一七八《薛极传》,钦定四库全书本。
⑤ 《宋史·袁韶传》谓袁韶为"淳熙十三年(1186)进士"。见[元]脱脱、阿鲁图,等:《宋史》卷四一九《列传》第一七八《薛极传》,钦定四库全书本。实为误,《宋史·孝宗纪》淳熙十四年(1187)四月戊子,"赐礼部进士王容以下四百三十五人及第、出身",而淳熙十三年(1186)根本没举行科考。据《宝庆四明志》卷一〇、《延祐四明志》卷六载,袁韶都被列入淳熙十四年(1187)王容榜,该榜还有史弥远。因此,袁韶与史弥远既是同乡又是同年。

人"。①郑清之虽有清名，②但他毕竟为史弥远同乡，又是史弥远废济王而立理宗事件的主要参与者。③其实，史弥远为人诟病的最大不是之处，就是矫诏以礼理宗，无论从哪个角度考察，史弥远此举皆为废常纲乱朝政的冒天下之大不韪之举。而郑清之则早就参与其中。④他首先被史弥远选定为理宗的老师，后来又直接参与谋划理宗上位的计策，并主持相关诏书之起草，是一个铁定的史弥远集团骨干成员。执宰班子成员如此构成，难怪有人说当时的朝政是"鄞婺联盟"执政。⑤

尽管理宗初期的朝政为明婺官员所统治，但在史弥远专权体制下，葛洪与乔行简两位婺州士人事实上很难形成自己的势力。首先，朝政在丞相史弥远手中，史弥远"挟拥立之功，专持国柄"。⑥其次"满朝朱紫贵，尽是四明人"。⑦何况，作为吕学传人的葛洪、乔行简皆以兼蓄并报，宽厚待人为主旨。吕祖谦初见葛洪，见其志气可嘉，竟然将其初名伯虎改为洪，字容父。足见吕祖谦对葛洪的赏识。葛

---

① 《宋史》曰："(嘉定)十三年(1200)，为临安府尹，几十年，理讼精简，道不拾遗，里巷争呼为'佛子'，平反冤狱甚多。"见[元]脱脱、阿鲁图，等：《宋史》卷四一五《列传》第一七四《葛洪传》，钦定四库全书本。刘埙《隐居通议》称其在临安府任上重税盘剥，实为"史弥远之党，聚敛臣也，小人无忌惮"。[宋]刘埙：《隐居通议》，丛书集成初编，商务印书馆1937年版。

绍定六年(1233)10月，专权达25年之久的史弥远病死，朝中反对派开始集中攻击史的专政，清算其党羽。其间理宗大概想起用袁韶，先以祠禄官召之，却遭到朝中大臣的极力反对，现存集子中有魏了翁、洪咨夔、吴泳、王迈等人反对起用他为祠禄官的奏疏。吴泳说他"七八年间，再典京兆，羽冀权奸，凌轹善类，扰累富民，罗织儒士，钩距术数，盖有为昔人之所不为者"，并说如果起用他，"天下之乱将自兹始矣。"[宋]吴泳：《鹤林集》卷二一，钦定四库全书本。

② 端平元年(1234)，理宗亲政，独自处理政事，郑清之慨然以治理天下为己任，于是召回真德秀、魏了翁、崔与之、李埴、徐侨、赵汝谈、尤焌、游似、洪咨夔、王遂、李宗勉、杜范、徐清叟、袁甫、李韶，当时号称"小元祐"。这些人大多相继担任宰辅，只有崔与之始终推辞不来，隐士如刘宰、赵蕃都被表彰。见[元]脱脱、阿鲁图，等：《宋史》卷四一四《列传》第一七三《郑清之传》，钦定四库全书本。

③ 《宋史》载："嘉定十六年(1223)，迁国子学录。丞相史弥远与清之谋废济国公，事见皇子竑传。俄以清之兼魏惠宪王府教授，迁宗学谕，迁太学博士，皆仍兼教授。宁宗崩，丞相入定策，诏旨皆清之所定。"见[元]脱脱、阿鲁图，等：《宋史》卷四一四《列传》第一七三《郑清之传》，钦定四库全书本。

④ 史弥远欲用赵昀取代济王竑为皇位继承人之时，史弥远选用时为国子学录的郑清之兼魏忠宪王府教授，为赵昀师。史弥远即以相位相许，"一日，弥远为其父饭僧净慈寺，独与国子学录郑清之登惠日阁，屏人语曰：'皇子不堪负荷，闻后沂邸者甚贤，今欲择讲官，君其善训迪之。事成，弥远之坐即君坐也。然言出于弥远之口，入于君之耳，若一语泄者，吾与君皆族矣'"。见[元]脱脱、阿图鲁，等：《宋史》卷二四六《列传》第五《镇王竑传》，钦定四库全书本。

⑤ 《后村先生大全集》卷一四一《丁给事(伯桂)神道碑》曰："宝、绍间，一相擅国，所拔之士，非鄞则婺。""非鄞则婺"是指鄞(四明)人与婺人联合主政。见廖寅：《"非鄞则婺"论——南宋后期政治研究之一》，《人文论丛》2003年卷，第366—377页。

⑥ 周密《辛酉杂识》云："史卫王挟拥立之功，专持国柄，然爱惜名器，不妄与人，亦其所长。"见[宋]周密：《卫王惜名器》，《辛酉杂识·别集下》，钦定四库全书本。

⑦ 丁传靖辑：《宋人轶事汇编》卷一八，中华书局2006年版，第988页。

洪请问坚守"终身大节"之要诀。吕祖谦说以"义命"二字。吕祖谦解道,人的发达与否,得失如何,以及人的寿命长短和祸福多少,皆天命也。士人君子欲行大义,唯有等待时机而已。葛洪视此二字圭臬,并"由此志见一定,终身不为事物摇夺"。[1]可见,葛洪是吕学的坚守和传承者。

至绍定四年(1231),随着乔行简在宰辅班子的地位不断上升,葛洪则逐渐退出中央政府。这年四月,郑清之兼同知枢密院事,乔行简签书枢密院事,葛洪拜参知政事。但七月,葛洪即以资政殿学士知绍兴府,成为地方大员。[2]直至端平二年(1235),葛洪以资政殿学士、提举洞霄宫,[3]退居二线。而乔行简则在绍定六年(1233),拜参知政事兼同知枢密院事,取代了葛洪参知政事的位置。有当今研究者认为,葛洪与乔行简在绍定三年(1230),顺利完成交接,使得婺人每年都有人参政。[4]这样的观点大约是"就事论事"者所为。

宝庆元年(1225)至绍定六年(1233)的9年时间,是史弥远专权顶峰时期。除宰相史弥远外,宰执班子还有7位成员,分别是薛极、宣缯、葛洪、袁韶、郑清之、乔行简、陈贵谊。在这个宰执班子中,史弥远、宣缯、袁韶、郑清之等4人为明州人,葛洪、乔行简为婺州人,薛极为常州人,陈贵谊为闽人。从人员构成分析,明州人处在绝对优势。婺人次之。但就权力和地位而言,葛洪、乔行简哪里还有什么话语权。作为位置仅次于宰相的参知政事任职,薛极达4年,郑清之也是4年,葛洪3年,宣缯2年,乔行简、陈贵谊两人只有1年。何况婺州人葛洪、乔行简两人的地位远不及常州人薛极。薛极连续11年进入执政集团,是除史弥远外,唯一全程经

---

① 杜范《葛洪传略》曰:"容父弱冠师东莱。吕祖谦喜其志气不卑,可以致远,初名伯虎,为改今名,定其字。尝从容请曰:'有一言可以坚守终身大节者乎?'成公曰:'其义命哉! 穷达得丧,寿夭祸福,命也。君子行义,俟之而已。'由此志见一定,终身不为事物摇夺。"见[清]党金衡:《道光东阳县志》,东阳市人民政府地方志办公室整理,西泠印社出版社2017年版,第376—379页。

② 《宋史》载:"绍定四年(1231)夏四月戊辰,赵范、赵葵并进中大夫、右文殿修撰,赐紫章服、金带。丁丑,以郑清之兼同知枢密院事;乔行简签书枢密院事。……七月庚戌,葛洪资政殿学士、知绍兴府。"见[元]脱脱、阿鲁图,等:《宋史》卷四一《本纪》第四一《理宗传(一)》,钦定四库全书本。

③ 宋代设有"提举宫观"制度,主要是为了安置老病无能的大臣及高级冗官闲员。这些宫观提举,坐食俸禄而不管事,故又称"祠禄官"。参见赵德义:《中国历代官称辞典》,团结出版社1999年版。

④ 廖寅:《"非鄞则婺"论——南宋后期政治研究之一》,《人文论丛》2003年卷,第366—377页。

历宝绍之政者，①为史弥远爪牙"四木"之首。②可见，在如此的宰执集团中，婺州人葛洪有何能力和可能，把自己的"参知政事"职位交接给同乡乔行简。这样的人事安排，完全取决于史弥远一人，或说是明州势力集团。再之，也没有什么史实可以证明葛洪、乔行简在史弥远独裁高压势态下，可以游刃有余，从容勾连。

四、居相位而忠人主

绍定六年（1233）十月，在宁、理两朝独相专权达二十六年之久的史弥远薨，理宗终于结束了"渊默十年无为"③的困局，开始亲揽朝纲，"赫然独断"。④理宗一面对史弥远示宠有加，追封其为卫王，赐谥"忠献"；⑤还不许朝臣揭露史弥远之过失，宣布"姑置卫王事"。⑥一面又很快罢黜了史弥远的党羽薛极、胡榘、聂子述、赵汝

---

① 廖寅：《"非鄞则婺"论——南宋后期政治研究之一》，《人文论丛》2003年卷，第366—377页。

② 宝庆绍定年间，史弥远的心腹党羽遍布朝廷，执政有郑清之、薛极、袁韶等，台谏官有李知孝、莫泽、梁成大等，地方制帅有史嵩之、徐国、胡榘、赵善湘等，还有知临安府余天锡等。他最信任的是世人所咬牙切齿的"三凶"和"四木"。"四木"是指名字中都含有"木"字的薛极、胡榘、聂子述和赵汝述；"三凶"是指担任台谏官的李知孝、莫泽、梁成大。他们是史弥远的忠实鹰犬，搏击政敌不遗余力。参见虞云国：《细说宋朝》，上海人民出版社2002年版，第587页。

③ 黄震云：宋理宗"委旧辅史弥远，渊默十年无为"。见[宋]黄震：《古今纪要逸编》，四明丛书本。理宗初期受制于史弥远专权，听任其擅权，"于万机谦逊无所预"，没有自己独立的建树，对朝政深深地沉默达10年之久。这种"渊默"乃是理宗自觉的韬晦行为，反映出理宗心计甚深，而其目的在于巩固自己的皇位。参见胡昭曦：《论宋理宗的"能"与"庸"》，《中国史研究》1998年第1期，第109—118页。

④ 《宋史》载："端平元年（1234），上既亲统庶政，赫然独断。"见[元]脱脱、阿鲁图，等：《宋史》卷四一四《列传》第一七三《郑清之传》，钦定四库全书本。

⑤ 《宋史》载：绍定六年（1233）十月，诏："史弥远有定策大功，勤劳王室，今以疾解政，宜加优礼。长子宅之权户部侍郎兼崇政殿说书，次子宇之直华文阁、枢密院副都承旨，长孙同卿直宝章阁，次孙绚卿、良卿、会卿、晋卿并承事郎，女夫赵汝禖军器少监，孙女夫赵崇梓官一转。……史弥远薨，赠中书令，追封卫王，谥忠献。"见[元]脱脱、阿鲁图，等：《宋史》卷四一《本纪》第四一《理宗传（一）》，钦定四库全书本。

⑥ 宝庆、绍定年间，史弥远把持朝政，独断专行，他的党羽几乎控制了从中央到地方的重要职位。尽管史弥远权势熏天，仍然不断有忠义之士不畏权势，上书指斥其专权擅政。理宗意识到，自己与史弥远已形成一荣俱荣、一损俱损的关系，否定史弥远就等于否定自己继位的合法性，因此对史弥远优容袒护，褒宠有加。绍定六年（1233）十月，史弥远病重不治，理宗封其为卫王，谥"忠献"。理宗公开宣布"姑置卫王事"，即将史弥远的事情搁置起来，禁止臣僚攻击史弥远的过失。参见虞云国：《细说宋朝》，上海人民出版社2002年版，第590页。

述、李知孝、梁成大、莫泽等被称为"四木""三凶"的佞臣。①继之，又先后召回了宝庆、绍定期间被史弥远、莫泽排斥的一些较有才干的臣僚，如真德秀、魏了翁、崔与之、李埴、徐侨、赵汝谈、尤焴、游似、洪咨夔、王遂、李宗勉、杜范、徐清叟、袁甫、李韶等。②任命郑清之为右丞相兼枢密使，并以乔行简知枢密院事，曾从龙参知政事，郑性之签书枢密院事，陈贵谊兼同知枢密院事。③至此，理宗亲政初期的宰执班子基本形成。从端平元年（1234）至端平三年（1237）这4年时间，基本上是郑清之独相，乔行简居其他宰执成员之首。此时，朝政气象有所改观，人称"端平亲政以来，召用正人以振台纲，天下翘望风来"④。

　　在宰执任命上，反映了理宗决心更化的真实心态和思路。宰执班子成员中，亲史弥远势力已经尽存郑清之一人。理宗继续任用郑清之，除因与清之有师生之谊，清之又有定策之功外，还在于清之颇负人望，继承了四明人的政治资本和社会资源。郑清之在史弥远任相时即任参知政事兼同知枢密院事，又是理宗为宗子、皇子时的宫廷老师，但也是史弥远废济王、立理宗的同谋，可是他忠于理宗，不像史弥远具有擅权野心。正因如此，理宗把他作为依仗，既可维护史弥远的"定策之功"，又可因与郑清之这位重臣的师生关系而稳定朝政，有利于实施自己的意愿。⑤可见，理宗亦具政治智慧。而郑清之亦不负所望，"慨然以天下为己任"，辅

① 《宋史》载：绍定六年（1233），"十一月乙巳，给事中莫泽等言，差提举千秋鸿禧观梁成大暴狠贪婪，苟贱无耻，诏夺成大祠禄。……甲子，台臣劾刑部尚书莫泽贪淫忮害，罢之。……庚辰，以薛极为观文殿大学士、知绍兴府兼浙东安抚使。……戊申，洪咨夔言：'资政殿学士、提举洞霄宫袁韶，仇视善类，谄附弥远，险忮倾危。'诏袁韶夺职、罢祠禄。壬辰，台臣言：'赵善湘、陈晐、郑损纳赂弥远，怙势肆奸，失江淮、荆襄、蜀汉人心，罪状显著。'诏赵善湘有讨李全功，特寝免；陈晐与祠，郑损落职与祠。……端平元年（1234）二月辛未，监察御史洪咨夔言：'上亲政之始，斥逐李知孝、梁成大，其谄事权奸，党私罔上，倡淫黩货，罪大罚轻。诏李知孝削一秩，罢祠；梁成大削两秩。'……五月乙卯，诏李知孝瑞州居住，梁成大潮州居住，莫泽南康军居住，并再降授官，寻尽追爵秩。五月庚子乙卯，诏李知孝瑞州居住，梁成大潮州居住，莫泽南康军居住，并再降授官，寻尽追爵秩。"见〔元〕脱脱、阿鲁图，等：《宋史》卷四一《本纪》第四一《理宗传（一）》，钦定四库全书本。
② 《宋史》载：端平元年（1234），上既亲总庶政，赫然独断，而清之亦慨然以天下为己任，召还真德秀、魏了翁、李埴、徐侨、赵汝谈、尤焴、游似、洪咨夔、李宗勉、杜范、徐清叟、袁甫、李韶，时号"小元祐"。见〔元〕脱脱、阿鲁图，等：《宋史》卷四一四《列传》第一七三《郑清之传》，钦定四库全书本。
③ 端平元年（1234）六月戊寅，以乔行简知枢密院事，曾从龙参知政事，郑性之签书枢密院事，陈贵谊兼同知枢密院事。见〔元〕脱脱、阿鲁图，等：《宋史》卷四一《本纪》第四一《理宗传（一）》，钦定四库全书本。
④ 〔宋〕黄震：《戊辰修史传·丞相杜范》，四明丛书本。
⑤ 胡昭曦：《论宋理宗的"能"与"庸"》，《中国史研究》1998年第1期，第109—118页。

佐理宗实行变革。《宋史》曰："端平间召用正人,清之之力也。"①乔行简始终与史弥远保持适当距离,坚持和而不同的处世原则,理宗对乔行简颇有好感,称其"识量弘远"。尤其在雪川之变后,乔行简明确表示"群贤方集,愿勿因济王议异同,致有涣散"②,因而见信于理宗。③

而陈贵谊、曾从龙、郑性之则为闽人,是史弥远的坚决反对者。④尤其是陈贵谊,虽于绍定五年(1232)以同金书枢密院事身份,与乔行简一起进入史弥远当权的宰执班子,但他屡屡得罪史弥远。当时讨论更换楮币法,陈贵谊援引熙宁新法而激怒史弥远。金人侵犯淮、蜀时,陈贵谊又说:"今嫱婀循默,囊括不言。民力已竭,而科敛之外,馈遗以谋进者未已。"史弥远听后更加不乐,指使言官弹劾陈贵谊,罢了他的职务。⑤可以说,陈贵谊是史弥远于宝绍间在宰执班子里遇到的唯一政敌。曾从龙虽然没有与史弥远直接对垒,但他与史弥远集团的"四木"之一胡榘闹得不可开交。曾从龙早在嘉定八年(1215)即以礼部尚书擢签书枢密院事,进入史弥远当政的宰执班子;嘉定十二年(1219),曾从龙为参知政事。⑥而因得罪"四

---

① [元]脱脱、阿鲁图,等:《宋史》卷四一四《列传》第一七三《郑清之传》,钦定四库全书本。
② [元]脱脱、阿鲁图,等:《宋史》卷四一七《列传》卷一七六《乔行简传》,钦定四库全书本。
③ 徐美超:《史弥远的政治世界:南宋晚期的政治生态与权力形态的嬗变(1208—1259)》,复旦大学硕士毕业论文,2014年,第47页。
④ 《宋史》载:"宋自嘉定以来,居相位者贤否不同,故执政者各以其气类而用之,因其所就而后世得以考其人焉。宣缯、薛极者,史弥远之腹心也。陈贵谊、曾从龙、郑性之、李性传、刘伯正,皆无所附丽。"见[元]脱脱、阿鲁图,等:《宋史》卷四一九《列传》卷一七八《陈贵谊传》,钦定四库全书本。
⑤ 《宋史》载:"时议更楮币法,贵谊转对言:'人主令行禁止者,以同民之所好恶。楮券之令,乃使好恶获遑,道路咨怨,非所以祈天永命、固结人心。'因援熙宁新法为辞。又言:'明锐果敢之才,足以集事而失于剽轻;老成宽博之士,足以厚俗而失于循理。孰若举之以众,取之以公。'主更币之法者,乃摘新法等语激怒时相,且谓'贵谊引类植党',人为危之。……转对,谓:'言路虽开,触犯公讳者指为好名,切劘时政者指为玩令。利害关于天下,是非公于人心。一人言之未已,或至累十数人言之,则又指为朋党。是非易位,忠佞不分。'史弥远益不乐。……属金人大扰淮、蜀,贵谊言:'人才所以立国,今旁蹊曲径,幸门四辟。言路所以通下情,今嫱婀循默,囊括不言。民力已竭,而科敛之外,馈遗以谋进者未已。军中耻言败北,则阵亡者不恤;耻言弃溃,则逃窜者复招。'……弥远滋不乐,讽言者论罢,主管崇禧观。"见[元]脱脱、阿鲁图,等:《宋史》卷四一九《列传》卷一七八《陈贵谊传》,钦定四库全书本。
⑥ 《宋史》载:"嘉定八年(1215)七月辛酉,以郑昭先为参知政事,礼部尚书曾从龙签书枢密院事。"见[元]脱脱、阿鲁图,等:《宋史》卷三九《本纪》第三九《宁宗(三)》,钦定四库全书本。又:"嘉定十二年(1219)三月己巳,以郑昭先知枢密院事,曾从龙参知政事。"[元]脱脱、阿鲁图,等:《宋史》卷四〇《本纪》第四〇《宁宗(四)》,钦定四库全书本。

木"胡榘而落职,虽没有一撸到底,但以提举洞霄宫,退居二线。①

　　理宗把这两位深受史弥远集团打击迫害的老臣,拉进了以郑清之为相的宰执班子,这样的组阁,一是表明自己的亲政必须远离史弥远集团的影响;二是对郑清之这位自己的老师却为史弥远集团骨干的宰相,明显有许多不信任在里面,并以闽人旧臣势力加以掣肘。理宗这样的人事安排,说明了他确是"赫然独断";同时,加速了郑清之的下台。

　　郑清之因"端平入洛"失败,相位第一次受到威胁。端平元年(1234)正月,史嵩之与孟珙联合蒙古士兵攻克蔡城,获亡金完颜守绪残骸而归。于是,他们上奏章加以夸耀,而且绘制了《八陵图》以献朝廷,理宗遂议遣使修奉八陵。②当时当权的宰相郑清之就有了乘时抚定中原的想法。赵葵、赵范、全子才三人,听信了降人谷用安的说法,提出"守河据关"的建议。③宋理宗血气方刚,正欲行恢复之计,他急于夺回河南等地,便采纳了他们的建议。端平元年(1234)五月,理宗授赵葵为主帅,率宋军主力五万人,从泗州渡过淮河北上;授赵范为两淮制置使、节制军马兼沿江制置副使,由他率军屯驻光州、黄州一带,"以张声势";由全子才率淮西兵万余人先期北上,直取开封。并调集诸路军马予以策应,以"巩固天堑,应接汴洛"④。宋兵虽一时"光复汴京"⑤,但终因"入洛之师无援,粮道不继",而以失败

----

① 《宋史》载:"(胡榘)进端明殿学士、签书枢密院、太子宾客,改参知政事。疾胡榘憸壬,排沮正论,陈其罪。榘嗾言者劾罢,以前职提举洞霄宫。"见[元]脱脱、阿鲁图,等:《宋史》卷四一九《列传》卷一七八《曾从龙传》,钦定四库全书本。

② 北宋九个皇帝,除徽、钦二帝外,其他均葬于嵩山北麓伊洛河南岸的丘陵巩义,统称"七帝八陵"。这里还有陪葬皇后陵、亲王墓、帝系太子、公主和大臣墓共200多座,形成了庞大的陵墓群。

③ 《齐东野语》载:"端平元年甲午,史嵩之子申,开荆湖闸,遂与孟珙合勤兵夹攻蔡城,获亡金完颜守绪残骸以归。乃作露布以夸耀一时,且绘八陵图以献,朝廷遂议遣使修奉八陵。时郑忠定丞相当国,于是有乘时抚定中原之意。会赵葵南仲,范武仲,全子才三数公,惑于降人谷用安之说,谓非扼险无以为国,于是守河据关之议起矣。乃命武仲开闸于光、黄之间,以张声势,而子合淮西之兵万余人赴汴。六月十二日离合肥,十八日渡寿州,二十一日抵蒙城县。……"见[宋]周密:《齐东野语》卷五"端平入洛",钦定四库全书本。

④ [宋]洪咨夔:《平斋文集》卷一九《副都承旨张嗣古除右文殿修撰权知建康府江东安抚使制》,《四部丛刊》续编本。

⑤ 据相关史书载:"七月初二,全子才军抵达汴京郊外二十里扎营,为蒙古防守开封城的原金朝降将李伯渊杀死主帅崔立,以城来献。""七月初五,全子才率宋军进入汴京城。""七月二十日,赵葵率宋军主力淮东兵五万赶到汴京与全子才会师。"分别见何忠礼:《南宋全史(二)》,上海古籍出版社2011年版;[宋]周密:《齐东野语》卷五"端平入洛",钦定四库全书本。

告终。①

时任参知政事的乔行简正告病在家,听说此事后立即抱病上书道:"八陵有可朝之路,中原有可复之机,以大有为之资,当有可为之会,则事之有成,固可坐而策也。臣不忧出师之无功,而忧事力之不可继。有功而至于不可继,则其忧始深矣。夫自古英君,必先治内而后治外。陛下视今日之内治,其已举乎,其未举乎?……今边面辽阔,出师非止一途,陛下之将,足当一面者几人?勇而斗者几人?智而善谋者几人?……陛下之兵,能战者几万?分道而趣京、洛者几万?留屯而守淮、襄者几万?"②力劝理宗不要轻易用兵,先治内而后治外。但理宗没有采纳乔行简的意见。

"端平入洛"失败,理宗当然要对出师河南的倡导者进行处置。③郑清之虽未被直接予以惩罚,但理宗在他之外另立乔行简为相,实际就是在分割他的权力。端平二年(1235)六月,"以郑清之为特进、左丞相兼枢密,进乔行简为金紫光禄大夫、右丞相兼枢密使",并起用史嵩之为淮西制置使兼沿边制置副使。④理宗开始并用两相执政。

此时的宰执班子也相应作了调整,端平二年(1235)三月,为曾从龙兼同知枢密院事;真德秀参知政事,兼给事中、兼侍读;陈卓同签书枢密院事。⑤闽人陈贵谊在"端平入洛"之初,即疾病缠身,不久即薨,年仅51岁。⑥清流名望真德秀好不容

---

① 《齐东野语》曰:"是役也,乘亡金丧乱之余,中原侥扰之际,乘机而进,直抵旧京,气势翕合,未为全失。所失在于主帅成功之心太急,入洛之师无援,粮道不继,以致败亡,此殆天意。"见[宋]周密:《齐东野语》卷五"端平入洛",钦定四库全书本。

② [元]脱脱、阿鲁图,等:《宋史》卷四一七《列传》卷一七六《乔行简传》,钦定四库全书本。

③ 《宋史》载:"壬寅,赵范言:'赵葵、全子才轻遣偏师复西京,赵楷、刘子澄参赞失计,师退无律,致后阵败覆。'诏赵葵削一秩,措置河南、京东营田边备;全子才削一秩,措置唐、邓、息营田边备;刘子澄、赵楷并削三秩放罢。"见[元]脱脱、阿鲁图,等:《宋史》卷四一《本纪》卷四一《理宗(一)》,钦定四库全书本。

④ 端平二年(1235)六月"戊寅,以郑清之为特进、左丞相兼枢密使,乔行简金紫光禄大夫、右丞相兼枢密使。己卯,葛洪资政殿大学士,予祠禄"。见[元]脱脱、阿鲁图,等:《宋史》卷四二《本纪》第四十二《理宗(二)》,钦定四库全书本。

⑤ 《宋史》载:"三月乙未,诏太学生陈均编《宋长编纲目》,进士陈文蔚著《尚书解》,并补迪功郎。丁酉,杨谷、杨石并升太师,寻辞免。乙巳,曾从龙兼同知枢密院事;真德秀参知政事,兼给事中、兼侍读;陈卓同签书枢密院事。"见[元]脱脱、阿鲁图,等:《宋史》卷四二《本纪》第四二《理宗(二)》,钦定四库全书本。

⑥ 《宋史》载:"出师汴、洛时,贵谊已移疾,犹上疏力争。五上章乞归,转司官,加邑封,致仕。卒,赠少保、资政殿大学士。"见[元]脱脱、阿鲁图,等:《宋史》卷四一九《列传》卷一七八《陈贵谊传》,钦定四库全书本。

易任参知政事,进入宰执序列,却于同年五月薨,年仅58岁。①鄞人陈卓,也于此时进入宰执班子。但陈卓祖籍福建,早年与史弥远有故旧,宝庆三年(1227)即为签书枢密院事,后因为济王鸣冤与史弥远失和遂乞致仕归里。②端平二年(1235)六月,郑清之、乔行简并相后,为曾从龙知枢密院事兼参知政事,崔与之参知政事,郑性之同知枢密院事,陈卓签书枢密院事。③宁宗朝即进入宰执班子的老臣曾从龙此时成为宰执之首,而颇具清名的崔与之则始终没有到任。④

端平二年(1235)十一月,宰执班子成员又有调动。曾从龙为枢密使、督视江淮军马,魏了翁同签书枢密院事、督视京湖军马,郑性之兼权参知政事。曾从龙薨,余嵘同签书枢密院事。⑤清流名望四川人魏了翁、浙江衢州人余嵘新进入宰执班子。端平三年(1236)二月,魏了翁签书枢密院事;四月,魏了翁乞归田里,诏不允,以资政殿学士知潭州。端平三年(1236)七月,郑性之参知政事,李鸣复签书枢

---

① 《宋史》载:端平二年(1235)三月,"召(真德秀)为户部尚书,入见,上迎谓曰:'卿去国十年,每切思贤。'乃以《大学衍义》进,复陈祈天永命之说,谓'敬者德之聚。仪狄之酒,南威之色,盘游弋射之娱,禽兽狗马之玩,有一于兹,皆足害敬'。上欣然嘉纳,改翰林学士、知制诰,时政多所论建。逾年,知贡举,已得疾,拜参知政事,同编修敕令《经武要略》。三乞祠禄,上不得已,进资政殿学士、提举万寿观兼侍读,辞。疾亟,冠带起坐,远谢事,犹神爽不乱。遗表闻,上震悼,辍视朝,赠银青光禄大夫。德秀长身广额,容貌如玉,望之者无不以公辅期之。立朝不满十年,奏疏无虑数十万言,皆切当世要务,直声震朝廷。四方人士诵其文,想见其风采。及宦游所至,惠政深洽,不愧其言,由是中外交颂。都城人时惊传倾洞,奔拥出关曰:'真直院至矣!'果至,则人填塞聚观不置。时相益以此忌之,辄摈不用,而声愈彰。……然自侂胄立伪学之名以锢善类,凡近世大儒之书,皆显禁以绝之。德秀晚出,独慨然以斯文自任,讲习而服行之。党禁既开,而正学遂明于天下后世,多其力也。"见[元]脱脱、阿鲁图,等:《宋史》卷四三七《列传》第一九六《真德秀传》,钦定四库全书本。
② 陈卓(1167—1252)字立道,乾道三年(1167)生于浙江鄞县,原籍兴化军莆田县崇业乡孝义里。丞相弥远与卓早年有故旧,尝贻书于卓欲一见,卓谢而不往,弥远益器之。宝庆三年(1227年)五月,李全叛,以青州降蒙古。卓为签书枢密院事,草褫叛臣李全爵,诏书至淮人益自励。绍定年间(1228—1233),卓官吏部尚书,同签书枢密院事,因鸣济王不灭之冤,与弥远政见不合,而意见与弥远相悖的大臣亦纷纷被攻击去职。卓遂乞致仕,以资政殿学士还里,赠金紫光禄大夫、太师开国伯。
③ 《宋史》载:端平二年(1235)六月"壬午,以曾从龙知枢密院事兼参知政事,崔与之参知政事,郑性之同知枢密院事,陈卓签书枢密院事。赐进士吴叔告以下四百五十四人及第、出身有差"。见[元]脱脱、阿鲁图,等:《宋史》卷四二《本纪》第四二《理宗(二)》,钦定四库全书本。
④ 《宋史》载:"端平初(1234),金亡,朝廷议取三京,(崔与之)闻之顿足浩叹。继而授端明殿学士、提举嵩山崇福宫,亦辞,俄授广东经略安抚使兼知广州。……帝于是注想弥切,拜参知政事,拜右丞相,皆力辞。……嘉熙三年(1239),乃得致仕,以观文殿大学士提举洞霄宫。"见[元]脱脱、阿鲁图,等:《宋史》卷四〇六《列传》第一六五《崔与之传》,钦定四库全书本。
⑤ 《宋史》载:端平二年(1235)"十一月乙丑,以曾从龙为枢密使、督视江淮军马,魏了翁同签书枢密院事、督视京湖军马,郑性之兼权参知政事。……甲辰,曾从龙薨,赠少师。余嵘同签书枢密院事。"见[元]脱脱、阿鲁图,等:《宋史》卷四二《本纪》第四二《理宗(二)》,钦定四库全书本。

密院事。①

端平三年(1236)九月,祀明堂,遇雷雨。左丞相郑清之、右丞相乔行简同时罢为观文殿大学士、醴泉观使兼侍读。以崔与之为右丞相兼枢密使。②然后,仅仅过去3个月,乔行简即被理宗提拔为左丞相,而郑清之以观文殿大学士、提举洞霄宫。③此时,虽然崔与之为右丞相兼枢密使,但他一直推辞而没有就此职。因此,名义上有左右二相存在,事实上乔行简独相。理宗并改年号为"嘉熙"。郑清之被罢相,引起朝臣纷纷议论。乔行简也由此落了一个排挤郑清之的谤名。其中,最典型的就是闽人王迈。王迈在《乙未六月上封事》中曰:

> 行简为人素号多智。弥远在时,善事惟谨,其性姿多苛,其荐举多私。弥远喜其顺己,每事委曲从之。及与清之共政,所见每有不同。况当耄耋之年,易犯在得之戒,其身虽未必为小人之事,其门必多引小人之徒。④

王迈攻讦乔行简靠委曲恭顺史弥远上位,史弥远见乔行简顺从自己的时候较多,就提拔了他。荐举亲信,似有结党营私之嫌。当与郑清之共政时,意见时常不一致。最主要的就是"端平入洛"一事,乔行简竭力反对。因此,王迈在《乙未闰七月轮对第一札》又云:

---

① 《宋史》载:端平三年(1236)二月"甲辰,起居郎吴泳上疏论淮、蜀、京、襄捍御十事,不报。诏魏了翁依旧端明殿学士、签书枢密院事,其速赴阙。诏史嵩之淮西制置使兼副使。"端平三年(1236)四月"己酉,魏了翁乞归田里,诏不允,以资政殿学士知潭州"。端平三年(1236)"秋七月丁卯,以郑性之参知政事,李鸣复签书枢密院事"。见[元]脱脱、阿鲁图,等:《宋史》卷四二《本纪》第四二《理宗(二)》,钦定四库全书本。

② 端平三年(1236)九月"庚申,太白、岁星合于尾。庚午,雷。辛未,祀明堂,大赦。雷雨。乙亥,左丞相兼枢密使郑清之罢为观文殿大学士、醴泉观使兼侍读,右丞相兼枢密使乔简罢为观文殿大学士、醴泉观使兼侍读。以崔与之为右丞相兼枢密使"。见[元]脱脱、阿鲁图,等:《宋史》卷四二《本纪》第四二《理宗(二)》,钦定四库全书本。

③ 《宋史》载:端平三年(1236)"十一月戊午,诏嗣秀王师弥授少师。丙寅,以乔行简为特进、左丞相兼枢密使,封肃国公。……癸卯,郑清之辞免观文殿大学士、醴泉观使兼侍读,诏仍旧观文殿大学士、提举洞霄宫。"见[元]脱脱、阿鲁图,等:《宋史》卷四二《本纪》第四二《理宗(二)》,钦定四库全书本。

④ [宋]王迈:《臞轩集》卷二《乙未六月上封事》,钦定四库全书本。

开边一事,虽出于帅臣之喜功,而清之不能救其源。换楮一策,虽出
于枢臣之寡谋,而清之不能夺其义。而公清平实以主善类,而无妒贤嫉
能之偏;明白通达以受人言,而无浅中自是之失。通国之臣无愚不肖皆
称为君子之相,而非彼相比也。陛下责治大统,课功太速,不择忠贤以辅
之,乃用行简以疏间之,而又欲用袁韶以快其报复之志。①

　　王迈的意思是说"端平入洛"之失败,不能全怪郑清之。它是赵范、赵葵等帅
臣贪图功劳的缘故。认为郑清之是人人皆称赞的"君子之相",是乔行简这个"彼
相"所不能比拟的。姑且不论郑、乔孰贤孰孬,单就"端平入洛"一事而言,当时郑
清之独相,乔行简只不过是知枢密院事而已,况且他告病休假。乔行简知道理宗、
郑清之决意出兵收复"三京",才急忙上疏劝阻,理宗没有理会乔行简的劝告。反
对"端平入洛"的宰执也非乔行简一人。我们将当时的宰执班子的构成及其他们
对"端平入洛"的态度,列成表格,如表4-1所示。

表4-1　端平元年(1234)六月宰执班子构成及对"端平入洛"的态度一览表

姓名	时任职务	时年龄	进士及第时间	籍贯	对"端平入洛"的态度
郑清之 (1176—1252)	丞相	59	嘉泰二年 (1202)	庆元府鄞县	力主
乔行简 (1156—1241)	知枢密院事	79	绍熙四年 (1193)	婺州东阳	反对(时议收复三京,行简 在告,上疏劝阻)
曾从龙 (1175—1236)	参知政事	60	庆元五年 (1199)状元	泉州晋江	反对(时有三京之役,极论 南兵轻进易退。未几 言验)
郑性之 (1172—1254)	签书枢密院 事	63	嘉定元年 (1208)状元	福州府闽清	不明
陈贵谊 (1183—1234)	兼同知枢密 院事	52	庆元五年 (1199)	福州府福清	反对(出师、洛时,贵谊已 移疾,犹上疏力争)

　　从上表可以看出,郑清之在决策"入洛"的议事程序上绝对存在很大问题。当
时的宰执班子中,除郑性之的态度无法找到实证外,其余3人皆持反对意见。郑
清之全然不顾其他宰执反对意见,贸然听信亲信赵范、赵葵之言,断然决定出兵。

---

①[宋]王迈:《臞轩集》卷二《乙未闰七月轮对第一劄》,钦定四库全书本。

其独相大权独揽之势赫然毕现。其实,对于宰执议事程序,乔行简曾经上疏理宗:"自今以往,事无大小,内断诸心,外谋大臣。勿牵于左右谀说之言,勿惑于宫闱私昵之意。当为者,毅然为之;不当为者,断然寝之。或事大体重者,必稽于典古,付之都省,下之朝绅,公共讨论,惟是之从。"①"事无大小,内断诸心,外谋大臣",乔行简此话是告诉理宗,你既然要"独断朝纲",则必须有独断行事的意志和定律,不要优柔寡断。同时,也不能忘记与大臣们共谋。如何共谋?乔行简细说了程序:事关国家大体的大事,除了稽考古典外,必须交给都省宰执班子,以及其他朝绅们"公共讨论",形成决定之后,才坚决执行之。这就是与当代"民主集中"十分接近的议事决策程序。唯其如此,才能形成"国论一,则人心定;人心定,则国势尊"。②可惜,时为宰相的郑清之根本没有理会乔行简这样的制度安排,在都省宰执成员意见严重分歧的情况下,力促理宗作出了出兵入洛的决定。不论入洛结果如何,但就郑清之当时对朝廷决策程序的践踏,他就必须有所承担!

今人廖寅教授在《"非鄞则婺"论——南宋后期政治研究之一》认为:

> 端平更化,郑清之将各方面人才征召入朝,但郑实很孤立。乡党诸人中,仅淡泊名利的陈卓进入执政,并未起到应有的鼎助作用;同在朝廷的袁甫却与"正人"合流;身在边防重镇的史嵩之采取了消极不合作的态度;罢政下野的袁韶则与乔行简勾结,共同觊觎相位。但对郑清之打击最大的还是所召诸贤与乔行简结盟,转而全面攻讦自己。③

廖文把郑清之因"端平入洛"失败而受冷落的主要缘由,归结为乔行简与"袁韶勾结共同觊觎相位",并与"诸贤结盟全面攻讦郑清之"。廖教授的这一结论是建立在时人王迈的观点基础上的。廖文对王迈《乙未六月上封事》一文引证如下(为了保证真实性,我们采用原文截图):④

---

① [宋]乔行简:《论天下之势当转弱为强奏》,载赵一生主编:《东阳丛书》第一册《唐宋邑士诗文辑存·乔行简》,赵一生校辑,浙江古籍出版社2015年版,第201页。
② 同上。
③ 廖寅:《"非鄞则婺"论——南宋后期政治研究之一》,《人文论丛》2003年卷,第366—377页。
④ 同上书,第372页。

乔行简除与"正人"结盟外，也不忘结交四明人，"欲用袁韶以快其报复之志……布置宾客，络绎京师……兴论造谤，交结左右，转以上闻，谓非行简不足以为相，非袁韶不足以辅之，而訾清之为果不足用也……今涂人之论皆谓小人之谤清之而举行简也，意不在行简而专在袁韶"⊛。

从字面理解，廖文这段话的意思是乔行简"欲用袁韶以快其报复之志"，并"布置宾客，络绎京师""兴论造谤，交结左右，转以上闻"。以此以论证乔行简勾结袁韶与诸贤结盟，攻讦郑清之之事实。既然当时的王迈都如此言之确确，那乔行简之勾结攻讦之恶名即由此成立。这样的逻辑推理似是无懈可击。然而，廖文对王迈《乙未六月上封事》一文的引用，从"欲用袁韶"开始，后面有三处"……"。这些省略号，不免使人对引证文献之真实性和全面性感到不安。详细阅读对照王迈《乙未六月上封事》一文，就不难发现王迈引文与原文存在许多不同的地方。"欲用袁韶以快其报复之志"一句，原文为："陛下责治太锐，课功太速，不择忠贤以辅之，乃用行简以疏间之，而又欲用袁韶以快其报复之志。"①可见，王迈原文中"欲用袁韶"者非乔行简，而是理宗。是理宗欲提拔袁韶，怎么能以此推定乔行简勾结袁韶。"布置宾客，络绎京师"至"而訾清之为果不足用也"一段，原文为："如袁韶辈皆惧及己，已布置宾客，络绎京师，乐祸幸灾，兴讹造谤，交结左右，转以上闻。谓非行简不足以为相，非袁韶不足以辅之，而訾清之为果不足用也。"可见，王迈原文是指"袁韶辈"在"布置宾客，络绎京师，乐祸幸灾，兴讹造谤，交结左右，转以上闻"，而不是指乔行简。"袁韶辈"一词也不可能涵括乔行简。当时乔行简的地位明显高于袁韶，岂可列入"袁韶辈"以指之。至于乔行简是否与袁韶勾结，而指使袁韶党余兴风作浪，那得找到另外的史料记载加以论证。可惜很难找到这方面的文字。

可见，廖文的这段引文丢失了两个关键主语"陛下"和"袁韶辈"。从而把"陛下"理宗欲用袁韶，袁韶辈"布置宾客、络绎京师、交结左右"这两件事情无端按到乔行简身上，几近指鹿为马。乔行简与四明士人交好，稽史料可考的主要有沈焕、袁甫二人。关于沈焕，乔行简《丰储孙君巨源墓志铭》一文有载：

乾道、淳熙间，端献沈公焕讲学四明，为后进所归。既而应东阳孙公

---

① ［宋］王迈：《乙未六月上封事》，载［宋］王迈《臞轩集》卷二，钦定四库全书本。

国干之聘,入主师席。惟时孙氏子弟多质能植立,有官兵部讳衫者,有官秘书讳德之者,有官桃源讳澜者,皆为端献所器许。乃兵部、秘书经纶康济,为世闻人。予独悲夫巨源君之贤,顾不少舒其蕴而已也。始君得端献抽其绪,又从白石钱公游,益驰骋其文。①

可见,沈焕曾应东阳孙巨源之聘任孙家书院(义塾)师席。孙家子弟孙衫(巨源)、孙德之、孙澜等,皆为沈焕入门弟子。而孙衫始受沈焕之学后又登钱文子之门,与乔行简同门。孙衫为淳熙十四年(1187)进士第三人,湖南提举使、兵部郎官,封通议大夫,条陈时弊,剀切而备。屡言不听,遂辞归。②袁甫是袁燮之子。乔行简在《进融堂书解劄子》中曰:

> 臣昨任国子司业日,于延见诸生之,次闻严州布衣钱时山居读书,理学淹贯,尝从故宝谟阁学士杨简游,盖其深所推许。今宝章阁待制袁甫昨任徽州,与故太府丞郑之悌守严州日,皆尝一再礼聘,莅讲郡庠,远近士子翕然云集。已而得其讲篇,其于辨析义理,参错事物,发明疑难,有以起人。③

袁甫早年知徽州时,曾礼聘钱时莅讲郡庠。袁甫为袁燮子,却师从杨简,与钱时为同门。这位嘉定七年(1214)的状元,极具个性,既为鄞州人,却不与鄞州籍权相郑清之合,更不与鄞州史氏集团史弥远、史嵩之同流。但袁甫绝非受乔行简之影响,而与郑清之不合。④袁甫是端平初为郑清之所召以真德秀、魏了翁为首的被

---

① [宋]乔行简:《丰储孙君巨源墓志铭》,载赵一生,等:《东阳丛书》第一册《唐宋邑士诗文辑存》,浙江古籍出版社2012年版,第217—218页。

② 吴立梅:《悠悠东阳》,上海交通大学出版社2013年版,第23页。

③ 乔行简:《进融堂书解劄子》,载赵一生主编:《东阳丛书》第一册《唐宋邑士诗文辑存·乔行简》,赵一生校辑,浙江古籍出版社2015年版,第194—195页。

④ 《宋史》载:"袁甫,字广微,宝文阁直学士燮之子。嘉定七年(1214)进士第一。""时相郑清之以国用不足,履亩使输券。甫奏:'避是虐贱,有力者顽未应令,而追呼迫促,破家荡产,悲痛无聊者,大抵皆中下之户。'尝讲罢,帝问近事,甫奏:'惟履亩事,人心最不悦。'""时朝廷以边事为忧,史嵩之帅江西,力主和议。甫奏曰:'臣与嵩之居同里,未尝相知,而嵩之父忠,则与臣有故。嵩之易于主和,弥忠每戒其轻易。今朝廷甘心用父子用心之人,臣不特嵩之之易于主和,抑朝廷亦未免易于用人也。'疏入,不报。遂乞归,不允。"见[元]脱脱、阿鲁图,等:《宋史》卷四〇六《列传》第一六五《袁甫传》,钦定四库全书本。

后世称作"正人"或"清流"士人之一，黄百家在《宋元学案》中曾云：

> 从来西山、鹤山并称，如鸟之双翼，车之双轮，不独举也。鹤山之志西
> 山，亦以司马文正、范忠文之生同志、死同传相比，后世亦无敢优劣之者。①

真德秀与魏了翁是当时并驾齐驱的学界巨擘，而且以其"正学"而被后世称为
"正人"或"清流"。当时"正学"之称谓，大约魏了翁倡导之。魏了翁有《论敷求硕
儒开阐正学疏》一通，其疏曰：

> 愿陛下毋以书生为迂腐，毋以正论为阔疏，敷求硕儒，开阐正学。使
> 人人知其有礼义廉耻之实，知其有君臣父子之亲，知此身之灵于物而异
> 于禽兽也，则见得必思义，见危必致命。周敦颐曰："师道立则善人多，善
> 人多则朝廷正而天下治。"此断断然如谷之可疗饥也。②

因为当湖南张栻、福建朱熹、婺州吕祖谦三先生去世后，学者大都感到"怅怅
然无所归"。因为当时永嘉叶适之学虽然博大，而未免有误学者于"有"；四明慈湖
之学虽然淳厚，而未免诱学者于"无"。只有像魏了翁、真德秀这样"有大力量者"，
才能正之③！"正学"之名大约由此而成。由此，当时为郑清之所召的15名"正人"
中，大都与魏了翁、真德秀有关。为了表述清晰，我们不妨将这15名"正人"的背
景构成列成表格，如表4-2所示。

---

① ［清］黄宗羲：《宋元学案》卷八一《西山真氏学案》，全祖望补修，陈金生、梁运华点校，中华书局1986年
版，第1969—1970页。
② ［清］黄宗羲：《宋元学案》卷八〇《鹤山学案》，全祖望补修，陈金生、梁运华点校，中华书局1986年版，第
2670页。
③ 《刘漫堂回魏侍郎书》曰："张、朱、吕三先生之亡，学者怅怅然无所归。叶水心之博，而未免误学者于有；
杨慈湖之淳，而未免诱学者于无，非有大力量如侍郎者，孰是正之！"见［清］黄宗羲：《宋元学案》卷八〇
《鹤山学案》，全祖望补修，陈金生、梁运华点校，中华书局1986年版，第2671页。

表4-2　端平元年(1234)为郑清之所召15名"正人"背景一览表①

姓名	籍贯	学术渊源	时任职务	对端平入洛的态度	与乔行简关系
真德秀 (1178—1235)	福建浦城	朱学。尝从杨简游	户部尚书、知制诰	反对	一般
魏了翁 (1178—1237)	四川邛州	私淑朱、张之学,兼永嘉经制	权礼部尚书兼直学士院	不详	一般
崔与之 (1158—1239)	广东增城	楼钥讲友	吏部尚书	反对	不好
李塪 (1161—1238)	四川眉山	张学。楼昉门人,从南轩游	礼部侍郎	不详	不详
徐侨 (1160—1237)	婺州义乌	吕学兼朱学	太常少卿兼侍讲	不详	较好
赵汝谈 (?—1237)	余杭	不详。尝从朱熹订疑义十数条	礼部郎官	反对	不详
尤焴 (1190—1272)	无锡	永嘉学。叶适弟子	将作监主簿	不详	曾到过东阳,与乔行简关系不详
游似 (?—1252年)	四川南充	朱学。刘光祖、魏了翁门人	兼权礼部侍郎兼侍讲	不详	不详
洪咨夔 (1176—1236)	杭州临安	朱学。菊坡崔与之门人	监察御史	反对	不详
王遂 (1182—1252)	镇江金坛	湘学。游九思门人	监察御史	不详	不详
李宗勉 (?—1241年)	杭州富阳	不详	监察御史	反对	不睦
杜范 (1182—1245)	台州黄岩	朱学	军器监丞	反对	或谓受乔行简提拔
徐清叟 (1182—1262)	福建浦城	朱学	太常博士	不详	不详
袁甫 (不详)	鄞县	陆学。袁燮之子,又从慈湖问学	以直徽猷阁知建宁府	不详	有交往
李韶 (1197—1268)	福州连江	不详	国子监丞	不详	不详

可见,这15名"正人""清流"多数出自魏了翁、真德秀之门。从籍贯分析,四川、福

---

① 此表资料基本上据《宋史·列传》《宋元学案》整理,或有误处、遗漏处在。

建士人各3人。浙江虽有6人,但来自鄞州的仅袁甫1人,来自婺州的仅徐侨1人。而且,袁甫既反史弥远,又反郑清之;徐侨虽为乔行简同门,也曾受乔行简、葛洪举荐,但徐侨是真正的清流,不恋仕途,更没有与乔行简勾结的实力和言行。因此"非鄞即婺"在此时不成立。从学术分析,朱学、张学弟子达8人,吕学、陆学各1人。尽管郑清之肆意起用闽州朱学士人,以纠史弥远用人之偏。然而,出人意料的是,这15人之中,对"端平入洛"居然多数反对,就连一向支持郑清之的真德秀都出面反对。《宋史·列传》载:

> 闻金灭,京湖帅奉露布图上八陵,而江淮有进取潼关、黄河之议。德秀以为忧,上封事曰:"移江淮甲兵以守无用之空城,运江淮金谷以治不耕之废壤,富庶之效未期,根本之弊立见。惟陛下审之重之。"①

真德秀在这些"正人"中名望最高。黄震在《两朝政要》中说:"理宗时,天下所素望其为相者,真德秀文行声迹独重。嘉定、宝、绍间,金谓用则即日可太平。"②按照黄震的说法,真德秀是当时负天下素望的宰相之才。大家都说,只要用真德秀,嘉定、宝、绍间即可太平。黄震此话可信度极高。全祖望在《题真西山集》中也说:"乾、淳诸老之后,百口交推,以为正学大宗者,莫如西山。"③真德秀这么一位宰相之才、正学大宗,对郑清之一向倾力支持。黄震在评价真德秀在端平初年的作为时,颇有微词:

> 端平亲政,趣召(德秀)至朝。正当世道安危升降之机,略无一语及之,乃阿时相郑清之,饰其轻举败事,谓为和、扁代庸医受责。又以清之开边建议,御阅卒以府库不足犒赏,事不可行,致前至诸军,质贷备衣装,无以偿,故哄。延及州兵皆哄。自是军政不复立。④

---

① [元]脱脱、阿鲁图,等:《宋史》卷四三七《列传》第一九六《真德秀传》,钦定四库全书本。
② [清]黄宗羲:《宋元学案》卷八一《西山真氏学案》,全祖望补修,陈金生、梁运华点校,中华书局1986年版,第2707—2708页。
③ 同上。
④ [清]黄宗羲:《宋元学案》卷八一《西山真氏学案》,全祖望补修,陈金生、梁运华点校,中华书局1986年版,第2707—2708页。

　　稍晚于郑清之的庆元府(鄞州)朱学士人黄震,在评价同门前辈真德秀时,以为在"正当世道安危升降之机"端平之初,真德秀对国是"略无一语及之",却"阿时相郑清之,饰其轻举败事",最终导致朝廷"军政不复立"。对黄震的这一评价,全祖望认为黄震是"笃行醇儒",不会轻易诋毁他人。而且"《宋史》西山本传即出文洁之手,其后元人重修,虽讳其隳军知举之短,而于呵护郑清之一节,亦多微辞。然则端平之出,得非前此偶著风节,本无定力,老将知而耄及之邪?"①从中也可以看出,郑清之当时并没有失去"正人"群体的支持。对郑清之攻讦较甚的是监察御史黄岩人杜范。杜范认为九江守将何炳年事已高不足以胜任,便上奏劾之,此事被拖而不决。杜范认为是丞相郑清之从中作梗,又上了一道奏折说:"一守臣之未罢其事小,台谏之言不行其事大。阻台谏之言犹可也,至于陛下之旨匿而不行,此岂励精亲政之时所宜有哉!""阻台谏之言犹可也,至于陛下之旨匿而不行"一句直指丞相郑清之。就是说,劾何炳之奏折可能已为理宗批准,但却被郑清之压下不办。郑清之见后勃然大怒,指杜范"顺承风旨,粉饰挤陷"。杜范由此"五上章丐去",并有"危机将发,朋比祸作"之语。②事实究竟如何,无法得到旁证。但杜范与郑清之之间的间隙就此留下。不久,杜范不改前行,又率领众台谏论郑清之"妄邀边功",赵范、赵葵等"诈谋罔上",并上殿指陈时政得失时(转对)说:

　　　　今日之病,莫大于贿赂交结之风。名誉已隆者贾左右之誉以固宠,

① [清]黄宗羲:《宋元学案》卷八一《西山真氏学案》,全祖望补修,陈金生、梁运华点校,中华书局1986年版,第2707—2708页。
② 杜范,字成之,黄岩人。少从其从祖烨、知仁游,从祖受学朱熹,至范益著。嘉定元年(1208),举进士,调金坛尉,再调婺州司法。绍定三年(1230),主管户部架阁文字。六年(1233),迁大理司直。端平元年(1234),改授军器监丞。……时清之妄邀边功,用师河洛,兵民死者十数万,资粮器甲悉委于敌,边境骚然,中外大困。范率合台论其事,并言制阃之诈谋罔上。于是凡侍从、近臣之不合时望者,监司、郡守之贪暴害民者,皆以次论斥。清之愈忌之,改太常少卿。……《宋史》载:又奏九江守何炳年老不足备风寒,事寝不行。范再奏曰:"一守臣之未罢其事小,台谏之言不行其事大。阻台谏之言犹可也,至于陛下之旨匿而不行,此岂励精亲政之时所宜有哉!"丞相郑清之见之大怒,五上章丐去,有"危机将发,朋比祸作"之语;且谓范顺承风旨,粉饰挤陷。范遂自劾,言:"宰相之与台谏,官有尊卑而事关一体,但当同心为国,岂容以私而害公。行之者宰相,言之者台谏。行之者岂尽合于事宜,言之者或未免于攻讦,清明之朝,此特常事。古者大臣欲扶持纪纲,故必崇奖台谏,闻有因言而待罪者矣,未闻有讳言而含怒者也。曩者柄臣所用台谏,必其私人;……乞检臣前奏,赐之罢黜,以从臣退安田里之欲。"见[元]脱脱、阿鲁图,等:《宋史》卷四〇七《列传》第一六六《杜范传》,钦定四库全书本。

宦游未达者惟梯级之求以进身。边方帅臣，黄金不行于反间，而以探刺朝廷；厚赐不优于士卒，而以交通势要。以致赏罚颠倒，威令慢亵，罪贬者拒命而不行，弃城者巧计以求免，提援兵者召乱而肆掠，当重任者怙势而夺攘。①

其实，郑清之"妄邀边功"这一结论是《宋史》作者给出的，并指郑清之"用师河洛，兵民死者十数万，资粮器甲悉委于敌，边境骚然，中外大困"。其言可谓重矣。杜范只是指责"制阃之诈谋罔上"。所谓"制阃"者指统领一方的军事首领，即"边方帅臣"。杜范这里指的是赵范、赵葵兄弟。兵民死者十数万，资粮器甲悉委于敌，边境骚然，而中外大困，这是"端平入洛"失败造成的后果，而归求其原因之一则在边方帅臣赵范、赵葵兄弟。当时，赵范为京河关陕宣抚使、知开封府、东京留守兼江、淮制置使，②赵葵权兵部尚书、京河制置使，知应天府、南京留守兼淮东制置使。③赵范、赵葵兄弟以儒臣治军，能征善战，屡建军功。④《宋史》称其"朝廷倚之，如长城之势"。⑤但在"端平入洛"这件事上，他们或轻信了降人国用安。对此，

① 《宋史》载：时清之妄邀边功，用师河、洛，兵民死者十数万，资粮器甲悉委于敌，边境骚然，中外大困。范率合论其事，并言制阃之诈谋罔上。于是凡侍从、近臣之不合时望者，监司、郡守之贪暴害民者，皆以次论斥。清之愈忌之，改太常少卿。转对言："今日之病，……下至禁旅，骄悍难制，监军群聚相剽劫。欲望陛下亟以小恩废大谊，毋以私情挠公法，严制官掖，不使片言得以入于闻；禁约阉宦，不使谲诡得以售其奸。"见[元]脱脱、阿鲁图，等：《宋史》卷四〇七《列传》第一六六《杜范传》，钦定四库全书本。
② 《宋史》载：赵葵"又进端明殿学士，京河关陕宣抚使、知开封府、东京留守兼江、淮制置使。入洛之师大溃，乃授京湖安抚制置使兼知襄阳府。"见[元]脱脱、阿鲁图，等：《宋史》卷四一七《列传》第一百七十六《赵葵传》，四库全书本。
③ 《宋史》载："端平元年（1234），朝议收复三京，（赵）葵上疏请出战，乃授权兵部尚书、京河制置使，知应天府、南京留守兼淮东制置使。"见[元]脱脱、阿鲁图等：《宋史》卷四一七《列传》第一七六《赵葵传》，四库全书本。
④ 《宋史》载："嘉定十年（1217），金将高琪、乌古论庆寿犯襄阳，围枣阳。时边烽久熄，金兵猝至，人情震惧。（赵）方帅范、葵往战，败走之。十三年（1220），（赵）方遣葵及都统扈再兴攻金人至高头。高头，金人必守之处也，出劲兵拒战，葵率先锋奋击，再兴继进歼之。……俘斩及降者几二万，获万户而下十数人，夺马八百，逐北直傅城下而还。"弥远犹未欲兴讨，参知政事郑清之赞决之。乃加葵直宝章阁、淮东提点刑狱兼知滁州。范刻日约葵，葵帅雄胜、宁淮、武定、强勇步骑万四千……每出师必使显及葵各领精锐分道赴战，摧坚陷阵，聚散离合，前无劲敌……已而，全攻扬州东门，葵亲出搏战。……于是数战皆捷。（绍定）四年（1231）正月壬寅，遂杀之。"见[元]脱脱、阿鲁图，等：《宋史》卷四一七《列传》第一七六《赵葵传》，钦定四库全书本。
⑤ 《宋史》曰："赵方豫计二子后当若何，而葵、范所立，皆如所言，所谓知子莫若父也。然宋自端平以来，捍御淮、蜀两边者，非葵材馆之士，即其偏裨之将。朝廷倚之，如长城之势。及其筋力既老，而卫国之志不衰，亦曰壮哉！"见[元]脱脱、阿鲁图，等：《宋史》卷四一七《列传》第一七六《赵葵传》，钦定四库全书本。

宋人周密《东野齐语》有云：

> 端平元年(1234)甲午,史嵩之子申,开荆湖闸,遂与孟珙合辙兵夹攻
> 蔡城,获亡金完颜守绪残骸以归。乃作露布以夸耀一时,且绘八陵图以
> 献,朝廷遂议遣使修奉八陵。时郑忠定丞相当国,于是有乘时抚定中原
> 之意。会赵葵南仲、范武仲,全子才三数公,惑于降人谷用安之说,谓非
> 扼险无以为国,于是守河据关之议起矣。①

谷用安者,即国用安。这是一个不应该值得信任的人。《金史》称其:"形状短
小无须,喜与轻薄子游,日击鞠衢市间,顾眄自矜,无将帅大体。"②他起先随李全参
加红袄军,后降宋,之后又降蒙、降金。至于他提出的"守河据关"之建议,是否正
确,不在此讨论。我们只关注杜范对赵范、赵葵"诈谋罔上"之指控。如果确实是
针对轻信国用安这点而言,说二赵诈谋而欺骗理宗,不仅言辞过激,而且事实逻辑
也不一定成立。

当然,这都不是主要的。关键是有人依此以为杜范是受乔行简指使而攻讦郑
清之与赵氏二兄弟。如今有人著文,以为郑清之召正人入朝之举,"不仅得罪了四
明人,也没有达到弥合朝廷裂痕的目的。相反,这些召还的名贤尤其是朱学人士
杜范等人,因曾得益于乔行简的提拔,便很快就与乔行简成了结盟,并帮助乔行简
谋相以取代郑清之"。③廖寅《"非鄞则婺"论——南宋后期政治研究之一》一文
也说:

> "正人"想纯用朱学人士,从而独占政治利益。与乔行简结盟过程
> 中,杜范起了关键的作用。杜范,宗朱学,仕途一直不得意,是乔行简将
> 其破格提拔起来的,在《太师平章乔文惠公挽歌词三首》中,杜范极尽赞
> 美之能事,其中有"忆在乌伤日,惊腾鹗荐辞。自怜拘法守,何以答心

---

① [宋]周密:《齐东野语》,张茂鹏点校,中华书局1983年版,第77页。
② [元]脱脱:《金史·国用安传》,钦定四库全书本。
③ 郑传杰:《一门三宰相——南宋史氏家族传(3)》,"史氏春秋网"。

知"①之四句,表明了两人之间不同寻常的关系。②

　　杜范于嘉定元年(1208)进士及第,此时他27岁。5年后,他出任金坛尉,然后任婺州法曹、户部架阁文字、大理司直,都是八九品小官。到端平元年(1234),57岁的他才被授为军器丞。他在《太师平章乔文惠公挽歌词三首》中说"忆在乌伤日,惊腾鹗荐辞",从中透露出他任婺州司法时,曾受乔行简举荐。"乌伤"即义乌,杜范任婺州法曹时曾"行义乌经界"③;"鹗荐"是举荐人才的意思。杜范由婺州法曹升任户部架阁文字,是由乔行简推荐的。其实,杜范入选端平"正人"集团,是郑清之的功劳。但杜范不忘当初乔行简荐举之恩,是其人情所至。如果由此而指责杜范与乔行简勾结,或是杜范受乔行简指使而攻讦郑清之及赵范、赵葵,难免有牵强附会之意。按此逻辑,赵范、赵葵兄弟为郑清之弟子,④那么郑清之与二赵兄弟结成朋党,一意孤行而致"端平入洛"失败之说,也必将成立。作为古史研究,决计不能以某人一句说辞而立为推理主线,几不顾其他史实妄加臆测而下结论。这样的研究方法绝不是一种严肃、严谨的态度。

　　史家对杜范的评价甚好。黄震在《戊辰修史丞相杜范传》中说:"端平大坏之余,方得正人如杜公。"⑤《宋史》评曰:"杜范在下僚,已有公辅之望。"四库馆臣评曰:"……范有公辅才,正色立朝,议论鲠切。……奏疏之见于集者,大都恻恻恳

---

① 杜范《太师平章乔文惠公挽歌词三首》:其一:奕世诸贤辅,清朝得老成。谏兵秦蹇叔,忧国汉萧生。更化人皆仰,调元位独亨。天迟诸葛死,尚欲致升平。其二:名在洪钧上,身游绿野中。社方娱白傅,城遽闭滕公。国势关轻重,君恩著始终。堪嗟典刑尽,群木刺寒空。其三:忆在乌伤日,惊腾鹗荐辞。自怜拘法守,何以答心知。零露黄花暗,凄风画翣悲。遥瞻孔山路,无计送灵辒。见[宋]杜范:《杜清献公集》卷二,光绪元年(1871)重刊本。
② 廖寅:《"非鄞则婺"论——南宋后期政治研究之一》,《人文论丛》2003年卷,第366—377页。
③ [宋]黄震曾云:杜范"再调婺州法曹,行义乌经界,筹画曲当。村翁野媪,有欲言者比召至前,使人人得以自展,昔时侵攘隐漏之弊尽革"。见[宋]黄震:《戊辰修史传》,四明丛书,约园刊本。
④ 《宋史》曰:赵葵"与兄范俱有志事功,方之,聘郑清之、全子才为之师。又遵从南康李燔为有用之学"。见[元]脱脱、阿鲁图,等:《宋史》卷四一七《列传》第一七六《赵葵传》,钦定四库全书本。
⑤ 《宋史》曰:"杜范在下僚,已有公辅之望,及入相未久而没。"见[元]脱脱、阿鲁图,等:《宋史》卷四〇七《列传》第一六六《杜范传》,钦定四库全书本。

到,足以征其忠爱之忱矣。"①可见,杜范实有"正人"之名、公辅之才。今人赵康龄②认为,《清献集》共20卷,奏札独占10卷,共50多篇,这些奏章最能体现杜范的精神面貌。杜范从金坛尉到任军器监丞,用了25年时间;而从幸当轮对到进入都堂决策层的一品大员,却只用了7年时间。究其缘由是这些奏章让理宗看到了杜范无私无畏的"诚心"、治国安邦的"公道",以及忠君爱国的"正人"胆识和韬略,于是决定重用他,任命他为监察御史,让他在吏部、兵部、礼部任职后,又任他为同知枢密院事,进入国家军事最高决策机构,进而提为右丞相兼枢密使。这样的分析比较客观和公允。

再分析郑清之、乔行简并相时期的宰执班子构成(如表4-3所示),我们也可以发现,当时乔行简在朝中的势力无论如何不可能超过郑清之。

表4-3　端平二年(1235)十一月宰执班子构成一览表③

姓名	时任职务	时年龄	进士及第时间	籍贯	与史弥远关系
郑清之(1176—1252)	左丞相兼枢密使	60	嘉泰二年(1202)	庆元府鄞县	密切
乔行简(1156—1241)	右丞相兼枢密使	80	绍熙四年(1193)	婺州东阳	和而不同
曾从龙(1175—1236)	枢密使兼参知政事	61	庆元五年(1199)状元	泉州晋江	反史
崔与之(1158—1239)	参知政事(未到任)	78	绍熙四年(1193)	广东增城	疏远
郑性之(1172—1254)	同知枢密院事兼权参知政事	64	嘉定元年(1208)状元	福州府闽清	反史
陈卓(1167—1252)	签书枢密院事	69	不详	庆元府鄞县祖籍福建	反史
魏了翁(1178—1237)	同签书枢密院事	58	庆元五年(1199)	四川邛州	不与苟同

---

① 《四库提要》云:"范有公辅才,正色立朝,议论鲠切。其为御史时,累劾李鸣复等行贿交结之罪,鸣复卒以去位。其守宁国还朝时,又极陈内忧外患之交迫,而劝理宗以屏声色,远邪佞言,多切挚。及其为相,前后所上五事及十二事,无不深中时弊。虽在位未久,而没不能大有所匡正,然奏疏之见抉集者,大都悱恻恳到,足以征其忠爱之忱矣。"见[清]纪昀,等:《清献集提要》,见《钦定四库全书·集部四·别集类三》。

② 赵康龄是黄岩市教师进修学校高级讲师、黄岩历史学会副会长。这是他于2018年4月11日,在黄岩市政协文史讲堂"永宁史话"第13期上所作的《杜范及其奏章》讲座中所表述的观点。赵康龄虽为地方文史工作者,但其学术态度较为严谨。其观点甚有价值。

③ 《宋史》载:端平二年(1235)"十一月乙丑,以曾从龙为枢密使、督视江淮军马,魏了翁同签书枢密院事、督视京湖军马,郑性之兼权参知政事"。见[元]脱脱、阿鲁图,等:《宋史》卷四二《本纪》第四二《理宗(二)》,钦定四库全书本。

续表

姓名	时任职务	时年龄	进士及第时间	籍贯	与史弥远关系
余嵘(1162—1237)	同签书枢密院事	74	淳熙十四年(1187)	衢州	不详

此时,只比郑清之大1岁的福建人曾从龙任枢密使,掌握了军机大权。"正人"领袖魏了翁以"同签书枢密院事"身份首次进入宰执班子,并督视京湖军马。福建人郑性之兼权参知政事,进入行政班子序列。在此前的端平二年(1235)三月,同为"正人"领袖、"宰相"所望的真德秀,也以参知政事身份进入宰执班子。只可惜不久即病死,才58岁①,是当时宰执班子中最年轻的宰辅。

表4-4　端平三年(1236)七月宰执班子构成一览表②

姓名	时任职务	时年龄	进士及第时间	籍贯	与史弥远关系
郑清之(1176—1252)	左丞相兼枢密使	61	嘉泰二年(1202)	庆元府鄞县	密切
乔行简(1156—1241)	右丞相兼枢密使	81	绍熙四年(1193)	婺州东阳	和而不同
崔与之(1158—1239)	参知政事(未到任)	79	绍熙四年(1193)	广东增城	疏远
郑性之(1172—1254)	参知政事	63	嘉定元年(1208)状元	福州府闽清	反史
陈卓(1167—1252)	签书枢密院事	70	不详	庆元府鄞县祖籍福建	反史
余嵘(1162—1237)	同签书枢密院事	75	淳熙十四年(1187)	衢州	不详
李鸣复(不详)	签书枢密院事	不详	不详	四川泸州	不详

端平三年(1236)七月,宰执班子又作调整。任枢密使兼参知政事的福建人曾从龙,于这年正月十五日逝世,享年62岁。③同年四月,魏了翁乞归田里,理宗没

① 《宋史》载:端平二年(1235)"三月乙巳,曾从龙兼同知枢密院事,真德秀参知政事,兼给事中、兼侍读。陈卓同签书枢密院事。(五月)甲辰,真德秀薨,赠银青光禄大夫,谥文忠。庚戌,以乔行简兼参知政事"。见[元]脱脱、阿鲁图,等:《宋史》卷四二《本纪》第四二《理宗(二)》,钦定四库全书本。

② 《宋史》载:端平三年(1236)七月"丁卯,以郑性之参知政事,李鸣复签书枢密院事"。见[元]脱脱、阿鲁图,等:《宋史》卷四二《本纪》第四二《理宗(二)》,钦定四库全书本。

③ 《宋史》载:"进知枢密院事兼参知政事,以枢密院使督视江淮、荆襄军马。疏言:'边面辽远,声援不接,请并建二闻。'诏许之,专畀江淮,以荆襄属魏了翁。朝论边用不给,诏从龙、了翁并领督府。及从龙卒,赠少师。"见[元]脱脱、阿鲁图,等:《宋史》卷四一七《列传》第一七八《曾从龙传》,钦定四库全书本。

有同意,即以资政殿学士知潭州,①而退出宰执班子。七月,以郑性之参知政事,史嵩之羽翼、四川人李鸣复为签书枢密院事。②九月,郑清之、乔行简被双双罢相,崔与之为右丞相兼枢密使。③仅仅过了2个月,理宗即复用乔行简为左丞相兼枢密使。郑清之则辞免观文殿大学士、醴泉观使兼侍读,结果理宗同意其以观文殿大学士、提举洞霄宫,从此暂退二线。④郑、乔二相局面就此终结。

比较客观地分析,郑清之去相的根本原因是理宗亲政后力求摆脱史弥远集团影响所致。鉴于理宗的几近平民的出身,以及后来成为史弥远排挤济王工具而颇存侥幸登上皇位,并怵于当政初期史弥远专权的淫威,一旦等到其亲政断然专权,无论从朝政实际出发,还是从心理角度分析,去史弥远化必定成为理宗亲政的当务之急。而郑清之虽为理宗老师,但无论如何也摘不清与史弥远的关系。郑清之不但帮助史弥远排挤济王,毅然担当起培养理宗的角色,而且还积极参与史弥远矫诏立理宗的关键过程。对于这样一位在史弥远集团的地位仅次于史弥远的人,理宗怎么可能彻彻底底地放心把相权交给他。当然,郑清之"慨然以天下为己任",积极帮助理宗清除史弥远负面影响,把选用台谏官的权力交归理宗,并起用"正人",协助理宗开创了"端平更化"的政治新局,是功不可没的。同时,令郑清之始料不及的是自己力主的"端平入洛"事业,由于种种原因而以失败告终。这便给了理宗一个"去郑化"的口实。而在"端平入洛"这件大事上,郑清之自己也犯下了"独断"的过失。在没有取得朝廷各方尤其是宰辅班子意见基本一致的情况下,贸然出兵。违反了朝中大事会议讨论,然后决断的"民主集中"原则。以致其虽为宰

① 《宋史》载:端平三年(1236)"三月诏魏了翁依旧端明殿学士、签书枢密院事,其速赴阙。诏史嵩之淮西制置使兼副使。夏四月丙申,太阴入太微垣。己酉,魏了翁乞归田里,诏不允,以资政殿学士知潭州"。见[元]脱脱、阿鲁图,等:《宋史》卷四二《本纪》第四二《理宗(二)》,钦定四库全书本。

② 《宋史》载:端平三年(1236)"秋七月丁卯,以郑性之参知政事,李鸣复签书枢密院事。""陈贵谊、曾从龙、郑性之、李性传、刘伯正,皆无所附丽。李鸣复、金渊者,史嵩之之羽翼也"。见[元]脱脱、阿鲁图,等:《宋史》卷四二《本纪》第四二《理宗(二)》,钦定四库全书本。

③ 《宋史》载:端平三年(1236)"九月乙亥,左丞相兼枢密使郑清之罢为观文殿大学士、醴泉观使兼侍读,右丞相兼枢密使乔行简罢为观文殿大学士、醴泉观使兼侍读。以崔与之为右丞相兼枢密使"。见[元]脱脱、阿鲁图,等:《宋史》卷四二《本纪》第四二《理宗(二)》,钦定四库全书本。

④ 《宋史》载:端平三年(1236)"十一月丙寅,以乔行简为特进、左丞相兼枢密使,封肃国公。大元兵围光州,诏史嵩之援光,赵葵援合肥,陈韡遏和州,为淮西声援。戊辰,魏了翁依旧资政殿学士、知绍兴府、浙东安抚使,吴潜、袁甫、徐清叟赴阙。……癸卯,郑清之辞免观文殿大学士、醴泉观使兼侍读,诏仍旧观文殿大学士、提举洞霄宫"。见[元]脱脱、阿鲁图,等:《宋史》卷四二《本纪》第四二《理宗(二)》,钦定四库全书本。

相,却无法协调各方力量,从而导致一项原本合理的事情以失败告终。

因此,那些把"端平入洛"失败、郑清之罢相的原因,归结为乔行简因觊觎相位,而与"正人"集团勾结以掣肘郑清之所致,未免牵强和不够严谨。乔行简没有积极支持郑清之确是事实,但也很难找到他与他人勾连而为郑清之设置障碍的证据。

端平三年(1236)十一月,乔行简为左丞相兼枢密使,崔与之为右丞相兼枢密使。理宗构建了新一届宰相班子,并把年号改为"嘉熙"。但此时,乔行简已81岁高龄,可谓耄耋之年。崔与之也七十有九,而且没有就职。这一时期,名义上是乔、崔并相,事实上是乔行简独相。

嘉熙元年(1237)初,宰执班子进一步调整。正月,以李埴同知枢密院事、四川宣抚使。二月,以郑性之知枢密院事兼参知政事,邹应龙端明殿学士、签书枢密院事,李宗勉同签书枢密院事。"正人"集团成员四川人李埴、浙江富阳人李宗勉,以及福建泰宁人邹应龙等先后进入宰执班子。而李鸣复被罢,以资政殿学士知绍兴府。四月,以李埴同知枢密院事、四川宣抚使、知成都府。六月,以邹应龙为资政殿学士、知庆元府、沿海制置使,依旧职提举洞霄宫。不知何故,是年65岁的邹应龙仅担任了4个月的签书枢密院事,即退居二线。八月,李鸣复又被召进宰执班子,任参知政事,李宗勉为签书枢密院事。[1]

嘉熙二年(1238)闰四月,以李鸣复知枢密院事,李宗勉参知政事,余天锡签书枢密院事。史弥远集团骨干、庆元府人余天锡进入宰执班子。丞相乔行简对他们作了明确分工:以兵事委李鸣复,财用委李宗勉,楮币委余天锡。[2]乔行简作出这样的安排是出于当时军事和财政形势紧张的考虑。他对理宗说"兵财二端,尤今急务"[3],为了较好地应策这两件当务之急,宰执班子必须分工合作,人尽其职。当

① 《宋史》载:嘉熙元年(1237)"夏四月壬午朔,以李埴同知枢密院事、四川宣抚使、知成都府"。"六月癸巳,以邹应龙为资政殿学士、知庆元府、沿海制置使"。"八月癸巳,以李鸣复参知政事,李宗勉签书枢密院事"。见[元]脱脱、阿鲁图,等:《宋史》卷四二《本纪》第四二《理宗(二)》,钦定四库全书本。
② 《宋史》载:嘉熙二年(1238)五月癸未,以李鸣复知枢密院事,李宗勉参知政事,余天锡签书枢密院事。甲申,乔行简请"以兵事委李鸣复,财用委李宗勉,楮币委余天锡,当会议者,臣则参酌行之"。诏允所请。见[元]脱脱、阿鲁图,等:《宋史》卷四二《本纪》第四二《理宗(二)》,钦定四库全书本。
③ [宋]乔行简:《言兵财奏》,载赵一生主编:《东阳丛书》第一册《唐宋邑士诗文辑存·乔行简》,赵一生校辑,浙江古籍出版社2015年版,第203页。

时,宋元战争①正灼。端平二年(1235)六月,蒙古窝阔台以宋背盟为由,遣军两路攻宋。一路由皇子阔出率军攻荆襄,一路由皇子阔端率军攻四川,发动了"沔州之战"。端平三年(1236),又有"真州之战""平阳关之战"。嘉熙二年(1238),则有"庐州之战""荆襄之战"。嘉熙二年(1238)九月,由马步军都元帅察罕率号80万大军,再次攻宋淮西,进围庐州,欲克庐州后,造舟巢湖,以窥长江。知庐州杜杲利用其丰富的守城经验,积极备御。事先已制作了千百间串楼,列于濠岸。这种串楼以二三尺围栗枣榆槐木作竖木,入土五六尺,高丈余,上施横木,中设箭窗,下缭以羊马墙、每楼可御三炮。蒙古军于城外,筑土城60里围城,又筑台高过串楼,以制城内。杜杲令军以油灌草,焚烧其台,并于串楼内立雁翅七层,置炮轰击蒙古军高台,击中一将,蒙古军惊骇。杜杲乘胜出击,宋将赵时啰率民兵500赴援,蒙古军死伤甚重。杜杲还派遣舟师及精锐守卫淮水要点,以阻蒙古军归路。察罕见庐州屡攻不克,乃转军东进,攻陷滁州,万户张柔鼻中飞石;至天长县,遭知招信军余玠截击;攻泗州,被城周濠水所阻,激战多时不克。察罕见屡战不利,遂北撤。②

嘉熙二年(1238),蒙古东路军,集中兵力进攻两淮,对长江中游的攻掠有所放松,宋廷乘机颁诏"收复荆襄"。这年十月,新任京西、湖北路安抚制置使兼知岳州的孟珙,认为欲收复襄阳、樊城,必先取郢以通粮饷,取荆门军方可出奇兵。赴任至岳州,乃檄江陵制司捣襄、郢,召诸将指授方略,发兵北进。宋将张俊复郢州,贺顺复荆门军。十二月,刘全战于冢头、樊城、郎神山,三战皆捷。嘉熙三年(1239)正月,宋将曹文镛复信阳军。刘全攻襄阳、樊城,在宋军各路相继收复失地的形势下,原附蒙古的刘廷美约宋都统江海及其弟刘廷辅夹击襄阳叛军。宋军顺利进至襄阳城下,刘全复樊城。四月二日,江海率军出荆门,直趋襄阳,刘廷美为内应执游显以城降,宋军遂复襄阳。刘全遣谭深复光化军。孟珙率军赴援,设计败敌,破其24营,夺回被掳百姓2万,蒙古军队退去。孟珙遂以江陵为基地,以襄阳为重镇,大兴屯田,训练军伍,使荆襄战场出现转机。③

---

① 宋元战争,又称蒙宋战争,是蒙古帝国与南宋的战略决战,始自端平元年(1234)宋军端平入洛,至祥兴二年(1279)崖山海战宋室败亡结束,共历时46年。端平元年(1234)正月,蒙宋联合灭金。金国灭亡之后,同年六月,宋廷发起"收复三京"之役,宋军进兵中原,收复汴京、洛阳,史称"端平入洛"。蒙古发兵退南下,击退中原宋军,蒙宋战争开始。
② 转引自中国人民革命军事博物馆:《中国战争史地图集》,星球地图出版社2007年版。
③ 陈显泗:《中外战争战役大辞典》,湖南出版社1992年版,第160页。

嘉熙对蒙古战争中暂时性胜利的取得,是宋廷上下齐心协力、一致抗敌的结果。作为丞相乔行简对兵财二事高度重视,并在体制上作出合理安排,也应该是功不可没的。为了协调整个宰执班子工作机能,他将兵事委任李鸣复,财政楮币委任李宗勉、余天锡。同时,还规定"凡有利病,各务讨论。有当聚义者,容臣参酌,然后施行"①。《宋史》则是这样记载:"'当会议者,臣则参酌行之。'诏允所请。"②可见,作为丞相,乔行简对宰辅班子并不是因分工而放任之,而是有严密的制度设计和安排。对那些利弊一时难以权衡的事情,千万不要自作主张,大家务必坐下来一起讨论决策。对一些重大议题,须经过会议讨论,最后丞相参考实际情况拍板决定,然后再集体施行。这完全是一个民主决策的程序模式,充分发挥整个宰辅班子的作用,避免了那种在宰辅班子意见不统一时,贸然决断的独断决策方法,从而以减少相府的决策失误。这样的安排得到了理宗的肯定。理宗立即下诏:"丞相有疏,欲以兵财楮币,分任二三执政,深得协恭和衷之意,朕为嘉叹,卿等宜一乃心,以副朕意。"③对当时的宋廷糟糕的财政状况,乔行简表示了极度的担忧。他上奏说:

> 臣窃谓今天下之势,至是极矣。国用殚乏而无余,粮饷踊贵而难办,楮价日损而秤提无其策,流民猥多而赈恤无其具。上则雨旸不时而人苦于难食,下则潮汐为灾而水逼于都城;内则有盗贼窃发之虞,外则有夷狄侵轶之患。举天下之事,无一之不可忧。④

理宗在嘉熙年间所面临的天下大势,可谓内外交困。内部经济迟滞,国库空虚,粮饷匮乏,楮币贬值。流民猥多,盗贼窃发,治安混乱。雨旸不时,钱塘江潮汐为灾,天灾人祸交织。外部时时面临金蒙入侵。

---

① [宋]乔行简:《言兵财奏》,载赵一生主编:《东阳丛书》第一册《唐宋邑士诗文辑存·乔行简》,赵一生校辑,浙江古籍出版社2015年版,第203页。

② [元]脱脱、阿鲁图,等:《宋史》卷四二《本纪》第四二《理宗(二)》,钦定四库全书本。

③ 佚名:《宋史全文》卷三三,"嘉熙二年五月甲申",钦定四库全书本。

④ [宋]乔行简:《论天下之势当转弱为强奏》,载赵一生主编:《东阳丛书》第一册《唐宋邑士诗文辑存·乔行简》,赵一生校辑,浙江古籍出版社2015年版,第119—200页。

端平元年(1234)的收复三京之役,对政府财政的影响很是严重。①端平二年
(1235),王迈对当时的财政情况表示令人寒心:"今国家罄一岁所入,曾不支旬月,
而又日不辍造十数万楮币,乃仅得济。是不止无余矣,其可为岌岌寒心。"②倾其一
年的所有财政收入,也应付不了十个月的支出。还有两个多月的开支无从所出,
只好靠滥发纸币弥补财政赤字。需天天造印十数万缗,才能应付。方大琮在嘉熙
元年(1237)指出,当时生财乏术,用度百出,国力与民力俱敝,作为国家命脉的财
政已岌岌可危。他说:"土地不加多,而赋入几倍于承平,用度百费又几倍于承平
……国力与民力俱敝矣。今之财无复可生,纵生之愈多而愈绌……而国之命脉于
此岌岌矣。今士之高者耻言财,其卑者谋身谋家不暇而暇谋人之国乎?"③嘉熙四
年(1240),杜范在奏札中以自己的亲身经历回顾了自嘉定元年以来经济、财政不
断滑坡的过程:"臣生于海陬,不及见淳熙之治,为嘉定进士,客于京师,见市井喧
闹,文物富丽,人谓已非淳熙之旧。至绍定、端平自京局而位朝列,耳目所接,景物
萧条,又非嘉定之旧。去国四年,今夏五月被命入京,得于所见,又非端平之旧。
今才四阅月,视初至之时,抑又大异矣。天灾旱暵,昔固有之,而仓廪匮竭,月支不
继,上下凛凛,殆如穷人,昔所无也。"④由此可见,嘉熙末是嘉定以来财政危机最深
的时期。

面对这样的一个烂摊子,乔行简没有泄气,而是鼓励理宗,"留神改图,一意奋
发",做到"慷慨特进,不事边幅,如中兴创业人主之所为",则必定能"顿回衰弱之
势,渐起安强之行"⑤。唯其如此,才能抵御蒙古侵略,而使宋朝国祚延绵。

细读乔行简的《论天下之势当转弱为强奏》,才能明白乔行简以前主张"与金
纳币"、反对"端平入洛",并不是简单主张抵抗金、蒙,而是认为应该实行"先治内

---

① 张金岭:《试论晚宋时期的财政》,《中国史研究》1999年第2期,第111—118页。
② [宋]王迈:《臞轩集》卷一《乙未馆职策》,钦定四库全书本。
③ [宋]方大琮:《铁庵集》卷二二《黄叔惠》,钦定四库全书本。
④ [宋]杜范:《清献集》卷一〇《八月己见札子》,钦定四库全书本。
⑤ [宋]乔行简:《论天下之势当转弱为强奏》,载赵一生主编:《东阳丛书》第一册《唐宋邑士诗文辑存·乔行
简》,赵一生校辑,浙江古籍出版社2015年版,第200页。

而后治外"①的国家战略,只有扭转南宋极其衰弱的局势,使其逐渐强大起来,才能真正战胜外敌入侵。同时,也才能明白乔行简这个耄耋老臣的忧国忧民之心。只可惜乔行简年事已高,虽有回天之心,却无回天之力。他自己也有自知之明,他对理宗说:"臣事陛下多历年所,今老甚,当思息肩。臣而不言,谁肯为陛下言者?"自己老甚,最多只是多讲几句,多提几条建议而已。

嘉熙三年(1239)正月,乔行简卸任丞相职务,被理宗任命为少傅、平章军国重事,封益国公。李宗勉为左丞相兼枢密使;史嵩之右丞相兼枢密使,督视两淮、四川、京湖军马;余天锡参知政事;游似同签书枢院事。②新一届宰执班子产生,李宗勉、史嵩之并相。乔行简虽为平章军国重事,③职务在丞相之上,但他已经不管实务。嘉熙三年(1239)五月,乔行简五次上疏乞求罢免机政。

对此,李心传《宋太师平章鲁国公文惠乔公圹记》有较为详细的记载:

> 嘉熙三年(1239)正月,拜少傅、平章军国重事,封益国公,监修国史、提举史馆实录院编修,玉牒敕令国朝会要、经武要略。一月三赴经筵,二日一入朝,因至都堂议军国事,给扶升殿独知三省、枢密院印。恩数蔓绝。边事稍宁,公复告老章十八上。(嘉熙)四年(1240)九月,拜少师保宁君节度使、醴泉观使,封鲁国公。入辞内殿,上勉以加爱。④

可见,乔行简没有像他之前的韩侂胄,以及其之后的贾似道那样,以平章军国

---

① [宋]乔行简《论国事三忧疏》:"八陵有可朝之路,中原有可复之机。以大有为之资,当有可为之会,则事之有成,固可坐而策也。臣不忧出师之无功,而忧事力之不可继。有功而至于不可继,则其忧深矣。夫自古英君,必先治内而后治外。"见赵一生主编:《东阳丛书》第一册《唐宋邑士诗文辑存·乔行简》,赵一生校辑,浙江古籍出版社2015年版,第197页。

② 《宋史》载:"嘉熙三年(1239)春正月癸酉,以乔行简为少傅、平章军国重事,封益国公;李宗勉为左丞相兼枢密使;史嵩之右丞相兼枢密使,督视两淮、四川、京湖军马;余天锡参知政事;游似同签书枢院事。"见[元]脱脱、阿鲁图,等:《宋史》卷四二《本纪》第四二《理宗(二)》,钦定四库全书本。

③ 宋哲宗元祐年间(1086—1094),沿用唐制置平章军国重事,其位在宰相之上,专以处高德老臣,以示宠幸,五日或两日一朝,非朝日不至都堂。在北宋时期,这一官职只是一种最高荣誉职位,基本不参与决策朝廷的军国重事。南宋曾先后与金朝、蒙古军队长期作战。军事领域事务在很长时期内成为南宋中央政府的核心事务之一。随着政治、军事形势的变化,此职也由荣誉职位逐渐演变为权倾朝野的中央政府最高实职。

④ [宋]李心传:《宋太师平章鲁国公文惠乔公圹记》,载乔廷藩,等:《吴宁乔氏宗谱》卷四《世行传》,民国二十二年(1933)重修版。

重事身份而凌驾宰相之上,而是恪守北宋时期平章军国重事"一月三赴经筵,二日一入朝"旧制,并连续十八次上告老章。对此,理宗在随后的诏书中曾说得明白:"爰体诒谋,聿新图任,法元祐尊大老之典,特咨重事于平章;遵绍兴并二相之规,盖欲相应于表里。毋狃旧习,毋玩细娱,使纪纲法度焕然维新,而华夏蛮陌罔不率俾。"①意思就是要效法元祐以文彦博、吕公著为平章的旧制,任命乔行简为平章军国重事;遵绍兴并二相之规,任命李宗勉为左丞相兼枢密使,史嵩之为右丞相兼枢密使。宋代共有8位平章军国(重)事,王旦、吕夷简辞而不拜,其余6位为平章军国重事文彦博、乔行简、贾似道、王爚,同平章军国事吕公著,平章军国事韩侂胄。他们地位尊崇,序位均在宰相之上,参与决策三省、枢密院军国重大事务,特别是宋廷主动授予的平章军国(重)事,为政颇值得肯定。②6位拜任的平章军国(重)事中,文彦博、吕公著、乔行简、王爚职权范围都不大,仅参与决策军国大政。而韩侂胄、贾似道职权范围却非常大,任职时仅50多岁,年富力强,又有野心,参与、决策军国任何事务,几乎完全侵夺三省、枢密院职权,成为当时文武百官的最高权力者。③从部分史料来看,职权范围较小的几位平章军国(重)事的评价相对好些。如文彦博:"立朝端重,顾盼有威,远人来朝,仰望风采,其德望固足以折冲御侮于千里之表矣。"④吕公著:"一切持正,以应天下之务,呜呼贤哉。其论人才,如权衡之称物,故一时贤士,收拾略尽。"⑤乔行简:"历练老成,识量弘远,居官无所不言。"⑥《宋季三朝政要》评价:"行简清直有人望。"⑦王爚:"为人清修刚劲,……以

① [元]佚名:《宋史全文》卷三三:"己亥嘉熙三年(1236)正月癸酉,以乔行简为少傅、平章军国重事,进封益国公;李宗勉为左丞相兼枢密使;史嵩之为右丞相兼枢密使、督视两淮四川京湖军马;余天锡参知政事;吏部尚书兼给事中游似为端明殿学士、同签书枢密院事。丙戌,诏曰:'朕以眇躬,凛居人上,临御十有六载,愿治徒勤。责成二三大臣,课效犹邈,弊端业积,氛祲蔓滋。内焉政令之未孚,外焉边陲之未靖,抚事机而兴慨,尚岁月之可为。爰体诒谋,聿新图任,法元祐尊大老之典,特咨重事于平章;遵绍兴并二相之规,盖欲相应于表里。毋狃旧习,毋玩细娱,使纪纲法度焕然维新,而华夏蛮陌罔不率俾。故兹礼示,其体朕怀。'"

② 惠鹏飞:《尊崇之"名"到专权之"实":宋代平章军国(重)事制度考述》,《河南大学学报(社会科学版)》2015年第2期,第90—98页。

③ 田志光、苗书梅:《南宋相权扩张若干路径论略》,《北方论丛》2012年第3期,第78—83页。

④ [元]脱脱、阿鲁图,等:《宋史》卷三一三《列传》第七二《文彦博传》,钦定四库全书本。

⑤ [元]脱脱、阿鲁图,等:《宋史》卷三三六《列传》第九五《吕公著传》,钦定四库全书本。

⑥ [元]脱脱、阿鲁图,等:《宋史》卷四一七《列传》第一七六《乔行简传》,钦定四库全书本。

⑦ 佚名撰、王瑞来笺证:《宋季三朝政要》卷一,端平三年春,中华书局2010年版,第94页。

元老入相位,值国势危亡之际,天下所属望也。"①而韩侂胄、贾似道,则被列入《宋史·奸臣传》。

五、返故里清度余生

嘉熙四年(1240)九月,避权远势的平章军国重事乔行简正式退职"奉祠",李宗勉任相不久就一再辞免,且居相年余即去世,因而从嘉熙四年(1240)起,相权实际上一直掌握在史嵩之一个人手里。三相当国,时论谓"乔失之泛,李失之狭,史失之专"②。"泛"有一般的意思。乔行简在此时表现一般,是可以理解的。一个85岁的老臣,难以指望他有多少作为。正是这样的情况,才最终导致史嵩之专权。

淳祐元年(1241)二月辛未,乔行简薨于东阳孔山,享年86岁。理宗闻讣,辍朝二日。赠乔行简为太师,赙(专门用于办丧事)银帛千匹(两),别遣中贵人加赐七百匹(两)。淳祐元年(1241)四月,赐谥"文惠"。③

乔行简秉承"君权独尊"的宗法思想,处处维护理宗的皇权地位,使理宗真正实现了"赫然独断"的政治愿望。在理宗尚未亲政之时,乔行简就贻书宰相史弥远说:"天下大权,人主未能自操,亦岂可不使得之而操。方今岂无大因革大黜陟,愿取决圣裁,布之中外。"④待理宗亲政,乔行简又谆谆劝告:"自今以往,事无大小,内断诸心,外谋大臣。勿牵于左右谀说之言,勿惑于宫闱私昵之意。当为者,毅然为之;不当为者,断然寝之。或事大体重者,必稽于典古,付之都省、下之朝绅,公共讨论,惟是之从。……国论一,则人心定;人心定,则国势尊。"⑤明确表达了维护理宗权威的为臣准则,并恪守之,由此深得理宗信任。理宗"尝大书'股肱稷契,心膂周召'八字,以赐其匾,并书之阁曰:'端良纯裕。'君臣相悦,近所未有,其使洋源而

---

① [元]脱脱、阿鲁图,等:《宋史》卷四一八《列传》第一七七《王爚传》,钦定四库全书本。
② 佚名:《宋季三朝政要》卷二,丛书集成初编本。
③ [宋]李心传:《宋太师平章鲁国公文惠乔公圹记》,载乔廷藩,等:《吴宁乔氏宗谱》卷四《世行传》,民国二十二年(1933)重修版。
④ [宋]乔行简:《论天下之势当转弱为强奏》,载赵一生主编:《东阳丛书》第一册《唐宋邑士诗文辑存·乔行简》,赵一生校辑,浙江古籍出版社2015年版,第201页。
⑤ 同上。

归也。"①理宗则把乔行简当"股肱"当"心膂",比"稷契"比"周召"。"稷契"是唐虞时代的贤臣。稷即后稷,传说他在舜时教人稼穑;契,传说是舜时掌管民治的大臣。"周召",即周成王时共同辅政的周公旦和召公奭。两人分陕而治,皆有美政。理宗将乔行简比之"稷契""周召",是大溢美之辞。乔行简虽不能比"稷契""周召",但也绝非王迈辈所攻讦的结党营私之徒,更非史弥远、贾似道专权之流。理宗以"端良纯裕"评价乔行简个人品行,是比较贴切的。

乔行简虽位及宰相,以至高于宰相的平章军国重事,可谓一人之下,万人之上。但其晚景凄凉。时人周密有云:

> 乔文惠行简,嘉熙之末,自相位拜平章军国重事,年已八秩矣,时皆以富贵长年美之。而公晚年子孙沦丧,况味尤恶,尝作《上梁文》云:"有园有沼,聊为卒岁之游;无子无孙,尽是他人之物。"又《乞归田里表》云:"少壮老,百年已逾八帙;祖子孙,三世仅存一身。"闻者怜之。②

《上梁文》《乞归田里表》二文,《东阳丛书》第一册《唐宋邑士诗文辑存》也有载。从中可见乔行简晚年凄凉。乔行简育有1子乔元龙,4个女儿:乔元礼、乔元成、乔元度、乔元恭。乔元龙卒于绍定三年庚寅(1230)十月,早乔行简十二年而殁,享年仅三十三岁。嘉熙四年(1239)十一月前,次女乔元恭与夫婿王仪也亡。乔行简在《恐勤帖》中有云:

> 女夫王太社仪今亡矣,有少田土,乃典物,为人昏赖。事已结断,乃复兴讼,扰其干人。小人之奸诈欺孤如此,望为详酌而分明之。小女亦不存,无人照管,仍乞免追其干人是幸。③

可见,乔行简晚年不仅孤单,而且一个堂堂平章军国重事,竟然连女婿的一点

① [宋]李心传:《宋太师平章鲁国公文惠乔公圹记》,载乔廷藩,等:《吴宁乔氏宗谱》卷四《世行传》,民国二十二年(1933)重修版。
② [宋]周密:《齐东野语》卷五,张茂鹏点校,中华书局1983年版,第232页。
③ [宋]乔行简:《恐勤帖》,载赵一生主编:《东阳丛书》第一册《唐宋邑士诗文辑存·乔行简》,赵一生校辑,浙江古籍出版社2015年版,第204页。

遗产都要到当地打官司寻求保护,并受小人欺负,以至慨叹"小人之奸诈欺孤如此"。简直不可思议。孤单受欺之余,85岁的老人乔行简还疾病缠身,他在《闰余帖》说:

> 行简伏以即日润余盈数,岁阳肇端,其惟观使、郎中、乡契丈小驻寓乡,会领新渥,行神先路,台侯动止万福。行简向心不得一见而别,负慊久之。兹又匆匆度时,未及奉主书之敬。忽承真翰,意爱甚隆,惭感溢寸衿矣。行简宜归久矣,误蒙疏宸之知,偷枉岁月,不觉年数之趣。……故虽蒙恩过优,以宠其归,不敢以为荣,而以为愧矣。贱迹甫达故山,疾疢即相寻,日惟呼医啜药。近忽增剧,岁旦不敢眠。①

是帖虽寥寥数语,但写尽乔行简晚景之凄凉。他回到故乡后,虽有朝廷大员送来皇帝的恩赐,乡里的老友也常上门看望,却不幸染上了一种类似带状疱疹的皮肤病,求医吃药,仍痛痒难忍,以致夜不能寐。

至于"祖子孙,三世仅存一身"一句,或是乔行简诗人式的慨叹而已。乔行简留有《为通二直阁讳甲仁谢恩表》一通:

> 孤弱孙枝,殊乏谢庭之秀;巍煌宸藻,猥升魏阁之华。恩重难胜,宠盈弥惧。伏念臣本由寡踽处孤卿,虽葵藿之向太阳,股肱粗竭,然桑榆之迫,暮景毫发,何裨未能酬君父之知,安敢为子孙之计?况臣孙甲仁,赋质至窳,殖业多荒。进典宝奎,既忝峻清之职;就安琳馆,复抱素尸之羞。敢意冕旒,重怜门户。升之华,协之直,饰以昭回之光,乾坤之渥。方新叨荣甚侈,瓶罂之器易满,得宠为惊,伏愿皇帝陛下昭监危衷,亟收成命,俾幼者获安微分,免贻不稼取禾之讥;在老臣誓毕余生,当尽以忠报国之义。②

---

① [宋]乔行简:《闰余帖》,载赵一生主编:《东阳丛书》第一册《唐宋邑士诗文辑存·乔行简》,赵一生校辑,浙江古籍出版社2015年版,第204—205页。

② [宋]乔行简:《为通二直阁讳甲仁谢恩表》,载赵一生主编:《东阳丛书》第一册《唐宋邑士诗文辑存·乔行简》,赵一生校辑,浙江古籍出版社2015年版,第212页。

　　"况臣孙甲仁"一句,表明乔行简还有孙子乔甲仁在。其表的标题中也称"通二直阁讳甲仁",说明孙子甲仁在孔山乔氏家谱排在"通"字辈,居第二。据《吴宁乔氏族谱》卷二《谱系表》载,乔行简在族中排行为"荣三",其儿子乔元龙为"华五",其孙子乔祥通为"富四",其曾孙乔师孟为"贵一"、乔师颐为"贵二",其玄孙乔甲仪为"通一"、乔甲仁为"通二"。宋代称供职龙图阁、秘阁等机构者为"直阁",位次于修撰。乔甲仁被封荫,进龙图阁或秘阁供职。乔行简便上表谢恩,并称"臣孙甲仁,赋质至宠,殖业多荒"。称甲仁为孙,这与《吴宁乔氏族谱》记载甲仁的排行相悖。据《吴宁乔氏族谱》载,乔行简有孙乔祥通,曾孙乔师孟、乔师颐,玄孙乔甲仪、乔甲仁。李心传《宋太师平章鲁国公文惠公圹记》中对此也有较为详细的记载:

　　　　(乔行简)娶吕氏,继楼氏,俱赠鲁国夫人。子男一人,元龙,登嘉定四年(1211)进士,官宣义郎,监行在左藏封桩库,赠通直郎。四女子,元礼适朝奉郎、太社令王仪;元成适通直郎陈唐;元庆适登仕郎李自得;元恭适朝丰郎、直宝谟阁新知婺州军州兼管劝丰事赵希垔。女及仪、唐、自得亦皆先卒。孙一人,通孙,朝奉郎、直文华阁,先一年卒,赠朝奉大夫,直徽猷阁。女一人,适朝请郎、直秘书阁前、知婺州赵与汶。曾孙二人,师孟,承事郎、直秘阁,奉旨终丧除二合;师颐承奉郎。①

　　据李心传此记,乔行简孙名"通孙",与《吴宁乔氏族谱》所载的"祥通"不一致。孙子乔祥通,于嘉熙四年(1239)卒。由此而言,乔行简"祖子孙,三世仅存一身"一说,也可以成立。但其曾孙乔师孟、乔师颐,玄孙乔甲仪、乔甲仁等皆在。因此,乔行简替玄孙乔甲仁上谢恩表也有可能,但绝不可以称"孙甲仁",或许此处漏掉玄孙之"玄"一字。或是《为通二直阁讳甲仁谢恩表》,根本不是乔行简所作。

　　李心传《宋太师平章鲁国公文惠乔公圹记》载:

---

① [宋]李心传:《宋太师平章鲁国公文惠乔公圹记》,载乔廷藩,等:《吴宁乔氏宗谱》卷四《世行传》,民国二十二年(1933)重修版。

公天资孝友。事冀国夫人能竭其力,终身之丧,布衣素食,虽老不废。伯兄早逝,教育其子女如己子,遂取甲科。仲昆白首相依,女兄年逾九十,奉之尤至;二兄及女兄之孙,并受公泽。至无白丁,恤孤字贫,多赖以济。诱掖后进,孜孜不倦。贵极人臣,而自奉不异与寒素;与乡人处,尊酒赋诗淡然相对,而忘其年之高,为之尊也。①

"仲昆白首相依,女兄年逾九十,奉之尤至"一句,可以推测,乔行简致仕归东阳孔山后,他的姐姐可能还活着。当时乔行简八十五岁,其姐姐已年逾九十。乔行简位至丞相、平章军国重事,可谓贵极人臣。但他仍然保持以前的艰苦朴素,致仕归故里后,对乡亲毫无官架子,一如以往亲切平近。乔行简写于嘉熙四年(1240)闰十二月的《闰余帖》曾说:"然当轴处中不为不久,而身偶艰难,劳无寸效,可以持谢乡党、亲戚、朋友、古旧。"②可见,在嘉熙四年(1240)乔行简致仕返乡时,身为"当轴处中"平章军国重事的他并不富裕,自称"身偶艰难",身体与艰难同行,大约是囊中羞涩吧,因此没有什么东西可以拿出来酬谢古旧乡亲,而感不安。直到淳祐元年(1241)二月,乔行简薨,理宗才赐乔行简家属以银两,可见乔行简离职返乡时确是两袖清风。李心传"贵极人臣,而自奉不异与寒素"一语,的确是对乔行简廉洁奉公的最好评价。乔行简一生俭朴,是可为历代为官者效法镜鉴。

乔行简"与乡人处,尊酒赋诗淡然相对,而忘其年之高,为之尊也"。乔行简在嘉熙三年至四年(1239—1240)期间,文事甚忙。

嘉熙三年(1239)三月,他为王霆父亲作墓志铭:

婺之东阳,界于天台、会稽间,有乡名玉山,四面阻绝,其中砥平,广袤可二三十里。其民,多质直好义。闻之长老,宣和间,睦寇鸱张,有王君豪能者,率众诛贼,捍其乡,以功补忠翊郎,廉帅奇其才俾摄县事,又为檄泗州巡检。盖王氏为玉山大姓,旧矣。豪生渊,渊生杞,杞生炳,字元

① [宋]李心传:《宋太师平章鲁国公文惠乔公圹记》,载乔廷藩,等:《吴宁乔氏宗谱》卷四《世行传》,民国二十二年(1933)重修版。
② [宋]乔行简:《闰余帖》,载赵一生主编:《东阳丛书》第一册《唐宋邑士诗文辑存·乔行简》,赵一生校辑,浙江古籍出版社2015年版,第205页。

明,为浙西副都监霆之父。以仕,新天子即位,恩封保议郎。又宝庆二年丙戌七月卒,年七十有七。娶林氏,子男四人,埴、垣、城、霆,女二人,适周九皋者居长,适尖山周律者居次。以绍定壬辰三月初一日,葬本邑玉山冈前斑之原。

将葬,来乞铭。其言曰:"先君孝友人也,尝割股以愈祖妣之疾,与诸叔处,终身无间言。吾乡离邑远,距郡益远,欲延师友,良不易致,先君尝出力唱之。临事能折之以义,为遗芳取信,有争必相与求直,一语立解。去之日,召诸子曰:'若等皆壮,吾不复治生,其析吾产,自给衣食。'霆兄弟多欲析,将不足之年未也无所用产,愿归之兄。先君曰:'若能如是,吾无所忧也。'……"始,余辛未考艺列头,以是年登右科。及见,与之语,因自谓取友不谬,后十余年誉益进,尝见其经画军务,深察隐微,余知其可任将帅也。特应诏上。行简与之同里,因敬铭其父焉。[①]

嘉熙四年(1240)三月,又为东阳永宁孙氏作家乘序:

盖闻之,封建坏,天下无世臣;宗法坏,天下无世家。余尝有慨于中久矣。兹观孙生所开示世系、纪原。宗支之法,厘然毕具,非所云世家耶?夫孙氏自康叔封卫,至武公子惠孙为卫上卿,因以为孙氏。秦汉间,替兴凡几,不可得而备谱。汉叶振落,孙氏鼎力,颇可著述。传六世,就座许昌。江东诸姓,星散分处,布满吴越间。我宋太平兴国时,台之临海有侯生者,江东分派也,季子勾亡择里,徙居吴宁。传世凡七,成忠公琛,慷慨有大节,致身当朝,孙氏复昌。一传而忠义肇封,再传而军国与谋,三传而经筵入御。诸登进士,隶仕籍者,未易缕数,忠孝之风,历世弥光。观之宗谱。其详具见矣。呜呼!孙氏上接于周,中盛于汉,而目于我朝。世数之序,昭穆之伦,大宗小宗之法,秩序不紊,庶几哉古宗法之遗乎!昔程氏曰:"宗法立,则朝廷之势自尊。"余不能叙孙氏之谱,聊述其流源

---

① [宋]乔行简:《保议郎王君墓志铭》,载赵一生主编:《东阳丛书》第一册《唐宋邑士诗文辑存·乔行简》,赵一生校辑,浙江古籍出版社2015年版,第219—220页。

世次，期与共明宗法，亦尊朝廷意也。是为序。①

　　嘉熙四年（1240）九月，行简拜少师保宁君节度使、醴泉观使，封鲁国公。入辞内殿，理宗勉以加爱。锡赉甚渥。淳祐元年（1241）二月辛未，薨于里居之正，寝年八十有六。理宗闻讣震悼，降制除太保，仍旧节致仕，辍视朝二日。赠太师，赙银帛千匹两，别遣中贵人，加赐七百匹两。四月，赐谥文惠。

　　淳祐元年（1241）九月，其家人葬乔行简于升苏乡宝泉山之原，与夫人及子孙之荣相望。淳祐元年（1241）八月，婺州和严州知府贻书大史学家李心传，介绍乔行简之孙乔师孟请李心传作墓志铭。乔师孟带着乔行简状之前去请李心传。李心传欣然答应，遂作《宋太师平章鲁国公文惠乔公圹记》，详记乔行简生平，并对其大加褒扬。②

① ［宋］乔行简：《永宁孙氏家乘序》，载赵一生主编：《东阳丛书》第一册《唐宋邑士诗文辑存·乔行简》，赵一生校辑，浙江古籍出版社2015年版，第214页。
② ［宋］李心传：《宋太师平章鲁国公文惠乔公圹记》，载乔廷藩，等：《吴宁乔氏宗谱》卷之四《世行传》，民国二十二年（1933）重修版。

第五章

对乔行简的历史评价

一、理宗对乔行简的评价和态度

（一）称乔行简为"股肱心膂"

（乔行简上章），上（理宗）敛容听纳。尝大书"股肱稷契，心膂周召"八字，以赐其匾，并书之阁曰"端良纯裕"。君臣相悦，近所未有。其使洋源而归也。[①]

股肱，指腿和胳膊；心膂，指心与脊骨。两者皆比喻左右辅助得力的人。稷和契，是唐虞时代的贤臣；周和召，是周成王时共同辅政的周公旦和召公奭。可见，理宗将乔行简视为稷、契、周、召那样的股肱心膂。理宗又称乔行简为人"端良纯裕"，即正人贤士，纯粹从容。可见，理宗对其信任之极，评价之高。

（二）称乔行简"深契朕意"

乙未端平二年（1235）闰七月壬戌朔，秘书省正字王迈进对，至"并命二相，责任惟均"。上曰："朕常戒谕二相，使之同心协力，共济国事。"读至"互为比周，交信谗说"，上曰："外面真如此？"迈奏："若不戒饬，恐成朋党之风。"上曰："朕任清之甚专，但以天下多事，非一相所可理，故以行简辅之。行简之用，断自朕心。"……戊寅，乔行简奏："百司庶府，俟宰相每

---

① ［宋］李心传：《宋太师平章鲁国公文惠乔公圹记》，见乔廷藩，等：《吴宁乔氏宗谱》卷一〇，民国二十二年（1933）版。

日依时出堂之后,方许退归,庶事务皆得及时剖决,而无滞积之患。"诏:
"行简所陈,深契朕意。百司庶府,并合遵行。可榜朝堂。"①

端平二年(1235)六月,以郑清之为特进、左丞相兼枢密使,乔行简为金紫光禄大夫、右丞相兼枢密使,开始理宗朝二相并列执政的政治格局。这时秘书省正字、闽人王迈提出反对意见,认为这样容易形成朋党之风,继而又指责乔行简"性姿多苛"。理宗断然回答说:"行简之用,断自朕心。"后来,乔行简上奏整顿吏治,理宗马上表示:"行简所陈,深契朕意。"这是理宗对乔行简的信任和肯定。

(三)称乔行简为"一代鸿儒"

丙申端平三年(1236)九月,……乙亥,诏左丞相郑清之、右丞相乔行简并观文殿大学士、醴泉观使兼侍读,以资政殿大学士崔与之为右丞相兼枢密使。诏曰:"朕比葳明禋,雨雷倾迅。天心示戒,在于朕躬。辅弼之臣,控章引咎,联车迭去,抗志莫留。勉徇高怀,俾安祠秩,畴咨一相,已遣蒲轮。虽鼎轴暂虚,而执政与宰相同令郑性之、李鸣复时暂协力赞治,无负朕倚注之意。"戊子,上手札曰:"乔行简三朝元老,一代鸿儒。趣中使以宣回,盍示冕旒之眷;对经筵而进读,庸彰体貌之恩。勉为朕留,伫闻忠告。"②

端平三年(1236)九月,天大雨雷,有人认为这是天在为朝政不畅而发怒,左丞相郑清之、右丞相乔行简因此引咎辞退。过不了几日,理宗下手札说:"乔行简三朝元老,一代鸿儒",朝中不能没有他呀。就把乔行简召回,继续担任丞相。在郑、乔二位丞相离职时,理宗虽然任命了崔与之为右丞相,但崔没有到任。乔行简独自复出,这就形成了乔行简独相的短暂局面。理宗这里称乔行简为"一代鸿儒",这是他对乔行简学问的肯定,评价极高。但不知何故,后续史家对理宗此言却极

---

① 佚名:《宋史全文》卷三二《理宗纪(二)》,"乙未端平二年闰七月纪事""丙申端平三年九月",钦定四库全书本。
② 同上。

少正视。

乔行简幼从东阳乡贤马纯之学;少登得中原文献真传的婺学鼻祖吕祖谦之门,《宋元学案》列其为吕门弟子第四位,①在吕门学子中尤以"礼学"见长;②后又从永嘉大儒钱文子③游。是一位深得吕学精髓,受多位名师亲炙的儒士。乔行简陶铸师镛,潜心六经,形成了"以经学为根干,礼学鸣之"④的学术特色。史称其"为经最高"⑤。理宗刚即位时,乔行简即上疏,请理宗"敬天命,伸士气"⑥。《六经》里都可见"天命观"思想,乔行简"敬天命,伸士气"的观点,就是基于经学思想而阐发的。只不过乔行简在对理宗讲解"天命"观过程中,更多地结合了当时的实际,强调的是"按客观规律办事"的意思,指正理宗的恣意妄为。理宗对"天命"观的接受出乎意料地自觉。嘉熙三年(1239),理宗撰成《敬天图》。理宗"取其关于天道之大,而有以启寅畏之衷者,每经表而出之,裒列成编,目之曰《敬天图》"⑦。《敬天图》是宋理宗从《易》《礼记》等六经中摘录的被认为是最能说明"天道"的内容,加以抄录、张挂、刻石,作为自警的座右铭⑧。乔行简发挥了程颐"宗法立,则朝廷之势自尊"⑨思想,提出了"明宗法,尊朝廷"⑩的观点,并竭力将"君权独尊"的宗法思想推

① [清]黄宗羲原著:《宋元学案》卷七三《丽泽儒学案》,[清]全祖望补修,陈金生、梁允华点校,中华书局1986年版,第2429页。
②《道光东阳县志》卷一八《人物志六》《赵彦稯》条载:"时东莱之门,李诚之、乔梦符以《易》鸣,陈黼、葛洪以《书》鸣,乔行简、马壬仲以《三礼》鸣。"见[清]党金衡:《道光东阳县志》,东阳市人民政府地方志办公室整理,西泠印社出版社2017年版,第427页。
③《宋元学案》在介绍丁黼时说:"永嘉钱宗正文子亦硕儒,先生由忠文以见之,得其经学。"[清]黄宗羲原著:《宋元学案》卷六一《徐陈诸儒学案》,[清]全祖望补修,陈金生、梁允华点校,中华书局1986年版,第1969—1970页。
④《道光东阳县志》载:当时有东阳学子胡楚材者,"尝问为学之要于葛洪。洪曰:'吾学自践履中来。'又问乔行简,行简曰:'学以经为根干,子为华藻。'"[清]党金衡主修:《道光东阳县志》卷二〇《人物志(八)》,东阳市人民政府地方志办公室整理,西泠印社出版社2017年版,第217页。
⑤ [清]党金衡:《道光东阳县志》,东阳市人民政府地方志办公室整理,西泠印社2017年版,第217页。
⑥ [元]脱脱、阿鲁图,等:《宋史》卷四一七《列传》第一七六《乔行简传》,钦定四库全书本。
⑦ 佚名:《宋史全文》卷二五(下),"乾道七年正月己亥纪事",钦定四库全书本。
⑧ 方诚峰:《"天"与晚宋政治——释理宗御制〈敬天图〉》,《中山大学学报(社会科学版)》2017年第2期,第73—88页。
⑨ 程颐说:"宗子之法不立,则朝廷无世臣。宗法须是一二巨公之家立法。宗法立,则人知统系来处。"见[宋]程颢、程颐:《河南程子遗书》卷一七,《二程集》,中华书局2015年版,第177页。
⑩ 乔行简在为东阳孙氏家族作的《永宁孙氏家乘序》中说:"盖闻之,封建坏,天下无世臣;宗法坏,天下无世家。"见赵一生主编:《东阳丛书》第一册《唐宋邑士诗文辑存·乔行简》,赵一生校辑,浙江古籍出版社2015年版,第214页。

至于朝政。他劝理宗,遇事"当断则断""当为则为",事关国体之大事,则先讨论后集中,做到"国论一律"①。这分明是在鼓励理宗果敢地独断行事。就其实质,是一个宰相出于对君权的服从。这虽与宋代加强"相权"与"台谏"以制抑"君权"独裁的政治思想相背离,但这对在史氏集团相权淫威下艰难度日的理宗来说,无疑找到了一种实行"君权独尊"的法理依据。由此可见,乔行简确是一位经学满腹的大臣,理宗称其为"一代鸿儒",实不为过。

(四)称乔行简"深得协恭和衷之意"

> 戊戌嘉熙二年(1238)五月辛巳,太白昼见。癸未,以李鸣复知枢密院事兼参知政事。李宗勉参知政事,余天锡金书枢密院事。甲申,乔行简奏:"兵财二端,尤今急务。欲以兵事委之鸣复,财用委之宗勉,楮币委之天锡。凡有利病,各务讨论。有当聚议者,容臣参酌,然后施行。"诏:"丞相有疏,欲以兵、财、楮币分任二三执政,深得协恭和衷之意,朕为嘉叹。卿等宜一乃心,以副朕意。"②

协恭,即勤谨合作。和衷,是指和睦同心。嘉熙二年(1238)五月,乔行简时任左丞相兼枢密使,由于右丞相崔与之一直没有到任,理宗便任命李鸣复知枢密院事兼参知政事、李宗勉参知政事、余天锡金书枢密院事,与乔行简共同组成新宰执班子。乔行简即将兵权委派给李鸣复,财权委派给李宗勉,楮币权委派给余天锡。所谓"楮币"权,其实相当于现在金融大权。"兵、财、楮币"三权分设,有利于当时南宋朝政解决因防御蒙古入侵而带来的军事、经济困境,更有利于统一协调,集中管理。因为,乔行简在设计这个顶层管理制度时,并没有一分了之,而对其放权规定了二条限制措施:一是"凡有利病,各务讨论"。就是说遇到问题,大家一起讨论,

---

① 乔行简劝告理宗:"自今以往,事无大小,内断诸心,外谋大臣。勿牵于左右谀说之言,勿惑于宫闱私昵之意。当为者,毅然为之;不当为者,断然寝之。或事大体重者,必稽于典古,付之都省、下之朝绅,公共讨论,惟是之从。……国论一,则人心定;人心定,则国势尊。"乔行简:《论天下之势当转弱为强奏》,载赵一生主编:《东阳丛书》第一册《唐宋邑士诗文辑存·乔行简》,赵一生校辑,浙江古籍出版社2015年版,第201页。
② 佚名:《宋史全文》卷三二《理宗纪(二)》,"戊戌嘉熙二年(1238)五月纪事",钦定四库全书本。

不要私自作出决定。二是"有当聚议者,容臣参酌,然后施行"。即遇有需要集体讨论的大事,大家先一起聚议,再由我丞相拍板决定后实行。这个带有现代"民主集中制"意味的宰执班子议事规则,深得理宗夸奖,认为它"深得协恭和衷之意,朕为嘉叹"。在南宋宁宗、理宗二朝,由于史弥远等专权,相权对君权的限制一度走向极端。宰执班子的议事等管理制度建设,无从谈起。乔行简这个规定,不仅对提高朝廷行政效率起到了较大作用,而且在南宋朝廷管理史上也不失为一个亮点。

二、李心传对乔行简的评价

(一)乔行简素有大志

> 公(乔行简)自为布衣,已有大志。①

乔行简自为布衣之日,即怀治国之大志。可惜李心传此处没有列举实例。

(二)乔行简善直言

> 其在经筵也,首言"敬天命,伸士气,破朋党"之说,以存善类,防宦官宫妾之弊,以正心术。至于黜远善士、厌恶直言之戒,又历历陈之。②

"敬天命,伸士气,破朋党",可谓乔行简为官之要诀。嘉定十七年(1224)闰八月丁酉,宁宗薨,赵昀在丞相史弥远操纵下上位。九月己卯,皇太后、皇帝御便殿垂帘。以礼部侍郎程珌、吏部侍郎朱著、中书舍人真德秀兼侍读;工部侍郎葛洪、起居郎乔行简、宗正少卿陈贵谊、军器监王塈兼侍讲。此时乔行简已六十九岁,正

---

① [宋]李心传:《宋太师平章鲁国公文惠乔公圹记》,见乔廷藩,等:《吴宁乔氏宗谱》卷一〇,民国二十二年(1933)版。
② 同上。

式成为皇帝近臣。在皇帝面前,他首提"敬天命,伸士气"的观点。作为吕祖谦高足,乔行简有扎实的学术功底。他曾对人说:"学以经为根干,子为华藻。"①可见乔行简学术以经学为要旨,他认为以《六经》为核心的经学才是学术的"根干",先秦百家的著作也即《子》只是学术的枝叶和点缀。《六经》里都可见"天命观"思想。《礼记·中庸》云:"《诗》曰'维天之命,於穆不已。'盖曰天之所以为天也。"②《易经》曰:"乾道变化,各正性命,保合太和,乃利贞。"③乔行简的经学思想对理宗产生了较大的影响,宋理宗从《易》《礼记》等六经中摘录出认为是最能说明"天道"的内容,撰成《敬天图》一书,并加以张挂、刻石,作为自警的座右铭。④理宗在《敬天图序》中开篇即说:"朕观书契以来,人极茂建,圣贤大训,布在方策,其言治国平天下之道,无出于六经。而求之六经之要,一日不可违者,其惟天道乎! 大概《易》明其理,《书》正其事,《诗》通其情,《周典》备其礼,《春秋》志其变,《记礼》则杂纪焉者也。人主知天之当敬,视六经格言如金科玉条,罔敢逾越,则逸德鲜矣。"⑤理宗认为,六经只要,即在天道。而天道,也就是"治国平天下之道"。其实天道者即事物生成和发展规律,与皇帝"治国平天下之道"是一样的道理,都自有规律可循。由此,理宗认为人主敬天,就必须把六经当作金科玉律,不敢妄自逾越。看来,理宗真是把六经奉为治理国家的瑰宝了。乔行简又提出了"破朋党"等主张。有人攻讦乔行简结党,实属无稽之谈。乔行简在朝荐官无数,但均未与史弥远、史嵩之等一般结成死党,干蝇营狗苟之勾当。至于近善士,陈直言,成为乔行简主要政风。

　　时台谏舍交论济王事,甚急。公为上(理宗)言:"但取孟子为周公受过之意。"上改容嘉纳。⑥

---

① [清]党金衡:《道光东阳县志》,东阳市人民政府地方志办公室整理,西泠印社出版社2017年版,第488页。
② 杨天宇:《礼记译注》,上海古籍出版社2004年版,第707—708页。
③ [魏]王弼注,[晋]韩康伯注:《周易注疏》,[唐]孔颖达疏,[唐]陆德明音义,中央编译出版社2013年版,第20—21页。
④ 方诚峰:《"天"与晚宋政治——释理宗御制〈敬天图〉》,《中山大学学报(社会科学版)》2017年第2期,第73—88页。
⑤ 佚名:《宋史全文》卷二五(下),"乾道七年正月己纪事",钦定四库全书本。
⑥ [宋]李心传:《宋太师平章鲁国公文惠乔公圹记》,见乔廷藩,等:《吴宁乔氏宗谱》卷一〇,民国二十二年(1933)版。

宝庆元年(1225)七月丁丑,理宗与乔行简谈论济王事,理宗说:"朕待济王,可谓至矣。"乔行简答曰:"济王之罪,人所共知。当如周公待管、蔡之心,又当取孟子知周公受过之意。"①济王事件,一直是鲠噎在理宗要喉处窘事。当台谏为济王之事翻案声起,真德秀、魏了翁、胡梦昱等大臣更是据理力争。在这危急关头,理宗能与乔行简私底下商谈此事,足见理宗对乔行简的信任。而乔行简十分机智,他首先认定济王与当年管叔、蔡叔一样,是叛乱有罪的。然而也提醒理宗,在具体处理济王案过程中可能与周公一样存在不当处,而对于这一点,只有孟子能理解周公。乔行简这一番话,理宗果真受用。即便自己在处理济王案中有愧,但至少也是能博得一个与周公一样的美誉啊。

> 上(理宗)未亲政,公贻书宰相(史弥远),言:"天下大权,人主未能自操,亦岂可不使得之而操。方今岂无大因革大黜陟?原取决圣裁,布之中外。"②

理宗尚未亲政时,丞相史弥远专权。乔行简即写信给史弥远,认为人主因自操大权,一切国事应取决圣裁。理宗是史弥远一手扶持上台的皇帝,史弥远玩理宗于股掌间。对此,唯有乔行简敢直言不讳,规劝权贵史丞相。由此见,所谓乔行简为史党之论不能成立。当时的朝臣闽人王迈认为在史弥远当政时,乔行简常常"委曲从之",而为史弥远所喜爱。③但又有谁能像乔行简这样在关键的"君权"与"相权"之争中,敢于得罪一手遮天的史丞相,劝告他应一切"取决圣裁"!由此见,理宗对乔行简的信任是有牢固的逻辑基础的。

> 其(乔行简)为礼部尚书,数言中宫建立人主各节,所系纳必以正选,

---

① 佚名:《宋史全文·理宗纪》,"宝庆元年七月纪事",钦定四库全书本。
② [宋]李心传:《宋太师平章鲁国公文惠乔公圹记》,见乔廷藩,等:《吴宁乔氏宗谱》卷一〇,民国二十二年(1933)版。
③ 王迈在《乙未六月上封事》中说:"行简为人素号多智。弥远在时,善事惟谨,其性姿多苟,其荐举多私。弥远喜其顺己,每事委曲从之。"见[宋]王迈:《臞轩集》卷二《乙未六月上封事》,钦定四库全书本。

必以德。①

吕祖谦的东阳籍门人中,乔行简与马壬仲以《三礼》鸣。②三礼者,《周礼》《仪礼》《礼记》是也。乔行简著有《周礼总说》。乔行简接受了张载、程颐、吕祖谦等人的宗法礼制思想,强调"明宗法,尊国势"。在担任礼部尚书时,即屡次建议在中宫建立人主礼节。

(三)乔行简"死不忘君"

(乔行简)病既革,口占遗表,使其家人上之。识谓死不忘君! 自忠宣范公以来未见之也。③

乔行简患重病,临终前口占遗表,要家人奉上朝廷,表中说"死不忘君"。李心传认为,像乔行简这样忠君的大臣,是自范仲淹以后没有见到过的。

(四)乔行简"胸怀本趣""博大有容"

公长不满五尺,退然如不胜衣,而博大有容,喜不形于色。④

乔行简不满五尺。宋元时的一尺,相当于今日的31.68厘米。5尺,就是158.40厘米。一米五八的个子,无论宋代还是当代,别说男人还是女人,都不是一个理想高度。又一副弱不胜衣的样子。这样的身材,在朝廷里行走,若要赢得他人尊重,没有深厚的涵养功夫是决计不行的。乔行简个子虽小,但器量博大,有容

---

① [宋]李心传:《宋太师平章鲁国公文惠乔公圹记》,见乔廷藩,等:《吴宁乔氏宗谱》卷一〇,民国二十二年(1933)版。

② 据《道光东阳县志》卷一八《人物志六》《赵彦稯》条载:"时东莱之门,李诚之、乔梦符以《易》鸣,陈鬴、葛洪以《书》鸣,乔行简、马壬仲以《三礼》鸣"。见[清]党金衡:《道光东阳县志》,东阳市人民政府地方志办公室整理,西泠印社出版社2017年版,第427页。

③ [宋]李心传:《宋太师平章鲁国公文惠乔公圹记》,见乔廷藩,等:《吴宁乔氏宗谱》卷一〇,民国二十二年(1933)版。

④ 同上。

者乃大也，又有喜怒不形于色的内涵，于是人称其"性姿多苛"。就是说乔行简虽然矮小，但不苟言笑，神情苛严，一副貌不可犯的样子。说明乔行简在朝廷还是比较有威严的。但，这只是外表，关键是他有内涵、有器量。作为吕学子弟，乔行简确实做到了吕祖谦所要求的那样，"静多于动，践履多于发用，涵养多于讲说"，整顿收敛，操存涵泳，使"血气循轨而不乱，精神内守而不浮"[1]。

　　　其丐归之疏有曰："惟不事科配剥民之膏脂，未尝过用刑威伤国之根本。乃若贤人君子之用舍，与夫忠言谠论之纵违，尝极力以扶持，每尽心而启沃。欲寿国家之脉不至为缙绅之羞。"其胸怀本趣，可以见矣。[2]

　　李心传这里借用乔行简在《丐归疏》的说词，赞美其"胸怀本趣"之博大和良善。乔行简在此疏中总结自己一生官场经历，认为自己从来没有做过增加临时赋税以盘剥民脂民膏、过度用刑威而伤害国家之干臣的事情；而对贤人君子、正直之士，则尽心扶持和开导。纵观各种史料，对乔行简没有盘剥民脂民膏和过度用刑威而伤害国家之干臣这两点，是找不到一点负面记载的。而对乔行简荐举人才，则有微词。如王迈说："行简为人素号多智。弥远在时，善事惟谨，其性姿多苛，其荐举多私。"[3]意思是说乔行简荐举的人才许多是有裙带关系的。对于这一点，乔行简很难辞其咎。因为东阳籍官员如王霆、李大同等，都受过乔行简的荐举。因此，有人攻讦为"婺党"。"婺党"之说也是一个历史问题，须认真分析厘清。无论如何，乔行简"欲寿国家之脉不至为缙绅之羞"的老臣耿耿之忠心，是为史家所肯定的。

---

① 王崇炳说："公(吕祖谦)之学，以关洛为宗，心平气和，不立崖异。……一日读《论语》'躬自厚而薄则于人'，忽觉平时愆懥涣然冰释。……又曰'整顿收敛，则入于着力；从容涵泳，又堕于悠悠。'又曰'静多于动，践履多于发用，涵养多于讲说。'又曰'操存，则血气循轨而不乱，收敛，则精神内守而不浮'。"见[清]王崇炳：《吕东莱先生本传》，《吕东莱文集》第一册，中华书局1985年版，第3页。

② [宋]李心传：《宋太师平章鲁国公文惠乔公圹记》，见乔廷藩，等：《吴宁乔氏宗谱》卷一〇，民国二十二年(1933)版。

③ [宋]王迈：《臞轩集》卷二《乙未六月上封事》，钦定四库全书本。

（五）乔行简"天资孝友"

> 公天资孝友。事冀国夫人能竭其力，终身之丧，布衣疏食，虽老不废。伯兄早逝，教育其子如己子。①

乔行简孝友，从事母亲、待子侄两事上可见。乔行简伺父母至孝。他在《祭父母文》中曾说："仕宦而至将相，富贵而归致故乡，昔人以为荣。余则谓使父母俱存，为其子缮一日之禄，则有以遂报反之心，酬孝养之愿。"②乔行简认为，常人皆以为仕宦而至将相，富贵而归致故乡是一件极其荣耀开心的事。而他却认为，为人子最为荣耀开心的事则是为父母尽孝，哪怕仅仅只是"缮一日之禄"，也算遂了报反之心，酬了孝养之愿。这可是乔行简的真心话。乔行简父母一生劬劳，养育乔行简长大，供奉乔行简读书。乔行简绍熙四年（1193）五月才科举及第，此时他已经三十有八。可见，他至少在考场蹉跎了近20个年头。这20年岁月大都要靠父母来供养。当然，乔行简自己也曾主师席于东阳南园书院。可见，其父母对乔行简的培养是不遗余力，倾其所有的。然而，待到乔行简位极人臣，恩宠加身，自以为可以衣锦还乡，哪知道辛劳一辈子的父母早成一捧黄土。为此，乔行简深感为人子、为朝臣的人，其值得最大荣耀和开心的不是高官厚禄，而是能够真心实意、平平淡淡地陪父母吃一顿饭，尽一日孝。这一通《祭父母文》，字里行间都浸透了乔行简的一颗孝子之心和孝子之情。对自己的兄弟姐妹及其子孙，乔行简也竭尽其能力加以照顾。乔行简还把孝道光扬于朝廷，敦促理宗带头行孝。理宗即位，乔行简贻书丞相史弥远，请理宗法孝宗行丧三年。③杨太后崩，乔行简上疏理宗："陛下衰绖在身，愈当警戒，宫廷之间既无所严惮，嫔御之人又视昔众多，以春秋方

---

① ［宋］李心传：《宋太师平章鲁国公文惠乔公圹记》，见乔廷藩，等：《吴宁乔氏宗谱》卷一〇，民国二十二年（1933）版。

② ［宋］乔行简：《祭父母文》，载赵一生主编：《东阳丛书》第一册《唐宋邑士诗文辑存·乔行简》，赵一生校辑，浙江古籍出版社2015年版，第212—213页。

③ 《宋史》载："淳熙十四年（1187）十月，高宗赵构崩于德寿官中，孝宗赵昚听闻后失声痛哭，两天不能进食，又表示要服丧三年。孝宗为了服丧，让太子赵惇参预政事。淳熙十六年（1189）二月初二，孝宗禅位于赵惇，即为宋光宗。孝宗自称太上皇，闲居慈福官，后改名重华官。群臣为其上尊号为寿皇圣帝，继续为高宗服丧。"见［元］脱脱、阿鲁图，等：《宋史》卷三三《本纪》第三三《孝宗纪》，钦定四库全书本。

富之年,居声色易纵之地,万一于此不能自制,必于盛德大有亏损。愿陛下常加警省。"①理宗正处于方富之年,流连宫闱嫔御、纵情声色之地,是皇帝的必然本色。乔行简规劝理宗,衰绖在身,应当警戒自制。皆为理宗欣然接受。

(六)乔行简"自奉寒素""一意为民"

> 贵极人臣,而自奉不异与寒素;与乡人处,尊酒赋诗淡然相对,而忘其年之高,为之尊也。②

乔行简位至丞相、平章军国重事,可谓贵极人臣。但他仍然保持以前的艰苦朴素,回归故里后,对乡亲毫无官架子,一如以往亲切平近。李心传"贵极人臣,而自奉不异与寒素"一语,的确是对乔行简廉洁奉公的最好评价。乔行简一生俭朴,是可为历代为官者效法镜鉴。

> 尝论公之为人,殆《书》所谓"休休有容",孟子所谓"好善优于天下者"。故其爱君子唯恐不及,疾小人不为已甚。世或以泛爱议公,而不知其所就者大也。时虽多故,一意为民,有道之铭,庶几无愧。③

李心传此处引用《尚书》"休休有容"的说法,来赞美乔行简的为人。所谓"休休有容",就是形容君子宽容而有气量的意思。乔行简为人宽容而有度量,有君子之风度,乃为史书所肯定。《宋史》称其"历练老成,识量弘远"④。乔行简一生遇到过两次大的官场风险。一是嘉定六年(1213)乔行简58岁时,在与金绝币问题上主张继续与币,遭太学生弹劾,险些被斩。而太学生背后的支持者则是闽系黄幹、王迈等人。一是端平二年(1235)与郑清之并相时,被王迈等攻讦为史党。但没有史料可以证明乔行简对黄幹、王迈等人进行过什么报复。后王迈因朝廷禋祀雷雨

---

① [元]脱脱、阿鲁图,等:《宋史》卷四一七《列传》第一七六《乔行简传》,钦定四库全书本。
② [宋]李心传:《宋太师平章鲁国公文惠乔公圹记》,见乔延藩,等:《吴宁乔氏宗谱》卷一〇,民国二十二年(1933)版。
③ 同上。
④ [元]脱脱、阿鲁图,等:《宋史》卷四一七《列传》第一七六《乔行简传》,钦定四库全书本。

之事言论过激,遭台谏官李大同、御史蒋岘弹劾,被削二秩,最后改任地方。①李大同为乔行简同乡,他弹劾王迈之举是否为乔行简所指使,实无文字可考。

孟子说的"好善优于天下者"②,意思是喜欢听取善言,并以此来治理天下就能够应对有余。乔行简自己喜欢进善言,也喜欢听取善言。广开言路,是他为政要旨之一。唯有贤、言两路广开,人才才会济济,政治才会清明。正因为做到了这一点,乔行简才会真正爱君子疾小人。但由此乔行简被史家冠以"泛"的评价,李心传认为,这是因为那些人不知道不理解乔行简所追求大旨大成和大事和谐的本意之故。

三、《宋史》对乔行简的评价

(一)乔行简"历练老成,识量弘远"

> 行简历练老成,识量弘远,居官无所不言。好荐士,多至显达,至于举钱时、吴如愚,又皆当时隐逸之贤者。③

《宋史》作者称乔行简历练老成,这确实是对他一生仕途曲折坎坷的全面观照而作出的恳切评价。乔行简自绍熙癸丑(1193)登进士第,后调饶州州学教授,却因母亲去世守丧而不赴。嘉泰初(1201),才去泰州担任州学教授,秩满又调两浙路安抚司干办公事。这时,乔行简的仕途才算刚刚开始,而此时,他已50岁了。已至"知天命"之年,才正式踏入仕途,肯定比20来岁即进官职的人要老成得多。而所谓历练,以现在的话语来表达,即从事过多个岗位的工作。自嘉定元年(1208),乔行简任都堂审察始,至宝庆三年(1227)十二月,权端明殿学士、同金枢密院事,进入宰执班子止,在这20个年头里,乔行简先后担任过主管尚书户部架阁文字,秘书省正字、兼枢密院编修官,校书郎,通州知州,嘉兴知府(未上),淮南

---

① [元]脱脱、阿鲁图、等:《宋史》卷四二三《列传》第一八二《王迈传》,钦定四库全书本。
② 《孟子·告子章句下》:"好善足乎?"曰:"好善优于天下,而况鲁国乎?"见杨伯峻:《孟子译注》,中华书局2016年版,第229页。
③ [元]脱脱、阿鲁图、等:《宋史》卷四一七《列传》第一七六《乔行简传》,钦定四库全书本。

转运判官、兼淮西提刑,提举平常茶盐,江淮湖北铁冶公事与制置使,主管建康府崇祀观,都大提点江浙等路坑冶铁钱公事,两浙西路提点刑狱公事,兼权平江知府、节制许浦水军,直秘阁、兼镇江知府、节制都统司水军,军器监(未上),直焕章阁,镇江知府、兼提点刑狱公事,国子司业(未上)、兼同国史院修编官、实录院检讨官,宗政少卿,秘书监,起居舍人,起居郎,兼侍讲,权工部侍郎,兼侍读,兼祭酒(辞之),尚书吏部侍郎,同修国史实录院同修撰,权刑部尚书,权礼部尚书,礼部尚书,兼修国史实录院修撰等39个职务,当然其中包括了许多兼职与没有赴任的。

纵观乔行简这20年的仕途轨迹,是从中央到地方,又从地方到中央这么一个过程。从嘉定四年(1211)八月差知通州开始,至嘉定十四年(1221)在镇江知府任上的10个年头里,乔行简一直在地方任职,而且一直在抗金抗蒙第一线。开禧三年(1207),江苏楚州、六合曾为金兵所破。嘉定十二年(1219),金兵再破六合,淮南流民纷纷渡江南下避乱。通州、镇江虽距离楚州有200公里之遥,但仍为抗金前沿。而且在嘉定六年(1213),乔行简在淮南转运判官任上,因为在与金岁币问题上主张继续与币,结果为太学生所弹劾,险些被杀头。尽管事实证明,乔行简的"联金抑蒙"策略是有远见的制衡方略,但他受到的冲击是可想而知的。尽管因进言被误解而受到冲击,但他依然不改知无不言的习性,依旧无所不言。真可谓识量弘远,忠君爱国之心蔼然可见。

端平二年(1235)五月,[1]乔行简刚兼参知政事不久,殿帅之军内讧于市,京城临安大震,于是御前诸军都统制赵胜被罢免以安抚,仍不能奏效。乔行简对理宗说,抓其起哄闹事为首者20余人,杀之,于是诸军震慑,事态才得以很快平息。[2]此事足见乔行简行事之老练。由于南宋时时处于外寇侵扰的忧患,因此对于京城的安定,乔行简十分重视。在担任平章军国重事期间,"又请募拱卫军三千,屯之吴门内,以为汉南北相维之势。外以长江托,里以助中兴"。[3]

① 《宋史全文》卷三十二《理宗(二)》:"乙未端平二年(1235)五月辛亥,行国子监丞俞元廙进对,奏军哄之事。上曰:'皆缘前帅纪律废弛,军伍中都无钤束。'"
② [宋]李心传:《宋太师平章鲁国公文惠乔公圹记》:"殿岩之军哄于市,都城大骇,为之黜主帅、罢都司、降黄版以抚之,而犹呼噪未已。公白上,捕其为首者二十余人,戮之。诸军股栗。"见乔廷藩,等:《吴宁乔氏宗谱》卷一〇,民国二十二年(1933)版。
③ [宋]李心传:《宋太师平章鲁国公文惠乔公圹记》:"殿岩之军哄于市,都城大骇,为之黜主帅、罢都司、降黄版以抚之,而犹呼噪未已。公白上,捕其为首者二十余人,戮之。诸军股栗。"见乔廷藩,等:《吴宁乔氏宗谱》卷一〇,民国二十二年(1933)版。

乔行简平生好荐士，除了推举钱时、吴如愚外，还推举了赵范、赵葵、真德秀、洪咨夔、徐侨等人。据《道光东阳县志》载，东阳籍人士经他推荐而受朝廷重用的至少有王霆、李大同等6人。具体见表5-1。

表5-1　乔行简推荐的东阳籍人士一览表

	姓名	官职	行迹
1	王霆，字定叟	乔行简考艺别头，喜曰："吾为朝廷得一帅才矣。"官至授带行左领军卫大将军。	时李全寇盐城，攻海陵，胜出戍扬州，属官多惮从行，霆慨然曰："此岂臣子辞难之日！"霆必身先士卒，大小十八战，无一不利。授带行左领军卫大将军，充沿江制置副使司计议官。差知寿昌军，改蕲州，建学舍，祠忠臣。
2	徐雄，字子厚	乔行简荐擢书库官，累迁国子博士、秘书少监兼国史编修检讨，阶朝奉大夫。	权仓部，都省委定赣州冤词，皆雪其冤。居朝清峻，议论不阿，有《易解》《汉评》、奏议、《南国诗稿》、杂著藏于家
3	许子良，字肖说	宰相乔行简荐监镇江西酒库。进太学博士，转朝奉郎，知岳州，复转朝散郎。	黄梦炎有云："子良之为人，其平如砥，其直如弦，其坚刚如百炼金，其孤峭如危壁千仞。"江万里亦曰："苍苍劲巍，不知四方复有何。人文学政事，当推子良为第一。"
4	王奕，字宗甫	乔行简见其《抚孤松》诗，吟赏不置，一时名卿骚客皆愿交焉。	明敏好学，能文章，工诗赋。数从陈同甫、唐仲友等游，为时器异。其诗类晚唐，一唱三叹，读者不能辨。
5	李大同，字从仲	《宋史》云："李大同以乡人乔行简为相，荐起之。"拜吏部侍郎，擢工部尚书，以宝谟阁直学士知平江府。	首陈谨独之戒，上为之改容。继以汰冗官、抑侥幸六事。平心持衡，斥去党论。

（二）（《宋史》作者）论曰：乔行简弘深好贤，论事通谏。①

弘深为博大精深的意思。说乔行简博大精深，评价不为不高。而论其博大精深，大约是指涵养学识丰富精深。乔行简学术，以经学为要旨，礼学为特色。据《道光东阳县志》卷一八《人物志六》之《赵彦稯》条载："时东莱之门，李诚之、乔梦符以《易》鸣，陈黼、葛洪以《书》鸣，乔行简、马壬仲以《三礼》鸣，倪千里以《诗》鸣，

---

① ［元］脱脱、阿鲁图，等：《宋史》卷四一七《列传》第一七六《乔行简传》，钦定四库全书本。

于《春秋》则推穪昆季。"

吕祖谦的东阳籍门人中,乔行简与马壬仲以《三礼》鸣。三礼者,《周礼》《仪礼》《礼记》是也。乔行简所著有《周礼总说》,可见此说不谬。临卭高定子在《南园书院记》中说:"一日,东阳蒋叔安龚进而言曰:'龚大父友松居士,于敝庐南园为精舍,设储偫,延茂士,使子若孙师事而聚学焉。孔山先生乔公经为最高,聘莅其盟。士之来游来歌,四面而至。'"南园书院为邑人蒋明叔(号友松居士)所创,乔行简曾"聘莅其盟",而成南园师席。高定子称"孔山先生乔公经为最高"。当时东阳学子胡楚才"尝问为学之要于葛洪。洪曰:'吾学自践履中来。'又问乔行简,行简曰:'学以经为根干,子为华藻。'"①可见,乔行简以经学见长。他认为以《六经》为核心的经学才是学术的"根干",先秦百家的著作,也即《子》,只是学术的枝叶和点缀。乔行简这一观点直切吕学要旨。重视"经学"乃吕学特色之一。吕祖谦主张明理躬行,治经史以致用。吕祖谦认为《书》《易》《礼》《乐》《春秋》等儒家经典"皆所以形天下之理者也"②。他劝导学生要多读《六经》。

理宗刚即位时,乔行简即上疏,要理宗"敬天命,伸士气"。乔行简的"敬天命,伸士气"观点,就是基于《六经》"天命观"而阐发的。只不过乔行简在对理宗讲解"天命"观过程中,更多地结合了当时的实际,强调的是"按客观规律办事"的意思,指正理宗的恣意妄为。如理宗颁求贤求言二诏,乔行简上疏道:"求贤求言二诏之颁,果能确守初意,深求实益,则人才振而治本立,国威张而奸宄销。臣窃观近事,似或不然。""臣愿陛下自今以往,事无大小,内断诸心。当为之,毅然为之;不当为之,断然寝之。""以大有为之资,当有可为之会,则事有成,固可坐而策也。"③正因为乔行简学识丰富精深,因而被理宗称作"一代鸿儒"④。而与乔行简同时秉政的几位宰执如郑清之、李宗勉、史嵩之等,可能很难以"鸿儒"相称之。

---

① [清]党金衡:《道光东阳县志》,东阳市人民政府地方志办公室整理,西泠印社出版社2017年版,第217、427、488页。

② [宋]吕祖谦:《晋文公秦穆公赋诗》,《左氏博议》卷一三,钦定四库全书本。

③ [宋]乔行简:《论求贤求言疏》《论天下之势当转弱为强奏》《论国事三忧疏》,载赵一生主编:《东阳丛书》第一册《唐宋邑士诗文辑存·乔行简》,赵一生校辑,浙江古籍出版社2015年版,第197、201页。

④ 《宋史全文》:丙申端平三年(1236)九月戊子,上手札曰:"乔行简三朝元老,一代鸿儒。趣中使以宣回,盖示冕旒之眷;对经筵而进读,庸彰体貌之恩。勉为朕留,佇闻忠告。"见[宋]佚名:《宋史全文》卷三二《理宗(二)》,"丙申端平三年九月纪事",钦定四库全书本。

四、《宋史全文》对乔行简的评价

　　辛丑淳祐元年(1241)二月壬子,乔行简薨,辍视朝。行简在相位,专以商贩为急务,温、台盐商数百群,有士子为诗曰:"知君果是调羹手,傅说当年无许多。"①

　　《书·说命下》:"若作和羹,尔惟盐梅。"后因以"调羹"喻治理国家政事。乔行简在担任宰相期间,不但要处理朝廷急务,他还十分注重南宋社会经济治理,鼓励温台沿海盐商发展,以实国体。因此被当时的士人称为"调羹"高手,并被比作殷商时期的贤相傅说。而对乔行简重视发展经济的史料记载,仅此一例。虽为不知名的士子之称颂,但总是乔行简重视经济的一个少见史实。

　　国之财赋,盐利据半。②宋室南渡,更"专仰盐钞,率享其利"③。温、台地处沿海,本属产盐区,却因山高路远,交通不便,导致温、台之盐常被积压,以致官盐不振,私盐猖獗。

　　对此,朱熹在《奏盐酒课及差役利害状》中曾有详细描述:"浙东所管七州而四州滨海……贩私盐者百十成群,或用大船搬载,巡尉既不能诃,州郡亦不敢诘,反与通同,资以取利。……除明、越两州稍通客贩,粗有课利外,台、温两州全然不成次第,民间公食私盐,客人不复请钞,至有一场一监累月之间不收一袋、不支一袋。"④温、台盐业的混乱局面,至端平二年(1235)仍无好转,以致政府盐额亏损,"民食贵盐,公私俱病"⑤。因此,朝廷屡有宽商旅,减征税、收散盐的政策出台,以兴复盐额,增加政府税收⑥。在如此背景下,作为宰相的乔行简专以商贩为急务,

---

① [宋]佚名:《宋史全文》卷三三《理宗(三)》,"辛丑淳祐元年二月纪事",钦定四库全书本。
② 《宋史·食货志》:"孝宗乾道六年,户部侍郎叶衡奏:'今日财赋,鬻海之利居其半,年来课入不增,商贾不行,皆私贩害之也。'"见《宋史》卷一八二《志》第一三五《食货(下四)·盐(中)》,钦定四库全书本。
③ 《宋史·食货志》:"淳祐元年,臣僚奏:'南渡立国,专仰盐钞,绍兴、淳熙,率享其利。'"见《宋史》卷一八二《志》第一三五《食货(下四)·盐(中)》,钦定四库全书本。
④ [宋]朱熹:《朱子大全集》,《文集》卷十八《奏盐酒课及差役利害状》,钦定古今图书集成本。
⑤ [元]脱脱、阿鲁图,等:《宋史》卷一八二《志》第一三五《食货(下四)·盐(中)》,钦定四库全书本。
⑥ 同上。

以致温、台盐商数百群而兴起,盘活了当时迟滞的盐业。这对朝廷经济的支撑作用,不言而喻。可见这位师从"儒林巨擘"永嘉学派创始人之一钱文子,又有永康事功学派创始人陈亮为同乡、同年的宰相,于事功之学的领悟和践履也颇有建树和可称道处。关于乔行简治理经济的史迹,史志记载极少。《宋史全文》中的这一记载,为我们提供了乔行简治理经济不可多得的珍贵史料。

五、《宋史纪事本末》对乔行简的评价

> 嘉熙三年(1239)春正月,以史嵩之为右丞相兼枢密使,督视两淮、四川、京湖军马。……时嵩之与乔行简、李宗勉并相当国,论者谓乔失之泛,李失之狭,史失之专。①

嘉熙三年(1239)正月,乔行简任少傅、平章军国重事;李宗勉为左丞相兼枢密使;史嵩之为右丞相兼枢密使,督视两淮、四川、京湖军马;余天锡为参知政事;游似为同签书枢院事。②此时,乔行简已年届八十有四,可谓耄耋矣。理宗允许他一月三赴经筵,二日一入朝,遇到重大军国要事,才去都堂议事。③因此,军国重事之职,虽居左右二相之上,但实际上不参与日常朝政。等到边事稍宁,乔行简复上告老章十八。所谓"泛"者,此处应理解为"不深入"。说此时的乔行简管得不够深入,一定是事实。但从另一个侧面反映出此"论者"们,是希望乔行简这位老臣能多管朝政。李心传对此有论:"世或以泛爱议公,而不知其所就者大也。"④意思是说有世人以"泛"评论乔行简,哪里晓得他一心考虑谋划的是一些军国大事啊。

---

① [明]陈邦瞻:《宋史纪事本末》卷九六,钦定四库全书本。
② [元]脱脱、阿鲁图,等:《宋史》卷四二《本纪》第四二《理宗(二)》,钦定四库全书本。
③ [宋]李心传:《宋太师平章鲁国公文惠乔公圹记》,见乔延藩,等:《吴宁乔氏宗谱》卷一〇,民国二十二年(1933)版。
④ [宋]李心传:《宋太师平章鲁国公文惠乔公圹记》,见乔延藩,等:《吴宁乔氏宗谱》卷一〇,民国二十二年(1933)版。

六、王迈《臞轩集》对乔行简的评价

　　行简为人素号多智,弥远在时,善事惟谨,其性姿多苛,其荐举多私。弥远喜其顺,每事委曲从之。及与清之共政,所见每有不同,况当耄及之年,易犯在得之戒,其身虽未必肯为小人之事,其门必多引小人之徒。[①]

　　王迈在这里对乔行简攻讦主要有三:一是乔行简素号多智,因每事委曲史弥远而从之,固为史弥远所喜爱,而成为史党。二是乔行简"善事惟谨,其性姿多苛,其荐举多私"。三是"况当耄及之年,易犯在得之戒"。

　　关于第一点,乔行简是否为史党之论,前章已有论及,不再赘论。其二是王迈认为乔行简善事唯谨,其性姿多苛,荐举多私,很有必要进行质证。说乔行简行事谨慎,倒是事实,但性姿多苛却非真实。所谓"苛",作"严厉、暴虐"解。据文字载,乔行简在朝博大有容,喜愠不形于色,无论遇到什么急事、难事,都从容应接,辞气不挠。虽然他身长不满五尺,退然如不胜衣,却"休休有容"[②]。但乔行简也不是一个一味忍让的人,忤逆了他的意思时也是有脾气的。闽人黄师雍是一个有学问的人,义乌徐侨也推举他,李宗勉则在丞相乔行简面前竭力推荐,因为有徐侨、李宗勉两人的力荐,乔行简答应给黄师雍除官。但黄师雍却在此时贻书乔行简,说你年事已高,还是告老还乡吧。乔行简听了当然不舒服,就把提拔黄师雍的事搁置了。[③]国子正、通直郎康植,义乌人,与朱元龙、王世杰同为徐侨弟子,算是乔行简老乡。康植在论对时,言事态度抗直,忤了丞相乔行简的意,结果好端端的京官丢了,被差遣到广德军做通判去了。[④]可见,丞相乔行简也是有个性、有脾气的。王迈说乔行简荐举多私,关于这一点,魏了翁听了都坐不住,上疏理宗为乔行简开

---

①　[宋]王迈:《臞轩集》卷二《奏防·乙未六月上封事》,钦定四库全书。
②　[宋]李心传:《宋太师平章鲁国公文惠乔公圹记》,见乔延藩,等:《吴宁乔氏宗谱》卷一〇,民国二十二年(1933)版。
③　[元]脱脱、阿鲁图,等:《宋史》卷四二四《列传》第一八三《黄师雍传》,钦定四库全书本。
④　[清]王崇炳:《金华征献略》卷之八《名臣传(二)·康植》,载赵一生:《东阳丛书》第十五册,赵一生校辑,浙江古籍出版社2015年版,第214页。

脱。三是说乔行简当耄及之年,易犯在得之戒。这是王迈根本不了解乔行简之故。乔行简晚年凄凉,他虽屡屡进言,但几乎没有为自己的留剩得失去考虑,至死都是在考虑"宗社安危之大计"。①致仕回故里,大女婿太社令王仪已亡,留有少田土,却为人所赖,只得讼之官府。一个高居国家平章军国重事、位极人臣之人的高官,都不禁要为之哀叹"小人之奸诈欺孤如此"! ②可见,乔行简当朝时真的没有为自己谋取什么权势和利益。致仕后就像平民一般,生活在民间。知此者,谁会去指摘乔行简是一个为自己患得患失的人。如此之清官,世间又有几何?

七、魏了翁对乔行简的评价

(一)乔行简独以婉辞,阴主善类

魏了翁《乙未秋七月特班奏事》:

> 方奸凶得志之时,而乔行简独以婉辞,阴主善类。今所得之谤,乃若反其所长。
>
> …………
>
> 臣窃闻乔行简尝于陛下之前,自言未尝荐引小人。一时宰执皆亲闻之,此谤既无用辩。③

魏了翁认为,乔行简能以委婉的辞藻,维护人主和有德之士,是一个正直和光明磊落之人,不应该像王迈那样指责乔行简性姿多苛,等等。今天乔行简所受到的诽谤恰恰是他的优点所在。看来作为正人领袖之一的魏了翁,进言论事的确与"狂生"王迈不同。

---

① [宋]乔行简:《恐勤帖》,载赵一生:《东阳丛书》第一册《唐宋邑士诗文辑存·乔行简》,赵一生校辑,浙江古籍出版社2015年版,第204页。
② 同上。
③ [宋]魏了翁:《鹤山先生大全文集》卷二〇《乙未秋七月特班奏事》,四部丛刊本。

王迈攻讦乔行简荐举多私，魏了翁听了都坐不住，出来说公道话。魏了翁说，我与那些宰执都亲耳听到乔行简在皇帝前说过，自己没有荐引过小人。对于这样的诽谤，简直勿用去辩。这就是高手之论。一个宰相在朝廷之上、众目睽睽之下对皇帝说的话，你难道还要去怀疑它吗？庙堂之上，岂能儿戏！这是一个正人君子起码的人格。因此，连魏了翁都认为王迈的某些奏言有点不入正道。然而，四库馆臣竟以为王迈"历官所上封事类，多区别邪正，剖析时弊之言，如《谏乔行简再相》及《禋祀雷雨应诏》诸篇，敷陈皆极剀切"①。所谓"剀切"，即切实、恳切之意。王迈谏乔行简再相之奏敷陈是否"剀切"，不妨读读《臞轩集》。

（二）称乔行简为"熊罴""渭滨"

魏了翁代《赐右丞相乔行简生日礼物诏（九月一日）》：

> 叶熊罴之卜正，渭滨八十之年；歌凫绎之诗，祝鲁国万千之寿。②

乔行简生于绍兴二十六年（1156）八月庚子日，其八十生日应该在端平二年（1235）八月。此时，乔行简为右丞相，郑清之为左丞相，魏了翁任礼部尚书。礼部尚书魏了翁之笔果然了得。所谓"熊罴"，即辅君的贤臣；"卜正"是卜官之长。"叶熊罴之卜正"，即宰辅之长官的意思，即宰相是也。"渭滨"，是指太公望吕尚，即姜太公子牙。③魏了翁把乔行简比作姜子牙，虽为应景的溢美之词，但也绝非违心阿谀之论。"凫绎之诗"，凫绎即北宋诗人颜太初的诗歌。颜太初为复圣颜子第46世孙，号凫绎处士，进士出身，国子监说书，博学有才，仗义敢言。问题出在最后一句："祝鲁国万千之寿。"端平二年（1235）时的乔行简是金紫光禄大夫、右丞相兼枢密使，端平三年（1236）乔行简才任特进、左丞相兼枢密使，进封鲁国公。④魏了翁祝诗此处谬误究竟如何造成，无从考证。

---

① [清]纪昀，等：《臞轩集提要》，《钦定四库全书·集部四·别集类三》。
② [宋]魏了翁：《鹤山先生大全文集》卷之一四《赐右丞相乔行简生日礼物诏（九月一日）》，四部丛刊本。
③ [周]《韩非子·喻老》："文王举太公于渭滨者，贵之也。"后因以"渭滨"指太公望吕尚。
④ [元]佚名：《宋史全文》卷三二《宋理宗（二）》，钦定四库全书本。

八、《宋季三朝政要》对乔行简的评价

　　行简清直有人望。[①]

　　"清直"即清廉正直。乔行简清廉以上已有论及,主要从他致仕归里的生活境遇可以看出,一个位至丞相、平章军国重事的高官,在家乡生活的日子里,竟如同小民一般,居然也要受当地无赖欺负。可见,乔行简居官期间,没有在自己故里建什么豪宅别墅,也没有在当地政府扶持自己的党羽势力。如此为官,足见其清廉矣! 乔行简为人正直,关键是不藏着掖着,想说的便敢于建言,不怕得罪众怒、得罪权贵。王迈曾说乔行简对史弥远"每事委曲从之",殊不知在理宗尚未亲政时,乔行简即贻书权势遮天的宰相史弥远,说:"天下大权,人主未能自操,亦岂不可使得之而操。方今岂无大因革大黜陟,愿取决圣裁,布之中外。"[②]意思是叫史弥远加快还政于理宗。在君权与相权之争中,敢于亮明自己的态度。这就叫正直。乔行简自己重权在握时,对那些得罪自己的个别人,也毫不客气,不提拔就不提拔,该差迁地方的就差迁,从不耍阴谋,算得上是一个光明磊落之人。乔行简有人望,除了他个人清廉正直,善荐人才敢于直言外,还得益于他处理人际关系的高明手段。绍定、宝庆间,朝廷官员"非鄞即婺",此时8位宰执,史弥远、宣缯、袁韶、郑清之4位为鄞州人,葛洪、乔行简2位为婺人。但乔行简、葛洪始终与这些当权的鄞人保持一定距离,做到和而不同。[③]由此得到了真德秀、魏了翁等为代表的"朱学正人"或称"清流"士人的一定支持。

　　乔、葛二人,能在当时十分复杂的朝廷人际关系中,始终保持"和而不同",这得益于其深得吕门修身真诀。吕祖谦强调为人要"恭自厚而薄责于人",并把此作为自身修为真谛而毕生践履之,养成了宽厚待人的处世品格。作为吕门大弟子的

---

① ［元］佚名:《宋季三朝政要》卷一《理宗》,钦定四库全书本。
② ［宋］李心传:《宋太师平章鲁国公文惠乔公圹记》,见乔廷藩,等:《吴宁乔氏宗谱》卷一〇,民国二十二年（1933）版。
③ 廖寅:《"非鄞则婺"论——南宋后期政治研究之一》,《人文论丛》2003年卷,第366—376页。

乔、葛二人,一个为副宰,一个为宰相,在朝中位置远远高于老师吕祖谦,但他们恪守师门教诲,向来为人低调沉稳,很少苛责与人,即便是别人不能理解自己而受到攻讦时,也能宽宥对方。真正做到了孔子提倡的"人不知而不忧"的君子品行。可见,他们的成功是以其很深的个人修为为基础的。

九、《道光东阳县志》对乔行简的评价

(一)楼上层:乔文惠"嘉言懿行"

楼上层《定志堂记》:

> 盖学者犹之水也,挂帆以济乎河,不柁是谋,而惟徒楫之,焱风一至,北首者扬越,南帆者抵幽燕矣。此志之不可不定也。不然,东阳先正若乔文惠、李正节、张冲素,嘉言懿行,具在方策,虽不能遽至,尚庶几焉。[①]

东阳"定志堂",又叫东白书院或吴宁书院,道光二十七年(1847),东阳县令李德举榜曰"定志堂"。时东阳学人楼上层作《定志堂记》,把乔行简列李诚之、张冲素等乡贤之前,称其"嘉言懿行,具在方策",以倡导东阳学子像乔行简他们一样,定志向学,扬帆直前。

(二)胡助:乔行简"望尊闾里"

胡助《西岘赋》:

> 连镳并起,乔葛马李。官显于朝,望尊闾里。恢拓名园,峥嵘

---

① [清]党金衡:《道光东阳县志》卷一〇《政治志(六)》,东阳市人民政府地方志办公室整理,西泠印社出版社2017年版,第213页。

甲第。[①]

胡助是元代东阳在朝最著名的官员。他始举茂才,为建康路儒学学录,历美化书院山长、温州路儒学教授,两度为翰林国史院编修官,以承事郎太常博士致仕。胡助建有秀野园,园西北有秋堂遗迹,太湖石假山高丈余,大八九尺,离奇光润,据说是从乔行简孔山园所移。可能是到元代时,乔家孔山园衰败,胡助为了保留一些乔行简遗迹而迁移此石至自己园。

(三)杜时芳:"还杖乔公相业隆"

杜时芳《孔山怀古》:

> 南渡偏安王气终,议和议战两无功。堪怜宋主中原尽,还杖乔公相业隆。浩首拂衣称逸叟,孔山营宅见高风。我今凭吊当年事,遗迹空余古木丛。[②]

杜时芳为明代东阳著名学者,阳明心学东阳第二代传人之一。其中"堪怜宋主中原尽,还杖乔公相业隆。浩首拂衣称逸叟,孔山营宅见高风"之句,可谓历代东阳诗人咏乔行简的最佳诗句。杜诗的意思是乔行简撑起了南宋半壁江山,并对乔行简清廉致仕返乡赞以"逸叟""高风"之美辞。

(四)王光烈:乔行简"不望蓬莱望帝乡"

王光烈《平章见沧阁》:

> 城镇沱江阁见沧,墨痕犹溅御炉香。老臣心事知谁审,不望蓬莱望

---

① [清]党金衡:《道光东阳县志》卷二三《广闻志(一)》,东阳市人民政府地方志办公室整理,西泠印社出版社2017年版,第589页。
② 同上书,第619页。

帝乡。①

王光烈此人无考。《道光东阳县志》还收录有他的《道经蟠谷访旧作》一首。帝乡，一般指皇帝住的地方，这里应指南宋皇城临安。说乔行简"不望蓬莱望帝乡"，即指乔行简虽致仕返乡，但并没有做一个世外逸叟，而是时时牵挂着国家命运之兴衰。这样的老臣之心，分明是一颗赤诚的爱国之心啊。

（五）楼维岳：乔行简"不贪东府禄"

楼维岳：《观乔文惠公遗像》：

丞相乔文惠，归犹领越州。不贪东府禄，竟老北邙秋。故里寻难得，遗容缅尚留。荐贤心未厌，身后熟咨诹。②

楼维岳此人亦无考，大约为清代人。据其此诗，可见清时乔行简之遗像尚存。东府，指丞相府。

十、王崇炳对乔行简的评价

（一）王崇炳《金华征献略》：忠君爱民有相臣风度

行简平居好荐士，多得人，受知者往往至显达，时称其有相臣风度。又仿朱熹法，为乡邑立社仓，其后数十年不饥，乡人德之。所著有《孔山文集》及《周礼总说》。

---

① ［清］党金衡：《道光东阳县志》卷二三《广闻志（一）》，东阳市人民政府地方志办公室整理，西泠印社出版社2017年版，第619页。

② ［清］党金衡：《道光东阳县志》卷二六《广闻志（四）》，东阳市人民政府地方志办公室整理，西泠印社出版社2017年版，第778页。

　　论曰：行简当轴时，左丞李宗勉、右丞史嵩之，三相同时秉政。论者曰：乔失于泛，李失之狭，史失之专。而史称行简"**历练老成，识量宏远，居官尽言**"。读其奏议，忠君爱民之心，蔼然见乎文字之间。举朝钦其休容，桑梓沐其惠泽，盖有大臣之风矣。①

王崇炳称乔行简"忠君爱民之心，蔼然见乎文字之间。举朝钦其休容，桑梓沐其惠泽，盖有大臣之风矣"是为不谬矣。

（二）王崇炳《金华文略》对乔行简的评价

1. 王国陛《婺州先贤考》：乔行简为贤相

　　婺州先贤，自东汉杨乔兄弟始见史册。历唐宋元明，人物辈出，照耀图书。而儒学最盛，盖东莱吕成公谦首劈蚕丛云……东莱弟子最著者，则有东阳正节侯李诚之，守蕲殉难；乔行简、葛洪，则居台鼎，为贤相；潘景宪，则以神童登第，著《纪纂渊海》，以女妻朱文公子塾。……②

王国陛为王崇炳之子，他列乔行简为吕祖谦弟子最著名者之一，并称其"居台鼎，为贤相"。

2. 评乔行简《奏请谥陈龙川、吕大愚劄子》：足增重宝婺

乔行简《请谥陈亮、吕祖俭劄子》：

　　臣闻褒崇既往，所以激劝方来。乾道、淳熙之间，名儒辈出，其所植立者虽有所不同，要皆有以垂于后。如朱熹、张栻、吕祖谦、陆九渊，既蒙国家锡以美谥，或录其子孙而并时奋兴，其才学迥出前古，而乃有未经褒

---

① ［清］王崇炳：《金华征献略》卷七《名臣传（一）·乔行简》，载赵一生：《东阳丛书》第十五册，赵一生校辑，浙江古籍出版社2015年版，第204—206页。
② ［清］王崇炳：《金华文略》，载赵一生：《东阳丛书》第十六册，赵一生校辑，浙江古籍出版社2015年版，第446页。

恤者二人也。

臣获见承事郎、签书建康军节度判官厅公事陈亮,以特出之才,卓绝对之识,而究皇帝王伯之略,期于开物成务,酌古准今,盖近世儒者所未讲。平生所交,如熹、栻、祖谦、九渊,皆称之曰:"是实有经世之学。"所为文号《龙川集》行于世。当淳熙之戊戌,三上书,极论社稷大计。孝宗皇帝览之感涕,召赴都堂审察,将以种放,故事不次擢用。左右用事巫来谒亮,欲掠美市恩,而亮不出见之,故为所谮沮而止。晚际,光宗皇帝亲擢居进士第一,曾未及小用而不禄。其遗文为世所珍重,其渊微英特之论,雄迈超脱之气,由晋宋隋唐以后,自成一家,惜不究其所蕴,而仅见诸空言也。

承议郎、太府寺丞吕祖俭,实祖谦之弟。少与兄研穷经传,悉本家学。后祖谦死,凡诸生皆承事祖俭,吕氏之学益明。庆元间,韩侂胄用事,中外侧目不敢言。祖俭在下僚,独抗章殿陛,直指其失,谪高安以死。及侂胄日益横以罪殊灭,人固恨曲突徙薪之谋不早用也。

臣窃谓,亮与祖俭之学,皆有遗文具存,学者同知所宗。至若亮当渡江积安之后,首劝孝宗以修复艺祖法度,为恢复中原之本,将以伸大义,雪仇耻。其忠盖与汉诸葛亮、本朝张浚相望于后先,尤不可磨灭。祖俭当时奸气焰薰灼之时,首建抑绝之义,其视东都名节诸贤亦为无歉。当今国家多事,所少者忠义名节之士。苟褒二臣,亦足以激昂人心。二臣者皆生于婺,臣少长接闻,取为模范。今独死后,遭时窃位,倘不引义一陈于上,使获表见于明时,非惟有愧于前贤,抑亦无以垂示于后学。况二臣者,非所谓一乡一国之士,乃天下之士,臣故敢冒昧以言。

臣切照谥法:声闻显著者,虽无官爵,特听令谥。又淳熙敕:勋德节义、声实彰著者,不以官品特与命谥。若亮与祖俭,识足以明义,气足以折奸,可谓节义彰著矣。学足以名家,文足以传后,可谓声闻显著矣。迹足以所立,实应得谥。臣愚望圣慈悯二臣之不遇,特颁睿旨,下有司定谥。庶几天下之士知朝廷风动之意,翕然有所兴起,臣无人拳拳之至。

王崇高炳按:二公得谥,则孔山先生之力也。言者及所言之人,皆足增重宝婺。①

王崇炳称陈亮、吕祖俭之谥,都是乔行简鼎力进疏的结果。因此,乔行简与陈亮、吕祖俭一样,都是为婺州增光添彩的人物。乔行简与陈、吕二人,不仅为同乡,而且乔行简与陈亮是同年,绍熙四年(1193)乔行简登进士第,陈亮是状元。只可惜状元陈亮没有等到朝廷命官,即殁。吕祖俭则是乔行简之师,吕祖谦薨后,吕门弟子即由吕祖俭为掌门。

3. 评乔行简《论天下之势当转弱为强秦》:字字可勒丹扆

乔行简《论天下之势当转弱为强秦》:

臣窃谓今天下之势,至是极矣。国用殚乏而无余,粮饷踊贵而难办,楮价日损而秤提无其策,流民猥多而赈恤无其具。上则雨旸不时而人苦于难食,下则潮汐为灾而水逼于都城;内则有盗贼窃发之虞,外则有夷狄侵轶之患。举天下之事,无一之不可忧。陛下每于治朝言之,而玉色不康,臣辈每恨振起无计,而隐忧度日。然今日之大势固弱矣,整顿固难以矣,苟不能以为难且弱而勉强行道,如董仲舒之所云,则事犹可为,势犹可转。不过于饬吾修身,用吾人才,振吾纪纲,必吾赏罚,信吾命令,以临其政,使万务整整而有条,万目睢睢而改观,则外之气势未能遽强,而内之政事则已能修举,将自有隐然不可犯之威灵,屹然不易摇之根本矣。若徒见目前富贵崇高之可尊,燕安逸乐之可享,侍御便嬖之如吾意,采色声音之悦吾心,则是虽能临事矜持,动无过举,亦止是蹈常袭故,用寻常守成之规模,不足以言兴起之事,收安强之效也。
臣窃以为陛下当留神改图,一意奋发,不可有怀内之心,不可忧苟安之意,不可厌苦涩冷淡之言,不可惮辛勤繁冗之事。要须慷慨特达,不事边幅,如中兴创业之人主所为,必卑宫室、恶衣服、菲饮食如大禹;必不迩

① [清]王崇炳:《金华文略》,载赵一生:《东阳丛书》第十六册,赵一生校辑,浙江古籍出版社2015年版,第469—470页。

声色、不殖货利如成汤;必思旧劳于外,不敢荒宁如商高宗;必日中昃不遑暇食如周文王;必内有拨乱之志,侧身修行如周宣王;必衣弋绨,履革舄,罢露台,却千里马如汉文帝;必厉精更始,综核名实,考试功能如汉孝宣。夫如是,然后可顿回衰弱之势,渐起安强之形,吾之国可以立而祚可以绵矣!

抑又有人所难言者,臣敢不尽为陛下陈之?陛下来自代邸,公卿百官、军将士民所期望于陛下者,非其他人主之比。必有以大慰其意,使人起敬起爱,则不至于每每窥瞰动息,辄伸窃议之喙于其下。此所关者至大,要非威驱势劫之所能回。而所以回者,则亦不过如臣前所陈等事,而陛下恪意行之耳。

臣愿陛下自今以往,事无大小,内断诸心,外谋大臣。勿牵于左右谀说之言,勿惑于宫闱私昵之意。当为者,毅然为之;不当为者,断然寝之。或事大体重者,必稽于典古,付之都省、下之朝绅,公共讨论,惟是之从。仍勿为轻浮所动摇,勿以一人之言而曋有罢行之事。国论一,则人心定;人心定,则国势尊。今天下事犹未至于不可为,惟陛下有以转移之。

臣事陛下多历年所,今老甚,当思息肩。臣而不言,谁肯为陛下言者?故敢不以忉怛为嫌,而辄究言之,惟陛下裁幸。

唐正学按:老臣谋国之言,字字可勒丹扆! [1]

唐正学此人无考,但他认为乔行简《论天下之势当转弱为强秦》,是"字字可勒丹扆"的老臣谋国之言,极为精当,并可概而论之。丹扆,即丹屏。也就是"汗青""史册"之意。

4. 王崇炳《咏乔行简诗》:河山半壁藉调元

河山半壁藉调元,光映文昌上相尊。闻说朱门花作垺,眼看黄叶鸟

---

[1] [清]王崇炳:《金华文略》,载赵一生:《东阳丛书》第十六册,赵一生校辑,浙江古籍出版社2015年版,第610—611页。

归村。高名尚喜留桑梓,故国徒劳问子孙。五府相连各衰散,一从野老
牧鸡豚。

又:

　　一代功名余石砌,四郊烟火抱城楼。市喧日暮人将散,树老台荒我
欲愁。只有青编两行字,尚留忠亮照千秋。①

　　王崇炳是清代东阳著名学者,对乔行简史迹多研究。其"河山半壁藉调元,光
映文昌上相尊"之句,对乔行简多有赞美。调元,即宰相调和阴阳,执掌大政。乔
行简执掌相权,竭力调和相权与君权的关系,使理宗取得了短暂的"君权独尊"局
面,维护了朝政的稳定和社会的发展。但乔行简薨后,这样的局面即为史嵩之专
权所打破。乔行简以自己的忠诚和高风亮节,名垂青史,光照千秋。王崇炳之笔,
毕竟是史家之笔。

_____

① [清]党金衡:《道光东阳县志》卷二三《广闻志(一)》,东阳市人民政府地方志办公室整理,西泠印社出版
　社2017年版,第619页。

乔行简年谱（简谱）

谱　前

关于东阳乔氏流源，《吴宁乔氏咸淳丙寅谱序》载：

> 乔氏本鲁人。上世有乔庇者，受《易》商瞿，子孙以儒学多至大官。其后有仕字文周者，始去木为乔。予家始祖德彰公，赠太师，自汴梁南渡，居东阳之双岘。

此谱序，为乔行简曾孙乔师颐撰于咸淳六年（1270）。乔氏出自鲁国（今山东一带），春秋末年有个叫乔庇的先祖，从当时大儒商瞿学《易》。乔氏原姓"桥"，到乔文周一代，突然去"木"为乔。唐天复二年（902），一位叫乔德彰的人自汴梁南渡来东阳，居东阳之双岘峰下。他便是乔氏家族迁东阳的始祖。据《吴宁乔氏宗谱》卷之四载：

> 始祖，讳德彰，字雅圭。承事郎，赠太师。系唐天复时自汴梁来牧东阳，爱本邑土风淳朴，山水优胜，遂占籍于邑西城之峨岑坊，是为乔氏之鼻祖。

李心传于淳祐元年（1241）撰写的《宋太师平章鲁国公文惠乔公圹记》中有云：

> 乔氏本鲁人。上世有乔庇者，受《易》商瞿，子孙以儒学多至大官。其后有仕字文周者，始去木为乔。今居东阳者，望出梁国。其先讳德彰，字雅圭者，自汴梁来牧东阳，遂占籍于邑城。

明代史学大家宋濂对此则有自己的考证。他在《吴宁乔氏洪武辛亥谱序》中云：

> 余至汴京，获睹乔氏之谱。（其祖）始于黄帝第十六子封于镐，因河水

冲天,艰于游玩,遂筑桥以跨河。后子孙因氏焉。至周武王划商,有桥宏者先率六军,亲破营垒,有勋于国,遂拜大司马,赐姓曰乔,遂去其木。至汉兴,有孙曰干机者,任至春坊中允,后升大中大夫、殿中御史,封弋阳侯。爰至光武,仍用旧臣,子孙又曰珏、曰璇、曰理者,俱就殿中御史丞,参谋国政。其国大治。至唐高祖,始徙于新丰,有十四世孙,讳嘉禾者,辅相高祖,授柱国大将军,封蠡侯。至唐末,唐有旧臣曰德彰者,来牧婺之东阳,后子孙因居也。至宋,有讳嘉言者,仕致殿中侍御史,开府仪同三司,封太子少保。(嘉言)生梦符,登淳熙乙未进士,官至监察御史。

据金元庆撰于清顺治(九年)壬辰(1652)的《乔氏重建祠堂记》载:

> 故吴宁称名家有四,乔氏其一也。时侍御史公居峨豸为西乔,而文惠公居孔山为东乔。高曾数世,皆赠公师之爵。二公之鸿猷骏烈,彪炳帮家。故国祀与家祀并隆。而孔山与峨豸,咸有大宗小宗之庙蒸。

吴宁乔氏自迁东阳始祖乔德彰居峨豸始,其后裔,有继续居峨豸的,乔梦符家族即是。有居孔山的,则是乔行简家族。据金元庆《乔氏重建祠堂记》载:"故吴宁称名家有四,乔氏其一也。时侍御史公居峨豸为西乔,而文惠公居孔山为东乔。高曾数世,皆赠公师之爵。二公之鸿猷骏烈,彪炳帮家。"(载《吴宁乔氏宗谱》卷之一)

关于孔山,《道光东阳县志》有载:

> 孔山,在县治东南二百余步。乔文惠公旧第,详(见)胜迹。李唐《孔山登眺》诗云:"葭灰动微暄,林坰眩清旭。凌晨出郭游,登彼南山麓。俯临阛市居,蔑栋炊烟簇。回睨郊原秀,向麦蓁以绿。悠然骋旷怀,邈尔穷幽躅。缅思曩哲贤,当道飞华毂。奇石立荒蹊,断桥卧枯木。富贵真浮云,荣枯如转烛。椎鲁愧前修,徒能寄远目。风烟一搔首,杖履随归牧。"旁有蟾山、龙山、凤山。

可见，吴宁乔氏又有大宗小宗之分。大宗为峨爱西乔，南宋时其代表人物是官至侍御史的乔梦符。小宗为孔山东乔，其当时的代表人物便是位及丞相、谥"文惠"的乔行简。

峨爱西乔谱系。据《吴宁乔氏宗谱》载，乔德彰生二子，乔天史、乔天谱。两人皆官至承事郎。承事郎是散官名号，北宋开始设置，前期为正八品下文散官。神宗元丰三年（1080）后，改置为新寄禄官，正九品。取代旧寄禄官大理评事。乔天史生子一，名乔济仁。乔天谱娶妻陈氏，生有四子：乔济美、乔济仪、乔济德、乔济礼。乔济美与族兄乔济仁一样，也在朝中担任承事郎之类的小官。而乔济仪、乔济德、乔济礼则为布衣。承事郎乔济美娶妻许氏，生二子乔应元、乔应璿。乔应元也为承事郎，娶妻张氏，生有四子：乔永荣、乔永华、乔永禄、乔永玘。乔永禄，字正伦，榜名嘉言。生于元符己卯（1099）七月初八酉时，卒于淳熙丙午（1174）九月廿五辰时。登进士，历官至少保，赐紫金光禄大夫。《书·周官》云："少师、少傅、少保曰三孤。"孔传云："孤，特也。言卑于公，尊于卿，特置此三者。"少保是卑于三公，尊于众卿的官，地位已经很高的了。乔嘉言者，可能是乔氏迁东阳后，第一位位列近三公的大官。乔嘉言娶妻何氏，生三子：乔梦桃、乔梦李、乔梦符。乔嘉言第三子乔梦符，字世用，生于建炎庚戌（1130）十月初三亥时，卒于嘉定癸酉（1213）二月初二巳时。妻钱氏、何氏、傅氏，生五子：乔宗礼、乔幼闻、乔宗忠、乔宗亮、乔宗廉。

孔山东乔谱系。据《吴宁乔氏宗谱》民国二十二年重修本卷四《世行传》载，乔行简高祖，乔济礼，为吴宁乔氏第三世孙。乔济礼父亲乔天谱，生子四人：乔济美、乔济义、乔济德、乔济礼。兄弟四人中，乔济美为长兄，是乔梦符的曾祖。乔济礼排行老四，为乔行简高祖。可见吴宁乔氏，以峨爱西乔乔梦符家族为长房；孔山东乔乔行简家族则是小房。乔梦符为乔行简族叔。

乔济礼，生于雍熙三年丙戌（986）六月，卒于嘉祐三年戊戌（1058）三月，享年73岁，赠太师冀国公，夫人赵氏。生一子，应禄。

乔行简曾祖，乔应禄，榜名乔胜之。李心传《宋太师平章鲁国公文惠乔公圹记》中说乔行简曾祖乔胜之，没有错。生于天圣二年甲子（1024）八月，卒于绍圣二年乙亥（1095）三月，享年72岁，赠魏国公，夫人孙氏。生一子乔永尧。

乔行简祖父，乔永尧，榜名乔尧。生于大观元年丁亥（1107）五月，卒于乾道五年己丑（1169）三月，享年63岁。赠太师，赐吴国公，夫人杜氏、蒋氏。生一子，乔梦森;一女适朱。

乔行简父亲,乔梦森,榜名乔森。生于宣和四年壬寅(1122),卒于庆元二年丙辰(1196)四月,享年75岁。赠冀国公。夫人俞氏,卒于绍熙三年(1192)。生四子:乔宗唐、乔宗虞、乔宗夏(乔行简,行简为榜名)、乔宗商;一女适张。

高宗绍兴二十六年丙子(1156)一岁

乔行简生于浙江东阳孔山乔家。

是年,行简父亲桥梦森(1122—1196),已35岁。母亲俞氏(1124—1192),33岁。

按:行简是他们俩的第三个儿子。按照吴宁乔氏族谱字号,他们把这个三儿取名为宗夏。是年,行简大哥乔宗唐5岁,二哥乔宗虞3岁。行简祖父乔永尧50岁。乔行简从叔乔梦符27岁。

乔行简业师吕祖谦20岁。

是年十一月初九,吕祖谦赴临安应试,并访林之奇。是年,吕祖谦应福建转运司进士举,为首选。十二月,吕祖谦从临安回到福州与家人共度新年,刚好朱熹携家人由同安北归经过福州,顺便前来拜谒吕祖谦父亲吕大器,吕祖谦得以与朱熹初次见面相识。

四月,宋廷下诏,立六科以举士。

其名目为:①文章典雅,可备制诰;②节操公正,可备台谏;③法理皆通,可备刑献;④节用爱民,可备理财;⑤刚方岂弟,可备监司;⑥知机应变,智勇绝伦,可备将帅。并命侍从每年举荐。同时,罢乡饮酒举士法。

六月,宋钦宗赵桓死于金。

八月,东阳士人曹冠遭"驳放"。

按:曹冠登绍兴二十四年甲戌(1154)进士,廷唱第二,曹冠是南宋时期东阳较早进士及第并入仕的文人,只可惜与奸臣秦桧有涉。是年八月九日,宋高宗下诏:"秦埙、郑时中、秦焜、秦熿、沈兴等所带阶官并易右字,曹冠、周寅、郑绩并驳放。""驳放",是否定中式者已发榜公布的科举成绩,贬为平民。直到孝宗即位,曹冠才得以准许再试,复登乾道五年

(1169)进士。曹冠"驳放",可谓东阳科举史上一件大事,而其东山再起,两中进士,则成为一段佳话。

东阳辉映楼建成。

是年,东阳乡贤胡嘉猷,在孔庙东侧的地方建造辉映楼,以供文人墨客聚会之用。

《道光东阳县志》载:"辉映楼在县学东,宋绍兴二十六年(1156)邑人胡嘉猷建。"许直可为之记云:"胡君义襟开豁,敏于集事,谓以建楼,欣然领会,鸠工庀徒,躬董其役,不越月告成。平揖南山,旁顾双岘,缭以画水,夹乎儒宫。登兹楼也,固可以助发山川之秀,而辉映乎乡庠矣。他日邑之名流又将辉映斯楼焉,其得无所自乎？直可迟次里闬,以楼之成,纪所以名之意,且叙吾邑宰刘公所以劝学成材之美,而无忘胡君喜义之风也。"

葛洪5岁、李诚之4岁。

是年,东阳南马葛府,日后成为乔行简同学和同僚的葛洪已5岁。东阳城南赵府赵氏皇朝宗亲赵公藻的大儿子赵彦稡30岁,二儿子赵彦柤28岁。东阳城内"东李"家族(桂坡李)的后裔,乔行简同学,日后以抗金殉国,忠义满门著名的李诚之4岁。

绍兴二十七年丁丑(1157)二岁

吕祖谦主友成书院师席。

21岁的吕祖谦讲学醴陵,这是吕祖谦讲学的首次记载。当地曾立书院以祀之。是年十月,因父亲吕大器福州任期满,随侍父至婺州。

《道光东阳县志》载:绍兴二十二年(1152)前后,东阳已渐成"兴学校,崇儒术,知教化"之风俗。时任婺州通判沈旼在给其兄乐安的书信中说:"东阳乃婺之剧邑也,比承贤尹,首兴学校,崇儒重士,诚知教化之源。作新群才,由少及壮,所以成人有德,小子有造复咏于今日。遂至奇童颖悟,蔼然而出。拜朔于宣圣之庭,聚僚黉堂,试举数经,言之历历,令人忘倦。乃知所誉,诚不我欺,正所谓名下无虚士矣,庸非教育之效足以移风易俗？故善为政者若春风风人,夏雨雨人,所至而人皆化之,稽古循良,何愧文公哉!"

按：是年，乔梦符28岁、赵彦橚31岁、赵彦柤29岁等，成为吕祖谦友成书
院第一批东阳籍学子。而李诚之、葛洪6岁，陈黼4岁，乔行简才2岁。
李、葛、陈黼、乔等，应该是日后才进入吕氏门下。

绍兴二十八年戊寅（1158）三岁

陈亮十五岁，吕祖谦二十二岁。

吕祖谦于绍兴二十七年（1157）十二月与韩元吉长女韩复结婚。是年四月，吕
祖谦自信州归婺，以妻子韩复庙见。

绍兴二十九年己卯（1159）四岁

七月，东阳乾元宫落成。

是年，张九成去世。

绍兴三十年庚辰（1160）五岁

乔行简夫人楼氏生。

乔行简另一夫人吕氏生于绍兴二十四年（1154）八月十五，长行简2岁。

绍兴三十一年辛巳（1161）六岁

贾廷佐知处州。

宋濂在《景定谏疏序》中说："往年在翰林，始得见东阳贾廷佐上高宗疏。廷佐
为桐庐主簿，愤秦桧主和议，绍兴戊午（1138）上疏论之，其辞甚切直，而史不
载。至七世孙权，出以示人，世之士大夫为文以称其忠，廷佐之名始显于
天下。"

按：贾廷佐是东阳历史上著名的忠勇人物，他以一桐庐主簿的低微身份，
先后两次上书反对秦桧主持的"绍兴和议"，主张"诛金使王伦，决意用
兵，以图恢复"。绍兴二十五年（1155），秦桧卒。贾廷佐即起为湖州倅。
绍兴三十一年（1161）至三十二年（1162）任处州知州。

绍兴三十二年壬午（1162）七岁

高宗殁。孝宗即位。

乔行简在家受父母启蒙。

李心传《宋太师平章鲁国公文惠乔公圹记》载：行简"生而敏"，有老者相其面道，称这个小孩的骨法生相，将来必定官至极品。

隆兴元年癸未（1163）八岁

乔行简入马之纯义塾读书。

乔行简拜马之纯为师，入马之纯义塾读书。《道光东阳县志》有载：马之纯，字师文，城西北隅人。幼时日诵数千言，十岁能属文，入太学，弱冠登隆兴元年（1163）进士。潜心六经，究极诸子百家之言。学成行尊，声望蔼著。学徒益集，多所成就。诸生中独以大任期乔行简，卒如其言。为严州比较务，时张栻作守，大蒙赏识。不喜作县，故宦途迂回，终于沅州倅。

按：是年，马之纯约20岁，进士及第。行简8岁，正是入小学读书的年龄。这一年，同邑的李诚之、葛洪12岁，陈黼10岁，李大同7岁。这一批后来成为东阳翘楚的人物，当时正是读小学的年龄。如此而论，马之纯应该是乔行简第一任老师，他对乔行简"独以大任期"。

吕祖谦中进士。

春试礼部，吕祖谦奏名第六人。与潘景宪、楼钥、傅伯成、黄度等为同年。

"隆兴北伐"始。

四月，宋廷对金不宣而战，开始"隆兴北伐"。五月，枢密使、江淮军马都督张浚兵溃符离郡。十一月，楚州、濠州和滁州相继失守，宋金重开议和。

贾廷佐殁。

张栻、朱熹入见孝宗。

九月，张栻入见孝宗，反对和议。十月，朱熹入见孝宗，第一奏言格物致知，第二奏言复仇大义，以讲和为逆理，第三奏论言路雍塞。

隆兴二年甲申(1164)九岁

乔行简在东阳马之纯义塾读书。

徐次铎生。

> 乔行简《朝列大夫清湘通守次铎公墓志铭》曰:君卒于嘉定十五年(1222)十二
> 月十三日,距生于隆兴二年(1164)七月十三日,享年五十有九。又曰:"昔余
> 与仲友偕从茂陵先生马公游。"可见两人同马之纯弟子。

十二月,宋金和议成,史称"隆兴和议"。

乾道元年乙酉(1165)十岁

乔行简在东阳马之纯义塾读书。

汤致至东阳西园求学。

> 丽水人汤致至东阳西园求学,毕业后被聘为西园教师。汤致《别郭伯清序》
> 云:"乾道元年(1164),余寓东阳郭氏之塾,与伯清周旋书册间,终岁而归。三
> 岁,伯清至括苍见余余家,数日即去,月余又自东阳来,复过。"吕祖谦或于乾
> 道三年(1167)至乾道四年(1168)期间,任西园书院师席。汤致及郭伯清等长
> 衢郭氏子弟,成为吕祖谦学生。

丽泽书院建成。

> 是年,吕祖谦在金华城内创建丽泽书院。

乾道二年丙戌(1166)十一岁

乔行简在东阳马之纯义塾读书。

史学家李心传生。

> 是年,史学家李心传生于隆州(四川)井研。乔行简薨后,李心传为其作圹记。

乾道三年丁亥(1167)十二岁

乔行简在东阳马之纯义塾读书。

吕祖谦门下学子达1300多人。

> 吕祖谦在丽泽书院有学子1000余人,明招学子又有300人,加起来有1300多

人。而朱熹至淳熙八年(1181),学生在500人左右。可见,吕祖谦是南宋时期书院教育的积极倡导者和实践者。

吕祖谦主西园书院师席。

是年,吕祖谦或主东阳西园书院师席。

乾道四年戊子(1168)十三岁

乔行简在东阳马之纯义塾读书。

陈亮入太学。

永康陈亮入太学,与陈博良、张栻、吕祖谦游。

是年,南京始建江南贡院。

乾道五年己丑(1169)十四岁

乔行简入吕祖谦门。

乔行简或于是年入婺学鼻祖吕祖谦门,并参加吕祖谦婚礼。吕祖谦妻韩复因病卒于绍兴三十二年(1162)七月,至乾道五年(1169)五月才续娶韩复之妹韩螺。是年八月十一日,吕祖谦"自德清归,以继室韩夫人(螺)庙见。"

《东阳市志·民间故事》载:乔行简仕前,曾师从吕祖谦。某年,祖谦娶媳,行简作《牛羊游春图》往贺。金华诸生小觑之,席间,有人指《牛羊游春图》出联:"山羊上山,山碰山羊角,咩——"行简应声而对:"水牛下水,水淹水牛鼻,哞——"。金华诸生为之动容。忽报村上演戏,请祖谦赐台柱对。祖谦命之行简。行简勿辞。趁兴命笔疾书:"金鼓动动动,实劝你不动不动不动"。祖谦点头称赞,群生屏息,但看下联。行简微理橡翰,续笔:"玉箫何何何,且看我如何如何如何。"笔势收处,赞声雷动,四座叹服。

按:这一年,李诚之、葛洪18岁,陈蘴16岁。

行简祖乔永尧卒。

乔永尧(榜名乔尧)生于大观元年丁亥(1107)五月,卒于乾道五年己丑(1169)三月,享年63岁。

赠太师,赐吴国公,夫人杜氏、蒋氏。生一子,乔梦森;一女适朱。

马之纯任严州比较务。

乔行简师马之纯担任严州比较务,得到南轩张栻赏识。据资料载,张南轩是于是年九月得到严州令任命,并于同年十二月赴任。而此时,婺学鼻祖、"东南三贤"之一的吕祖谦也在严州任教授。是年十二月,吕祖谦与张栻两位大家首次相聚于严州。

陈亮上《中兴五论》。

朝廷与金人媾和,"天下欣然,幸得苏息",唯独陈亮认为不可,他以布衣身份,连上五疏,这就是历史上著名的《中兴五论》。朝廷置之不理,陈亮回乡教书讲学,"学者多归之"。

曹冠第二次进士及第。

东阳人曹冠第二次进士及第。曹冠曾登绍兴二十四年(1154)甲戌张孝祥榜榜眼。

乾道六年庚寅(1170)十五岁

乔行简就读友成书院。

乔行简在吕祖谦门下读书,或就读于东阳法华寺友成书院。《道光东阳县志·如意轩》载:"如意轩,在县东三十五里法兴寺,宋乔行简读书处。"乔行简有诗云:"生来厌喧嚣,性与丘壑便。驾言写我心,褐来兹山巅。……我今还出门,与世聊周旋。"法兴寺里有环翠阁,葛洪有《环翠阁次知韵》云:"兰若凭高处,风虚阁自凉。川林输望迥,日月对闲长。洒落幽人暇,奔驰俗累忙。何时足生理,卜筑并山阳。"

吕祖谦订丽泽学规。

闰五月八日,吕祖谦会诸生于丽泽,订《规矩七事》,即《乾道六年规约》。

乾道七年辛卯(1171)十六岁

乔行简在吕祖谦门下读书。

是年,孝宗皇帝写《原道论》,提倡"以佛修心,以老治身,以儒治世"。

乾道八年壬辰(1172)十七岁

乔行简在吕祖谦门下读书。

南宋始丞相之谓。

二月乙巳,改尚书左右仆射、同中书门下平章事为左右丞相。南宋始丞相
之谓。

孝宗诏曰:朕惟帝王之世,辅弼之臣,其名虽殊,而相之实一也。厥后位号定
于汉,而称谓泪于唐,以仆臣而长百僚,朕所不取。且丞相者,道揆之任也,三
省者,法守所自出也。今舍其大而举其细,岂责实之议乎!肆朕稽古,厘而正
之,盖名正则言顺,言顺则事成,为政之先务也。其改尚书左右仆射、同中书
门下平章事为左右丞相。

虞允文为左丞相,梁克家为右丞相。

二月辛亥,以虞允文为左丞相,梁克家为右丞相,并兼枢密使。寻诏:"已正丞
相之名,其侍中、中书令、尚书令,尚存虚名,杂压可删去,以左右丞相充
其位。"

王徕等游东阳石洞书院。

九月,潼川王徕等游东阳石洞书院,作《石洞记》。

乾道九年癸巳(1173)十八岁

乔行简在吕祖谦门下读书。

朱熹主管台州崇道观。

五月,以迪功郎朱熹屡诏不起,特改宣教郎、主管台州崇道观。

朱塾至吕祖谦门下。

七月,朱熹将儿子朱塾送金华吕祖谦门下读书。

曾怀为右丞相。

十月甲子,遣留正等使金贺正旦。右丞相梁克家与同知枢密院张说议使事不
合,乃求去。辛未,梁克家罢为观文殿大学士、知建宁府。甲戌,以曾怀为右
丞相,张说知枢密院事,郑闻参知政事,沈夏同知枢密院事。

是年,叶适自永嘉赴临安,就学于太学。陆游到蜀州任通判。

淳熙元年甲午(1174)十九岁

乔行简在东阳待试。

吕祖谦遣散学生。

吕祖谦基本上遣散身边的学生,丽泽书院则交给时少章等去打理,自己一心为学。

叶衡为右丞相。

十一月戊戌,以礼部侍郎龚茂良参知政事,以叶衡兼权知枢密院事。戊申,以叶衡为右丞相兼枢密使。

淳熙二年乙未(1175)二十岁

乔行简在东阳待试。

乔梦符登进士第。

族叔乔梦符登詹骙榜进士第。

《道光东阳县志》载:"乔梦符,字世用,生于建炎庚戌(1130)十月初三亥时,卒于嘉定癸酉(1213)二月初二巳时。尝从吕成公学,作《不欺论》,成公奇之。知徽州。县有大逵当水冲,每遇霖潦居人苦之,公为筑堤凿渠,人免水患,号乔公街。累迁大理正,奉旨鞠讯郭倬宿州狱,不畏权势,狱具,除监察御史,赠中奉大夫。著有《西岘类稿》十卷。妻钱氏、何氏、傅氏,生五子:乔宗礼、乔幼闻、乔宗忠、乔宗亮、乔宗廉。"

吕祖谦主持"鹅湖之会"。

六月,初夏,吕祖谦自东阳访朱熹于建阳寒泉精舍,共读周敦颐、张载、二程之书,共编《近思录》。归途中,朱熹送吕祖谦至信州,吕邀陆九龄、九渊兄弟会于铅山鹅湖寺,双方就各自的观点展开了激烈的辩论。这就是著名的"鹅湖之会"。

淳熙三年丙申(1176)二十一岁

乔行简在东阳待试。

吕祖谦任国史院编修官。

六月，吕祖谦除秘书郎、国史院编修官。

王淮同知枢密院事。

八月乙亥，以王淮同知枢密院事，礼部尚书赵雄签书枢密院事。

淳熙四年丁酉（1177）二十二岁

乔行简主南园书院师席。

乔行简在东阳待试。乔行简在此期间主南园书院师席。

《道光东阳县志》载：南园书院，在县东南四十里，宋南渡时邑人蒋明叔建。延孔山乔行简为师，以教族属子弟及乡之后进。题曰南园书院。明叔殁，其孙龚又作屋聚书以广先志。

《道光东阳县志》载有高定子《南园书院记》一通：一日，东阳蒋叔安龚进而言曰："龚大父友松居士，于敝庐南园为精舍，设储偫，延茂士，使子若孙师事而聚学焉。孔山先生乔公经为最高，聘莅其盟。士之来游来歌，四面而至。日有益，月有功。大父殁，龚为肯堂之义，大惧宫室卑庳，闻见浅陋，无若族闾之士问师请业者何。屋未具者崇大之，书未备者网罗之。堂曰须成，聚书合三万余卷。堂之左师位在焉，右为恕斋龚藏修之地也。讲肄有舍，宾从有所，庖湢有次，学子至之，脱履如归。石株竹个，如拱如揖。草木生意，轩豁呈露。使人触物有发，无少沾滞。其室西偏则为小学，斥田继廪，凡可以续五祖者，有引无替。今若子若弟，若兄弟之子，若众子弟，皆知乡方，崭崭然竞趋于善，求光厥绍。龚亦得以书剑游人间，辱名卿大夫延誉之，登进鹤山先生之门。"

李诚之中乡举第一人。

是年，李诚之二十六岁。

吕祖谦在《与学者及诸弟书（十七）》中说：李茂钦作魁，大可喜。年来为学有意向者，多为侪辈笑侮，往往不能自立。因此，可稍强其志气，虽学不待外，然就渠地步上来说，事殊有补尔，又可使世俗知本分为学者，初不与科举相妨，所系殊不小也。

按：李诚之是吕祖谦弟子中较早中举的人，乔行简绍熙三年壬子（1192）

才乡举中式,比李诚之晚了16年。当时吕祖谦举办书院教学生举子业,颇受朱熹、张栻等诟病。而吕祖谦在李诚之中举这件事上,看到了"本分为学者,初不与科举相妨"。由此,称李诚之作魁为大喜。

史浩封永国公。

三月乙巳,以史浩为少保、观文殿大学士、醴泉观使兼侍读,进封永国公。

王淮参知政事。

六月丁丑,龚茂良罢。己卯,以王淮参知政事。

淳熙五年戊戌(1178)二十三岁

乔行简主南园书院师席。

陈亮诣阙上书。

正月,陈亮更名同,再诣阙上书,极论时事,反对和议,力主抗金。遭人嫉恨,两度入狱。出狱后志气益励。

史浩为右丞相。

三月,以史浩为右丞相,王淮知枢密院事,赵雄参知政事。四月,以礼部尚书范成大参知政事。

赵雄为右丞相,王淮为枢密使。

十一月甲戌,史浩罢为少傅,还旧节,充醴泉观使兼侍读。乙亥,以钱良臣参知政事。丁丑,以赵雄为右丞相,王淮为枢密使。

淳熙六年己亥(1179)二十四岁

乔行简主南园书院师席。

吕祖谦因病辞官。

二月,吕祖谦编撰《皇朝文鉴》成,进呈孝宗。四月,吕祖谦因病,撰写《制科进卷》九卷,辞官归金华。

是秋,吕祖俭以父荫奏补。

是年,朱熹知南康军。重修白鹿洞书院,订学规。

淳熙七年庚子(1180)二十五岁

乔行简主南园书院师席。

二月,张栻病逝,享年四十八岁。

陈亮至永嘉论学。

> 七月,陈亮应徐谊邀请,由永康到永嘉,与陈傅良、叶适、郑伯熊、郑伯英、徐谊、蔡幼学、徐元德、陈谦、戴溪诸子相聚论学。

十二月,吕祖谦为东阳郭澄作墓志铭。

是年,唐仲友知台州。

淳熙八年辛丑(1181)二十六岁

乔行简主南园书院师席。

乔行简同窗陈矙登进士第。

陆九渊访朱熹。

> 二月,陆九渊访朱熹于南康军,同至白鹿洞书院,升讲席,讲"君子喻于义,小人喻于利"。

史浩荐杨简、陆九渊。

> 六月,少师史浩荐薛叔似、杨简、陆九渊、陈谦、叶适、袁燮、赵善誉等16人,诏并赴都堂审察。叶适具状申省并致书宰相赵雄,力辞升擢之召。

吕祖谦薨。

> 七月,恩师吕祖谦薨,享年45岁。十一月,葬明招。韩元吉作挽诗及画像赞,陈亮、朱熹、陆九渊等撰祭文。
>
> 按:吕祖谦之学以关洛为宗,而博学多识。为学心平气和,不标新立异。其说主张明理躬行,学以致用,开浙东学派之先声。与张栻、朱熹、陆九渊等友善,著有《东莱集》《历代制度详说》《东莱博议》等。

王淮为右丞相。

> 八月癸丑,婺州人、知枢密院王淮为右丞相兼枢密使。

朱熹浙东赈灾。

> 八月,朱熹提举浙东平常茶盐。浙东大饥,丞相王淮推举朱熹负责赈灾。

淳熙九年壬寅(1182)二十七岁

乔行简在东阳待试。

陈亮访朱熹。

正月,陈亮访朱熹于衢婺之间。

朱熹弹劾唐仲友。

七月,朱熹连上六章劾唐仲友贪污不法事。因唐仲友乃王淮姻亲,故朱熹"章三上,王淮匿不以闻",朱熹"论愈力",王淮"度其势益炽,乃取(朱熹)首章语未甚深者,及仲友自辩疏同上,曲说开陈,故他无镌削,止罢新任"。

王淮为左丞相。

九月庚午,以王淮为左丞相,梁克家为右丞相。

淳熙十年癸卯(1183)二十八岁

乔行简在东阳待试。

"道学祸世"之名成。

六月,丞相王淮以唐仲友故怨朱熹,欲沮其见用。于是吏部尚书郑丙上疏,言近世士大夫有所谓道学者,欺世盗名,不宜信用,帝已惑其说。淮又以太府丞陈贾为监察御史,贾因首论曰:"臣窃谓天下之士,所学于圣人之道者,未始不同。既同矣,而谓己之学独异于人,是必假其名以济其伪者也。邪正之辩,诚与伪而已。表里相副,是之谓诚;言行相违,是之谓伪。近世士大夫有所谓道学者,其说以谨独为能,以践履为高,以正心诚意、克己复礼为事。若此之类,皆学者所共学也,而其徒乃谓己独得之;夷考其所为,则又大不然,不几于假其名以济其伪者耶?愿陛下明诏中外,痛革此习,每于听纳除授之间,考察其人,摈弃勿用,以示好恶之所在。庶几多士向风,言行表里一出于正,无或肆为诡异以干治体。"帝从之。由是道学之名,贻祸于世。

按:由道学之争,而演变成党禁,其实质是南宋中后期权臣与道学人士在朝廷围绕权力展开的纷争。这样的纷争,从中央权力制衡的角度考察,确有正面作用。但,它必然带来朋党之争,并给无数道学人士带来不幸。

或是看穿了这样的纷争,乔行简主政后力主"破朋党"。

淳熙十一年甲辰(1184)二十九岁

乔行简在东阳待试。

葛洪登进士第。

> 《宋史·孝宗本纪》:"夏四月戊辰,赐礼部进士卫泾以下三百九十四人及第、出身。"《道光东阳县志》载:"葛洪,字容父。从吕祖谦学,登淳熙十一年(1184)进士第。嘉定间,为枢密院编修官,兼国史院编修官、实录院检讨官。……进直焕章阁,为国子祭酒,仍兼国史编修、实录检讨。迁工部侍郎,仍兼祭酒兼同修国史实录院同修撰。拜工部尚书,亦兼祭酒兼侍读。进端明殿学士、同金书枢密院事,拜参知政事,封东阳郡公。"

陈亮第一次冤狱。

> 陈亮于春入狱,五月二十五日出狱。出狱后致书朱熹,言"当路之意,主于治道学耳",并开始与朱熹辩"王霸义利"。

淳熙十二年乙巳(1185)三十岁

乔行简在东阳待试。

叶适为太学博士。

> 叶适被召自苏州入临安。以宰相王淮荐,改京官,授太学正,改太学博士。为应召对,写奏稿凡四十余篇。

陈亮与朱熹继续"王霸义利"之辩。

淳熙十三年丙午(1186)三十一岁

乔行简在东阳待试。

陈亮与朱熹继续"王霸义利"之辩。

淳熙十四年丁未(1187)三十二岁

乔行简在东阳待试。

周必大为右丞相。

二月丁亥,以周必大为右丞相。戊子,以施师点知枢密院事。

倪千里、孙祄登进士第。

是年,倪千里、孙祄登进士第。孙祄为探花。倪千里为行简同窗。

按:孙祄为四明沈焕弟子。乾道、淳熙间,沈焕应东阳孙巨源之聘主孙氏义塾师席。孙氏弟子孙祄、孙德之、孙澜等皆为沈焕弟子。孙澜尚从钱文子游,为行简同窗。

叶适荐陆九渊、吕祖俭、杨简等。

叶适上书丞相,荐举陈傅良、刘清之、陆九渊、郑伯英、吕祖俭、徐谊、杨简、戴溪等34人。

高宗赵构病逝。

十月乙亥,高宗崩。十一月己亥,百官大祥毕,孝宗手诏:"皇太子可令参决庶务,以内东门司为议事堂。"

陆九韶与朱熹辩"无极太极"。

淳熙十五年(1188)三十三岁

乔行简在东阳待试。或于是年结婚,夫人吕氏(1154—1202)已35岁。

陆九渊与朱熹辩"无极太极"。

正月,陆九渊作《王荆公祠堂记》,称赞王安石和熙宁新政,朱熹与之辩。后陆九渊又与朱熹辩"无极太极"。

五月,王淮罢相。

五月己亥,王淮罢。乙巳,帝既用薛叔似言罢王淮,诏谕叔似等曰:"卿等官以拾遗、补阙为名,不任纠劾。今所奏乃类弹击,甚非设官命名之意,宜思自警。"

六月林栗弹劾朱熹。

六月癸酉,朱熹以周必大荐为兵部郎官,朱熹以疾未就职。侍郎林栗弹劾朱熹慢命,朱熹乞奉祠。太常博士叶适论林栗袭王淮、郑丙、陈贾之说,为"道学"之目,妄废正人。诏朱熹仍赴江西,朱熹力辞不赴。

淳熙十六年己酉(1189)三十四岁

乔行简在东阳待试。

孝宗内禅。

二月壬戌,孝宗吉服御紫宸殿,行内禅礼,太子赵惇即位,是为光宗。应奉官以次称贺。

周必大判潭州。

五月甲午,以王蔺知枢密院事兼参知政事。丙申,周必大罢为观文殿大学士、判潭州。

是年,乔行简长女乔元礼生。

绍熙元年庚戌(1190)三十五岁

乔行简在东阳待试。

留正为左丞相。

七月,以留正为左丞相,王蔺枢密院使,葛邲参知政事,给事中胡晋臣签书枢密院事。

邑人徐次铎进士及第。

东阳赵彦粗、赵希伋、徐尧佐、徐次铎、徐千秋、马壬仲等6人同年登第。这是东阳历史上第一波中举高峰。是年,赵彦粗已61岁。赵彦粗、马壬仲与行简为吕祖谦弟子,徐次铎与乔行简同为马之纯门下。

邑人厉仲祥中武状元。

按:东阳宋南渡后武举会试第一名五人:厉仲祥、周师锐、杜幼节、俞葵、俞仲鳌。

乔从龙生。

七月,乔行简长兄乔宗唐之子乔从龙生。

十二月,陈亮再次被冤入狱。

绍熙二年辛亥（1191）三十六岁

乔行简在东阳待试。

陆九渊病逝。

> 陆九渊病逝于荆门，终年五十四岁。是年，朱熹在建阳，始筑室于考亭。永康
> 陈亮被人诬告，第三次下狱，次年出狱。

绍熙三年壬子（1192）三十七岁

乔行简与东阳许复道同中举人。

乔行简母亲俞氏卒。

五月，光宗有疾，不视朝。

乔幼闻生。

> 八月十日，乔梦符次子乔幼闻生。乔幼闻卒于德祐乙亥（1275）七月初九酉
> 时，登绍定二年（1229）己丑黄朴榜进士，仕至宗正丞。《道光东阳县志》有载：
> "乔幼闻，梦符子，字择善。登绍定进士，知池州青阳县，以治办称。留耕，王
> 公材之。暇时举行乡饮，仪文灿然，士益知劝。旋知台州，丁岁大祲，招籴劝
> 分，饫饥药病，虽凶而不害。讼牒山积，剖决川流。约盈拾漏，用度无乏。史
> 丞相专国，幼闻乞祠。去之日，合城遮留，老稚有泣下者。被诬削秩，复朝奉
> 郎，转中奉，权知常州。卒。有文集三十卷。"

钱文子主高塘书院师席。

> 有"正学宗师"之称的温州籍儒林巨擘钱文子，或于是年主东阳石洞书院、高
> 塘书院师席，其间乔行简从文子游。
>
> 据汪桂海《钱文子生平与著述考》一文考证，"从绍熙三年（1192）至庆元三年
> （1197），将近六年的时间，……他此时大约一直在婺州等地活动，以课徒授业
> 为主。"钱文子东阳弟子还有孙衸、孙巨源等。乔行简在《白石诗传序》中有
> 云："行简昔曾尝从先生游，听言论，如岷江下三峡，滔滔乎其无涯也。今是书
> 乃谨严简要如此，则知先生之学自博而之约，岁殊而月异矣。同门汤尹程尝
> 为余述先生病革时言……"

是年，东阳旱，饥。县丞曾棠以常平仓粟赈之。

绍熙四年癸丑(1193)三十八岁

三月,葛邲为右丞相。

三月辛巳,以葛邲为右丞相,胡晋臣知枢密院事,陈骙参知政事,赵汝愚同知枢密院事。

乔为龙生。

三月,二兄乔宗虞之子乔为龙生。其为宣教郎,卒于淳祐十二年壬子(1252)六月,享年60岁。夫人杜氏。生一女,适金华府金。

乔行简登进士第。

五月己巳,乔行简登进士第。是榜省元徐邦宪、状元陈亮皆婺州人。

《宋史》载:"五月,己巳,赐礼部进士陈亮以下三百九十六人及第、出身。制策问礼乐刑政之要,亮以君道、师道对,且曰:'臣窃叹陛下于寿皇莅政二十八年间,宁有一政一事之不在圣怀? 而问安视寝之余,所以察言而观色,因此而得彼者,其端甚众,亦既得其机要而见诸施行矣,岂徒一月四朝,为京邑之美观也哉!'时帝不朝重华宫,群臣更进迭谏,皆不听;得亮策,以为善处父子之间,亲擢第一。既知为亮,乃大喜,授亮签书建康府判官厅公事。未至官,卒。"

据载,是年进士及第,后与行简同朝为官的有崔与之、程珌、秦季槱等。《南宋馆阁续录》卷七:"少监,嘉定以后二十人。……秦季槱,字父宏,普州安岳人,绍熙四年(1193)陈亮、程珌、乔行简等同榜进士出身。治春秋,十七年(1224)九月除。"

秦季槱,字父宏,祖籍鲁郡(一说河南范县),四川普州安岳人。官至工部郎中、秘书省少监。著名数学家秦九韶之父。乔行简与秦季槱关系最为密切。开禧三年(1207),乔行简在秘书省为官,秦季槱除秘阁。嘉定元年(1208),第二个儿子秦九韶出生,乔行简赋词《贺秦秘阁季槱得子》。

崔与之不仅勤于军政,在学术上亦有建树,史称"岭南儒宗",所开创"菊坡学派"被认为是岭南历史上的第一个学术流派。又颇有词章造诣,开岭南宋词之始,有"粤词之始"之称。

光宗不朝孝宗。

九月庚午,重明节,百官上寿。侍从、两省请帝朝重华宫,不听。甲申,帝将朝重华宫,皇后止帝,中书舍人陈傅良引裾力谏,不听。

绍熙五年甲辰(1194)三十九岁

乔行简任饶州州学教授。

乔行简调饶州州学教授,因丁母忧不赴。

陈亮殁。

三月某日,陈亮殁,享年五十二岁。吏部侍郎叶适请朝廷特授陈亮一子为官,并撰《陈同甫王道甫墓志铭》。嘉熙二年(1238)五月,时丞相乔行简请,朝廷追赠陈亮为中大夫,赐谥"文毅"。乔行简《请谥陈亮、吕祖俭劄子》曰:(陈亮)"生于婺,臣少长接闻,取为模范。……臣窃照谥法,声闻显著者,虽无官爵,特听令谥。"原来陈亮、吕祖俭没有官爵,本无资格受谥。是乔行简依照《淳熙敕》力请理宗特谥。

朱熹知潭州。

五月,朱熹赴任知潭州、湖南安抚使。修复岳麓书院,订学规。

孝宗崩。

六月,孝宗崩,宁宗即位。

孝宗崩,光宗病重不能持丧,朝政无人主持。丞相留正见形势险恶,心中恐惧,竟弃职逃出临安。有人向知枢密院事宗室赵汝愚建议,请太皇太后旨立皇子嘉王赵扩为帝,以稳定局势。赵汝愚在联络外戚少傅吴琚、宫廷禁卫军殿帅郭杲时,均遭拒绝。关键时刻,知阁门事"宪圣之戚"韩侂胄和工部尚书宗室赵彦逾站了出来。宋宁宗终于即位。人心遂定,局势缓和。史称"绍熙内禅"。

按:这件事上,赵汝愚虽有定策之功,但起关键作用的却是韩侂胄、赵彦逾二人。此后,他们之间的同盟迅速瓦解,分成对立的两大集团,展开了激烈的斗争,终于酿成了庆元党祸。

庆元元年乙卯(1195)四十岁

乔行简在东阳。

庆元党禁起。

二月,赵汝愚罢右丞相。更道学名曰伪学。右正言刘德秀上书论伪学。

吕祖俭贬吉州。

四月,丁巳,太府寺丞吕祖俭坐上疏留赵汝愚及论不当黜朱熹、彭龟年等,忤韩侂胄,送韶州安置。庚申,太学生杨宏中等六人以上书留赵汝愚、章颖、李祥、杨简,请黜李沐,诏宏中等各送五百里外编管。中书舍人邓驲上疏救之,不听。

余端礼为右丞相。

四月己未,以余端礼为右丞相,京镗知枢密院事,郑侨参知政事,谢深甫签书枢密院事。七月壬辰,加周必大少傅。丁酉,落赵汝愚观文殿大学士,罢宫观。

是年,李诚之任饶州教授。

庆元二年壬子(1196)四十一岁

乔行简在东阳。

余端礼为左丞相,京镗为右丞相。

正月庚寅,以余端礼为左丞相,京镗为右丞相,郑侨知枢密院事,谢深甫参知政事,御史中丞何澹同知枢密院事,庚子,赵汝愚卒于永州。甲辰,右谏议大夫刘德秀劾留正引用伪学之党,诏落正观文殿大学士,罢宫观。

四月,行简父乔梦森卒。

乔梦森生于宣和四年(1122),享75岁。赠冀国公,夫人俞氏。生四子:乔宗唐、乔宗虞、乔宗夏(乔行简,行简为榜名)、乔宗商;一女适张。六月,二兄乔宗虞之次子乔行龙生。宣教郎。卒于宝祐二年甲寅(1254)九月,享年59岁。夫人李氏。生三子:乔祥远、乔祥逊、乔祥连;一女适金。

五月,徐次铎上《复鉴湖议》。

李诚之、李大有登进士第。

李诚之已经45岁。李诚之举人中式比乔行简早，登进士第却比乔行简晚了4年。

是年，"党禁"始。

二月，韩侂胄使谏官奏赵汝愚以宗室居相位不利于社稷，赵扩就贬赵汝愚至永州，后死于贬所。赵汝愚被贬，朱熹、彭龟年等奏论韩侂胄事，赵扩亦加贬逐。韩侂胄当政，凡与他意见不合者都被称为"道学之人"，后又斥道学为"伪学"，禁毁理学家的《语录》一类书籍。科举考试中，稍涉义理之学者，一律不予录取。六经、《论语》《孟子》《中庸》《大学》之书为世大禁。

是年，小女乔元恭生。

乔行简有4个女儿：乔元礼、乔元成、乔元度、乔元恭。4人的出生年月都没有记载。长大后分别适王仪、陈唐、李自得、赵希墍，陈唐、李自得皆无文字记载可考。小婿赵希墍，文字记载稍许多些。《宋史》卷四三八载："汤汉，字伯纪，饶州安仁人。与其兄干、巾、中皆知名当时，柴中行见而奇之。真德秀在潭，致汉为宾客。尝造赵汝谈，汝谈曰：'第一流也。'江东提刑赵汝腾荐汉于朝，诏免解差，充象山书院堂长。赴礼部别院试，正奏名，授上饶县主簿。江东转运使赵希墍言：'汉，今海内知名士也，岂得吏之州县哉！'诏循两资，差信州教授兼象山书院长。"

按：汤汉（1202—1272），字伯纪，号东涧，饶州安仁（今江西省余江县崇义乡）人。宋淳祐四年（1244）进士，南宋末期著名理学家。初任象山书院山长、上饶主簿，后任饶州教授兼象山书院山长。赵希墍在江东转运使任上，与江东提刑赵汝腾一起推荐汤汉，一般说来他的年龄要比汤汉大些。汤汉生于嘉泰二年（1202），若赵希墍比汤汉大10岁，则他应该生于绍熙三年（1192）。乔行简小女儿乔元恭假定比乔元龙大2岁，则乔元恭应该出生于庆元二年（1196）。也就是说赵希墍比乔元恭大5岁，这样的男女年龄差，应该是比较正常的。淳祐七年（1247），赵希墍为礼部尚书、督视行府参赞军事时，按他出生于绍熙三年（1192）假设，则此时他56岁。这也是比较合理的年龄。因此，乔元龙则为家里老幺。

十月，钱文子访周必大。

周必大《与吕子约寺丞书》云："钱文季寓金华县，俟来春班注邑，可谓良图。"

钱文子到金华是等待期满进京,希望经考核能除授一份实职。而此时,周必大已致仕。十二月,钱文子赴京接受考核。

朱熹遭弹劾。

十一月,监察御史沈继祖劾朱熹,诏落熹秘阁修撰,罢宫观。窜处士蔡元定于道州。

尤檒任东阳令。

尤檒为尤焴父亲。是年年仅7岁的尤焴第一次随父亲到东阳,后于宝祐二年甲寅(1254)七月作《宝祐东阳县志序》。

庆元三年丁巳(1197)四十二岁

乔行简在东阳,丁父忧。

钱文子知潭州醴陵县。

是年,"庆元党禁"。

闰六月,朝散大夫刘三杰奏称:"前日伪党,今又变为逆党……"刘三杰这篇对道学的声讨书,集以往谴责道学言论之大成,并把罪名升级为"逆党",从而把道学之禁推向了高潮。十二月,知绵州王沇上疏,"请置伪学之籍",宁宗"从之"。于是仿元祐党禁的做法,置《伪学逆党籍》,入籍者有59人。史称"庆元党禁"。

按:"庆元党禁"主要打击目标是以朱熹为代表的道学,但事实上并不如此。党禁中,并非朱熹一派的学者也受打击,如陆氏心学主要传人杨简等,被列入党籍。吕祖谦门人及其他浙东学人作为一个整体,成了"庆元党禁"被严厉打压的最大目标。甚至连反对朱熹一派的学者,如永嘉学派的主要代表陈傅良、叶适,也被列入党籍。而婺学中坚吕祖俭、吕祖泰,更是惨遭打击。吕祖俭作为吕学继承人,于庆元四年(1198)死于贬所。作为吕学传承基地的丽泽书院也因之式微。

庆元四年(1198)四十三岁

乔行简在东阳,丁父忧。

九月,子乔元龙生。

> 乔元龙登嘉定四年(1211)郑伯成榜进士,历官宣义郎,监行在左藏,封椿库,赠通直郎,卒于绍定三年庚寅(1230)十月,享年仅33岁。夫人杜氏,生一子,乔祥通。乔祥通生四子:乔甲仪、乔甲仁、乔甲信、乔甲似。
>
> 按:是年,行简已43岁。行简还有4个女儿:乔元礼、乔元成、乔元度、乔元恭。4人的年龄都没有记载。若乔元龙为长,则乔行简第一次结婚,应该在庆元三年(1197),此时,乔行简42岁。若乔元龙为老幺。按每2年生育一胎计,则乔元礼应该出生于淳熙十六年(1189)。由此推测,乔行简可能于淳熙十五年(1188)或淳熙十六年(1189)结婚。此时,乔行简也是一个33岁的大龄青年了。尤为奇怪的是,此时乔行简第一位妻子吕氏(1154—1202)已35岁了。尽管宋仁宗(1022—1063年在位)《天圣令》规定结婚年龄为:男十五、女十三。但得到宋徽宗(在位期间1100—1125年)延迟结婚的风气才开始兴盛。至南宋时期已成为社会普遍现象。究其缘由一是当时道教与理学思想大兴,男女之防渐趋严格,民间不再像唐代时开放;二是科举考试,普遍推迟了举子们的结婚年龄。同时,南宋社会的厚嫁之风,竟出现"有逾四十不嫁者",更有不少"宗女贫不能行,多自称不愿出适者"的现象。因而,乔行简33岁时与35岁的吕氏结婚,在当时也不是个别现象。

十一月,叶适为东阳石洞书院作记。

庆元五年己未(1199)四十四岁

乔行简在东阳,丁父忧。

庆元六年庚申(1200)四十五岁

乔行简在东阳。

京镗为左丞相,谢深甫为右丞相。

闰二月庚寅,以京镗为左丞相,谢深甫为右丞相,何澹知枢密院事兼参知政事。乙巳,复留正少保、观文殿大学士致仕。

朱熹病逝。

三月,朱熹病逝于建阳之考亭,终年71岁。十一月,将葬,朝廷下令约束门生故人送葬。辛弃疾往哭。

吕祖俭卒。

嘉熙二年(1238),因时任宰相乔行简请,朝廷追赠朝奉郎、直秘阁,谥"忠"。乔行简《请谥陈亮、吕祖俭劄子》曰:(吕祖俭)少与其兄研穷经传,悉本家学。后祖谦死,凡诸生皆承事祖俭,吕氏之学益明。

吕祖泰上书触怒权相韩侂胄。

九月甲子,婺州布衣吕祖泰上书,请诛韩侂胄、苏师旦,逐陈自强等,以周必大代之。诏杖祖泰,配钦州牢城。言官为迎合韩侂胄,纷纷弹劾周必大培植私党。《宋史·韩侂胄传》:(庆元)六年(1200),进太傅。婺州布衣吕祖泰上书言道学不可禁,请诛侂胄,以周必大为相。侂胄大怒,决杖流钦州。言者希侂胄意,劾必大首植伪党。降为少保。

嘉泰元年辛酉(1201)四十六岁

乔行简任泰州州学教授。

周必大遭弹劾。

二月癸巳,监察御史施康年劾少傅、观文殿大学士致仕周必大首倡伪学,私植党与,诏降为少保。

吕祖泰被贬潭州,钱文子私赆其行。

《宋史·吕祖泰传》:周必大降少保致仕,吕祖泰愤之,乃诣登闻鼓院上书,论侂胄有无君之心,请诛之以防祸乱。吕祖泰既贬,道出潭州,钱文子时为醴陵令,私赆其行。

嘉泰二年壬戌(1202)四十七岁

乔行简任泰州州学教授。

乔行简夫人吕氏卒。

四月十七申时,乔行简夫人吕氏卒。吕氏生于绍兴二十四年甲戌(1154)八月十五丑时,享年49岁。

乔行简族叔乔梦衍长子乔矗,登进士第,为榜眼。

《宋史·列传·何澹传》:澹有本生继母丧,乞有司定所服,礼寺言当解官,澹引不逮事之文,乞下给、谏议之。太学生乔矗、朱有成等移书于澹,谓:"足下自长台谏,此纲常之所系也。四十余年以所生继母事之,及其终也,反以为生不逮而不持心丧可乎?奉常礼所由出,顾以台谏、给舍议之,识者有以窥之矣。"澹乃去。可见,乔矗曾为太学生,并主"奉"常礼。

乔行简同窗、瑞安人曹豳进士中式。

《宋元学案》卷六一《徐陈诸儒学案》载:"钱文子,字文季,乐清人也。乾淳之际,永嘉诸儒林立,先生从之游,而于徐忠文公宏父尤契。入太学,有盛名。嘉定后,诸儒无一存者,先生岿然为正学宗师,以太学两优释褐,仕至宗正少卿。学者称为白石先生。所著有《白石诗传》。其门人曰:乔行简、丁黼、曹豳、汤程。"可见,行简在钱文子门下的同窗有丁黼、曹豳、汤程三人。

嘉泰三年癸亥(1203)四十八岁

乔行简在泰州州学教授任上。

陈自强为右丞相。

五月戊寅,以陈自强为右丞相,许及之知枢密院事,仍兼参知政事。十月癸卯,以费士寅参知政事,华文阁学士、知镇江府张孝伯同知枢密院事。

十月庚子,诏宥吕祖泰。

陈傅良病逝。

十一月,陈傅良病逝,终年67岁。

嘉泰四年甲子(1204)四十九岁

乔行简在泰州州学教授任上。

钱文子知台州。

十二月十二日,钱文子以朝奉郎知台州。

是年,北伐之议起。

浙东安抚使辛弃疾入见,言金必乱必亡,愿属元老大臣备兵为仓卒应变计。

韩侂胄定计北伐。

开禧元年乙丑(1205)五十岁

乔行简调两浙路安抚司干办公事。

钱文子知常州。

四月十八日,钱文子改知常州。

同里徐雄登进士第。

韩侂胄平章军国事。

七月庚申,诏韩侂胄平章军国事,立班丞相上,三日一朝,赴都堂治事。

同里潘友任昆山知县。

开禧二年丙寅(1206)五十一岁

乔行简在两浙路安抚司干办公事任上。

钱象祖罢相。

二月乙巳,钱象祖罢,以张岩兼知枢密院事。

朝廷下诏北伐。

五月,叶适建议防江,韩侂胄不听。四路北伐大军已出,皆败。

金人大举进犯。

十一月庚辰,命主管殿前司公事郭杲领兵驻真州以援两淮。辛巳,金人破枣阳军。金人犯神马坡,江陵副都统魏友谅突围趋襄阳。乙酉,赵淳焚樊城。戊子,金人犯庐州,田琳拒退之。丙申,金人去庐州。丁酉,金人犯旧岷州,守将王喜遁去。戊戌,金人围和州,守将周虎拒之。金人破信阳军。辛丑,金人围襄阳。壬寅,金人破随州。甲辰,金人犯真州。乙巳,金人破西和州。是月,濠州、安丰军及边屯皆为金人所破。

开禧三年丁卯(1207)五十二岁

乔行简在两浙路安抚司干办公事任上。

韩侂胄罢平章军国事。

十一月甲戌,诏:韩侂胄轻启兵端,罢平章军国事;陈自强阿附充位,罢右丞相。乙亥,礼部侍郎史弥远等以密旨命权主管殿前司公事夏震诛韩侂胄于玉津园。以钱象祖兼知枢密院事,李壁兼同知枢密院事。以诛韩侂胄诏天下。夺陈自强三官、永州居住。

钱象祖为右丞相兼枢密使。

十二月辛酉,以钱象祖为右丞相兼枢密使,卫泾及给事中雷孝友并参知政事,吏部尚书林大中签书枢密院事。乙丑,以礼部尚书史弥远同知枢密院事。丙寅,赠吕祖俭朝奉郎、直秘阁,官其子一人。

嘉定元年戊辰(1208)五十三岁

韩侂胄殊。

正月戊寅,右谏议大夫叶时等请枭韩侂胄首于两淮以谢天下,不报。辛巳,下诏求言。壬午,王柟还自河南,持金人牒,求韩侂胄首。丙戌,叶时等复请枭侂胄首于两淮。壬辰,以史弥远知枢密院事,以许奕为金国通谢使。

赵汝愚谥"忠定"。

二月戊申,追复赵汝愚观文殿大学士,谥"忠定"。

宋金和议成。

三月,宋金和议成。史称"嘉定和议"。

宋使王柟至金,请依建康故事,世为伯侄之国,增岁币为三十万,犒军钱三百万贯,苏师旦等俟和议定后,当函首以献。金主命移书索韩侂胄首以赎淮南地,改犒军钱为三百万两。于是和议定。柟返宋,诏百官集议,乃命临安府破棺取首,枭于两淮,遂以韩侂胄及苏师旦两人首级付王柟送金军,以易取淮、陕被侵地。

乔行简赴都堂审察。

四月,乔行简以荐召赴都堂审察。

秦季樇除秘阁。

四月,同年秦季樇除秘阁。乙卯,秦季樇子秦九韶生。

乔行简有《贺秦秘阁季樇得子》词:探春到。岷儒听莺报,玉燕来早。尧舜德之韶,明月弄清晓。夜尘不浸银河水,金盆供新澡。镇帷犀,护紧风羉,秀藏芝草。星斗灿怀抱。

按:秦九韶与李冶、杨辉、朱世杰并称宋元数学四大家。精研星象、音律、算术、诗词、弓、剑、营造之学。淳祐七年(1247)完成著作《数书九章》,其中的大衍求一术、三斜求积术和秦九韶算法(高次方程正根的数值求法)是有世界意义的重要贡献,表述了一种求解一元高次多项式方程的数值解的算法——正负开方术。

七月,诏吕祖泰特补上州文学。

钱象祖为左丞相,史弥远为右丞相。

十月丙子,以钱象祖为左丞相,史弥远为右丞相。雷孝友知枢密院事仍兼参知政事,娄机参知政事,楼钥同知枢密院事。

钱文子任成都转运判官。

是年,钱文子入川充成都转运判官。为蜀中义士杨巨源作祭文。

东阳周师锐登武科状元。

是年,东阳武科状元厉仲祥死于贬所,享年54。叶适为其撰写祭文和墓志铭。

嘉定二年己巳(1209)五十四岁

正月,乔行简主管尚书户部架阁文字。

楼钥参知政事。

正月丁巳,以楼钥参知政事,御史中丞章良能知枢同密院事,吏部尚书宇文绍节签书枢密院事。

朱熹谥"文"。

十二月,朝廷谥朱熹曰"文",为解除"庆元党禁"打开突破口。

嘉定三年庚午(1210)五十五岁

三月,乔行简任朝廷召试,推举东阳老乡王霆。

《道光东阳县志》载:王霆,字定叟。高大父豪,帅众诛方腊,以功补官。霆少有奇气,试有司不偶,去就武举,嘉定四年(1211),中绝伦异等。乔行简考艺别头,喜曰:"吾为朝廷得一帅才矣。"

按:南宋时期是东阳进士迸发期。据《道光东阳县志》载,南宋时期东阳文进士的有138人,武进士的有71人。其中,武科状元5位。没有考中武状元的王霆,则与周师锐、杜幼节不同。他在武功方面颇多建树。

乔行简除秘书省正字兼枢密院编修官。

四月,乔行简除秘书省正字。五月,兼枢密院编修官,暂权右司。

朱熹被追赠。

五月,朱熹被追赠中大夫、宝谟阁直学士(从三品),赠官的待遇得到落实。其他"庆元党禁"中饱受打击的道学人士,纷纷得到正名或重用。

钱文子任实录院检讨官。

九月,钱文子任吏部员外郎,兼国史院编修官及实录院检讨官。

嘉定四年辛未(1211)五十六岁

乔行简求补外任。

乔行简儿子乔元龙登进士第。

五月乙亥,赐礼部进士赵建大以下四百六十有五人及第、出身。东阳同时登第的还有舒泾、许彦知、许彦能。许彦知、许彦能为许直可孙,许中应子,兄弟同榜。武科登第者有王霆、许诚之。

乔元龙曾任左藏,赠通直郎朝散大夫。元龙生子彦通,仕大中大夫、直徽猷阁。彦通生二子,长师孟,承直郎直秘阁,仕知府。次师颐,承奉郎,仕知县。

乔行简知通州。

六月,乔行简迁校书郎;八月,差知通州。

蒙古大举入侵金国。

七月,蒙古大举入侵金国,河北一带遭到掳掠,其势直逼燕京,对金国形成极大压力。华北地区因蒙古入侵而产生剧变。围绕是否"绝金岁币",宋廷内部形成了两种对立的观点并引发激烈争论。

嘉定五年壬申(1212)五十七岁

乔行简在通州知府任上。

朝廷禁铜钱过江。

六月癸未,遣傅诚贺金主生辰。乙酉,禁铜钱过江。

十月,乔行简上《江北赃罪事奏》:

窃观见行条法,计赃定罪,元以二贯成匹,至绍兴(1131—1162)而增为三贯,至乾道(1165—1173)又增为四贯,且候绢价低平日,别行取旨。仰见祖宗达权变通,不惮弛法以便民,唯恐寘人于深宪。今江北专用铁钱,近年以来比之内郡铜钱数轻三倍,匹绢之直为钱十千,而犯赃罪以绢定罪,亦如铜钱,以四贯为匹。赃轻罪重,犯者易入,深可悯恻。

嘉定六年癸酉(1213)五十八岁

三月,乔行简长兄乔宗唐卒。

乔宗唐生于绍兴二十二年壬申(1152)二月,享年63岁。登仕郎。夫人郑氏,生一子乔从龙。

八月,乔行简移知嘉兴府,未上。

乔行简遭弹劾。

闰九月,乔行简擢淮南转运判官,兼淮西提刑、提举平常茶盐,江淮湖北铁冶公事(主管)与制置使。言金有必亡之形,中国宜静以观变。因列上《备边四事》。近臣有主战者,于是诸生伏阙论公。

在当时直接影响南宋朝廷重大国际政策的"宋金纳币"之争中,乔行简认为对金朝的衰落应该"静以观变",并主张"继续与币"。乔行简遭到黄自然、黄洪等一干太学生的集体弹劾。学生们在丽正门前请愿高呼："请斩行简以谢天下!"李心传《宋太师平章鲁国公文惠乔公圹记》对此事直言不讳:其守淮南也,言金有必亡之形,中国宜静以观变。因列上《备边四事》。近臣有主战者,于是诸生伏阙论公。师遂出,金进兵,残淮西,破蕲、黄而去。中外大震。

叶绍翁《四朝闻见录》,对此事记述较为详细:

文忠真公奉使金廷,道梗不得进,止于盱眙。奉币反命,力陈奏疏,谓敌既据吾汴,则币可以绝。朝绅三学主真议甚多,史相未知所决。乔公行简为淮西漕,上书庙堂云云,谓"强鞑渐兴,其势已足以亡金。金,昔吾之仇也,今吾之蔽也。古人唇亡齿寒之辙可覆,宜姑与币,使得拒鞑。"史相以为行简之为虑甚深,欲予币犹未遣。太学诸生黄自然、黄洪、周大同、家横槚、徐士龙等,同伏丽正门,请斩行简以谢天下。

乔行简"静以观变""继续纳币"主张,虽为当朝权相史弥远所接受。但却遭到了真德秀、徐珏、黄幹等"福建·朱门系"官员的反对。其中以朱熹女婿黄幹为"斩乔"先锋。他在《代人禀宰执论岁币》一文中说:"虏人若索要岁币,即当予之,使得以赂鞑鞑然后两国宁静。愚实不晓所谓也。……若虏人果南走,鞑鞑果侵陵不已,区区岁币果能遏其锋乎? 靖康之事,吾国未尝不行赂也,卒不能遏女真之祸。今女真又岂能以岁币而止鞑鞑之师乎!"

按:黄幹以靖康之耻为例证,推断出"岁币不能遏金人之祸",同样不能遏蒙古之祸。逻辑十分严密。这样就把乔行简"继续与币"与金而联金抗蒙策略的理论基点驳垮了。黄幹还是"斩乔行简"的始作俑者,他在上文中呼吁:"愚以为莫若先斩妄议之臣,明下哀痛之诏,拔忠鲠之士。"黄幹此文虽是代人撰写,但也代表了他本人的意见。还有他大约是代当时任江淮制置使的福建人李珏所写。在震动朝野的伏阙请愿乞斩乔行简行动中,太学生家横槚即是黄幹门生。可见,"斩乔"请愿,是由"福建·朱门系"官员所导演。

是年,乔梦符卒。

是年,倪千里任监察御史。

其上疏曰:"民常赋,丈尺版籍,自有定数。今催科故存畸欠,异日追畸零,或欠零寸,必纳全尺,此畸税漏催之弊。帛之尺寸,米之合勺,划刷根括,秋毫尽矣,乃于既足之余,复有重催之害,一追再追,乞取浩瀚。"

嘉定七年甲戌(1214)五十九岁
乔行简在淮南转运判官兼淮西提刑任上。
宋廷对金绝币。

七月,金朝遣使南宋,告知迁都之事。此事在南宋朝廷上下激起了强烈反响,真德秀等人开始针对"嘉定和议"本身提出变更要求,即终止向金输纳岁币。真德秀认为:"岁币之弗遣是矣,然不以还燕为词,而诿曰,漕之渠干涸,使残虏得以移文书督责中原。豪杰闻之,宁不以寡谋见哂乎?"十一月,真德秀上奏:"国家之于金虏,盖万世必报之仇……今天亡此胡,近在朝夕……臣尝熟思待敌之策,其别有三,练兵选将,直捣虏巢,若勾践袭吴之师,此上策也。"即直接提出了"以直捣虏巢为上策、绝币为中策、援虏为下策"的主张。十一月,朝廷派遣贺正旦使金国。宋廷以运河不通为借口,决定暂时中止向金输纳岁币,并于翌年向金国要求减少岁币。南宋中断岁币输纳以后,金国多次派遣使者催促输纳。南宋不从,金国对南宋出兵的论调开始高涨。

乔行简上《中渡花靥差官事奏》。

《宋会要》载:八月五日,淮西提举乔行简言:"访闻两淮州县榷场,商旅搬运物货过淮,却打博北界钞盐回归。其弊皆缘州郡利于收税,更不觉察禁戢,却将捕到北盐拘没入官,置铺出卖,或分与盐铺户发泄,合行措置。本司近准指挥,今后两淮榷场监渡官选差见任官兼管,令提举司常切觉察,遂行下光州、安丰军,其花靥镇、中渡两榷场不得差补摄公吏。去后据安丰军申,选差本军花靥镇巡检兼管。光州申,中渡系属光山县,巡尉亦当任责,遂差本县县尉、仙居巡检、砂窝巡(检)轮流兼管,三月一易。本司已备申朝廷照会讫外,访闻淮河两渡非特北盐过界,近来本界私茶渡淮而北亦复不少,尤当谨严,亦何爱一二差遣,不使之专一管干。今欲乞将中渡、花靥两渡监官创置员阙,选差曾经任有举主人充。应内有(补)[捕]获到茶盐,与照巡尉格推赏,其透漏者罚亦如之。庶几职思其忧,亦可使之巡检奸细,(机)[讥]察盗贼,体探边境事宜。"诏从之,增置中渡、花靥两渡监官各一员,仍令淮西运司选辟经任有(选)

举主选人一次,今后作堂除使阙。

钱文子卒。

是年,钱文子决意致仕。不久即卒于乐清故里。绍定六年(1233),行简序《白石诗传》称:钱文子"殁,今二十余年"。上推二十年,正是嘉定七年(1214)。

嘉定八年乙亥(1215)六十岁

乔行简继续在淮南转运判官兼淮西提刑任上。

倪千里任左正言兼侍读。

倪千里上奏曰:"版曹岁买绵绢于诸郡,不以时估定价,率以官价抑民。"不久,倪千里以年老请辞免相,死后封赠太保,谥"文忠"。后以监察御史倪千里言,改谥"庄定"。

八月,赐张栻谥曰"宣"。

嘉定九年丙子(1216)六十一岁

正月乙丑,朝廷赐吕祖谦谥曰"成"。

乔行简上《乞推赏方晖及母奏》。

六月,乔行简继续在淮南转运判官兼淮西提刑任上,上《乞推赏方晖及母奏》。方晖为光州光山县寄居承信郎,新黄州黄冈、黄陂、麻城三县巡检。当时,他在光州劝导百姓有无相济,以身作则,劝导其母亲拿出稻谷"一千五百石给光山,二千石给固始"。又在沙窝市设立赈济场,以每斗"一贯一百五十文"的价格买米给当地饥民。当时的米价为"二贯四百文"。这样,方晖每斗米贴价"一贯二百五十文",总共贴了"四千余缗"。方晖80岁的母亲,乐善好施,每每遇到歉收年份,她就开仓减价出粜,20年如一日。乔行简启奏朝廷,认为应该对方晖及其母亲,予以旌赏加惠。反映了行简为地方官,心系百姓。

嘉定十年丁丑（1217）六十二岁

李珏被任命为江淮制置使。

金兵侵犯光州，宋金战争再次爆发。

四月丁未朔，金人犯光州中渡镇，执榷场官盛允升杀之，遂分兵犯樊城。戊申，鄂州、江陵府副都统王守中引兵拒之，金人遂分兵围枣阳、光化军。辛酉，庐州钤辖王辛败金人于光山县之安昌砦，杀其统军完颜掩。壬戌，金兵遁去，随州、光化皆以捷闻。

五月，乔行简主管建康府崇祀观。

李诚之改任蕲州知州。

李诚之到任后，增高加厚城墙，浚壕堑，备楼橹，筑军马墙，教习激赏厢、禁、民兵，积惠民仓粟4万石。原先酒库月解45万钱献州守，诚之分文不受，悉充公帑以助兵食。

东阳大旱。知县方猷有请蠲移粟之举。

十二月，乔行简除都提点江浙等路坑冶铁钱公事。

嘉定十一年戊寅（1218）六十三岁

宋廷泗州之战惨败。

泗州之战发生的具体时间，史书记载很不一致，关于战争中失败的详细情况，史料也十分缺乏。《宋史·列传·黄幹传》略有记载："向者轻信人言，为泗上之役，丧师万人。良将劲卒、精兵利器，不战而沦于泗水。黄团老幼，俘虏杀戮五六千人，盱眙东西数百里，莽为丘墟"。

按：可以推测这是一场折失一万余将士和大量物资、老百姓被杀戮五六千人的大败仗。泗州之战惨败，令南宋政权陷入困境，也改变了南宋朝廷的舆论风向。当初支持对金强硬论的南宋官场舆论在泗州战败以后突然转为低调。这为史弥远强权政治的形成，创造了条件。

九月，乔行简"奉祠东归"。

其时东阳旱情严重："自四月不雨，至七月，禾尽槁。"干旱导致庄稼歉收，而盗贼四起。稍有成熟的庄稼，便剽夺蜂起。县令方猷杀一儆百，以平盗贼。当

时东阳的邻县都发生了盗贼而不平静,引起朝廷关注,而东阳安然无恙。方
猷用州社仓之米"几五千斛",以救济灾民。并要求州府减免东阳税收。因
此,东阳百姓建"生祠"以表彰方猷,并邀乔行简为之记。

十一月,乔行简除两浙西路提点刑狱公事。

嘉定十二年己卯(1219)六十四岁

金人大举进犯。

正月庚辰,金人犯湫池堡,守将石宣拒退之。甲申,金人攻白环堡,守将董炤
拒退之。戊子,金人犯成州,沔州都统张威自西和州退守仙人原。庚寅,金人
犯随州、枣阳军,又破信阳军之二砦,京西诸将引兵拒之。辛卯,金人犯西和
州,守臣赵彦呐设伏以待之,歼其众乃还。金人犯安丰军,建康都统许俊遣将
却之。

乔行简同年秦季櫴失守巴州。

《宋史本纪》卷四十《宁宗纪》:"嘉定十二年(1219)三月乙亥,兴元军士权兴等
作乱,犯巴州,守臣秦季櫴弃城去。"

葛洪知镇江府。

《至顺镇江志·太守》:葛洪,承议郎、直焕章阁。嘉定十二年(1219)三月十日
到,越十有五日,改知宁国府。

六月,乔行简兼权平江府节制许浦司水军。

同月,李珏罢江淮制置使。

按:随着李珏被罢免,江淮制置使随之被废除。其管辖地区及权限一分
为三,即沿江制置使、淮东制置使、淮西制置使。掌控宋金战争最前线的
淮东制置副使和淮西制置副使的人分别为贾涉与赵善湘。贾涉娶史弥
远兄长史弥正之女为妻,赵善湘最小的儿子则是史弥远女婿。史弥远族
侄史嵩之被派任京湖制置使的幕僚,最后被擢升京湖制置使。
史弥远借泗州战败之机,通过这一连串人事安排,进一步地将行政权力
集中于自己的"明州·陆门系"手中。而导致泗州战败的"福建·朱门系"
官员,却日薄西山。

乔行简知镇江府节制都统水军。

十二月,乔行简除直秘阁兼知镇江府节制都统水军。这一时期,乔行简一直在江淮前线担任一线指挥官。

崔与之知成都府兼成都路安抚使。

是年,乔行简同年崔与之出为知成都府兼成都路安抚使。其时,金人攻四川甚急。

嘉定十三年庚辰(1220)六十五岁

乔行简知镇江府。

二月兼镇江知府。十一月,除军器监,未上。后升直焕章阁,知镇江府兼提点刑狱公事。

《至顺镇江志·太守》:乔行简,朝奉大夫、浙西提刑、直秘阁。嘉定十三年(1220)二月,兼府事。转朝散大夫、除焕章阁、正知府事,仍兼提刑。十四年(1221)冬,召除司业。

李诚之出知蕲州。

刚到蕲州时,即修整城墙、挖深拓宽护城河,充实地方粮仓,昼夜不停地训练士兵,积极防御准备。

嘉定十三年(1220)五月辛丑,真德秀作《惠民仓记》,盛赞李诚之。其记曰:"嘉定某年某月,金华李公守蕲。始至,曰:'城郭完乎?'有司以圮告,则命缮而新之,凡若干丈尺。……又曰:'故食,民之大命也,边之首政也。蕲故号沃壤,中兴以来,流逋未复,荒莱未治,岁所出不能当中州一大县,而输于公家者才万斛焉。'……乃简僚吏之材者莅厥事,凡乐售者优其直予之。未几,得粟为万石者四,縻钱缗若干万千百有奇。筑屋若干楹,以谨其出纳,命之曰'惠民仓',著公志也。……公之学醇以深,其气刚以大,盖渊源乎孟氏者,故其治边之政大抵以保民为本,是特其一尔。"

宋蒙互派使节。

是年,淮东制置使贾涉奉朝廷命令遣赵珙出使蒙古,并受到木华黎的热情款待。宋廷还派遣苟梦玉出使,并见到了成吉思汗。

嘉定十四年辛巳(1221)六十六岁

李诚之抗金捐躯。

二月,金兵大举侵犯淮南。时诚之任期已满且年老,但继任者未至。本拟遣家属先回家,亦因金兵南侵而止,对同僚说:"吾以书生再任边垒,行年七十,抑又何求,独欠一死耳!当与同僚勠力以守,不济则以死继之。"选丁壮分布城守,率三百人迎击金兵于横槎桥,破之。金兵攻城,不能克。城内官兵不时出击袭杀金兵。三月初,金兵攻城更激烈,并修书胁降,诚之严词拒绝。不久,黄州失守,金兵组织十余万攻蕲州。援将徐挥投降金兵。十七日城陷,诚之子士允、兄子士宏力战死。诚之率众巷战,自午夜至天明,兵尽,以身殉国。妻许氏,媳赵氏、王氏,孙女等均投水殉节,唯长子士昭因先期返里,得以保全。合家忠骸归葬县东七里东山之原。

乔行简声情并茂地写下了《祭李蕲州文》。同里葛洪、李大同、李大有等皆有祭李诚之诗文。

乔行简为实录院检讨官。

十月,乔行简召为国子司业,未徙。升兼同国史院修编官、实录院检讨官。

崔与之升任四川制置使。

是年,崔与之升任四川制置使。任内安边积财,举贤抚士,使蜀中宁谧。

史弥远强权政治正式形成。

是年,郑昭先、任希夷一起被罢免。黄幹卒,终年七十岁。之后,"福建·朱门系"人物便从执政集团消失了。八月追封史浩为越王,改谥"忠定",配享孝宗庙庭。闰十一月,以宣缯兼参知政事,俞应符兼权参知政事。于是,史弥远强权政治正式形成。

嘉定十五年壬午(1222)六十七岁

立李诚之庙于蕲州。

正月庚戌朔,御大庆殿,受恭膺天命之宝。癸丑,立李诚之庙于蕲州。

宋金战争再次爆发。

金国以宋廷绝币为由,派元帅左监军讹可三路军马,由颍州(今安徽阜阳)、寿州（今安徽六安）出发，渡过淮河，向南宋进攻。"金主以朝廷绝岁币，国用以困，乃命元帅左监军讹可行元帅府事，节制三路军马……由颍、寿进，渡淮。"

"四木"薛极进宰执班子。

九月辛亥，以宣缯参知政事，给事中程卓同知枢密院事，吏部尚书薛极赐出身、签书枢密院事。

九月，乔行简除宗政少卿，趣就职。

十二月，同窗徐次铎殁。

乔行简有《朝列大夫清湘通守次铎公墓志铭》，曰："昔余与仲友偕从茂陵先生马公游，常见其勇悍精进，穷日夜观书，过目辄不忘，意得则抗声长吟，彻闻旁舍。为文援笔立就，必有可观。负气放逸，率常下视流辈，人亦落落不与之合，然敬畏之。马公益以博古造微之学名重一时，士人执经者四集，仲友每见推，于是俊声日起，人知仲友之名矣。……壬午（嘉定十五年（1222））之冬，谒告还家，数与过从。间数日不见，则闻有小疾，遽捐膳却药，属其子以家事，告语详复，若知病不能生者。"

嘉定十六年癸未（1223）六十八岁

乔行简赴京都受官。

正月，行简赴临安任秘书监。三月，为起居舍人，四月又迁起居郎。

乔从龙登进士第。

乔行简长兄乔宗唐之子乔从龙，登进士第，领建昌军教授。乔从龙生于绍熙元年庚戌（1190）七月，卒于绍定六年癸巳（1233）十一月，享年43岁。夫人俞氏。生二子乔祥达、乔祥迪。同登进士第的东阳士子还有陈宣子、吕德友、何怡、李大同、郭伯中。是年，李大同已经67岁。

东阳建褒忠祠祀李诚之。

叶适卒，终年74岁。

嘉定十七年甲申（1224）六十九岁

史弥远立赵昀为皇子。

八月丙戌,宁宗违豫,自是不视朝。壬辰,疾笃,弥远称诏以贵诚为皇子,改赐名昀,授武泰军节度使,封成国公。

宁宗崩,理宗即位。

闰八月丙申,宁宗疾甚。丁酉,崩于福宁殿,年57岁。弥远使杨谷、杨石入白杨皇后,称遗旨以皇子竑开府仪同三司,进封济阳郡王、判宁国府,命子昀嗣皇帝位。大赦。尊杨皇后曰皇太后,同听政。封竑为济王,赐第湖州,以醴泉观使就第。

乔行简请理宗行三年丧。

闰八月癸亥,行简贻书丞相史弥远,请帝法孝宗行三年丧。理宗诏宫中自服三年丧。

诏褒表老儒。

九月乙亥,诏褒表老儒,以傅伯成为显谟阁学士,杨简宝谟阁直学士,并提举南京鸿庆宫。

乔行简为侍讲。

九月己卯,皇太后、皇帝御便殿垂帘。以礼部侍郎程珌、吏部侍郎朱著、中书舍人真德秀兼侍读;工部侍郎葛洪、起居郎乔行简、宗正少卿陈贵谊、军器监王塈兼侍讲。壬午,葛洪权工部尚书,升兼侍读。

葛洪同签书枢密院事,进入宰执班子。

十一月戊子,以葛洪为端明殿学士、同签书枢密院事。

崔与之辞官归乡。

是年,崔与之辞官归乡,此后"八辞参知政事,十三辞右丞相"。魏了翁任秘书省秘书监,秦季樀任秘书省秘书少监。

宝庆元年乙酉(1225)七十岁

正月,乔行简上《乞持自身制疏》。

其《乞持自身制疏》曰:

……陛下为天下君,当懋建皇极,一循大公,不应私徇小人,为其所误。凡为此者,皆戚畹肺肝之亲,近习贵幸之臣,奔走使令之辈。……日积月累,气势益张,人主之威权,将为所窃弄而不自知矣。陛下哀侄在身,愈当警戒,宫廷之间无所严惮,嫔御之人又视昔众多,以春秋方富之年,居声色易纵之地,万一于此不能自制,必于盛德大业有亏损。愿陛下常加警省。

同月,发生霅川之变。

《宋史》卷二四六《镇王竑传》载:

宝庆元年正月庚午,湖州人潘壬与其弟丙谋立竑,竑闻变匿水窦中,壬等得之,拥至州治,以黄袍加身。竑号泣不从,不获已,与之约曰:'汝能勿伤太后、官家乎?'众许诺。遂发军资库金帛、会子犒军,命守臣谢周卿率官属入贺,伪为李全榜揭于门,数弥远废立罪,云:'今领精兵二十万,水陆进讨。'比明视之,皆太湖渔人及巡尉兵卒,不满百人耳。竑知其谋不成,率州兵讨之。遣王元春告于朝,弥远命殿司将彭任讨之,至则事平。弥远令客秦天锡讬召医治竑疾,竑本无疾。丙戌,天锡诣竑,谕旨逼竑缢于州治。

按:大臣洪咨夔、魏了翁、真德秀、胡梦昱等上书为济王鸣冤,相继被贬出朝廷。湖州别名霅川,故称这次事件为"霅川之变"。

秦季樀再知潼川府。

正月,秦季樀以除直显谟阁,再知潼川府。

《南宋馆阁续录》卷九:"秦季樀,宝庆元年(1225)正月,以秘书少监兼国史院编修官、实录院检讨官。六月除直显谟阁知潼川府。"魏了翁、洪咨夔分别有诗相送。

乔行简升兼侍读、兼祭酒

四月,乔行简升兼侍读、兼祭酒。力辞,许之。

杨太后撤帘。

四月,丁酉,太后手书:"吾年晚多病,志在安闲,嗣君可日御便殿听政,今后便撤帘。"帝曰:"朕受太后之恩如天,朝夕思之,未知所报,便当力请。"辛丑、壬寅,帝两请太后仍垂帘,不允。

史弥远为太师。

六月丁未,诏史弥远为太师,依前右丞相兼枢密使,进封魏国公。

理宗与乔行简论济王事。

七月,丁丑,帝与乔行简论及济王事,帝曰:"朕待济王,可谓至矣。"行简曰:"济王之罪,人所共知,当如周公待管、蔡之心,又当取孟子知周公受过之意。"

按:乔行简劝理宗"取孟子知周公受过之意",他虽以周公、孟子规喻理宗,实则指出理宗在处理济王案时,与周公处理管叔、蔡叔叛乱案一样,负有不可推卸的责任。说明他对理宗和史弥远在济王案中践踏"常纲",激起公愤从根本上是反对的。但他没有像真德修、魏了翁、胡梦昱那样据理力争。而是从朝廷团结大局出发,讽谏理宗学古君有过则改。

真德秀荐傅伯成、杨简。

八月癸卯,以真德秀荐,傅伯成、杨简,先朝耆德,召赴行在。

张九成谥文忠。

八月壬子,张九成赠太师,追封崇国公,谥"文忠"。

乔行简升修国史实录院同修撰。

九月,乔行简试尚书吏部侍郎,升修国史实录院同修撰。

乔行简上《论求贤求言疏》。

十月,行简上《论求贤求言疏》曰:

求贤、求言二诏之颁,果能确守初意,深求实益,则人才振而治本立,国威张而奸宄销。臣窃观近事,似或不然。夫自侍从至郎官凡几人,自监司至郡守凡几人,今其所举贤能才识之士又不知其几人也,陛下盖尝摭其一二欲召用之矣。凡内外小大之臣囊封来上,或直或巽,或切或泛,无所不有,陛下亦尝摭其一二见之施行且褒赏之矣。而天下终疑陛下之为具文。

盖以所召者,非久无宦情决不肯来之人,则年已衰暮决不可来之人耳。彼风节素著、持正不阿、廉介有守、临事不挠者,论荐虽多,固未尝收拾而召之也。其所施行褒赏者,往往皆末节细故,无关于理乱,粗述古今,不至于抵触,然后取之以示吾有听受之意。其间亦岂无深忧远识高出众见之表,忠言至计有补圣听之聪者,固未闻采纳而用之也。

自陛下临御至今,班行之彦,廱节之臣,有因论列而去,有因自请而归。其人或以职业有闻,或以言语自见,天下未知其得罪之由,徒见其置散投闲,倏来骤去,甚至废罢而镌褫,削夺而流窜,皆以为陛下黜远善士,厌恶直言。去者遂以此而得名,朝廷乃因是而致谤,其亦何便于此。夫贤路当广而不当狭,言路当开而不当塞,治乱安危,莫不由此。

葛洪签书枢密院事。

十一月癸亥,宣缯兼同知枢密院事,薛极参知政事,葛洪签书枢密院事。甲
申,朱端常言魏了翁封章谤讪,真德秀奏札诬诋。诏魏了翁落职,夺三秩、靖
州居住;真德秀落职罢祠。

乔行简、葛洪为义乌徐侨请祠。

《宋史列传》卷一八一《徐侨传》:徐侨,字崇甫,婺州义乌人。蚤从学于吕祖谦
门人叶邽。淳熙十四年(1187),举进士。调上饶主簿,始登朱熹之门,熹称其
明白刚直,命以"毅"名斋。入为秘书省正字、校书郎兼吴、益王府教授。直宝
谟阁、江东提点刑狱,以忤丞相史弥远劾罢。宝庆初,葛洪、乔行简代为请祠,
迄不受禄。

宝庆二年(1226)七十一岁

沈焕、陆九龄获谥。

正月癸亥,诏赠沈焕、陆九龄官,焕谥"端宪",九龄谥"文达"。录张九成、吕祖
谦、张栻、陆九渊子孙官各有差。

真德秀遭"三凶"梁成大弹劾。

二月辛卯,临察御史梁成大言真德秀有大恶五,仅褫职罢祠,罚轻。诏削
二秩。

邑人马光祖进士及第。

六月丙申,理宗御后殿,赐进士王会龙以下九百八十九人及第、出身有差。
《道光东阳县志》载:马光祖,字华父。宝庆二年(1226)进士,……拜端明殿学
士、荆湖制置、知江陵府,去而建康之民思之不已。……咸淳三年(1267),拜
参知政事。五年(1269),入知枢密院事兼参知政事,以监察御史曾渊子言罢。
给事中卢钺复缴奏新命,以金紫光禄大夫致仕。卒,谥"庄敏"。
按:马光祖是南宋时期继葛洪之后位至副宰相的东阳人。马光祖是乔行
简业师马之纯孙。

乔行简权礼部尚书。

九月,乔行简权刑部侍郎。后五日,进权礼部尚书。

慈湖先生杨简卒。

杨简于乾道五年(1169)登进士第,授富阳主簿。师从陆九渊,官至宝谟阁学士,卒谥"文元"。

宝庆三年丁亥(1227)七十二岁

乔行简在权礼部尚书任上。

朱熹赠太师,追封信国公。

正月己巳,特赠朱熹太师,追封信国公。诏曰:"朕观朱熹集注《大学》《论语》《孟子》《中庸》,发挥圣贤蕴奥,有补治道,朕励志讲学,缅怀典刑,可特赠熹太师,追封信国公。"

朱熹子朱在为工部侍郎。

三月,工部侍郎朱在进对,奏人主学问之要,上曰:"先卿《中庸序》言之甚详,朕读之不释手,恨不与同时。"

宋蒙战争始。

十一月,蒙古兵破关外诸隘,四川制置郑损弃三关。

绍定元年戊子(1228)七十三岁

乔行简拜礼部尚书。

四月,乔行简直拜礼部尚书兼修国史实录院修撰。

理宗赐乔行简御书二幅。

乔行简有《蒙赐御书"孔山""双岘楼"谢表》:

臣辄伸微悃,仰渎天威。臣迂疏末遭,遇圣明爱目,龙飞首蒙,选擢置在经筵。虽卷宠深隆,而臣自顾衰晚,不应尘玷班列,惟知梦寐邱园,是以昨者屡上退休之请。圣恩未弃,尚阁俞音。戊子之秋,因欢讲之次,借以家山之陋,昧死上于渊听,欲求试御书二篇。仰荷圣慈不赐升绝,一日于赐茶之后,伏蒙面赐"双岘楼""孔山"二幅大字。……念臣遭际非常之眷,所宜招揭山林,垂示永久。谨已模勒云章,刊之乐石。

葛洪参知政事。

十二月辛亥,以薛极知枢密院事兼参知政事,葛洪参知政事,袁韶同知枢密院事,郑清之端明殿学士、签书枢密院事。

绍定二年（1229）七十四岁

乔行简夫人楼氏卒。

三月二十戊时,夫人楼氏卒。楼氏生于绍兴三十年庚辰(1160)五月十四未时,享年70岁。乔行简有《祭妻吕氏楼氏夫人文》一篇,其文云:

呜呼!生人富贵,匪惟厥躬。夫妇百年,相期始终。予方穷时,儒素家风。暨历通显,亚于三公。谁不又有室,和鸣雍雍?惟予至此,堂奥居空。嗟我夫人,殁几秋冬。一当未达,甘苦皆同。一虽随宦,半道东西。兹有归老,追想何穷。皇皇赠典,愈增途崇。视我禄位,皆启大封。裙祷有制,合正仪容。并燎制黄,荐于幽宫。尚其歆受, 益衍隐功。克昌后人,以副衰翁。

乔幼闻登进士第。

五月辛巳,朝廷赐进士黄朴以下五百五十七人及第、出身有差。乔梦符长子乔幼闻,登进士第,拜枢密使。

理宗敕赐乔行简东阳读书处东殿为灵济。

《道光东阳县志》载:

康济庙,一名东殿。在县东一里三十步。宋徽宗宣和四年(1122),邑令裴移忠建。理宗绍定二年(1229),敕赐灵济;三年(1230),改今额。相传乔行简尝读书于此,夜行辄有光引之出入。后跻贵显,于十月朔夜迎灯以报之。

绍定三年庚寅（1230）七十五岁

乔行简子乔元龙卒。

十月,乔行简子元龙卒。乔元龙生于庆元四年(1198),享年33岁。登嘉定四年(1211)郑伯成榜进士,历官宣义郎,监行在左藏,封椿库,赠通直郎。夫人杜氏。生一子:乔祥通。

乔行简同签枢密院事。

十一月,乙丑,诏免明年元会礼。以郑清之参知政事兼签书枢密院事,乔行简端明殿学士、同签书枢密院事。诏:"史弥远敷奏精敏,气体向安,朕未欲劳以朝谒,可十日一赴都堂治事。"乔行简由此正式进入宰执班子,而此时他已七十五高龄。

绍定四年辛卯(1231)七十六岁

李全诛。

正月壬寅,赵范、赵葵等诛李全于新塘。前时,行简曾上《请讨李全奏》。

乔行简签枢密院事。

四月,丁丑,以郑清之兼同知枢密院事;乔行简签书枢密院事;赵善湘兵部尚书、江淮制置大使、知建康府,依旧安抚使;赵范权兵部侍郎、淮东安抚副使、知扬州兼江淮制司参谋官;赵葵换福州观察使、右骁卫大将军、淮东提刑、知滁州兼大使司参议官。

魏了翁、真德秀复元官。

六月己未,诏魏了翁、真德秀、尤焴并叙复元官职祠禄。

葛洪知绍兴府。

七月庚戌,葛洪资政殿学士、知绍兴府。

蒙古兵大破武休。

八月己未,蒙古兵大破武休,入兴元,攻仙人关。

临安大火。

九月丙戌夜,临安火,延及太庙,统制徐仪、统领马振远坐救焚不力,贬削有差。乔行简引咎去职,箧中所藏书亦遭焚毁。行简在《宝刻丛编序》中曰:辛卯之秋,余箧中所藏书厄于郁攸之焰。

《宋史全文》:九月丙辰,宰执以太室延燎五具,奏乞镌罢。诏史弥远特降奉化郡公,薛极、郑清之、乔行简各降一秩。

武状元封州知府周师锐卒。

是年,同邑武状元封州知府周师锐,卒于任所。乔行简为其作墓志铭。

绍定五年壬辰(1232)七十七岁

乔行简等并复元官。

五月己丑,乔行简等并复元官。诏曰:昨郁攸为灾,延及太室,罪在朕躬,而二三执政,引咎去职。今宗庙崇成,神御妥安,薛极、郑清之、乔行简并复元官。

乔行简作《宝刻丛编序》。

六月,乔行简作《宝刻丛编序》曰:辛卯之秋,余箧中所藏书厄于郁攸之焰,因求所阙于书肆。有陈思道人者,数持书来售。一日,携一编遗余曰:"此思所自集,前贤勘定碑志诸书之目也。虽其文不能尽载,姑记其篇目、地里与夫作者之姓氏。好事者得而观之,其文也可因时而访之。"余受而阅之,盖昔之《寰宇访碑录》之类,而名数加多,郡县加详。知其用心之良勤,因为之改目。

乔行简累疏乞归田。

十一月己巳,行简累疏乞归田,诏不允。其《乞归田里表》曰:少壮老,百年已逾八帙;祖子孙,仅存一身。

按:可见乔行简晚年凄凉。乔行简育有1子乔元龙,4个女儿:乔元礼、乔元成、乔元度、乔元恭。乔元龙卒于绍定三年庚寅(1230)十月,早乔行简12年而殁,享年仅33岁。嘉熙四年(1239)十一月前,次女乔元恭与夫婿王仪也亡。

宋蒙联合攻金。

十一月,蒙军再次进攻金国的时候,南宋也出兵相助一起围攻开封。金主奔归德府,寻奔蔡州,蒙古再遣使议攻金。

乔行简作《保义郎王君墓志铭》。

或于是年为王霆父作墓志铭。其铭曰:婺之东阳,界于天台会稽之间,有乡名玉山,……有王君豪能以率众殊贼捍其乡,以功补忠翊郎,……盖王氏为玉山大姓,旧矣。豪生渊,渊生杞,杞生炳,字元明,为浙西副都监霆之父。以仕,新天子即位,恩封保议郎。

乔行简为东阳显亲兴庆寺请额。

《道光东阳县志》载:显亲兴庆寺,县东三里一都。宋绍定五年(1232)建,乔鲁公请额。

绍定六年癸巳（1233）七十八岁

乔行简作《白石诗传序》。

六月，为业师钱文子作《白石诗传序》。同月，又作《仁和重修县治记》。

乔行简在《白石诗传序》中说：诗者，人心之所存，有感而后发者也。故《国风》《雅》《颂》，莫非忧乐怨慕之所形见。言《诗》者，必自夫治道之隆替，诗人之性情而索之，斯足以得其意而达其微。泥诸儒杂出之说，而无忧柔自求之功，则其义隐矣。……志于传授解惑者，苟不为拔其根本，去其所先入，安能使之以《诗》求《诗》而有所得哉！此殆黜异尊经之意，故虽若失之易而不暇问也。

乔行简为明堂礼卫使。

《宋史全文》：八月己卯，以知枢密院事薛极为明堂大礼使，参知政事郑清之礼仪使，签书枢密院事乔行简礼卫使，同知签书枢密院事陈贵谊礼器使，吏部尚书兼户部尚书杨烨礼顿使。

乔行简参知政事兼同知枢密院事。

十月丙戌，史弥远进太师、左丞相兼枢密使、鲁国公，加食邑一千户；郑清之光禄大夫、右丞相兼枢密使，加食邑一千户。丁亥，史弥远保宁、昭信军节度使，充醴泉观使，进封会稽郡王，仍奉朝请，加食邑封。以薛极为枢密使，乔行简参知政事兼同知枢密院事，陈贵谊参知政事兼签书枢密院事。己丑，诏崔与之、李埴、郑性之赴阙。庚寅，以显谟阁待制、知福州真德秀兼福建安抚使。

史弥远薨。

十月乙未，史弥远薨，赠中书令，追封卫王，谥"忠献"。

《宋史全文》云：弥远自开禧丁卯为礼部侍郎，白杨太后谋诛韩侂胄，而宁宗不知。数日，宁宗问侂胄安在，左右乃以实对，宁宗深悼之。凡相宁宗十七年，帝崩，废济王，立理宗，又独相九年。用余天锡、梁成大、李知孝等列布于朝，最用事者薛极、胡榘、聂子述、赵汝述，时号"四犬"。弥远出入禁苑，擅权用事，台谏、学舍争言其非，上以其定策功，终始保全之。

史嵩之出兵会蒙军于蔡州。

十月，史嵩之最终下达了出兵的命令，孟珙、江海率忠义军2万运粮30万石北上，抵达蔡州城下与蒙军会师。

诏夺梁成大祠禄。

十一月乙巳,给事中莫泽等言,差提举千秋鸿禧观梁成大暴狠贪婪,苟贱无耻,诏夺成大祠禄。

乔从龙卒。

十一月,侄乔从龙卒,享年43岁。

诏袁韶夺职罢祠禄。

十二月戊申,洪咨夔言:"资政殿学士、提举洞霄宫袁韶,仇视善类,谄附弥远,险忮倾危。"诏袁韶夺职、罢祠禄。

端平元年甲午(1234)七十九岁

金国灭亡。

正月戊申,金主完颜守绪传位于宗室承麟。己酉,城破,守绪自经死,承麟为乱兵所杀,执其参知政事张天纲。宋蒙联军攻破了金国最后的据点蔡州城,金哀宗完颜守绪匆忙传位后,自缢身亡,金末帝完颜承麟亦在乱军中被杀死,金国灭亡。随着金国的灭亡,宋、金、蒙等三方互相牵制的局面被打破,蒙古势力随之壮大,从而加速了南宋的灭亡。

端平更化始。

《宋史》载:"端平元年,上既亲总庶政,赫然独断,而清之亦慨然以天下为己任,召还真德秀、魏了翁、崔与之、李埴、徐侨、赵汝谈、尤焴、游似、洪咨夔、王遂、李宗勉、杜范、徐清叟、袁甫、李韶,时号'小元祐。'大者相继为宰辅,惟与之终始辞不至,遗逸如刘宰、赵蕃皆见旌异。"

李大同兼崇政殿说书。

正月,钟震、陈公益、李性传等并兼侍读。徐清叟、黄朴、李大同、叶味道并兼崇政殿说书。

徐侨为太常少卿。

五月,乔行简同门义乌人徐侨,由江东提点刑狱升为太常少卿。

乔行简知枢密院事。

五月戊寅,以乔行简知枢密院事,曾从龙参知政事,郑性之签书枢密院事,陈贵谊兼同知枢密院事。

其时诏殿司选精锐千人,命统制娄拱、统领杨辛讨捕建阳县盗。殿司军哄,为之黜主帅,罢都司官,给黄榜抚存,军愈呼噪。行简以闻,戮为首者二十余人,众乃帖息。

乔行简病中上疏谏端平入洛。

《宋史》载:时议收复三京,行简在告,上疏曰:

八陵有可朝之路,中原有可复之机,以大有为之资,当有可为之会,则事之有成,固可坐而策也。臣不忧出师之无功,而忧事力之不可继。有功而至于不可继,则其忧始深矣。

夫自古英君,必先治内而后治外。陛下视今日之内治,其已举乎,其未举乎?向未揽权之前,其敝凡几?今既亲政之后,其已更新者凡几?欲用君子,则其志未尽伸;欲去小人,则其心未尽革。上有厉精更始之意,而士大夫之苟且不务任责者自若。

……方今境内之民,困于州县之贪刻,扼于势家之兼并,饥寒之氓,常欲乘时而报怨,茶盐之寇,常欲伺间而窃发。萧墙之忧,凛未可保。万一兵兴于外,缀于强敌而不得休,潢池赤子,复有如江、闽、东浙之事,其将奈何?夫民至愚而不可忽,内郡武备单弱,民之所素易也。往时江、闽、东浙之寇,皆藉边兵以制之。今此曹犹多窜伏山谷,窥伺田里,彼知朝廷方有事于北方,其势不能以相及,宁不动其奸心?臣恐北方未可图,而南方已先骚动矣!愿坚持圣意以绝纷纷之说。

侍讲徐侨为理宗开陈友爱大义。

六月,太常少卿徐侨侍讲,开陈友爱大义,帝悟。徐侨又请从祀周敦颐、程颢、程颐、张载、朱熹,以赵汝愚侑食宁宗,帝皆听纳。

宋兵进驻"三京"。

六月,赵葵、全子才等率军7万余分别从滁州、庐州出发,先后进驻原北宋三京,即东京开封府、西京河南府和南京应天府。但三城均已被蒙古兵掳掠一空,宋军乏食,甚至采蒿和面为食。蒙古闻宋军之举,复引兵南下。

诏奖赵范、赵葵、全子才收复三京。

《宋史全文》:七月癸卯,诏奖赵范、赵葵、全子才收复三京,寻以范为端明殿学士、京河关陕宣抚使、知开封府、东京留守兼江淮制置大使,葵权刑部尚书、京河制置使、知应天府、南京留守兼淮东制置使,子才权兵部侍郎、关陕制置使、知河南府、西京留守兼京湖制置副使。诏奖谕收复东京、南京、河南州县等处一行将士。

"三京之战"失败。

八月,蒙古兵进至洛阳城下,宋军饥不善战,依城守卫。蒙军又决黄河寸金淀水灌城,宋军被迫自汴、洛撤军,无功而还。此后,蒙军进攻南宋,黄淮之地无宁日。以上,史称"三京之战"或"端平入洛"。

理宗对此甚有反思:《宋史全文》载:[端平元年(1234)]"八月乙酉,国子正郑起潜奏:'更化,善治也,而天下之弊犹变之而未通。'上曰:'更化之后,弊事尚多,如何?'起潜奏:'持之以公,守之以坚,镇之以定。'又奏:'八陵省谒,故都复还,论机会则喜百年之未有,顾事力则虑来日之尚多。兵端既开而难收,土地可取而孰守?'又奏:'国家一岁之入止有此数。'上曰:'国用匮乏,如何?'奏云:'今国与民俱匮,但有节浮费、划宿弊而已。'上曰:'东南民力竭矣。'起潜奏:'陛下轸念及此,生灵之幸!'"

乔行简连年以老疾求去。

乔行简继绍定五年壬辰(1232)十一月上《乞归田里表》后,连年以老疾求去。御笔再留行,而且令数日一朝,以示优礼。行简不得已起治事。

崔与之知广州。

是年,崔与之暂任广东经略安抚使兼知广州。

端平二年乙未(1235)八十岁

诏议胡瑗、孙明复等十人从祀孔庙。

正月甲寅,诏议胡瑗、孙明复、邵雍、欧阳修、周敦颐、司马光、苏轼、张载、程颢、程颐等十人从祀孔子庙庭,升孔伋十哲。

真德秀为参知政事。

三月乙巳,曾从龙兼同知枢密院事,真德秀参知政事,兼给事中、兼侍读。陈卓同签书枢密院事。

真德秀薨。

五月甲辰,真德秀薨,赠银青光禄大夫,谥"文忠"。

乔行简兼参知政事。

五月庚戌,乔行简兼参知政事。

乔行简拜右丞相兼枢密使。

六月戊寅,以郑清之为特进、左丞相兼枢密使,乔行简金紫光禄大夫、右丞相兼枢密使。壬午,以曾从龙知枢密院事兼参知政事,崔与之参知政事,郑性之同知枢密院事,陈卓签书枢密院事。

对理宗并命二相,朝臣议论颇多。《宋史全文》载:"七月戊戌,起居舍人袁甫奏:'并命二相,所当尽心,上副委任之意。今中外多事,而左相辞逊,右相畏避,各事形迹,缓急若何?乞宣谕二相,力行一个公字。'上曰:'卿议论极当。'……闰七月壬戌朔,秘书省正字王迈进对,至'并命二相,责任惟均',上曰:'朕常戒谕二相,使之同心协力,共济国事。'读至'互为比周,交信谗说',上曰:'外面真如此?'迈奏:'若不戒饬,恐成朋党之风。'上曰:'朕任清之甚专,但以天下多事,非一相所可理,故以行简辅之。行简之用,断自朕心。'"

七月,魏了翁上《乙未秋七月特班奏事》,为乔行简、郑清之辩护。其奏曰:

绍熙以前,常是并相。于是更相,疑怪而分朋植党者又各扇摇是非,一则为纵容子弟宾客之说,一则为荐引执政。都司之谤方贿赂公行之余,而郑清之能以廉俭,首变贪风方奸凶得志之时。而乔行简独以婉辞,阴主善。今所得之谤,乃反其所长。为二相者,安得而不辩。然而古人事业,惟有听规谏以自防,闻横逆而自反不以尤人也。

臣窃闻乔行简尝于陛下之前自言,未尝荐引小人。一时宰执皆亲闻之。此谤既无用辩。

近又闻,郑清之以出入材馆之客,受赇挠法,付京府鞠治,又以见前后致谤之。因清之有不尽知也。二相自今明白洞达,事事若此,则奸人无所用其闲,而推诚布公,共济国事,天下尚有望焉,不然则安能以自解。

葛洪为资政殿大学士。

六月己卯,葛洪资政殿大学士,予祠禄。葛洪退居二线。

乔行简整顿百司庶务。

《宋史全文》闰七月戊寅,乔行简奏:"百司庶府,俟宰相每日依时出堂之后,方许退归,庶事务皆得及时剖决,而无滞积之患。"诏:"行简所陈,深契朕意。百司庶府,并合遵行。可榜朝堂。"

魏了翁同签书枢密院事。

十一月乙丑,以曾从龙为枢密使、督视江淮军马,魏了翁同签书枢密院事、督视京湖军马,郑性之兼权参知政事。

马光祖任督府参议官。

十一月,马光祖任督府参议官。

乔行简捐建东阳建兴孝祠。

《道光东阳县志》:端平二年(1235),东阳知县林嘉会建六孝子祠,申请庙额,赐名兴孝,在县西百余步。祀斯敦、许孜、许生、冯子华、应先、唐君佑六孝子。袁甫于嘉熙元年(1237)为之记曰:孝之道大矣,天经地义,万古一日也。不虑而知曰良知,夫何知哉!不学而能曰良能,夫何能哉!圣帝明王之世,彝伦叙,孝道明,天下不以为罕行。之所以罕见而得名,其道之微乎?表门闾,门闾昌矣,而非孝子之志也;复子孙,子孙荣矣,而非孝子之志也。孝子何志乎?行吾之所当然,不愿乎其外也。虽然,此孝子事耳。为人上者,以孝治天下,彼有孝之实,惟恐其名之不彰。彰孝子,所以使不孝者愧也。愧不孝,所以使孝道之兴也。……端平二年(1235),婺州东阳县令林君嘉会治邑有善政,深以扶植风教为先务,于是合兹邑六孝子而祠之,且白之郡。郡以闻之省部,而奏之天子。今丞相肃国公实东阳人,首捐金钱佐役,而和者滋众,鸠工庀材,庙貌聿新,遐迩胥悦。朝廷赐额曰"兴孝",于以彰圣上孝治之仁,表令尹崇本之化,用以为来世事亲者之劝,而非徒为六孝子私也。令君属甫为之记,不能以固陋辞,乃为叙次本末,且作诗以遗之,俾歌以祀神。

端平三年丙申(1236)八十一岁

正月,元兵连攻洪山,张顺、翁大成等以兵捍御之。

魏了翁签书枢密院事。

二月,诏魏了翁依旧端明殿学士、签书枢密院事,其速赴阙。诏史嵩之淮西制置使兼副使。

郑性之参知政事。

七月丁卯,以郑性之参知政事,李鸣复签书枢密院事,戊辰,监察御史杜范、吴昌裔以言事不报,上疏乞罢官,诏改授范太常少卿,昌裔太常卿。

乔行简为明堂礼仪仗使。

丁亥,诏郑清之为明堂大礼使,乔行简礼仪仗使,李鸣复为卤簿使,兵部尚书赵彦悈桥道顿递使。

蒙古兵破枣阳军。

八月,蒙古兵破枣阳军、德安府。既破德安,得儒者赵复。复以儒学见重于世,及被获,不欲北行,力求死,枢謩说百端,曰:"徒死无益,随吾而北,可保无他。"复强从之。至燕,名益着,学徒百人。由是北方始知经学,而枢亦得睹程颐、朱熹之书。

乔行简罢相。

九月,宗祀,大雷雨,援故事乞册。乔行简免拜观文殿大学士,泉观使兼侍读。行简即日渡江至渔浦。帝遣中使趣还,供讲职。《宋史·本纪·理宗传(二)》:九月乙亥,左丞相兼枢密使郑清之罢为观文殿大学士、醴泉观使兼侍读,右丞相兼枢密使乔行简罢为观文殿大学士、醴泉观使兼侍读。以崔与之为右丞相兼枢密使。

《宋史全文》:九月癸酉,上手札以季秋仲辛,雷声骤发,上天示谴,恐惧修省。避正殿,减膳彻乐,求直言。乙亥,诏左丞相郑清之、右丞相乔行简并观文殿大学士、醴泉观使兼侍读,以资政殿大学士崔与之为右丞相兼枢密使。诏曰:"朕比藏明禋,雨雷倾迅。天心示戒,在于朕躬。辅弼之臣,控章引咎,联车迭去,抗志莫留。勉徇高怀,俾安祠秩,畴咨一相,已遣蒲轮。虽鼎轴暂虚,而执政与宰相同令郑性之、李鸣复时暂协力赞治,无负朕倚注之意。"戊子,上手札曰:"乔行简三朝元老,一代鸿儒。趣中使以宣回,盍示冕旒之眷;对经筵而进读,庸彰体貌之恩。勉为朕留,仭闻忠告。"

《续资治通鉴》:监察御史唐璘言:"天变而至于怒,民怨而几于离,海宇将倾,天下有不可胜讳之虑。陛下谓此何时,纵欲败德,文过饰非,疏远正人,狎昵戚宦,浊乱朝政,自取灭亡!宰相用时文之才为经世之具,不顾民命,轻挑兵端,不度事宜,顿空国帑;委政厥子,内交商人,贿涂大开,小雅尽废;琐琐姻娅，敢预邪谋，视国事如俳优，以神器为奇货，都人侧目，朝士痛心。盍正无将之诛，以着不忠之戒！崔与之操行类扬绾，虽修途暮景，力不逮心，而命下之日，闻者兴起。乔行简颇识大体，朝望稍孚，而降授偏私，事多遗忘。宜择家相，赞宗子，辅民物，以慰父母之望，无使天变浸极，人心愈离也！"帝为改容。

蒙古兵破文州。

十月壬寅，蒙古兵破固始县，淮西将吕文信、杜林率溃兵数万叛，六安、霍丘皆为群盗所据。丙午，蒙古太子阔端兵离成都，蒙古兵破文州，守臣刘锐、通判赵汝曓死之。

乔行简左丞相兼枢密使。

十一月丙寅，乔行简任特进、左丞相兼枢密使，封肃国公。癸卯，郑清之辞免观文殿大学士、醴泉观使兼侍读，诏仍旧观文殿大学士、提举洞霄宫。乔行简以年事益高，力断上谢事章十余。《宋史·本纪·理宗传（二）》：十一月丙寅，以乔行简为特进、左丞相兼枢密使，封肃国公。大元兵围光州，诏史嵩之援光，赵葵援合肥，陈韡遏和州，为淮西声援。戊辰，魏了翁依旧资政殿学士、知绍兴府、浙东安抚使，吴潜、袁甫、徐清叟赴阙。

《宋史全文》：十一月庚申，新除度支郎官兼权左司郎官赵必愿进对，奏："近臣除授，意向不明，况当天下事变方殷之日。"上曰："天下正多事。"又奏："虚鼎席以召故老，或者意其未必来。"上曰："崔与之既未来，朕委政事于二参。"必愿奏："二参固同心辅政，然堂堂天朝，岂容不早命相？"上曰："然。"壬戌，新除仓部郎官蔡节进对，上曰："崔与之辞免已到，未知几时可来？"节奏："与之年高地远，病日半之，臣料未必能来。"上曰："相位固不可久虚，然亦欲委任得人。"节奏："天下之势，危若累卵，不可一日无相。"上曰："卿言极当。"乙丑，以乔行简特进、左丞相兼枢密使，进封鲁国公。

葛洪除提举万寿宫，兼侍读。

《宋史》载：上思故老，首议起葛洪。台臣徐清叟亦言执政时扼于故相之专，不得施设。去国专以谨独一说为陛下告，深得大臣格心之学。使其入觐，必将有所建明。召赴行在，葛洪拜表力辞，除提举万寿宫，兼侍读。饮膳稍减，子弟请医，葛洪笑曰："吾今八十有五，尚从仓扁求一日活耶？"

乔行简为东阳常乐院撰碑。

《道光东阳县志》:常乐院,县东一百里二十四都。旧名灵岩,唐广明元年建。宋端平三年(1236),乔行简撰碑。

又:崇福广佑寺,县东二十里。旧名宝泉,后晋开运二年(945)建。宋大中祥符中改名佑国。乔文惠公尝读书寺中。端平三年(1236)请为功德院,改赐今额。

嘉熙元年丁酉(1237)八十二岁

郑性之知枢密院事。

二月癸未朔,以郑性之知枢密院事兼参知政事,邹应龙端明殿学士、签书枢密院事,李宗勉同签书枢密院事。

葛洪薨。

二月乙酉,葛洪薨。卒年八十六,职累升观文殿学士,阶累升通奉大夫,爵累升东阳郡开国公,食邑五千六百户,真食邑一千四百户。子輗孙,通直郎,改差主管西京中岳庙;骥孙,登仕郎。孙称僧,承奉郎,升绍兴府支盐仓;次续祖。

魏了翁薨。

三月乙亥,魏了翁薨,赠少师,赐谥"文靖"。

乔行简等乞罢免。

六月壬辰,乔行简等以辅政无状,乞罢免。

李鸣复参知政事。

八月甲申,追封太师、秦国公赵汝愚为福王。癸巳,以李鸣复参知政事,李宗勉佥书枢密院事。

李大同奏建内小学。

九月壬子,刑部侍郎兼侍讲李大同奏:"盖内学之建,非王邸讲授比,当置教授三四员,日轮一人,晨入暮出,不许无故辍讲,庶宗贤与正人居而德性成矣。"从之。淳祐二年(1246)六月丁巳,诏建内小学置教授二员,选宗室子俾就学。

备战江淮。

十一月戊辰,诏陈韡、史嵩之、赵葵于沿江、淮、汉州军,备舟师战具,防遏冲要堡隘。

乔行简为东阳孙澜作墓志铭。

或于是年为东阳孙澜(巨源)作墓志铭。其铭曰：

……君得端献抽其绪，又从白石钱公游，益驰骋其文。自入上庠，隽声日盛。遇试辄在甲乙选。士友争相传诵。端献见之，多击节至，谓其凛然忠义之气。……慎行修身，嗜书如饥渴，手不停披，义理融洽，文思泉涌。在踏省门，遂提名进士。教盱眙，及为太学录，以身率入，士子莫不兴起。调州军判，摄松阳令。士多来学，君笃意教之，而吏事无不办。……

嘉熙二年戊戌(1238)八十三岁

乔宗亮登武科进士第。

四月壬申，理宗御集英殿，赐进士周坦等敕四百二十三人。甲戌，赐特奏名王宗令等敕凡六百四十人。乔梦符子乔宗亮，登武科进士第，授武功大夫，两淮都总官。

乔行简明确宰执分工并制订议事规则。

五月，乔行简上《言兵财奏》。其奏曰：兵财二端，尤今急务。欲以兵事委李鸣复，财用委李宗勉，楮币委余天锡。凡有利病，各务讨论；当聚议者，容臣参酌，然后行之。

《宋史·本纪·理宗传(二)》载：五月癸未，以李鸣复知枢密院事，李宗勉参知政事，余天锡签书枢密院事。甲申，乔行简请"以兵事委李鸣复，财用委李宗勉，楮币委余天锡，当聚议者，臣则参酌行之"。诏允所请。

乔行简为吕祖俭、陈亮请谥。

五月乙酉，赐故太府寺丞吕祖俭、故承事郎陈亮谥，寻以太常寺议，谥祖俭曰"忠亮"，亮曰"文达"。由此可以推见，乔行简至迟于嘉熙二年(1238)五月写成《请谥陈亮、吕祖俭劄子》。此时，乔行简应该任左丞相。

秦季樋殁。

六月，同年秦季樋在临安府辞世，享年74岁。王迈撰《祭秦公季樋先生文》挽悼。王迈《宋史》有传，嘉定十年(1217)与吴潜等同榜进士。迈交结同朝为官的真德秀、魏了翁及洪咨夔、秦季樋等为挚友，为此，台官李大同骇奏迈交结甚密，诏削一秩免。

庐州之战。

九月,由马步军都元帅察罕率号80万大军,再次攻宋淮西,进围庐州,欲克庐州后,造舟巢湖,以窥长江。知庐州杜杲利用其丰富的守城经验,积极备御。事先已制作了千百间串楼,列于濠岸。这种串楼以二三尺围栗枣榆槐木作竖木,入土五六尺,高丈余,上施横木,中设箭窗,下缭以羊马墙、每楼可御三炮。蒙古军于城外,筑土城60里围城,又筑台高过串楼,以制城内。杜杲令军以油灌草,焚烧其台,并于串楼内立雁翅七层,置炮轰击蒙古军高台,击中一将,蒙古军惊骇。杜杲乘胜出击,宋将赵时哽率民兵500赴援,蒙古军死伤甚重。杜杲还派遣舟师及精锐守卫淮水要点,以阻蒙古军归路。察罕见庐州屡攻不克,乃转军东进,攻陷滁州,万户张柔鼻中飞石;至天长县,遭知招信军余玠截击;攻泗州,被城周濠水所阻,激战多时不克。察罕见屡战不利,遂北撤淮。史称"庐州之战"。

此战是中国战争史上城邑防御战的典型战例,宋将杜杲守城谋划有方,善于用兵,屡挫蒙古军,取得守城的胜利。蒙古军则缺乏攻城经验,屡战屡败。

荆襄之战。

蒙古东路军,集中兵力进攻两淮,对长江中游的攻掠有所放松,宋廷乘机颁诏"收复荆襄"。是年十月,新任京西、湖北路安抚制置使兼知岳州的孟珙,认为欲收复襄阳、樊城,必先取郢以通粮饷,取荆门军方可出奇兵。赴任至岳州,乃檄江陵制司捣襄、郢,召诸将指授方略,发兵北进。宋将张俊复郢州,贺顺复荆门军。十二月,刘全战于冢头、樊城、郎神山,三战皆捷。

是年,同年秦季櫄在临安府辞世,享年74岁。

嘉熙三年(1239)八十四岁

收复荆襄。

正月,宋将曹文铺复信阳军。刘全攻襄阳、樊城,在宋军各路相继收复失地的形势下,原附蒙古的刘廷美约宋都统江海及其弟刘廷辅夹击襄阳叛军。宋军顺利进至襄阳城下,刘全复樊城。四月二日,江海率军出荆门,直趋襄阳,刘廷美为内应执游显以城降,宋军遂复襄阳。刘全遣谭深复光化军。孟珙率军赴援,设计败敌,破其24营,夺回被掳百姓2万,蒙古军队退去。孟珙遂以江陵为基地,以襄阳为重镇,大兴屯田,训练军伍。

至此,宋军收复了整个荆襄地区。

乔行简为平章军国重事。

正月癸酉,乔行简为少傅、平章军国重事,封益国公。李宗勉为左丞相兼枢密使;史嵩之右丞相兼枢密使,督视两淮、四川、京湖军马;余天锡参知政事;游似同签书枢院事。

嘉熙二年(1238)五月与嘉熙三年(1239)正月的两次宰相调整,李宗勉与史嵩之二人在这两次调整中相继入相,原史弥远集团的官员均任要职。关于这次宰相调整,《宋季三朝政要》载:"三相当国,时论谓乔失之泛,李失之狭,史失之专。然宗勉清谨守法,号贤相。"

时任谏官王迈对于史嵩之入相持坚决抵制的态度。《宋史·王迈传》有载:帝再相乔行简,或传史嵩之复用,迈上封事曰:"天下之相,不与天下共谋之,是必冥冥之中有为之地者。且旧相奸憸刻薄,天下所知,复用,则君子空于一网矣。"

《宋太师平章鲁国公文惠乔公圹记》:正月,拜少傅、平章军国重事,封益国公,监修国史。……一月三赴经筵,二日一人朝,因至都堂议军国事、给扶升殿独知三省枢密院印,恩数蔓绝。

余天锡兼同知枢密院事。

二月壬寅,以余天锡兼同知枢密院事。丙午,以史嵩之依旧兼都督江西湖南军马。

三月,为王霆父王炳作墓志铭。

其铭曰:婺之东阳,界于天台、会稽间,有乡名玉山,……宣和间,睦寇鸥张,有王君豪能者,率众诛贼,捍其乡,以功补忠翊郎。……盖王氏为玉山大姓,旧矣。豪生渊,渊生杞,杞生炳,字元明,为浙西副都监霆之父。……将葬,(霆)来乞铭。……始,余辛未艺考列头,以是年登右科。及见,与之语,因自谓取友不谬,后十余年誉益进,尝见其经画军务,深察隐微。余知其可任将帅也,特应诏上。简且与之同里,因敬铭其父也。

五月辛卯,乔行简五疏乞罢机政,诏不允。

游似为参知政事。

八月戊戌,以游似为参知政事,礼部尚书许应龙为端明殿学士、签书枢密院,谏议大夫林略为端明殿学士、同签书枢密院事。

乔宗虞卒。

九月,二兄乔宗虞卒。生于绍兴二十四年甲戌(1154)五月,享年86岁。为运管。夫人赵氏,生二子:乔为龙、乔行龙。

范钟为佥书枢密院事。

十一月丙子,以兵部尚书范钟为端明殿学士、佥书枢密院事。

崔与之殁。

是年,崔与之以观文殿大学士、提举洞霄宫致仕。数月后逝世,年八十二。累赠太师、南海郡公,谥号"清献"。

东阳大旱。

《道光东阳县志》:嘉熙三年(1239),大旱。以社仓之粟贷之,民不知饥。

嘉熙四年庚子(1240)八十五岁

乔行简撰《永宁孙氏家乘序》。

其序云:盖闻之,封建坏,天下无世臣;宗法坏,天下无世家。……昔程氏曰:"宗法立,则朝廷之势自尊。"余不能叙孙氏之谱,聊述其流源世次,期与共明宗法,亦尊朝廷意也。

平章掌三省、枢密院印。

四月癸卯,特转史嵩之官三等,令归班。甲辰,监察御史王万除大理少卿,以尝论嵩之故也。诏:"祖宗盛时,宰执有轮日当笔者。今二相并命,合仿旧规而平章总提其纲,一应军国重事,参酌施行。其三省、枢密院印,并令平章掌之。"

乔行简封鲁国公。

九月,乔行简拜少师、保宁节度使、醴泉观使,封鲁国公。入辞内殿。上免以力受,锡赍甚渥。正式退居二线。

乔行简晚景凄凉。

十一月,次女乔元恭与夫婿王仪亡。乔行简在《恐勤帖》中有云:女夫王太社仪今亡矣,有少田土,乃典物,为人昏赖。事已结断,乃复兴讼,扰其干人。小人之奸诈欺孤如此,望为详酌而分明之。小女亦不存,无人照管,仍乞免追其干人是幸。

乔行简虽位及宰相,以至高于宰相的平章军国重事,可谓"一人之下,万人之上"。但其晚景凄凉。乔行简晚年不仅孤单,竟然连女婿的一点遗产都要到当地打官司寻求保护,并受小人欺负,以至慨叹"小人之奸诈欺孤如此"。时人周密有云:乔文惠行简,嘉熙之末,自相位拜平章军国重事,年已八秩矣,时皆以富贵长年羡之。而公晚年子孙沦丧,况味尤恶,尝作《上梁文》云:"有园有沼,聊为卒岁之游;无子无孙,尽是他人之物。"又《乞归田里表》云:"少壮老,百年已逾八帙;祖子孙,三世仅存一身。"闻者怜之。

乔行简疾病缠身。

十二月,他在《闰余帖》说:行简伏以即日润余盈数,岁阳肇端,其惟观使、郎中、乡契丈小驻寓乡,会领新渥,行神先路,台候动止万福。行简向心不得一见而别,负慊久之。兹又忽忽度时,未及奉主书之敬。忽承真翰,意爱甚隆,惭感溢寸衿矣。行简宜归久矣,误蒙旒扆之知,偷枉岁月,不觉年数之趣。……故虽蒙恩过优,以宠其归,不敢以为荣,而以为愧矣。贱迹甫达故山,疾痰即相寻,日惟呼医啜药。近忽增剧,岁旦不敢眠。

按:是帖虽寥寥数语,但写尽乔行简晚景之凄凉。他回到故乡后,虽有朝廷大员送来皇帝的恩赐,乡里的老友也常上门看望,却不幸染上了一种类似带状疱疹的皮肤病,求医吃药,仍痛痒难忍,以致夜不能寐。

乔行简病中编《鲁论》。

乔行简撰《曾十三处士墓志铭》。

曾十三处士,讳容,字子严,号正宇。东阳巍山人。

李宗勉薨。

闰十二月丙寅,李宗勉薨,赠少师,赐谥"文清"。以游似知枢密院事兼参知政事,范钟参知政事,徐荣叟签书枢密院事。戊寅,以吴潜为福建安抚使,史宅之为浙东安抚使。

淳祐元年辛丑(1241)八十六岁

理宗诏表儒学。

正月甲辰,诏:"朕惟孔子之道,自孟轲后不得其传,至我朝周敦颐、张载、程颢、程颐,真见实践,深探圣域,千载绝学,始有指归。中兴以来,又得朱熹精思明辨,表里浑融,使《大学》《论》《孟》《中庸》之书,本末洞彻,孔子之道,益以大明于世。朕每观五臣论著,启沃良多,今视学有日,其令学官列诸从祀,以示崇奖之意。"寻以王安石谓"天命不足畏,祖宗不足法,人言不足恤",为万世罪人,岂宜从祀孔子庙庭,黜之。丙午,封周敦颐为汝南伯,张载郿伯,程颢河南伯,程颐伊阳伯。丁未,太阴入氐。戊申,幸太学谒孔子,遂御崇化堂,命祭酒曹觱讲《礼记·大学》篇,监学官各进一秩,诸生推恩锡帛有差。制《道统十三赞》,就赐国子监宣示诸生。

乔行简薨。

二月辛未,乔行简薨于东阳孔山故里,正寝八十有六。

理宗闻讯后惊愕悲悼,停止上朝二日,以示哀悼。赠行简太保、太师,拨"银帛千匹两",用于其殇葬。派遣自己所宠幸的近臣至东阳追加七百匹两。

《宋史全文》:壬子,乔行简薨,辍视朝。行简在相位,专以商贩为急务,温、台盐商数百群,有士子为诗曰:"知君果是调羹手,傅说当年无许多。"

四月,谥乔行简为"文惠"。

《宋史·列传》:淳祐元年(1241)二月,薨于家,年八十六。赠太师,谥"文惠"。

李心传《宋太师平章鲁国公文惠乔公圹记》:(乔行简薨后)"上闻卜震悼。降制除太保,仍旧节致仕。辍视朝二日。赠太师,赙银帛千匹两。别遣中贵人加赐七百匹两。四月,谥文惠。"

谱 后

淳祐元年辛丑(1241)八月,乔行简孙师孟经婺州、严州二侯推荐,请朝奉郎、开国男李心传作《宋太师平章鲁国公文惠乔公圹记》。

其《记》曰：

公生而颖异。有父老相冀公曰："君骨法，官极品。然非我不识也。"相冀国夫人亦然。最后见公，乃曰："君夫人贵以此子也。"遂去不复见。少肄学于东莱吕成公之门，积年而归，受业者踵至。登绍熙四年癸丑(1193)进士，调饶州州学教授，以内艰不赴。

……嘉熙三年(1239)正月，拜少傅、平章军国重事，封益国公，监修国史、提举史馆实录院编修，玉牒敕令国朝会要、经武要略。一月三赴经筵，二日一入朝，因至都堂议军国事，给扶升殿独知三省、枢密院印。恩数蔓绝。边事稍宁，公复告老章十八上。(嘉熙)四年(1240)九月，拜少师保宁君节度使、醴泉观使，封鲁国公。入辞内殿，上勉以加爱。

……公兼侍讲其在经筵也，首言敬天命、伸士气、破朋党之说。以存善类，防宦官、宫妾之蔽，以正心术。

……其参与大政也，上令可选备经筵者，公首若真公德秀、洪公咨夔。且言，囊者非出圣意。今既可自承当此。以为然。

……有劝公渐远世务，时游庙堂者。公曰："聪明渊懿可以为三代之主，矧遇我如此，其后小有不尽于吾君，胡颜以视当世。"故事之切于躬关国体者，比尽言无所隐避。……上敛容听纳。尝大书"股肱稷契，心膂周召"八字，以赐其匾，并书之阁曰："端良纯裕"。君臣相悦，近所未有，其使洋源而归也。

……公为执政二十年，荐士多矣。今之显官要职，未有不出公门者。去国之日，面荐五十士。自从官之闲退及中外历官之有才望者，各以序进退，即藏其藁。薨后数月，其家始于褚中得之。盖其间一二从官，世或指为与公异意者，公恶近名故不以示中外。有遄被峻擢者，亦不知公之荐也。

……公长不满五尺，退然如不胜衣，而博大有容，喜愠不形于色。淮蜀用兵胜负之报狎至，公从容应接，辞气不挠。其句归之疏有曰：惟不事科配，剥民之膏脂；未尝过用刑威，伤国之根本。乃若贤人君子之用舍，与夫忠言谠论之从违，尚极力以扶持，每尽心而启沃，欲寿国家之脉，不至为缙绅之羞。其胸怀本趣，可以见矣。

……公天资孝友。事冀国夫人能竭其力，终身之丧，布衣疏食，虽老不废。伯雄早逝，教育其子如己子。二兄及女兄之孙，并受公泽，至无白丁。恤孤字贫，多赖以济；诱掖后进，孜孜不倦。贵极人臣而自奉，不异于寒素。与乡人处，尊酒赋诗,淡然相对。忘其年之高,位之尊也。为文淳厚条畅,如其为人。

……娶吕氏,继楼氏,俱赠鲁国夫人。子男一人,元龙,登嘉定四年(1211)进士,官宣义郎,监行在左藏封桩库,赠通直郎。四女子,元礼适朝奉郎、太社令王仪;元成适通直郎陈唐;元庆适登仕郎李自得;元恭适朝奉郎、直宝谟阁新知婺州军州兼管劝农事赵希塈。女及仪、唐、自得亦皆先卒。孙一人,通孙,朝奉郎、直文华阁,先一年卒,赠朝奉大夫,直徽猷阁。女一人,适朝请郎、直秘书阁前、知婺州赵与汶。曾孙二人,师孟,承事郎、直秘阁,奉旨终丧除二合;师颐承奉郎。

淳祐元年辛丑(1241)九月丙午日,葬于东阳升苏乡宝泉山之原,与夫人及子孙之荣相望也。

淳祐二年(1242)四月,行简小婿赵希塈为仓部郎官。

《续资治通鉴·宋纪》载:

宋理宗淳祐二年(1242)四月,"仓部郎官赵希塈进对,言:'蜀自易帅之外未有他策。'上曰:'今日救蜀为急,朕与二三大臣无一日不议蜀事。'"

淳祐七年(1247)夏四月,行简小婿赵希塈为礼部尚书、督视行府参赞军事。

《宋史》卷四十三载:

淳祐七年(1247)夏四月二十一日,赵葵兼知建康府、行宫留守、江东安抚使,行军调度都可自行处理决定;赵希塈为礼部尚书、督视行府参赞军事。

《宋史·列传》第一百七十六《乔行简传》曰:

行简历练老成,识量弘远,居官无所不言。好荐士,多至显达,至于举钱时、吴如愚,又皆当时隐逸之贤者。所著有《周礼总说》《孔山文集》。

……

论曰:乔行简弘深好贤,论事通谏。

明洪武四年(1371),刘基、宋濂,分别为吴宁乔氏宗谱作跋赋序。

刘基之《跋》云:

婺之东阳乔氏,真古巨族,流芳史册,烜耀人目,光协江左。有贤孙乔回,因旧谱残缺,谨用重修成帙,特求文于予。适承皇命,出使江西,临行驻马于白桥下,濡笔以复。谨跋。

宋濂在该《序》中云:吴宁乔氏之所以能瓜瓞绵绵,皆"其深仁厚德而致然。吁! 根之深者,枝比茂;流之远者,源必长"。"余谓士君子读书明理,能知乎尊亲敬长,全其孝道之诚,其所谓堪比拟因不拒其所请,辄书此为序"。

明成化十九年癸卯(1483),乔行简入祀东阳"乡贤祠"。

《道光东阳县志》载:

乡贤祠:在文庙西南。梁刘昆、申屠狄,唐厉文才,以上入祠始末未详。冯宿、舒元舆、宋滕元发、滕茂实、张志行、贾廷佐、杜伯僖、马之纯、葛洪、倪千里、徐次铎、乔行简、李诚之、李大同、王霆、马光祖、杜幼节、陈大猷、杜仕贤(以上旧府县志同。内祀郡乡贤祠者冯宿、滕茂实、李廷之、贾廷佐、马之纯、陈大猷)、金从鉴、厉仲祥(以上见乾隆五十年县册)、申屠大防、许璃、许伯继、胡德广、陈黻、孙衿、赵希伋(以上入祠始末未详)

清康熙二十年辛酉(1681),东阳赵衍《康熙新修东阳县志》,评乔行简有云:

平居好荐士,多得人,受之者往往至显达。时称其有相臣风度。又效朱熹法,为乡邑立社仓,其后数十年不饥,至今人犹称之。

又论宋际东阳名臣曰:

南渡以来,东岘为盛。乔文惠历相雍容,公私同德,褒谥不虚,良为称首。马庄敏处遇略同,而少以才胜。葛端献义礼自安,李宝谟学无文饰,禄位名寿,几与文惠并隆。

清雍正十年壬子(1732),东阳王崇炳《金华征献略》,对乔行简作了中肯的评价:

行简当轴时,左丞李宗勉、右丞史嵩之,三相同时秉政。论者谓:乔失于泛,李失之狭,史失之专。而史称行简:"历练老成,识度宏远,居官尽言。"读其奏议,忠君爱民之心,蔼然见乎其文字之间,举朝钦其休容,桑梓沐其惠泽,盖有大臣之风。

清道光五年乙酉(1825),邑令陈履和勘明乔行简墓在县东二十里泗渡溪广由寺右。

题墓碑曰:

公讳行简,字寿朋,绍熙癸丑(1193)进士,历官左丞相,拜少师。淳祐七年(1247)二月卒,赠太师,谥"文惠"。是年九月葬。省志、府志、旧县志称墓在泗渡之原。康熙县志称在广由寺右。家谱称葬宝泉山之原,即今三都律字八百五十五号之山,土名碑牌坞,盖因墓碑得名。山麓碑趺、道旁翁仲尚存。山下溪坑有石马一,与新旧志合,可征信也。防护录谓墓在六十四都者误。六十四都在县西,三都在县东。六十四都乃御史乔公梦符墓。今各立之碑以传信。其生平行事详志乘,兹不载。乔氏后人树林等立石。

按:陈履和此处写乔行简"淳祐七年(1247)二月卒",有误。乔行简淳祐二年(1242)二月卒。

后 记

作为一名地方高校的地方文化研究工作者,过去关注的重点一直是地方理学(主要是婺学)的研究,在有关部门和方家的支持下,新近才开始对地方名人文化进行研究。《乔行简家世及生平研究》,算是这方面的一个成果。虽然,它资助的级别不高,但做任何课题,不在其级别,而在其研究对象的学术价值,并且只要认真去做,总会有诸多收获。可以负责任地说,这部专著,不会逊色于省内其它同类成果。

本著为金华市文化研究工程一般项目。因此,首先应该感谢资助支持出版的金华市社科联。浙江师范大学教授王锟、金华市社科联吴远龙等专家、领导对本著的撰写提出了不少有益建议,特此致谢。

同时,要感谢本校社科部主任何斌副教授,不但亲自参与撰写,还组织有关力量,提供许多帮助和方便。最后,必须感谢浙江工商大学出版社的领导和编辑,对本著出版给予关心和悉心编校。

顾旭明　2022年12月于东白雍庐